西方学者中国中古贵族制论集

范兆飞 编译

生活·讀書·新知 三联书店

图书在版编目（CIP）数据

西方学者中国中古贵族制论集／范兆飞编译. —北京：生活·读书·新知三联书店，2018.10
ISBN 978－7－108－06338－0

Ⅰ.①西… Ⅱ.①范… Ⅲ.①士－群体－中国－中古－文集 Ⅳ.① D691.9-53

中国版本图书馆 CIP 数据核字（2018）第 131753 号

责任编辑 张 龙
装帧设计 蔡立国
责任校对 安进平
责任印制 徐 方
出版发行 生活·讀書·新知 三联书店
（北京市东城区美术馆东街 22 号 100010）
网 址 www.sdxjpc.com
经 销 新华书店
排 版 北京金舵手世纪图文设计有限公司
印 刷 河北鹏润印刷有限公司
版 次 2018 年 10 月北京第 1 版
2018 年 10 月北京第 1 次印刷
开 本 635 毫米 × 965 毫米 1/16 印张 22.5
字 数 292 千字
印 数 0,001－5,000 册
定 价 75.00 元
（印装查询：01064002715；邮购查询：01084010542）

目 录

东汉的二重君主关系

伊沛霞

（Patricia Ebrey）

2世纪上层阶级大多数成员的社会政治活动，皆以上下级隶属的私人关系为基础。这些举主长官与门生故吏之关系，形成于士子每次拜师授业于经师、接受长官征辟为僚佐，或被选拔任命为官吏。门生故吏应忠诚于举主长官，如其故去则服丧送葬，并在政治纠纷中党同伐异。举主长官亦具有相应的职责，并在门生故吏不能表现其恭敬和支援时，可解除庇护关系。尽管大多数举主长官与门生故吏的关系以地域为纽带，但身居庙堂的高官时常从全国各地网罗门生。举主长官与门生故吏之关系，亦可超越双方关系，拓展至隶属于同一举主的门生故吏，以及举主长官与其举主长官所共同建立的重层网络。这种网络的组织方式独立于常规的政府体制之外。永元元年（89）以降，各家外戚顾命大臣轮番执掌朝政，就首次利用这种网络。一百四十名官僚奋起反对外戚阉宦专权，也依赖其举主长官和门生故吏之网络，他们深信其门生故吏必将施以援手和护翼，这也刺激地方官僚着手攻击其政敌的门生故吏。2世纪70—80年代党锢之祸后，由于许多被朝廷免黜官爵的人物相继加入，举主长官与门生故吏的网络依然强劲有力。但是，随着汉帝国的崩溃，对于上层阶级的人物而言，卷入举主长官与门生故吏网络的私人主从关系业已失去吸引力，个人之间的联系逐渐变成以共同的身份和亲属群体为基石。

关于早期中华帝国的历史书写，多数学者从帝王、辅政大臣或者少数高级官僚派生出来的政治力量和政策决定权展开讨论。史书列传描述官僚之形象，通常是服从上级或权衡统治者及其王朝的利益。对于现代学者而言，这幅图景中的瑕疵显而易见。许多重要的决定经常出自位置较低的官僚之手，甚至未经朝堂议论而由地方官吏拍板定案。具备决策权的官僚，通常受到相关集团影响力量的制约。诸多明显的决策或许根本不是决定，而是对某些反对帝制权威的群体的妥协让步。帝国官僚通常要自觉或不自觉地维持现状和捍卫特权。现代学者认识到这类政治程序的必然性，而不是将所有权力统归皇权，一般强调由现任官、致仕官、候补官、近亲属以及门第相当的人所组成的统治阶层（ruling class）的重要性。统治阶层的权力既没有被视作完全官僚的（源于官僚权力），亦非完全经济的（通过控制佃户、债户以及雇工），而是其整体社会地位的结果。[1]然而，囿于史料缺乏，学人尚未对统治阶层力量的性质进行缜密分析。整体而言，统治阶层以何种方式统治社会？其成员采取何种步骤扩大或保护其利益？其成员又于何时在何种基础上达成一致？在我们切实回答这些问题之前，关于统治阶层力量的讨论必然是隐晦不明的。

探讨这个问题的一个途径，就是考察上层阶级（upper class）人物之间的私人关系。上层阶级的人物不仅以宗族、婚姻和地域为基础相互联系，而且终其一生，其关系网络可能日渐拓展至其师长、门生、同僚、长官和掾吏，还包括分享文化价值和兴趣，以及共同占据独尊地位或特权的同道中人。其中一部分关系吸纳地位相

〔1〕关于汉代（尤其是东汉）统治阶层之研究，参见杨联陞《东汉的豪族》，《清华学报》第11卷第4期，1936年，第1007—1063页，英译参见孙任以都、德范克编《中国社会史论著选译》，美国学术团体协会，1956年，第103—134页（E-tu Zen Sun, & John de Francis, eds., *Bibliography on Chinese Social History*, American Council of Learned Societies, 1956）；贺昌群《汉唐间封建土地所有制形式研究》，上海人民出版社，1964年，第166—211页；宇都宫清吉《汉代的家与豪族》，《汉代社会经济史研究》，弘文堂书店，1955年；五井直弘《后汉王朝和豪族》，《岩波讲座·世界历史》第4卷《东亚世界的形成》，岩波书店，1970年；矢野主税《门阀社会成立史》，株式会社国书刊行会，1976年；瞿同祖《汉代社会结构》，杜敬轲编《汉代史》，华盛顿大学出版社，1972年（Ch'ü T'ung-tsu, *Han Social Structure, eds.*, Jack L. Dull, *Han Dynasty China*, Washington University Press, 1972）。

当的人，而其他关系则分流为上级长官和下级幕僚；一部分关系与生俱来，而其余则出于自愿抉择的变化程度。在面临特定的问题或目标时，人们通常依赖其中一种关系而非其他。不仅如此，历史条件一旦变化，作为整体的统治阶层和其中特色鲜明的亚集团（subgroups），都将重新自我定位。在某个时期，他们可能更多地依赖亲属关系（kinship ties），而在另一时期，其关系将由行政工作所构建，诸如此类。这些变化构成中华帝国社会史的重要组成部分。

笔者曾在先行的研究中考察北朝唐代以亲属和共同身份为基础的纽带对于贵族家庭的重要意义。〔2〕笔者在此以举主长官与门生故吏的关系为切入点，描述某些特定的非亲属联系。兹将举主长官与门生故吏关系界定为基本属于同一社会阶层的人们，并基于共识建立起上下级的隶属关系。这种关系并不狭隘地限定为任何一种特殊的功能，但涵括在多种形式下的声援和支持。〔3〕笔者对上层阶级的人物与徒附部曲或乡里人群的联系不予置评，尽管他们也可称作庇护与荫附的关系，但情形殊异。根据时间顺序，笔者聚焦于2世纪，其时举主长官与门生故吏关系最受重视，并屡屡充当政治活动的前提和基础。

一　门生故吏

2世纪时，朝廷高官和地方州郡县的长官身死之后，其门生或故

〔2〕伊沛霞《早期中华帝国的贵族家庭——博陵崔氏个案研究》，剑桥大学出版社，1978年（Patricia Buckley Ebrey, *The Aristocratic Families of Early Imperial China—A Case Study of The Po-Ling Ts'ui Family*, Cambridge University Press, 1978. 编者按，中译本参见范兆飞译《早期中华帝国的贵族家庭——博陵崔氏个案研究》，上海古籍出版社，2011年）。

〔3〕关于研撰庇护者与托庇者关系作为一种双方社会关系的类型以及政治组织的基础之论著，极为丰富、有价值的介绍，参见考夫曼《庇护者和托庇者概念与宏观政治：前瞻与问题》，《社会历史比较研究》第16卷，1974年，第284—308页（Robert R. Kaufman, "The Patron-Client Concept and Macro-Politics: Prospects and Problems," *Comparative Studies in Society and History*, Vol. 16, 1974）。

吏往往为之立碑颂德，并在碑阴题名。三十余份这样的碑阴题名得以保存。《泰山都尉孔宙碑》载其卒于延熹七年（164），碑阴题名镌刻着二十五名来自十个郡的门生，四名来自孔宙担任旧职都昌长时的故吏，以及十名来自八个郡的弟子。[4]《太尉刘宽碑》载其卒于中平二年（185），碑阴题名刻有三百余名门生，其中九十六人时任官职，包括三十五名诸县令长，十七名郡太守以及两名州刺史。另一块独立的《太尉刘宽碑》碑阴题其故吏之名，自高官廷尉以下五十余人。[5]《巴郡太守张纳碑》碑阴题僚佐名七十二人，包括十四种不同的掾吏和十一种不同的曹史。[6]

汉人徐幹（171—218）描述了举主长官与门生故吏在社会政治间的互动关系，尤其在汉末政治社会生活中影响甚巨的情况，《中论》云：

> 桓灵之世其甚者也。自公卿大夫、州牧郡守，王事不恤，宾客为务，冠盖填门，儒服塞道，饥不暇餐，倦不获已，……文书委于官曹，系囚积于囹圄，而不遑省也。详察其为也，非欲忧国恤民，谋道讲德也，徒营己治私，求势逐利而已。有策名于朝，而称门生于富贵之家者，比屋有之。为师无以教训，弟子亦不受业。[7]

正如绝大多数社会制度一样，这种举主长官与门生故吏关系之发展，

---

〔4〕洪适《隶释》卷七《泰山都尉孔宙碑并阴》，严耕望辑《石刻史料丛书》，艺文印书馆，1966年，第4页上—7页下。

〔5〕洪适《隶续》卷一二《刘宽碑阴故吏名》《刘宽碑阴门生名》，第5页上—18页下；《隶释》卷一一《太尉刘宽碑》《刘宽后碑》，第1页上—6页上。

〔6〕《隶释》卷五《巴郡太守张纳碑》《张纳碑阴》，第10页下—15页上。关于县令故吏名称的英译，参见伊沛霞《东汉石刻铭文》，《哈佛亚洲学报》第40卷，1980年，第325—353页（Patricia Ebrey, "Later Han Stone Inscriptions," *Harvard Journal of Asiatic Studies,* Vol. 40, 1980）。

〔7〕徐幹《中论》卷下《谴交》，丛书集成初编本，商务印书馆，1939年，第23—24页。

契合东汉现实社会关系的新需要。“门生”一词，原系儒学宗师授业弟子。东汉一朝，硕儒名宿动辄聚徒数百人，有时多达数千人。[8]这种师生关系既为私谊，亦含有等级高下之别。[9]东汉社会文化生活以孝为本，推崇事亲至孝，事亲之恭敬备至，便可移孝作忠，推尊师道。门生亦为师长服丧送葬。[10]他们像子女孝敬双亲一样，效忠师长；他们在座师蒙罪抑冤之际，申理诉状，或集会声援。如东汉初叶，大司徒欧阳歙的祖先累世为博士教授，因在担任旧职汝南太守时犯下臧罪，而被捕下狱。欧阳歙入狱后，其门生千余人守阙求哀，甚至有自行髡剔者。其中十七岁的平原礼震，上书求代其死，宣称欧阳歙若被处决，其学术将永为废绝。[11]

故吏意为旧吏，或常指旧时属吏。汉代刺史、太守和县令均可自行辟除掾吏，常置百人或更多。[12]中央五府（太尉、司徒、司空、大将军和太傅）大员亦辟召属吏。[13]无论地方长官抑或朝廷大员的掾属，都需对其举主怀有报恩之心，亦应像对待直接上级一般忠于故主。如门生一样，故吏亦需对府主持丧送葬。[14]实际上，应劭（约于 180—187 年）将故吏的前任上级称为“旧君”（former ruler）；争辩儒家经典所论的“君臣之义”是否适用于郡吏与太守

〔8〕例如，著名的通儒马融教养诸生，常逾千人，其他经师如丁恭、樊儵也是如此。参见范晔《后汉书》卷六〇上《马融传》、卷七九下《儒林·丁恭传》、卷三二《樊宏传》，中华书局，1965 年。

〔9〕关于这种关系的研究，参见镰田重雄《汉代的门生故吏》，原载《东方学报》第 7 号，1953 年，其后收于氏著《秦汉政治制度的研究》，日本学术振兴会，1962 年。

〔10〕如，永元十二年（100）楼望卒，门生会葬者数千人，参见《后汉书》卷七九下《儒林·楼望传》，第 2581 页。

〔11〕《后汉书》卷七九上《儒林·欧阳歙传》，第 2555—2556 页。

〔12〕关于这种制度，参见严耕望《秦汉地方行政制度》，《中国地方行政制度史》甲部，台北“中央研究院”历史语言研究所，1961 年。

〔13〕关于这种惯例，参见五井直弘《后汉时代的官僚登用制“辟召”》（“後漢時代の官吏登用制‘辟召’について”），《历史学研究》第 178 号，1954 年，第 22—30 页。

〔14〕例如，1 世纪末叶，乐恢年齿尚轻，已展现了对父亲之孝顺及对经师之忠诚，其后仕为本郡吏。当其长官坐法当诛之际，乐恢独自奔丧行服，坐以抵罪。参见《后汉书》卷四三《乐恢传》，第 1477—1478 页。

之间。[15]地方或朝廷长官辟除之人，即便从未就职，也自视为故吏。[16]这些不同方式产生的联系不是有限的，而是持久的；即便每次集会转移至其他地方继续举行，故吏也会前往表示对举主的支持，或发哀吊丧。事实上有些人虽然拒绝官僚辟召，但亦为其故吏。[17]

举主与故吏之关系，理所当然地被更为重要的官僚和掾属之关系所塑造。《钟皓传》征引了一条钟皓担任司徒掾期间（约2世纪60年代）的轶闻，阐明了这种角色关系中所涵括的礼节及相互责任：

> 皓为司徒掾，公出，道路泥泞，导从恶其相洒，去公车绝远。公椎轼言："司徒今日为独行耳！"还府向阁，铃下不扶，令揖掾属，公奋手不顾。时举府掾属皆投劾出，皓为西曹掾，即开府门分布晓语已出者，曰："臣下不能得自直于君，若司隶举绳墨，以公失宰相之礼，又不胜任，诸君终身何所任邪？"掾属以故皆止。[18]

显而易见，司徒亦需对其掾属谦恭有礼。另外，汉代墓室壁画中气势壮观的车马出行图展示，僚属亦有责任陪侍长官左右。[19]一名掾吏以此种方式事于长官数年之后，他亦可能升迁为长官，但对其故主依然恭敬备至。

---

〔15〕应劭《风俗通义》卷三《愆礼》，《中法汉学研究所通检丛刊》之三《风俗通义通检》，北京，1943年，第23页。

〔16〕如，立于中平三年（186）的《南阳太守秦颉碑》，碑末刻有被其察举的孝廉十二人。参见《隶释》卷一七《南阳太守秦颉碑》，第6页下—8页上。

〔17〕参见《风俗通义》卷三《愆礼》，第25页；亦参陈寿《三国志》卷一一《田畴传》，中华书局，1959年，第340—342页。

〔18〕参见《三国志》卷一三《钟繇传》注引《先贤行状》，第392页。

〔19〕具体例证，参见《汉唐壁画》，外文出版社，1974年。

二 举主长官对门生故吏之选择

在某种程度上，举主长官与门生故吏都在精心选择对方，并衡量可能产生此种关系的各种不同的利益权重。对于长官或座师而言，招纳门生故吏可显示其隆隆盛名和莫大的吸引力，从而提高其社会地位。举主长官若卷入纠纷事端或党派斗争，门生故吏的效忠则是一种潜在的支持力量。反过来，对于门生故吏而言，一个优异的举主长官首先为之增加了跻身更高一层社会政治圈的机会。一个年轻的士子生活在地方州郡，接受过一些儒学教育，但没有重要的家族关系；而欲仰仗举主长官的支持，盖有数条可行之策。若他天资聪睿，在京师或地方的硕儒名师门下问学数年，并因高才妙识获取令名，就有望在京城得到三公之辟除。若他志在四方，却才疏意广，就有可能以门生的身份依托权贵公卿，他们之间并无授业之实。若他既无踔绝之能，又无宏图大志，就会在地方太守或刺史府中担任掾属。若他想通过察举“孝廉”的方式在官僚机构谋取职位，最佳途径就是投于太守门下，因为太守拥有荐举孝廉之权。〔20〕

当年轻的有志之士或高才俊杰精心择主之时，绝大多数的二重君臣关系，借由举主长官的选举而产生，而非出自门生故吏的选择。故吏之辟举，部分源于制度，部分出于人为。其时举足轻重、得以进入《后汉书》列传的人物终其一生，经常在某个时候拒绝地方太守或中央高官的征辟。〔21〕长官欲招纳最理想的属吏，似乎要提升说

〔20〕关于这项选举制度的研究，参见毕汉思《汉代官僚组织》，剑桥大学出版社，1980年，第134—138页（Hans Bielenstein, *The Bureaucracy of Han Times*, Cambridge University Press, 1980）。应当指出，志在任职正规官僚机构的人似乎不屑为县吏。县吏出身于名望较低的地方精英，这点至少有石刻资料可资佐证。这些石刻铭文详细地记录志主的历任官职及其直接祖先的最后官职。大量例证表明，如果一个人的祖先仅仅担任地方僚佐，其起家官职也如此，但是却能及时跻身正规的官僚机构。没有案例显示担任（或同意就职）县吏者其后升迁高位，抑或郡吏及正规官僚没有追溯曾经担任县吏的祖先。

〔21〕如，关于东汉博陵崔氏担任官职的人数，参见伊沛霞《早期中华帝国的贵族家庭——博陵崔氏个案研究》，第46—48页。

服能力。然而，大多数地方长官轻而易举地发现地方精英的子弟亦乐于托附门下。而且，地方长官经常大幅袭用前任长官的僚佐。

招纳门生蕴含的体制因素则少得多。经师招纳门生由于没有数额限制，故其门生数量具有很大的灵活性，并随时招收来自不同地域的人才。光和四年（181）《童子逢盛碑》，是一个官僚门下来自两个邻郡的四名“家门生”，为其夭折的十二岁孙子逢盛所立。〔22〕《冀州刺史王纯碑》载其卒于延熹四年（161），碑阴题有一百九十三名门生，其中九十名来自其管辖境内的七个郡，其他门人则来自冀州以外的十八个郡。〔23〕《太尉刘宽碑》碑阴所列三百余名门生，几乎遍及北部中国的所有州郡。〔24〕

虽然高级官僚可以从帝国各地招纳门生，但是地域纽带依然是巩固和强化大多数举主长官与门生故吏关系的基础。在2世纪50年代和60年代的两次党争以及汉末的军阀战争中，出自相互毗邻的汝南、南阳和颍川三郡的人物占据主导地位。一种解释是这些地区的举主长官与门生故吏之网络尤为发达。这些地区的贤才俊士，拥有不同寻常的机会可以依附名公重臣，因此较之其他地区的人士而言，更热衷于参加政治活动。太学是另一个吸引座主与门生的场域。郭泰在太学的追随者来自全国各地。〔25〕窦武从未讲授太学，却散财于太学诸生，以求拥护。〔26〕

有趣的是，举主长官与门生故吏的关系有时能够累世传承。时

---

〔22〕《隶释》卷一〇《童子逢盛碑》《逢盛碑阴》，第8页上—10页上。

〔23〕《隶续》卷一二《王纯碑阴》，第18页下—21页下；《隶释》卷七《冀州刺史王纯碑》，第1页上—2页下。

〔24〕《隶续》卷一二《刘宽碑阴门生名》，第5页下—16页上；《隶释》卷一一《太尉刘宽碑》《刘宽后碑》，第1页上—6页上。

〔25〕《后汉书》卷六八《郭太传》是郭泰及其弟子的合传，第2225—2231页。郭泰冠于太学，领袖人伦，参见《后汉书》卷六七《党锢列传》，第2186页。更进一步，还可参见《后汉书》卷七六《仇览传》，第2479—2481页。仇览因其俊才和正直，被考城县令王涣举荐进入太学。仇览常自坚守、修习学问，以致邻近的符融见而奇之，“与先生同郡壤，邻房牖。今京师英雄四集，志士交结之秋，虽务经学，守之何固？”。仇览正色回答，天子修设太学，不是使人游谈其中。符融对其更加刮目相看，其后偕同郭泰一并前往拜谒。

〔26〕《后汉书》卷六九《窦武传》，第2239页。

人伍琼描述袁绍云，袁氏树恩四世，因此，其门生故吏遍布天下。[27]杨统出身于煊赫的弘农杨氏，其官位仅至沛相，却拥有一百九十余名门生。杨统卒后三年，这些门生仍然与杨氏家族保持联系，因为他们于该年为杨统赫赫有名、辞世四十年的祖先杨震之祢庙立碑，以示纪念。其中十四人和杨统叔父杨秉门生一起，为杨统从兄杨著伐石立碑。[28]尽管杨统的这些门生没有将其忠诚转移至杨秉或其子杨赐，但是，这个显赫家族的成员依然称之为“沛君门生”，他们没有放弃与杨氏家族的关系。

三　服丧之责

东汉举主长官与门生故吏之间的礼仪方面引发讨论最多者，莫过于门生故吏对举主长官的服丧义务以及尽可能地处理葬礼诸事。门生故吏自行解释服丧义务的外延，与记录在案的丧事处理，差异甚大。汉安二年（143），北海相景君的五十一名故吏为其立碑，其后注释部分又云，服丧三年者八十七人。[29]熹平二年（173）的石碑记载，京官司隶校尉鲁峻的三百二十余名门生前往今山东地区参加其丧礼。[30]熹平元年（172）的《博陵太守孔彪碑》记载，孔彪在博陵太守之后，继而担任下邳相、河东太守，但该碑完全由其任职博陵期间的十三名故吏所立，其中六人进入正规的官僚机构，或许这十三人亦前往孔彪故里参加葬礼。[31]

应劭在《风俗通义》中讨论了几件门生故吏对举主长官使用持

〔27〕《后汉书》卷七四上《袁绍传》，第2375页。

〔28〕《隶释》卷一二《太尉杨震碑并阴》，第1页上—6页上；《隶释》卷一一《高阳令杨著碑并阴》，第19页下—22页下。

〔29〕《隶续》卷一六《北海相景君碑阴》，第3页下—8页上。

〔30〕《隶释》卷九《司隶校尉鲁峻碑》，第4页下—6页上；《隶续》卷一二《鲁峻断碑阴》，第22页上—22页下。

〔31〕《隶释》卷八《博陵太守孔彪碑并阴》，第14页下—18页上。

丧礼节错误乖谬的事例。应劭引用了庸碌无为的周乘之例。汝南太守李张把周乘作为六“孝廉”（filial and incorrupt）之一，准备向朝廷举荐。然而，不幸函封未发，李张发病故去，其夫人于柩侧帐帷发现六孝廉名单，说道：“李氏蒙国厚恩，据重任，咨嘉休懿，相授岁贡，上欲报称圣朝，下欲流惠氓隶；今李氏获保首领以天年终，而诸君各怀进退，未肯发引。妾幸有三孤，足统丧纪。”周乘于是顾谓左右云：“诸君欲行，周乘当止者，莫逮郎君，尽其哀恻。”周乘与其中一名“孝廉”郑伯坚即日辞行，其他四名孝廉留随輀柩，行丧制服。周乘之后的仕途蹉跎无为。[32]应劭对这件轶事评议如下：

> 谨按，《孝经》：“资于事父以事君。”“君亲临之，厚莫重焉。”[33]《春秋》《国语》：“民生于三，事之如一。”[34]《礼》：“斩衰，公士大夫众臣为其君。”[35]乘虽见察授，函封未发，未离陪隶，不与宾于王，爵诸临城社，民神之主也，义当服勲，关其祀纪。夫人虽有恳切之教，盖子不以从令为孝，而乘嚣然要勒同侪，去丧即宠，谓能有功异也，明试无效，亦旋告退，安在其显君父德美之有。[36]

如其所论，应劭认为僚佐应为长官服最重的丧服斩衰，因为儒家经典记载众臣为其君服斩衰。应劭顺理成章地认为，太守即为郡吏之“君”（ruler）。东汉周乘式的人物大概鲜有所闻。与之相比，应劭更

〔32〕《风俗通义》卷五《十反》，第37—38页。

〔33〕《孝经》卷五《士章》，同书卷九《圣治章》。

〔34〕《国语》卷七《晋语一》（王云五主编《万有文库》本，第82页）。其后云：“父生之，师教之，君食之。”

〔35〕《仪礼》卷一一《丧服》（《仪礼郑注》，1814年重刻宋本），第1页上—2页上。该句稍有释义，或有文字脱误。有趣的是文本记载，“有地者皆曰君”。还可参见施约翰·斯蒂勒《〈仪礼〉英译本》，亚瑟·普罗布斯坦书店，1917年，第9—13页。（John Steele, *The I-li or Book of Etiquette and Ritual*, London, 1917.）

〔36〕《风俗通义》卷五《十反》，第37—38页。

加频繁地批评时人对其上级持丧服葬行为的逾制和狂热。他相继引用了一些事例，如大将军掾宣度像子女一般，对其师张文明服丧制杖；又如徐孺子跋山涉水参加司徒黄琼的葬礼，而孺子曾经拒绝黄琼之辟举；又如吴匡放弃行政职责，为黄琼发丧制服，吴匡虽为黄琼频频援举，但从未就任。〔37〕应劭关于泰山士大夫举止的描述，可以洞察这种服丧逾制的社会动态。封子衡担任泰山太守数十日，转迁他职。子衡四从子曼慈复为泰山郡守。其时子衡葬母，泰山郡数百名士大夫，是封子衡或曼慈担任郡守时的掾吏，皆为其母服第二等的丧服：齐衰绖带。其中，羊嗣祖已经从中央官河南尹卸任在家，封子衡任郡守时嗣祖亦不在泰山，没有持丧制服。而另外一位致仕的中央官侍御史胡毋季皮，向羊嗣祖询问是否应为子衡母服丧。羊嗣祖认为胡毋季皮既然没有担任子衡掾属，因此无须制服。但是，胡毋季皮却认为其他士人皆服丧，不可与众相异，最终其吊服为裁缟冠帻袍单衣，级别稍低。〔38〕这条轶闻明确显示，如果太守自己故去，毫无疑问，所有的故吏都应该持丧制服，当地的其他士大夫也会想方设法参加其葬礼活动。

我们为何如此重视门生故吏对于举主长官的持丧服葬？“功能主义者”（functionalist）可能解释为，葬礼提供了一种融合地方和国家精英的方式。高官显宦葬礼的吊祭者，包括其历任州郡时各地精英的代表人物，也包括其担任中央官时来自海内各地的属吏。这些吊祭者在此集会场合拥有机会了解其他士人的关注焦点及价值理念，从而缩小与他们之间的差距。“象征主义”（symbolic）的解释可能提出异议。持丧制服显然是一个富有象征性的活动，折射出相互联系和担负责任的程度。不唯如此，该时期以孝为本。吊祭服丧为阐释

〔37〕《风俗通义》卷三《愆礼》，第21、22、25页。人们虽然应该为其领君服斩衰（不缝边），但却无需执杖，哀杖用途是扶持哀痛羸弱之躯。注释35引用《仪礼》之言阐明，众臣为其君无需制杖。

〔38〕《风俗通义》卷三《愆礼》，第23页。

举主长官与门生故吏的关系提供了一个场合，即他们之间，如父子或君臣关系一样坚固有力、浑然天成和益于社会。正如为之持丧的子孙愈多，则其作为家长的形象愈成功一样，服丧的门生故吏愈多，则其被社会推崇的程度就愈高。数百名抑或数千名门生故吏的吊祭集会，亦可视作一种政治行为，本质上却蕴藉深远；门生故吏凭借无可指责的理由聚集起来参加上级的葬礼，彰显他们之间同气相求，以及对举主长官事业（若有一些的话）的支持和拥护。

四　门生故吏的身份

石刻碑阴的繁冗题名显示，门生故吏身份之获得足以吸引纷至沓来的士子。徐幹描述，时人甚至奉货行贿举主长官，以自固结。〔39〕即便不可能所有的门生故吏（特别是门生）都能跻身官僚机构，获取职位，但他们可以借此分享举主长官的政治权力。较之于其他时期其他地区，当时的人们更愿意担任权贵要员之僚属，而非特立独行。尽管如此，还是有人发现门生故吏地位卑微低贱。正如徐幹所悲叹的那样，门生之于富贵之家，“至乎怀丈夫之容，而袭婢妾之态”。〔40〕

关于东汉举主长官与门生故吏系统，一个引人关注的方面是，这种关系完全忽视在中国官僚身份素来被认为是主要的社会差异。根据定义，所有的故吏至少都是卑官或者胥吏，但是一个特殊人物的故吏范围，高至极品大员，下至猥官细吏。即便不是绝大多数，也有诸多门生既非官僚，亦无担任官职之契机。然而，王朝史书经常将他们合称为“门生故吏”。石碑题名中的故吏和门生，通常根据官职等级高低确定先后次第，但至少在一例碑阴题名中，门生被置

〔39〕《中论》卷下《谴交》，第24页。
〔40〕 同上。

于故吏之前。[41]

举主长官尽管没有根据门生故吏的社会出身或政治前途，划定泾渭分明的界限，但是他们能够决定上门参谒、胸怀壮志的年轻人是收纳为门生还是宾客。[42]这种决定更可能取决于阶层高低。门生必须接受教育，具备从事经师、文吏或官僚等职业的发展潜力。门生和宾客有时被要求从事相同的服役，但其界限分明。门生的身份是暂时的，只要举主长官发现其地位或条件发生变化，门生随时可以离开；而宾客就形同佃户或部曲（dependents），人身依附关系较为长久。再者，门生需对其前任举主持丧服葬，没有迹象显示佃户或部曲亦如此。举主身陷政治困境之际，门生亦负有连带责任。初平三年（192），董卓被讨灭，其政敌讨论、敦劝赦免董卓部曲，因为他们不过是奉命行事而已。[43]对于门生而言，似乎总是推断他们心甘情愿地作为政治选择，支持举主并休戚与共。

五　举主长官与门生故吏的关系网络及政治权力

如上所述，举主长官与门生故吏之间的二重君臣关系，有助于他们攫取政治权势。作为常规样式的二重君臣关系，存在于整个中国历史中，而在察举和举荐作为选拔官吏的主要方式之时，这种关系则显得弥足重要。举主长官与门生故吏的关系提供了更多方式以攫取或行使权力，他们建立了联系大多数上层阶级人物的网络基础。这些网络在2世纪至关重要。通过在专制主义官僚制度之外进行活动，该网络帮助门生故吏获得和行使基本的政治权力。高官显贵与不遵守体制内指挥系统的较低一级官僚之间，负有相互的义务。这个有利条件被永元元年（89）以降轮番执政的外戚家族所利

〔41〕《隶释》卷七《泰山都尉孔宙碑并阴》，第4页上—7页下。
〔42〕关于宾客的情况，参见宇都宫清吉《汉代社会经济史研究》，第446—447页。
〔43〕《后汉书》卷六六《王允传》，第2176页。

用。外戚通过控制其任命的数百名官吏，巩固其政治权力。纵使部分外戚权臣竭力辟举名士英贤，但依照故吏之传统，政府对这些被辟举的名士犹存猜忌之心；一旦外戚家族倒台，即刻免黜他们的官职。[44]

举主长官与门生故吏的网络延伸至外戚家族之外，折射出2世纪40年代梁氏家族权力之稳固。彼时彼刻，上层阶级的许多成员逐渐认识到，政治决策不再依循他们的意志，政府不再为他们谋取利益。上层阶级试图寻求途径以使政府强烈地感受其影响力，遂着手强化隶属自己的举主长官与门生故吏关系，并建立超越官僚体制之外的网络系统。[45]据说，名宦胡广之故吏，“自公、卿、大夫、博士、议郎以下数百人”。陈蕃即列其中，其后与胡广并为三司，但每逢朝会，辄称疾避之。[46]领袖官员亦经常教授讲学，部分原因或许是为了延揽门生。例如，活动家李膺以公事免官，还居乡里，教授弟子常千人。[47]交结太学诸生亦有裨益，他们动辄举幡抗议，诉言枉状。[48]尤为重要者，该种网络在可行的范围内企图操纵官僚机构。2世纪50年代，梁冀诬陷李固广选私属，以补令史。[49]延熹九年

---

〔44〕关于外戚家族之研究，参见狩野直祯《后汉中期的政治与社会》，《东洋史研究》第23卷第3号，1964年，第68—87页。

〔45〕这被学人称为“清流”（pures）运动，得到广泛研究。参见杨联陞《东汉的豪族》，第1007—1063页；金发根《东汉党锢人物的分析》，《“中央研究院”历史语言研究所集刊》第34本下册，1963年，第505—558页；增渊龙夫《关于后汉党锢事件的史评》，《一桥论丛》第44卷第6号，1960年，第727—746页；川胜义雄《汉末的抵抗运动》，《东洋史研究》第25卷第4号，1967年，第386—413页；多田狷介《后汉后期的政局——外戚·宦官·清流士人》，《东京教育大学文学部纪要》第76号，1970年，第1—24页；狩野直祯《李固与清流派势力》，田村博士退官记念事业会编《田村博士颂寿东洋史研究论丛》，田村博士退官记念事业会，1968年；东晋次《关于东汉末的清流》，《东洋史研究》第32卷第1号，1973年，第28—52页。关于清流运动的英文论著，参见陈启云《荀悦（148—209）：一位中世纪早期儒士的生平与反思》，剑桥大学出版社，1975年，第10—39页（Chen chi-yun, *Hsün Yüeh*: *A.D.148—209*: *The Life and Reflections of an Early Medieval Confucian*, Cambridge University Press, 1975. 编者按，中译本参见高专诚《荀悦与中古儒学》，辽宁大学出版社，2000年）。

〔46〕《后汉书》卷四四《胡广传》，第1510—1511页。

〔47〕《后汉书》卷六七《党锢列传》，第2191页。

〔48〕《后汉书》卷六七《党锢列传》，第2186页。

〔49〕《后汉书》卷六三《李固传》，第2084页。

（166），陈蕃和窦武共定计策，谋诛阉宦，首要步骤就是辟用天下名士充任要职，如以李膺为长乐少府，杜密为太仆，刘祐为河南尹。[50]

随着抗议运动的如火如荼，地方上的举主长官与门生故吏之关系变得尤为重要。基于对这种私人关系有效性的信赖，地方官僚敢于公开进攻外戚和阉寺的门生故吏，纠罚奸佞之徒。[51]纵令谋划失策，身陷囹圄，他们也坚信门生故吏将前来援救。李固被外戚权臣梁冀诬陷下狱后，其故吏百计千谋予以全力救济；当李固被诛杀后，部分门生冒险乞收其尸，檖敛归葬。[52]如果一个官员逃脱抓捕，像建宁元年（168）如鸟兽散的许多党人一样，其门生故吏甚至仍为帝国官僚，却违反诏令，破家相容。[53]如果他伏死舍命，其门生故吏则护持遗孤。[54]党人运动失败后，宦官免黜数百名担任官职的党人。然而，他们随后发现不得不将诏令范围扩大至党人的门生故吏，其在位者悉数免官禁锢。[55]

党人运动的失败，丝毫没有终结对举主长官与门生故吏关系及其网络的信任。实际上，2 世纪 70—80 年代的立碑颂德，是这种关系依然存在的鲜明见证。无论如何，作为一种独立于官僚体制之外的组织形式，举主长官与门生故吏网络是免官削爵者的理想圣境。而且，在阉寺擅权被终结和独立的皇权力量崩溃以后，这种网络亦证明是凝聚敌对组织及军队的有效途径。野心勃勃的军阀，诸如郑太、孔融和袁绍等，都尽可能利用其举主长官与门生故吏网络的一切资源。[56]比较有趣的论断是，2 世纪举主长官与门生故吏网络之

---

〔50〕《后汉书》卷六七《党锢列传》，第 2196、2198、2200 页。

〔51〕 如，《后汉书》卷六四《史弼传》，第 2111 页；《后汉书》卷六七《党锢列传》，第 2199、2210、2212 页。

〔52〕《后汉书》卷六三《李固传》，第 2087—2088 页。

〔53〕《后汉书》卷六七《党锢列传》，第 2207、2216、2217 页。

〔54〕 如，《后汉书》卷六九《窦武传》，第 2244—2245 页。

〔55〕《后汉书》卷六七《党锢列传》，第 2189 页。

〔56〕《后汉书》卷七〇《郑太传》，第 2257—2260 页；《后汉书》卷七〇《孔融传》，第 2261—2264 页；《后汉书》卷七四上《袁绍传》，第 2373—2375 页。

发展，将使上层阶级更加团结一致，形成群体自觉的认同意识。[57]一方面，这些网络将上层阶级中来自各地的人们联系起来。另一方面，这些网络超政府的属性有助于重新定义“士”的概念。“士”以前被自相矛盾地认为是有教养、婞直正派并履行政治责任的精英。[58]从延熹九年（166）至中平元年（184），党人罹遭迫害，遂产生由禁锢免官的士人所组成的目标明确、坚强有力和关心政事的强大团体。然而，在中央政府所受的凌辱没有降低他们在故里的影响程度；通过举主长官与门生故吏网络，他们在全国范围内保持联络。在这种情境下，上层阶级的人们可能逐渐意识到其阶层地位独立于政府之外。

六　汉代以后二重君臣关系重要性的消失

举主与门生故吏的二重君臣关系从未消失，但是其相对的重要性随着汉帝国的崩溃而逐渐消失，直到唐末才再度恢复。如上所述，上层阶级人物所发生的政治事件及其政治理想的变动，被证明是举主长官与门生故吏关系扩张的渊薮。同样地，其关系之削弱，亦源自接踵而至的政治事件。2世纪90年代的战争，迫使许多人致力于保全家族、宗人和乡里，必然会为并非迫在眉睫的目标减少其可能付出的精力。徐幹之见解，折射出变化多端的历史环境，他批评人们托身追随于举主长官，部分原因是借此可以离其父兄，去其邑里。[59]换言之，举主长官与门生故吏之间的关系，作为一种途径，

〔57〕关于这个主题，参见余英时《汉晋之际士之新自觉与新思潮》，《新亚学报》第4期，1959年，第25—144页。

〔58〕例如，参见蒂莫特斯·波克拉《英译〈新论〉及桓谭其他作品》，安阿伯，1975年，第15—16页（Timotheus Pokora, *Hsin-lun and Other Writings by Huan T'an*, Ann Arbor, 1975）。关于该问题更为详尽的讨论，参见伊沛霞《东汉的经济史和社会史》，杜希德、鲁惟一主编《剑桥中国史》第1卷《剑桥中国秦汉史》，1979年（Patricia Ebrey, "Economic and Social History of the Eastern Han," *eds.*, Denis Twitchett & Michael Loewe, *Cambridge History of China*, Ⅰ, 1979. 编者按，中译本参见杨品泉等译《剑桥中国秦汉史》，中国社会科学出版社，1992年）。

〔59〕《中论》卷下《谴交》，第23页。

能够更有效地达成目标；他们是形成反朝廷力量不可或缺的因素，但是在护佑地方安全方面，这种关系尚不如以宗族或地域为基础的纽带更为实用。

然而，是否利用这种二重君臣关系并不完全取决于政治。他们之间关系的共鸣和认同，产生于儒家教育之熏陶。因此，这种关系之发展壮大需要适宜的社会文化环境。整个2世纪都推崇孝道。3世纪的文化价值观却发生微妙而重要的变化：不同层次的社会关系开始转向为同一阶层。这种现象的产生无疑是复杂的，但是转变的因素之一可能正是延康元年（220）九品中正制的采用。从此以后，出身高门者，无需举主长官和门生故吏之援助，只要获得中正高品，就可以平流进取，坐致公卿。他们很快发现只要和封闭排外、门第相当的人们保持联系即可获益最多。[60]自居社会顶端的人们不再像对待领主一样，面对他们的座师或长官，也不再为之持丧服葬，至于依附他人、甘为门生故吏的人们则逐渐被视作私人扈从，与宾客或部曲视同一律。[61]在这种变幻多端的社会环境下，无论他们意欲何为，上层阶级的成员都不再将二重君臣关系视作自我组织的基石了。

（范兆飞　译）

〔60〕尤其参见越智重明《九品官人法的制定与贵族制的出现》，《古代学》第15卷第2期，1968年，第68—81页；宫崎市定《九品官人法研究——科举前史》，东洋史研究会，1956年（编者按，中译本参见韩昇等译《九品官人法研究——科举前史》，中华书局，2008年）。

〔61〕关于这种情况，参见川胜义雄《魏晋南朝的门生故吏》，《东方学报》第28号，1958年，第175—218页（编者按，中译文参见徐谷芃、李济沧译《六朝贵族制社会研究》，上海古籍出版社，2008年）。

中古中国南方的大族

葛涤风

（Dennis Grafflin）

20世纪学人关于中古中国的研究，理所当然地认为中古时代是贵族统治（aristocratic control）的时期之一。在很大程度上，这种论断滥觞于内藤湖南（1866—1934）的研究，1922年，他就这个理念发表了最为清楚明白的阐述：

> 这个时代的中国贵族，在制度上并不是由天子赐予领土与人民。作为地方上的名门望族，其门第长期自然相续，垄断官职，在本集团内实行身份内婚制。全体庶民被他们视作奴仆。占有实权的君主的确存在，但以天子之威，也不能影响和改变门第的座次，其政治权威是在承认贵族阶层（aristocratic class）特权的基础上得以行使。君主居于贵族的代表性地位，其亲族的全体意志决定废立弑逆，其政治运作与绝大多数的庶民几乎毫无关系。[1]

但是，内藤湖南对于宋代以前社会的纲领性论述，考虑并不充分，讨论意图旨在集中大部分精力关注近世（modern period），而这才是他真正措意之处。[2] 1962年，在内藤湖南开创的日本汉学“京都学

〔1〕关于内藤湖南贵族制社会学说的引用，最清晰明确阐述其地位者，参见宫川尚志《六朝史研究·政治社会篇》，平乐寺书店，1964年，第342页，注释1。

〔2〕关于内藤湖南学说的发展，及其作为回应20世纪早期日本知识界的挑战，参见谭汝谦《追寻东洋的过去：内藤湖南的生活与思想（1866—1934）》，普林斯顿大学博士（转下页）

派”（Kyoto School）内部，川胜义雄认为，贵族制理论的阐释并没有得到任何详细研究的支持，如果不能和独立的地方军府机构——这是东汉末年迄于五代时期（大约是200—1000年）中国历史的鲜明特色——的作用结合起来，这种阐释也就不能得到彻底的验证。[3]虽然川胜义雄本人首先致力于修正早期南方中国的分析模式，谷川道雄亦紧随其后，对北方中国异族统治下的情况进行考察。[4]但是，在对东晋南朝汉人政权的研究中，把贵族制作为统治性特征的陈腔老调依然持续存在。本文的主旨在于证实，内藤湖南所描述的贵族政治（aristocracy）并不存在，同时力图廓清继续考察南朝社会的道路。

对于常规官僚机构的贵族式垄断，这种论点已经被加以反复的研究，其中最显著者，首推宫崎市定。[5]由于传统文献对记载母系祖先缺乏必要的兴趣，因此，关于精英阶层门第婚的描述就变得复杂化了，但学人对于这种行为的概括则毫无争议。如此，还有一个根本的和不可避免的主要特征，即长期延续的门第，如果没有这个

（接上页）论文，1975年（Tam Yue-him, *In Search of the Oriental Past: The Life and Thought of Natiō Kona [1866—1934]*, Diss. Princeton University, 1975）。关于19世纪末20世纪初期日本汉学潮流更为精深复杂的考证，参见傅佛果《内藤湖南：政治与汉学（1866—1934）》，哥伦比亚大学出版社，1980年（Joshua Fogel, *Politics and Sinology: The Case of Natiō Kona [1866—1934]*, Diss. Columbia University, 1980. 编者按，中译本参见陶德民等译《内藤湖南：政治与汉学（1866—1934）》，江苏人民出版社，2016年）。

〔3〕川胜义雄《六朝贵族社会与中国中世史》（“六朝貴族社会と中國中世史”），《史窗》（“史窓”）第21期，1962年，第119—120页。

〔4〕川胜义雄对于三国时期的孙吴政权进行了极为详细的考察，参见氏著《贵族制社会与孙吴政权下的江南》（“貴族制社会と孫呉政権下の江南”），收于中国中世史研究会编《中国中世史研究》，东海大学出版会，1970年；《从孙吴政权的崩溃到江南贵族制》（“孫呉政権の崩壊から江南貴族制へ”），《东方学报》第44册，1973年，第67—100页。有关贵族制在其后历史发展的情况，参见川胜义雄《刘宋政权的成立与寒门武人》（“劉宋政權の成立と寒門武人”），《东方学报》第36册，1964年，第215—233页；《关于南朝贵族制没落的一个考察》（“南朝貴族制の沒落に關する一考察”），《东洋史研究》第20卷第4号，1962年，第120—144页；《侯景之乱与南朝的货币经济》（“侯景の亂と南朝の貨幣經濟”），《东方学报》第32册，1962年，第69—118页；《南朝贵族制的崩溃》，《亚洲学》第21期，1971年，第13—38页（Kawakatsu Yoshio, La decadence de l'aristocratie chinoise sous les Dynasties du Sud, *Acta Asiatica*, Vol. 21, 1971）。谷川道雄的论文结集出版，参见氏著《隋唐帝国形成史论》，筑摩书房，1971年。

〔5〕宫崎市定《九品官人法研究——科举前史》，同朋舍，1956年初版，1977年再版。

特征，人们已经接受的关于中古门阀大族的观点，则不攻自破。

就此而言，学人已经提出引人注目的看法。关于这个问题，毛汉光已经进行讨论，“两汉是我国中古时期大士族的酝酿时代”，“以南朝大士族而论，皆起源于东晋以前”。[6]毛汉光从事的数量统计，可以与姜士彬（David Johnson）统计的魏晋南北朝高级官员在唐代三大郡望表（lists of prefectural notables）出现的比例进行对照。[7]姜氏由此得出结论，“这些数据……显示，不合情理的是，精英阶层的家族不存在持续的代际更新，这个群体的构成反而在整个中国时期相当稳定。……大族形成的寡头阶层控制了中国的晋唐时期”。[8]学人对这项研究进行了饶有趣味的评论，“姜士彬先生提供的一系列证据令人印象深刻，应该能使任何读者相信这些精英家族蝉联相续和持续存在的重要性”。[9]但是，这些观点都不是来源于任何真实家族群体的复原工作。如果复原这些家族的情况，那么，我们对于门阀大族连绵稳定和长期延续的印象，就会随之消失。

诚然，根据现有的史料，我们无法精准界定中古时期整体精英阶层的成员资格，但是，领袖家族（一流高门）的情况却可以清晰地加以确定。在整个 4 世纪，随着北方侨姓士族（northern refugees）主导的华夏政权在长江流域下游得以建立，超级精英阶层由五个单

---

〔6〕毛汉光《我国中古大士族之个案研究——琅琊王氏》,《“中央研究院”历史语言研究所集刊》第 37 本下册，1967 年，第 577—610 页；《两晋南北朝士族政治之研究》（上、下册），台北“中国”学术著作奖助委员会，1966 年，第 63 页。

〔7〕姜士彬《中古中国的寡头政治》第五章“郡望表”、第七章“六朝门阀见于唐代氏族谱比例表”，西方视野出版社，1977 年（David Johnson, *The Medieval Chinese Oligarchy*, Boulder, Westview Press, 1977。编者按，中译本参见范兆飞等译《中古中国的寡头政治》，中西书局，2016 年）。其中一份氏族谱（大英博物馆，斯坦因所藏 S.2052 号文书）显然是完整的。另一份氏族谱（北京图书馆所藏，北位 79 号文书）是残缺不全的，最后一份氏族谱是今人池田温根据宋代文献复原的一部分。

〔8〕姜士彬《中古中国的寡头政治》，第 125—126 页。姜氏关于这些氏族谱的考察，对我们认识北朝至唐代的社会思想颇有裨益。其中争议之处在于，姜氏将唐人对氏族谱的观念，轻易地套用于早期中古中国的人们。

〔9〕萨默斯《早期中华帝国的社会：评介三本新作》,《亚洲研究杂志》第 38 卷，1978 年，第 133 页（Robert M. Somers, “The Society of Early Imperial China: Three Recent Studies,” *The Journal of Asian Studies*, Vol. 38, No. 1, 1978）。

系继嗣群体所组成，他们是：琅琊王氏、太原王氏、颍川庾氏、谯国桓氏和陈郡谢氏。根据他们的世系，我们可以获得很多有趣的结论。[10]

无可否认，我们几乎没抱什么希望，可以完整无缺地复原这些家族。我们依据的文献，差不多完全忽略家族的女性成员，她们看起来往往只有在家族的影响力达到巅峰之时——她们成为皇帝嫔妃，抑或宰相的夫人——才会登场。伊沛霞根据墓志铭的资料进行统计，《新唐书·宰相世系表》所载人物似乎大约只有博陵崔氏的一半。[11]已经形成的家族结构契合我们所了解的中国南方的历史。在政治生活中活跃的大族成员，前后簇拥着兄弟、子侄以及堂兄弟等族人。而这些家族的隐士和诗人在世系中则是一脉单传（only-son-of-only-son），变得无足轻重。不论家族世系与其生物学上的全部子孙数量关系如何，这些世系的确反映了宗族成员在政治上的影响力。我们绘制这些大族每代已知数量的图表（参见下表），并以图表曲线的形式，形象呈现中古时期中国南方高门大族的命运变化（参见图一和图二）。

我们简单浏览图表，就会发现这五个高门大族，只有太原王氏和颍川庾氏的世系可以追溯至汉代，而且他们也只是勉力为之。在六朝时期的终端，只有琅琊王氏和太原王氏绵延持续至唐代。如果这种情形暗示太原王氏是这个门阀集团中南方大族的最佳样本，我们就应该

---

〔10〕这些谱系的表格自身以及所附的注释，超过一百多页打印稿，因此很遗憾不能逐录于此。所有这些资料，参见葛涤风《南朝早期的社会秩序：东晋的构造》，哈佛大学博士论文，1980 年（Dennis Grafflin, *Social Order in The Early Southern Dynasties: The Formation of Eastern Chin*, D. dissertation, Harvard University, 1980）。简言之，我们通过搜集对太原王氏和琅琊王氏有参考价值的正史资料和二手文献，其中有经过证实的《人名谱》，保存于汪藻撰于 13 世纪的《世说新语叙录》，刻本藏于前田尊经阁文库，系金泽文库所藏的部分残本。这本著作所根据的原始文献，并未被唐代史馆机构和《新唐书·宰相世系表》的纂修者加以使用。王伊同、孙以绣、守屋美都雄、矢野主税等人并不知道这种情况，其中有学者已经出版了中古门阀大族的谱系。笔者在绘制庾氏、桓氏和谢氏等家族世系的时候，将这本著作视作原始文献。

〔11〕伊沛霞《早期中华帝国的贵族家庭——博陵崔氏个案研究》，剑桥大学出版社，1978 年，第 170 页。

指出，这个家族从第九世开始的所有成员，居住在北部中国，都是王慧龙的后裔子孙，而王慧龙在元兴三年（404）当其亲属族人被政敌诛杀灭门之际，只身北奔。《魏书》记载了富有戏剧性的故事：王慧龙获沙门僧彬相助隐匿北奔，并在渡过长江时成功摆脱疑心很重的摆渡者，但同时将这种说法和反对者的言论相提并论——“自云太原晋阳人，……其自言也如此”——显然倾向于拒绝承认这个故事本身。〔12〕

高门大族每代男 / 女成员数量表

世纪	琅琊王氏	太原王氏	颍川庾氏	谯国桓氏	陈郡谢氏
2 世纪中期		A1—1			
2 世纪晚期		A2—2	01—1		
六朝时期					
3 世纪早期	01—1	01—3	02—2		
3 世纪中期	02—4	02—6	03—3	01—1	01—1
3 世纪晚期	03—13	03—8/1	04—7	02—2	02—1
4 世纪早期	04—20/1	04—10/3*	05—11/3*	03—2	03—2
4 世纪中期	05—26/1	05—9/1	06—15/2*	04—5/1	04—7/1
4 世纪晚期	06—30/2	06—9/2*	07—7	05—22/3	05—15/4
					06—20
5 世纪早期	07—37/3*	07—8/1*	08—6	06—12	07—17/1
5 世纪中期	08—35/1	08—9	09—5	（灭族）	08—9
5 世纪晚期	09—42/1	09—1	10—4		09—9
6 世纪早期	10—34/2	10—1	11—3		10—8
6 世纪中期	11—30/1	11—4/2	12—1		11—6
6 世纪晚期	12—15/1	12—4	（衰微）		12—4
					13—1
7 世纪早期	13—3	13—6			（衰微）
	延续至唐代者		无闻于唐代者		

* 大族每代数字中标识 * 者贵为皇后。

大族高门在汉代的祖先世代以（A1，A2）分开表示，如此六朝时期的世代情况可以变得整齐。陈郡谢氏的世系看起来稍微简短，故以不同的间距表示。

〔12〕《魏书》卷三八《王慧龙传》，中华书局，1974 年，第 875 页。

显而易见，这些家族的规模并不是非常大。从公元200年至600年的四个世纪中，这些大族涌现出了一百名可经证实的个体人物，显然是我们所能指望的大族门阀的所有成员，琅琊王氏是明显的例外。只有琅琊王氏和陈郡谢氏在南朝成功地保持着合理的成员数量，我们发现他们深藏在每一个关于社会声望崇高的论调幕后。

在6世纪中期，侯景坚持请求婚娶王氏或谢氏的女子，作为他上表效忠萧梁的部分条件。但是，梁武帝告诉他，"王、谢门高非偶，可于朱、张以下访之"[13]。迄于8世纪，柳芳在论述昔日氏族的时候，仍然将王氏和谢氏置于过江侨姓（refugee lineages）的首位，同时确认朱氏和张氏只是位居东南土著吴姓的顶峰。[14]

最晚至9世纪，"王谢"成为诗人笔下一个简单含蓄的说法，代表南方风神夷简的大族门阀的消融：

> 朱雀桥边野草花，乌衣巷口夕阳斜。
> 旧时王谢堂前燕，飞入寻常百姓家。[15]

实际上，由于元嘉十年（433）谢灵运谋逆被杀，谢氏家族已经严重衰落；而且，他们拒绝将天子玺献给建元元年（479）开国登基的南齐皇帝萧道成；他们在南朝的大多数时期内都呈现出衰微不振的情

---

〔13〕《南史》卷八〇《贼臣·侯景传》，中华书局，1975年，第1996页。这个例证经常被用来证明梁武帝统治的萎靡孱弱。皇帝拒绝安排权贵门阀的女儿作为通婚对象，应该看成对南朝政治软弱无能的指控，这种情形暴露残忍无情的专制统治的水平，人们经常认为这就是典型的适合传统中国的特征。

〔14〕《新唐书》卷一九九《儒学中·柳冲传》，中华书局，1975年，第5677页。柳芳关于南方大族的看法是皮相之论。他所列举的吴姓士族，显然是三国时期吴郡拥有地方声望的家族的遥远回响。参见《世说新语·汪藻人名谱》"吴郡陆氏谱"，第142页。杜希德的论文最先让我注意到柳芳的氏族论，参见杜希德《柳芳：被遗忘的唐代史家》，"中国与比较历史"学术会议，耶鲁大学，1970年10月29日（Denis Twitchett, "Liu Fang: A Forgotten T'ang Historian," delivered to the Seminar on Chinese and Comparative Historiography, Yale University, Oct. 29, 1970）。

〔15〕"乌衣巷"，作者刘禹锡（772—842），参见邱燮友注释《新译唐诗三百首》，第280首，三民书局，1976年。诗中的地名正是上等阶层在建康（今南京附近）南部居住的区域。

景。[16]

事实上，中古时期最高级的门阀大族中，如果我们放弃将显赫的家世追溯至汉代的必要条件，并且接受这个家族在南朝后期急剧衰落的情况，紧接着他们又在唐代迎来家族的复兴，只有琅琊王氏才可以被描述成冠冕相袭、长期重要的门阀士族。一个社会范式只能通过自相矛盾的条件，甚至只能适用于一个单独的案例，这样的范式就根本不如没有范式，因为这个范式显然构成我们理解问题的障碍。我们分析南朝五大高门大姓的历史，显然需要一种更加生动的阐释。

在五个门阀大族中，琅琊王氏、太原王氏和颍川庾氏这三个高门被视作“旧族”门户（“old” aristocracy）。他们家族的领军人物（leading figures）——王戎、王昶和庾峻——在魏晋嬗代之际（265年）成为司马氏的党羽进而巩固了地位，其时他们从地方的重要家族，晋升至超级精英的门阀地位。基于这样的社会地位，他们在洛阳涌现了一批城居的贵族名流（琅琊王衍、太原王沦［卒年过于年轻，而非典型例证］、颍川庾敳）。由于这些高门大族坚决支持西晋政权，因此，随着西晋的灭亡，其中一大部分遭到摧毁（琅琊王雄的后裔、太原王浑的后裔以及颍川庾遁的后裔［他的孙子庾琛房支除外］）。这些门阀拥有足够的力量，使他们衣冠南渡，维持大族的声望于不坠，他们相继成为在政治和社会上卓有权势的领袖（琅琊王导、太原王濛［仅为社会领袖］、颍川庾亮）。这些门阀为了谋求显赫的地位，他们的政治领袖往往需要在家族的同代人中寻找一个军事性的拥护者（琅琊王敦、颍川庾翼）。

这三个门阀士族都在东晋涌现过皇后。这些门阀所出皇后的世代，正好处于图一和图二各自发展曲线的高峰时期，在某种程度上反映这些家族在竞争帝室的恩宠方面，获得格外的成功，这种情形

〔16〕 宫崎市定《九品官人法研究——科举前史》，第26页。

并不出人意料。在继之而来的世代里，这些家族的命运呈现衰落之势，尤具灾难性的是太原王氏和颍川庾氏。

图一　大族发展曲线（王氏）*

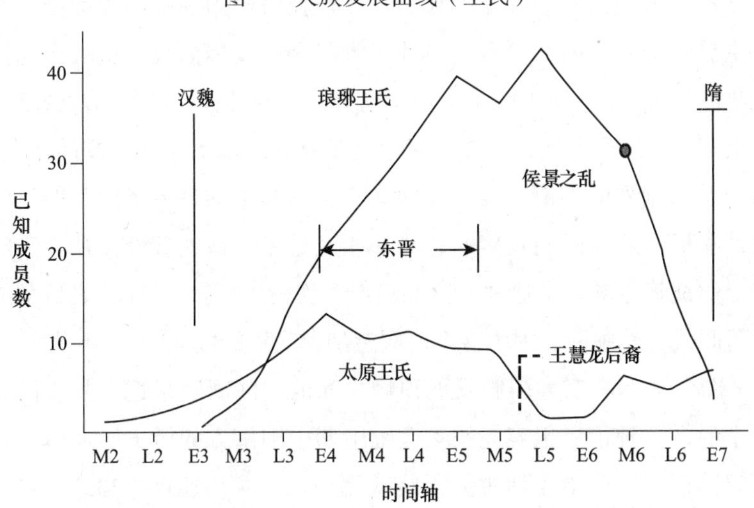

比较而言，桓氏家族从永和元年（345）开始兴盛，一直持续到元兴三年（404）被屠戮殆尽；而谢氏家族获得显赫地位的时间，晚于桓氏一代人。桓氏和谢氏构成了“新出”门户（“new” aristocracy），他们崛起于混淆不清的军功家族，和洛阳朝廷没有清晰可辨的历史渊源。关于他们的尚武特征以及在东晋旧族门阀内部的接受程度，《世说新语》所载无可争辩地表明，他们被视作新出门户。〔17〕没有一个皇后出自这个阵营。

我们简单浏览大族发展曲线图，其中显示，门阀大族的发展经

---

*　编者按，图一和图二的横轴和纵轴，在《哈佛亚洲学报》（*HJAS*）第 41 卷第 1 期（1981）发表时遗漏横轴的时间刻度和纵轴的具体成员数量，兹据葛氏博士论文予以补全，其中 M2、L2、E3 等中的字母表示 Middle，Late，Early，数字表示世纪，即 2 世纪中叶、2 世纪晚期、3 世纪早期，诸如此类。兹仍以 M2、L2、E3 等进行表示。参见葛涤风《南朝早期的社会秩序：东晋的构造》，第 67、157 页。

〔17〕《世说新语》“方正篇”（第 58 条），桓氏；“简傲篇”（第 9 条），谢氏。

历了大相径庭的两种过程。图一显示，琅琊王氏和太原王氏“肩宽膀阔”（broad-shouldered curves）的发展曲线，反映出他们在拥有长期的社会声望方面，具有相似之处；而琅琊王氏曲线下部巨大的区域，象征着他们异乎寻常的成功：在较长时段内的政治和社会上均占主导性地位。图二显示，另外三大门阀的发展曲线，反映出他们在政治领域（political arena）步步高升的大族结构，但是相对缺乏社会根基。图表所示的过程是非常迅速的扩张，随着政治盟友的更迭，门阀继以剧烈的下滑，表现在曲线上，起初呈陡峭下降的态势；但是，在那之后，门阀衰落的趋势却相对缓慢，精英身份在社会和经济上的优势也减缓了这种衰落的趋势（就桓氏而言，“在那之后”的衰落曲线突然中断，因为这个门阀遭到彻底性的毁灭）。

图二显示，三大门阀发展顶峰之间的空间间隔很近，并非偶然发生的，这种情形很容易被 4 世纪中期中国南方的历史所证明。东晋建国以降，政治生活主要围绕琅琊王氏、颍川庾氏（335—345）、谯国桓氏（345—373）和陈郡谢氏（373—385）而展开，他们相继当权执政。其中，尚未获得普遍认识的情况是，太元十年（385）

图二　大族发展曲线（庾氏、桓氏和谢氏）

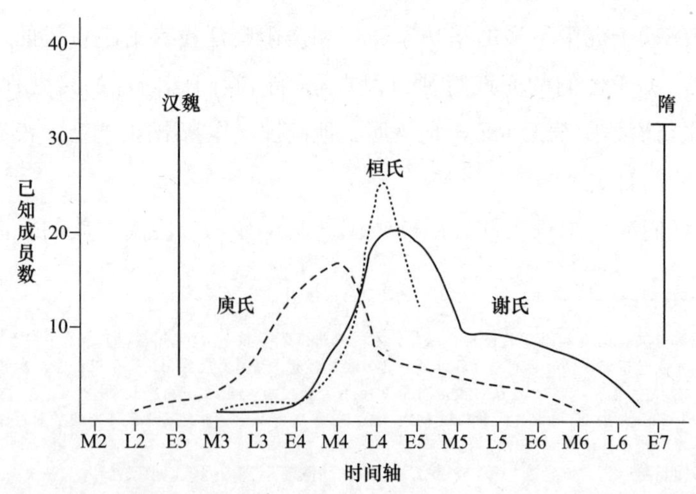

秋，谢安之死标志着门阀大族统治南方社会的终结，也意味着川胜义雄所论严格意义上的贵族制社会（aristocratic society）的终结。川胜义雄的贵族制社会概念如下：

> 贵族制社会并不是由当时上层贵族所构成的实体组织，不是贵族社会的世界。在我看来，所谓贵族制社会，必须是指贵族在整个社会的所有方面都处于中心地位的一种社会体制。[18]

不只是东晋第一流的高门大族迅速地衰落，而且南朝也没有出现地位相当的家族取而代之。太元十年（385）以降，随着司马道子势力的崛起，一直到开皇九年（589）陈朝的灭亡，门阀贵族的优势地位及其制度上的保障措施——九品官人法——开始遭到破坏，在政治领域，他们被朝廷之上来自亚贵族势力的各种朋党和军事势力所鄙夷和忽视。

正如赵翼在18世纪所观察到的那样，担任南朝国家柱石者，没有出自高门大族的人物，和4世纪实力派人物的出身截然不同。[19]不仅如此，20世纪的毛汉光在南方同样不能找到任何新生的高门大族。[20]晋朝的著名郡望在有唐一代依旧蔚然成风，不是因为他们的拥有者控制着晋唐之间的时期，而是因为胡汉混合杂糅的贵族制（Sino-foreign hybrid aristocracy），在北魏孕育生成，不得不往前追溯至晋朝，目的正是在祖先起源上为显然相异的上等阶层社会宣称共同的华夏祖先。

（范兆飞　译）

---

〔18〕川胜义雄《六朝贵族社会与中国中世史》，第118页。

〔19〕赵翼《廿二史劄记》卷一二《宋齐梁陈书并南史》“江左世族无功臣”，收于《瓯北全集》，清光绪三年（1877）滇南唐氏寿考堂重刊本，第10页下—12页下。

〔20〕毛汉光《两晋南北朝士族政治之研究》，第62页。

中古中国南方的人名
——以琅琊王氏和太原王氏的模式化命名为例*

葛涤风

（Dennis Grafflin）

我们通过考察中世纪早期两个主要门阀大族的人名，发现了一种传统分析所不能提供的复杂模式。因此，我们有必要揭示中古人名实践中形式化的描述语言，并探寻影响这种描述语言的力量：谱系、政治、宗教和社会等因素。

一 引 言

作为亚洲文明的研究者，我们都觉得已经知道一个中国人姓名的构成。当我们听到有人提及陈查理（Charlie Chan）或者傅满洲（Fu-

* 本文的较早版本，曾经提交美国学术团体协会中国文明委员会于1980年8月16—18日在斯坦福大学召开的学术会议，主题是"早期中古中国的国家与社会"（"State and Society in Early Medieval China"）。其中很多特殊词汇（Xname，不知名号者；T-Wang，表示太原王氏，与琅琊王氏相区别；数字编号方式，表示早期中古中国的门阀人物）来源于笔者的学位论文，参见葛涤风《南朝早期的社会秩序：东晋的构造》，哈佛大学博士论文，1980年。笔者希望在不远的将来完成修改工作，以备正式出版。与此同时，其中结论的关键部分已经发表，参见葛涤风《中古中国南方的大族》，《哈佛亚洲学报》第41卷第1号，1981年，第65—74页（Dennis Grafflin，"The Great Family in Medieval South China，" *Harvard Journal of Asiatic Studies*，Vol. 41，No. 1，1981）。编者按，本文所涉人名，皆缀五位数字系统，如王导04—211，连字符前的两位数字表示世代，连字符后面的前两位数字是家族序号，相同者表示同父所生，最末一位数字表示出生次序。琅琊王氏和太原王氏的世系及人名索引，参见葛涤风《南朝早期的社会秩序：东晋的构造》下册，第390—419、439—481页。

中古中国音韵之重建，根据薛爱华对高本汉成果的简化，参见高本汉《古汉语字典修订本》，《远东文物博物馆馆刊》第29期，1957年（Bernhard Karlgren，Grammata Serica Recensa，*Bulletin of the Museum of Far Eastern Antiquities*，Vol. 29，1957）。参见薛爱华《朱雀：唐代的南方意象》，加利福尼亚大学出版社，1967年（Edward H. Schafer，*The Vermilion Bird: T' ang Images of the South*，University of California Press，1967. 编者按，中译本参见程章灿等译《朱雀：唐代的南方意象》，生活·读书·新知三联书店，2014年）。

Manchu），我们毫不犹豫地认为，一种异域的影响使清晰明朗的形势变得歪曲模糊。虽然偶有暧昧不明之处，类似一些中国人的习惯，将具有日本或韩国名字的人，看成他们好像就是中国人一样，或者一个著名的中国棒球选手，通常被当成 Ō Sadaharu（王贞治），但是，我们很少认真关注这些人物名字的内部结构，其发展历史构成了我们的认知领域。对于现代历史学家而言，面对纷繁芜杂的大量资料，这种对问题的疏忽是易于理解的；而对于中古史学者而言，令人遗憾地表现在两个方面。一方面，随着时间之推移，中国人的命名行为发生了显著的变化；另一方面，文献的流失通常只留给我们一些数量很少的合适人名。这种结果使我们确信，这些人名可能提供所需要的历史信息。

除了极少数的例外情况，现在中国人的姓名都符合一个简单的模式。其中，一个字表示姓（surname），在出生时继承父亲，其后不久，则由父亲所命单名（one-character name）或者双名（two-character name）。在青年时期，父母、老师、朋友抑或自己，精心取两个字的字号（two-character style），通常与人名之间具有语义学或者有历史的联系。[1]

其中经常描述的一种特征就是“行辈命名方式”（generational naming）：

> 在命名之时，人们经常会事先安排一个共同的字或者一个字的共同部分，为一个父系家族中的所有同辈男性或女性成员所共享，如此就会从名字中知道这个成员属于这个大族的哪一辈人物。当一个人名……只有一个音节（单字），行辈标识当然只能是这个单字的一部分。它通常包括一些很常见的共同偏旁，诸如木字、水字、金字，等等。在非单音节（非单字）的案例

[1] 赵元任《中国人的各种称谓》，收于迪尔编《中国社会语言学的若干方面：赵元任论文集》，斯坦福大学出版社，1976年，第317页（Chao Yuan Ren, “Chinese Terms of Address,” in Anwar S. Dil, ed., *Aspects of Chinese Sociolinguistics*, Stanford University Press, 1976）。

中，当然是人名中不重复的部分（首个或第二个单字）是个体人名所有，而另外一个部分，则为兄弟（或姐妹）和堂兄弟姐妹（同性或双性成员）共同拥有。[2]

在此之外，人们进入一个汉语人名的奇妙空间，不乏大族门阀的传说，其中在某一代人里不重复出现的字，可以清楚阐明《唐诗三百首》中的一首，然而，共同的字派却按照序列逐代共享，他们从“四书”中引经据典进行选字。

但是，通过搜检现代大量印制的族谱，我们只不过发现了为数不多的案例，其中两个或三个兄弟为他们的大部分孩子使用一个共同的字派。[3]可以肯定的是，同一行辈的横向联系，使用一个共同的字，从某一代到下一代的纵向联系，则从先前存在的文本中选择一个共同的字，这种情形可见于佛教僧院制度。正如尉迟酣（Holmes Welch）所述，一个离开世俗生活的中国人从法师那里获得两字的剃度名（tonsure name），同代僧徒拥有一个共同的字，逐次选自各种各样的偈颂，其中不少都被印入佛教唱颂词。[4]大概出于

〔2〕赵元任《中国人的各种称谓》，《中国社会语言学的若干方面：赵元任论文集》，第316页。

〔3〕与此相似，纳尔逊（H.G.H. Nelson）强调现在仍然存在的行辈命名方式并不可靠，参见纳尔逊《祖先崇拜与丧葬实践》，收于武雅士《中国社会中的宗教与仪式》，斯坦福大学出版社，1974年，第261页，注释15（H.G.H. Nelson, “Ancestor Worship and Burial Practices,” in Arthur P. Wolf, ed., *Religion and Ritual in Chinese Society*, Stanford University Press, 1974. 编者按，中译本参见彭泽安等译《中国社会中的宗教与仪式》，江苏人民出版社，2014年）。但是，姜士彬先生通过私人信件告诉笔者，在哥伦比亚大学所藏族谱中，他已经看到中华帝国晚期的一些例证，行辈命名已经扩散至从兄弟，并持续一代人以上。任何学人能够证明本文所描述的人名现象中的一个可靠案例，笔者深表感谢。或许，《红楼梦》中的贾氏家族非常重要，人们确信认为贾氏体现了上层阶级优雅高贵的文化特征，其中成员的人名是作者明确评论的主题，他们却反映出一幅支离破碎的图景。

〔4〕尉迟酣《中国佛教的实践：1900—1950年》，哈佛大学出版社，1967年，第279页（Holmes Welch, *The Practice of Chinese Buddhism: 1900—1950*, Harvard University Press, 1967）。我们可以比较世俗领袖的现代信徒之行为，“向东曾经和某个男子进行聊天，此前知道他是卫东——保卫毛泽东之义——在‘文化大革命’之后采用的大众化人名，向东——一心向着毛泽东——同样如此”。参见陈若曦《尹县长：文化大革命小说集》，殷张兰熙、葛浩文英译，印第安纳大学出版社，1978年，第75—76页（Chen Jo—hsi, *The Execution of Mayor Yin and other stories from the Great Proletarian Cultural Revolution*, Nancy Ing and Howard Goldblatt, trans., Indiana University Press, 1978）。

仿效的结果，同样的使用规则见于道教的宗教诗，学人已经发现在秘密社团中存在相似的现象。[5]如果现代人的命名观念确实受到佛教实践的影响，那么，我们必须按照他们的方式，考察佛教渗透中国较早时期的情况。

二　历史证据

我们简单浏览一下《汉书》的列传，就会发现迄于汉代，周代人名的杂乱无章和可塑性已经消失，继承姓氏和人名结合的制度已经形成。[6]这些人物列传同时暗示，在公元前一千年的后半段，单名在人名中占有压倒性的多数。关于这种情况最早的讨论，见于《左传》桓公六年（公元前706）九月：

> 公问名于申繻。对曰："名有五，有信，有义，有象，有假，有类。以名生为信，以德命为义，以类命为象，取于物为假，取于父为类。不以国，不以官，不以山川，不以隐疾，不以畜牲，不以器币。周人以讳事神，名，终将讳之。故以国则废名，以官则废职，以山川则废主，以畜牲则废祀，以器币则废礼。……"公曰："是其生也，与吾同物，命之曰同。"[7]

这种名字要求适合第六种，不胜其烦的桓公想出了对应之策。上述

〔5〕吉冈义丰《道士的生活》，收于尉迟酣、石秀娜主编《道教面面观：第二届国际道教学会论文集》，耶鲁大学出版社，1979年，第231—233页（Yoshioka Yoshitoyo, "Taoist Monastic Life," Holmes Welch and Anna Seidel, eds., *Facets of Taoism*, Yale University Press, 1979）。

〔6〕《左传》中人名的混乱情况使理雅各困惑不解，以至于让他相信，推动认真记载人名的开端，始于司马迁在每个人物列传最前面的记载，一直延续到现在，参见理雅各《中国经典》第5卷《春秋与左传》"绪论"，多佛出版社，1872年（James Legge, *The Chinese Classics*: Vol. 5, *The Ch'un Ts'ew with the Tso Chuen; Spring and Autumn Annals and Tso Chuan*, Dover Publications, 1872）。

〔7〕理雅各《中国经典》第5卷《春秋与左传》，第47—50页。

引文同时指出，周代祖先对于死者名讳禁忌的狂热崇拜，这种行为在中古时期风靡中国。

《礼记》(编自汉代的诸多文献)更加详细地讨论人名的仪式问题。它在禁止使用的人名词汇中，增添了历法的因素，即不以日月为名，同时在孩子命名方面做出修改，他们应该得到反映其成长次序的人名。与此同时，政治的因素介入其中——士大夫之子不敢与世子同名。〔8〕命名成为家族信仰的组成部分，某人始生三月，其父正式起名，其母允诺谨记夫言，并完成对孩子新名意义的祈祷。〔9〕申繻所言命名的第二个原则，"有义"，在此看来是理所当然的。

《礼记》中字的出现，是在人们成年仪式时作为人名的组成部分。男子二十，冠而字；女子许嫁，及笄而字。〔10〕周道死谥的禁忌再次被加以讨论。〔11〕

我们看到，《礼记》中死者名讳的禁忌开始扩张其领域。一旦葬礼结束，则舍故而讳新，不仅有父系祖先的例证，还有故去君王的例证。饶有趣味的是，这种规定似乎只是约束狂热的虔诚，同时屡屡强调仪式禁忌的限制条件。只有新丧的直系祖先或者君主的名号才需要避讳。因此，只要某人的父亲仍然健在，只有祖父的名号需要避讳。某人故去，其父的名号则正常恢复使用。同样地，统治者的死亡，继承者则必须避讳先王之名。〔12〕

这种名讳的扩张虽然包括了统治者，他大概被视作象征性的众

---

〔8〕《礼记》"内则篇"，《十三经经文》，开明书店，1970年，第3页。参见理雅各英译《礼记》，收于马克斯·缪勒《东方圣典丛书》第二七至二八卷，牛津大学出版社，1885年，第78—79页。同时参见《十三经经文》，第58页，《礼记》"内则篇"，第475页。

〔9〕《十三经经文》，第58页，《礼记》"内则篇"，第473—474页。

〔10〕《十三经经文》，第3、52页，《礼记》"曲礼篇"，第79、438页。

〔11〕《十三经经文》，第13页，《礼记》"檀弓篇"，第144页。

〔12〕《十三经经文》，第5、20页，《礼记》"檀弓篇"，第93页；"王制篇"，第190页。《礼记》(《十三经经文》，第83页，《礼记》"玉藻篇"，第161页)记载了一个匪夷所思的事情，对于一个娶妻的年轻人而言，他需要注意避讳六十个人的名字(我们在每个需要避讳的关系群体中取最小的成员数)，遍及四个家族的三代人物。无论这段材料反映什么内容，笔者难以相信这是中国任何时期的真实情况。

生之父，但是，《礼记》所隐含的仪式分析仍然将避讳视作家族内部私人敬意的形式。而在公众场合，人们使用这种宗教性的语言风格可能引发混乱，我们注意到只有公讳（public taboo）的存在——此前君主的名号。这样的混乱已经成为问题：个别禁令规定在君长之前，诵读《诗经》《尚书》时不避私谥。[13]

事实上，这种避讳系统的目的似乎是强化家族内部尊卑有序的对话方式。即便是陌生人，也应该在入门的时候，观察和询问避讳之处。申繻在《左传》中谈及的命名原则，人们在仪式上尊崇先世，每个字词、每个行为都担负着神圣的意义，与之相较，这种名讳变得无关紧要，也再未被记载下来。这种名讳系统包括女性成员，但妇人之讳不出门。[14]

中古时期关于命名和避讳看法的资料令人失望的缺乏。文学评论家王充（27—约 100）纯粹按照《左传》已经提及的章节讨论人名问题，据此认为某人立字的产生，"展名取同义"[15]。可惜的是，王充所举两个特殊类型的例证（编者按，即端木赐字子贡，宰予字子我），在儒家弟子中比较常见，但是，我们在中古早期很难发现这样的例证，至少在下文考察的王氏就是如此。

《世说新语》（编集于公元 5 世纪）记载了一条简短却颇有价值的轶闻，作为整体，内容如下：

> 王蓝田拜扬州，主簿请讳，教云："亡祖先君，名播海内，远近所知；内讳不出于外。余无所讳。"[16]

---

〔13〕《十三经经文》，第 5、61 页，《礼记》"曲礼篇"，第 93 页；"玉藻篇"，第 18 页。

〔14〕《十三经经文》，第 5 页，《礼记》"曲礼篇"，第 93 页。

〔15〕《论衡》卷二五《诘术篇》，四部丛刊初编，据明通津草堂本缩印，商务印书馆，1943 年，第 3 页下。

〔16〕《世说新语》卷中《赏誉篇》第 74 条目，四部备要本，中华书局，1935 年。《太平御览》卷五六二《礼仪部·讳》记载了一个相似但更加简洁的版本，引自《世说新语》之前身、撰成于 4 世纪的《语林》。《太平御览》缺少有关妇女之讳的记载。参见杨勇《世说新语校笺》，学生书局，1973 年，第 348 页。

6世纪《世说新语》的注释家刘峻，认为其中的一句就是妇人之讳：

内讳不出于外。

并注引《礼记》作为参考：

妇人之讳不出门。[17]

不论这段引文是不是向我们显示，东晋的官僚都自觉地征引《礼记》，很显然这种祖先避讳的制度持续在扩张。这里给人的印象是，太原王述是守成之人，根据年齿长幼和主簿的标准，限制其家人使用亡祖亡父的名讳。

南北朝时期，人们对于避讳问题的敏感性持续发展，颜之推（531—591）讽刺地记载了这种情况。颜之推在文献问题上怀有自负的优越感，使他成为弥足珍贵的见证人。颜之推援引《礼记》，作为限制避讳范围的权威根据，他讽刺萧梁的两个官员闻讳必哭，或看到文书中的名讳，就对之流涕（编者按，指谢举和臧逢世）。[18]颜之

---

〔17〕笔者的英译与马瑞志不同，他似乎认为，某人不敢在户外讲出女性亲属需要避讳的名字，甚至不能告诉他的主簿。参见马瑞志《〈世说新语〉英译本》（刘义庆撰、刘峻注），明尼苏达大学出版社，1976年，第230页（Richard B.Mather, trans., *Shih-shuo Hsin-yü: A New Account of Tales of the World, by Liu I-Ch'ing with commentary by Liu Chün*, University of Minnesota Press, 1976）。笔者的英译，得到日本学者森三树三郎日译的支持，参见森三树三郎《世说新语（日译本）》，《中国古典文学大系》第九卷，平凡出版社，1969年，第180页。

〔18〕颜之推《颜氏家训》卷二《风操篇》，四部备要本，中华书局，1936年，第11页上—11页下。邓嗣禹有英译本，参见邓嗣禹《译注颜之推〈颜氏家训〉》，荷兰博睿学术出版社，1968年，第23页（Teng Ssu-yü, *Family Instructions for the Yen Clan*, E. J. Brill, 1968）。颜之推对名讳问题的关注，并非出于个人因素的巧合之举。与他同时代的人，梁元帝（萧绎，在位时间是552—554年）诋毁宗人萧贲的名声，他饿死狱中，因为他"忌日拜官，又经醉自道父名"。参见《金楼子》卷四《立言篇上》，参见倪豪士《再论〈西京杂记〉的作者》，《美国东方学会会刊》第98卷第3期，1978年，第225页（William H. Nienhauser, Jr., "Once Again, the Authorship of the His-ching tsa-chi Miscellanies of the Western Capital," *Journal of the American Oriental Society*, Vol. 98, No. 3, 1978. 编者按，据《南史》卷五一《梁宗室上》载萧贲之死因，"饿而贼恶其翻覆，杀之"。萧氏所言饿死之人，或指梁元帝之父梁武帝）。

推意识到，避讳在他的时代，更急于古，凡名子者，当为孙地。[19]

颜之推从讨论时人名讳与前途禁忌的关系，继续罗列时人名讳愚行的目录，一度停笔，转而严厉谴责名讳发展的另一种滥用现象：

> 近世有人为子制名：兄弟皆山傍立字，而有名峙者；兄弟皆木傍立字，而有名机者；兄弟皆水傍立字，而有名凝者。名儒硕学，此例甚多。若有知吾锺之不调，一何可笑。[20]

此处正值南北朝终结之时，我们发现了近世祖先为子女命名采取行辈观念的描述。这里描绘的是相对有限的家族制度，其中拥有单名的兄弟，都有一个共同的部首或形旁。

正如上述从公元前700年至公元600年的引文，以及数份不完整的人名调查所示，单名是中国整个上古和中古时期的常态。[21]王莽对于周制的兴趣强化了这种倾向。显而易见，根据《春秋》两种

---

〔19〕《颜氏家训》卷二《风操篇》，第12页上—12页下。邓嗣禹《译注颜之推〈颜氏家训〉》，第26页。

〔20〕在这个问题上，颜之推的茫然不解导致文本记载的混乱不堪，不同的编撰者都试图改善这种文本错误丛出的现象。“四部备要”版的编注者认为这些错误的校证无可避免，相关注释也是准确的，但是又过于轻率地否定了宋代编集者的证据，参见《颜氏家训》卷三《勉学篇》，第20页下—21页上、第14页上—14页下。颜之推沉溺于语言谩骂的嗜好，遂至意气用事。他将三种命名形式讥讽为不学无术之徒，第一种命名已经被证明准确无误（诸桥辙次《大汉和辞典》卷六“止”部，“峙”字条，株式会社大修馆书店，1959年，第16293条，第6421页）。第二个字见于石刻碑铭，参见罗振鋆、罗振玉编《增订碑别字字典》，省心书房，1976年，第150条。而在第三个案例中，在正字法上看，它们的区别并不显著，笔者在此不能详细移录其变体广泛应用的情形。

〔21〕这个单名曲线是一个非常粗糙的均值，资料信息来自鲍吾刚《中国人的命名——论名、字、小名的构造规则及内涵》，《亚洲研究杂志》第4卷，1959年，第67、69页（Wolfgang Bauer，“Der Chinesische Personenname：Die Bildungsgesetze und Hauptinhalte von Ming，Tzu und Hsiao-ming，” *Asiatische Foeschungen*，bd4，Wiesbaden，1959）。关于公元100年以前的人名情况，萧遥天的研究给予证实，参见萧遥天《中国人名研究》，马来西亚槟城教育出版公司，1970年，第74—75页。单名曲线中第二个衰落的部分，来自鲍吾刚对于两部传记文集的统计分析（第75—77页），关于宋代单名情况的确定，根据傅海波的研究，参见傅海波《宋代名人传记辞典》，弗兰茨·石泰出版社，1976年（Herbert Franke，eds.，*Sung Biographies*，*Munchener ostasiatische Studien*，16，Franz Steiner Verlag，1976）。另外，这条叠加的琅琊王氏曲线，正是六朝时期这个大族的情况，其中不只是琅琊王氏的著名人物，是以笔者考察的大族谱系为根据绘制而成。

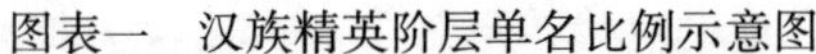
图表一　汉族精英阶层单名比例示意图

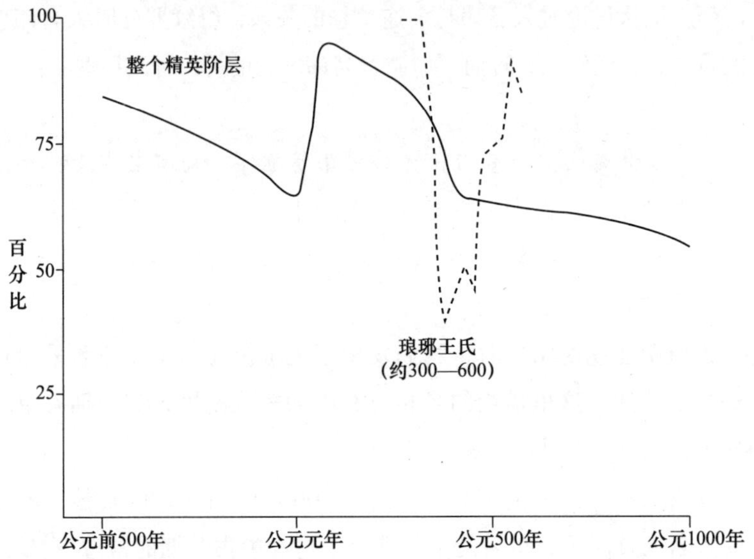

文本变体：《公羊传》的解诂以及相关的粉饰，王莽似乎认为，孔子曾经希望消除双名制度。[22]最终，王莽致力于将冗长的人名简化成单名，尤其在垂范社会的案例中。因此，王莽的孙子作为储君，他的名字“会宗”被简化成“宗”，匈奴单于故名“囊知牙斯”，更名

〔22〕《公羊传》卷二六“定公六年”（《十三经经文》，第62页），同书卷二八“哀公十三年”（《十三经经文》，第67页）；关于注释的英译，参见理雅各《中国经典》第5卷《春秋与左传》，第762、831页。《十三经注疏》提供了汉代何休（129—182）的注和唐代徐彦的疏，参见《春秋公羊传注疏》卷二六，乾隆四年（1739）校刊，同治十年（1871）重刊，第1页上；同书卷二八，第3页上。何休注重对《公羊传》进行阐释和辩护，他声称《春秋》在定公和哀公之间，文致太平，欲见王者治定，无所复为讥，唯有二名，故讥之。而徐彦有时看来需要进行严厉的质疑，他将何休所论进行理性的重构。这就迫使他在面临这样的情况——《公羊传》记载“二名非礼”，何休注释云，“此《春秋》之制也”——之时，仅仅强调当时孔子门人所持仪礼的某种设想，而不是去考察古代人名的实际情况。《白虎通》关于这件事情的记载情况，甚至更不清楚。建初四年（79），朝廷召集会议，讲议“五经”异同。《春秋》与《公羊传》合流，至少有一些参与的讨论者认为，所谓二名问题是多有改易，变化无常。参见《白虎通》卷八《姓名》，抱经堂丛书，1922年，第18页上—18页下。

为“知”，王莽对此给予丰厚的赏赐。[23]

三　作为符号系统的人名

如果把话题从幸存的关于人名的早期文献，转向人名本身，我们立刻就会明白，迄于中古时期，中国人很熟悉各种各样复杂的命名实践，存世的文献记载显然不能提供这些资料。另一方面，现代学者断言，在公元3—4世纪，“人名中的行辈标识变得流行”；另外，约8个世纪之前，孔子和他的同父异母兄弟，两人都有字，同时显示了行辈标识和昭穆次序。[24]

关于中古人名更好的理解，我们似乎需要将某个可供分析的人名群体，视作符号学上的问题，即符号系统的研究。我们选择两个王氏家族——表面上与琅琊和太原有关——的人名和字作为汉人精英命名行为的样本，他们在4世纪初就衣冠南渡。我们关注的主要问题是符号学，分析作为符号的人名之间的关系——这些关系在汉语中通称为排行（ordered sequences）。这些人名中的一部分需要探索其中的语义，人名符号之间的关系属于意义之外

---

〔23〕有关和单于交往的记载，见于《汉书》卷九四《匈奴传》，中华书局，1962年，第3819、4051、4077页。最后两个名称的翻译，见于施坦格《论王莽：〈汉书〉卷九九》，《东方文化论丛》第22期，莱比锡，1939年（Hans O.H. Stange, “Die Monographie über Wang Mang,” *Abhandlungen Für Die Kunde des Morgenlandes*, 22, Leipzig, 1939）；德效骞《汉书译注》，韦弗利出版社，1955年，第153—154、215页（Homer H.D. Dubs, *The History of the Former Han Dynasty*, Waverly Press, 1955）。王莽之孙王宗，因谋逆被发觉而自杀，王莽复其本名王会宗（参见《汉书》卷九九《王莽传下》）。这种情形显示，至少在王莽的意识中，双名带有贬义，但是，这又削弱了王莽确实下令去除二名的做法。

〔24〕冯汉骥《中国亲属称谓制度》，《哈佛亚洲学报》第2卷第2期，1937年，第141—275页，尤其是第165页（Feng Hanyi, “The Chinese Kinship System,” *Harvard Journal of Asiatic Studies*, Vol. 2, No. 2, 1937. 编者按，中译本参见徐志诚译《中国亲属称谓指南》，上海文艺出版社，1989年）；理雅各《中国经典》第1卷《论语、大学与中庸》，牛津大学出版社，1893年，第58—59页（James Legge, trans., *The Chinese Classics*: Vol. 1, *Confucian Analects*, Clarendon Press, 1893）。编者按，据《孔子家语》卷九《本姓解》，即孟皮，字伯尼。

的范畴。[25]

关于人名共同元素的现象，我们提出一个概念：同形、同字或同音人名（homonymy）。* 首先可以提供一种常规的描述，以适合中古门阀大族可以确知的事实，其次讨论两大王氏实现这种描述的情况。

符号学

1. 基本术语

1.1 为描述起见，人名的某种形式（名、字）将称作一个元素（element）。

1.2 两个或者多个共享下文所云一个或多个特征的元素，构成一个系统（system）。

第 2 类		第 3 类	第 4 类	
		基本型		同形、同字或同音人名
家族	兄弟		部首	
		次要型		
扩展家族	姊妹		字	
		组合型		

〔25〕 这些术语是标准的。通过皮尔斯（Charles Sanders Pierce）的研究而被广为接受，参见莫里斯《符号学理论基础》，《国际综合科学百科全书》，第 1 卷第 1 部分，芝加哥大学出版社，1938 年，第 77—137 页（Charles W. Morris，"Foundations of the Theory of Signs，" in the *International Encyclopedia of Unified Science*，Vol. 1，part 1，University of Chicago Press，1938），此前这些术语曾经被赵元任应用到汉语中，参见赵元任《谈谈汉语这个符号系统》，《远东语言研究所文集》第 4 卷，1973 年，第 1—9 页（Y. R. Chao，"Chinese as Symbolic System，" *Papers of the CIC Far Eastern Language Institute*，1973）。

* 编者按，homonymy，是本文的关键术语，按字面意义应译成"同音或同形异义词"，不过，本文实际是指中古人名中的同形（同部首或同偏旁）、同字或同音现象。译者根据实际情况，进行翻译。其中，同音人名极为罕见，以同形同字人名居多。

2．系统结构

我们认为，中国人名案例中的同形同字现象，本质上是“水平”的，其系统特征为同一辈分的成员所共享。

2.1　这种共享可能是家族的（限定为同父子女），抑或扩大家族的（也包括父亲兄弟之子女）。

2.2　上述每种类型，基于家族所包括的男性或女性成员，可以进一步描述成兄弟或姊妹。

3．系统分布

3.1　共同特征只在人名元素中出现的系统是基本系统。

3.2　共同特征只在字号元素中出现的系统是次要系统。

3.3　共同特征在人名元素和字号元素中都出现的系统是组合系统。

4．系统特征

4.1　分享共同特征中一个字某个部分的元素是同形人名现象（part homonymy）。

4.2　分享共同特征中一个完整的字是同字人名现象（word homonymy）。

5．系统模型

系统模型是通过连接定义中合适术语的系统，从上述表格的每个纵列中选择一个词语。

我们发现，人名系统中比例非常之高的系统模型是“家族兄弟”（familial fraternal）。我们为了简化这种叙述，这个词组可以被“典型的”一词所取代。在语言术语中，模型是同形同字人名现象有限状态的描述。在最复杂的案例中，只出现一次的递归循环，将第3类和第4类联系起来，允许两种系统进行叠加。

为叙述方便，两大王氏自然被分成六个房支：

<table>
<tr><td rowspan="2">太原王氏</td><td>(1)不知名号的太原王氏(01—121)后裔(太原王濛的房支)</td></tr>
<tr><td>(2)太原王昶(01—122)的后裔</td></tr>
<tr><td rowspan="5">琅琊王氏</td><td>(3)北方房支</td></tr>
<tr><td>南方房支如下:</td></tr>
<tr><td>(4)琅琊王裁(03—211)的后裔</td></tr>
<tr><td>(5)琅琊王会(03—213)的后裔</td></tr>
<tr><td>(6)琅琊王正(03—214)的后裔</td></tr>
</table>

这两个大族前两代人物的人名，都没有显示出任何同形同字或同音的现象。这不是因为这种系统的命名方式还不为人所知，这种原则在公元前1世纪已经变得很清楚了，可见于下文引用的几个关于姊妹人名同形同字的例证；而是因为史料显示家族力量和显赫地位的临界点(critical mass)尚未形成。这种现象出现的本身，意味着这些大族形成的时间相对较晚。甚至在这种临界点出现之时，同形同字的人名现象也没有如影随形地出现。琅琊王氏的整个北方房支(房支三)，连续四世，包括在中央朝廷担任最高官职的王戎(04—911)和王衍(04—921)，也没有体现出任何形式的同形同字现象。

例证一　典型的同字人名

名	沈 Shen	默 Mo
字	处道 02—112	处靖 02—111

两大门阀最早的例证，见于房支一中太原王默和太原王沈的例证，他们显示出典型的辅字相同(secondary word)的同字人名现象：两人的字都有处字(见于例证一)。这是所有情况中表现最弱的一种，仅包括字及其在直系房支的出现(正如这个房支所示)，并未发展成更加复杂的形式。

例证二　典型的同形同字组合的人名

名	湛 Chen	沦 Lun	深 Shen	浑 Hun
字	处冲 02—124	太冲 02—123	道冲 02—122	玄冲 02—121

名	汶 Wen	澄 Ch'eng	济 Chi	尚 Shang
字	茂深 03—124	太冲 03—123	武子 03—122	（早卒）03—121

例证三　不完全同形和同字组合的人名现象

迄于那时，同形同字人名的观念已经高度发展，同时将强烈的家族意识变成显著的特征，这种情形见于太原王氏同代人中比较年轻的房支（房支二）。这个房支是王昶（01—122）的子孙，王昶成功地叛曹亲马，奠定了这个宗族的命运。他们提供了一个经典的人名中同形和同字相结合的完美案例：他们的人名都是三点水旁（氵），他们的字都含有冲字（见于例证二）。事实上，关于谱系中王深的地位，文献记载相当缺乏，但他的名字却能高度契合这个复杂的模式，最令人信服地证明了他的出身。类似的例证显示，同形同字人名的分析有助于复原家族世系。例证二的四个兄弟中，可以证明，只有王浑一人延续了这种模式，见于王浑诸子的例证（参见例证三）。

例证四　重名重字的人名现象

名	祎之 I-chih	处之 Ch'u-chih	坦之 T'an-chih
字	文邵 05—144	文将 05—143	文度 04—142

接着往下看房支二，我们在第五代碰到一个独特的案例，看来是首次出现典型的重名重字组合的人名现象：太原王述（04—541）

的三个儿子，他们的名和字中都拥有共同的字（见于例证四）。但是，双名以“之”字结尾的出现，使这个案例变得复杂起来。这种现象在两个大族同一代人的三个房支中同时出现，下文将给予特别的关注。

例证五　可疑的不完全同部首和重字人名

名	忱 Chen	国宝 Lun	愉 Yü	恺 K'ai
字	元达 06—144	国宝 06—143	茂和 06—142	茂仁 06—141

太原王氏第六代和第七代成员，几乎全部消失于史籍，只是在王坦之（05—421）诸子的名字中留下一个有趣但不完整的同形同字现象（见于例证五）。笔者认为，王国宝（06—143）本来是单名，且是竖心旁（忄），其名已经丢失，遂以字代名。类似这种以字代名的已知案例，包括王敬弘（07—551，裕）、王景文（08—433/08—421，彧）和王德元（10—531，湛）。

例证六　北方基本的重字人名

<table>
<tr><td></td><td colspan="2">太原王氏</td><td colspan="2">琅琊王氏</td></tr>
<tr><td rowspan="2">第十一世</td><td rowspan="2">广业 11—112</td><td rowspan="2">遵业 11—111</td><td colspan="2">王诵（10—421）之子</td></tr>
<tr><td>儁康 11—392</td><td>孝康 11—391</td></tr>
<tr><td>第十二世</td><td>季贞 R12—132</td><td>季和 R12—131</td><td>元寿 12—342</td><td>元楷 12—341</td></tr>
</table>

太原王氏后来的世代（如第十一代和第十二代），都是北方王氏成员，见于《新唐书・宰相世系表》。如同他们的北方成员一样，琅琊王氏房支四的同代人显示出重字人名现象：这是中国北方的显著特征。纵然我们无法从《北史》卷四二《王肃传》获知王诵已经北奔，但是，王诵之子的人名已经透露了这种情况（见于例证六）。中国的地域主义甚至也体现在人名中。

例证七　扩展家族从兄弟之同字人名

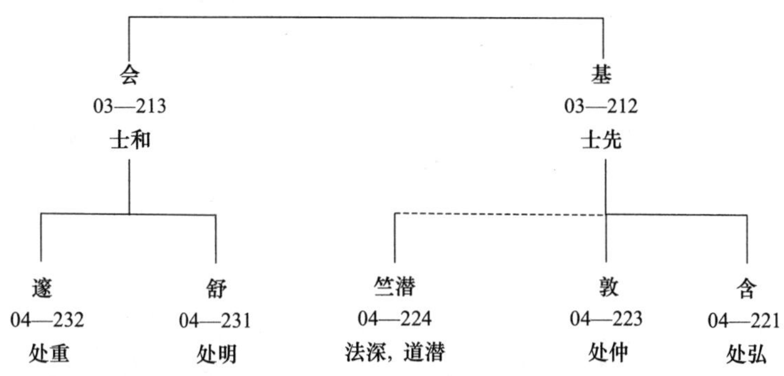

接着考虑琅琊王氏的情况，我们再次发现，典型的同字人名现象，是首先出现的类型：王览（02—112）的六个儿子，他们的字中都有共同的“士”字。其中两人，王基（03—212）和王会（03—213）在为诸子命名时，都使用了同样的系统和同样的字，这给我们提供了同字人名现象扩张的首个案例（见于例证七）。其他四个兄弟中，至少有两人在为其子命名时，采用了辅字相同的重字人名，却又回避使用相同的字，因此，我们离行辈命名原则还相差甚远。我们希望通过重字人名之原则，解决长期以来的疑惑，即僧侣竺潜是不是王敦的兄弟？他的字（法深）看来具有佛教启示的色彩，犹如他的新名。值得注意的是，太宁二年（324），王含（04—221）需要援救之时，在所有的从兄弟中间，求助于王舒（04—231），他们名字中具有这种扩展的重字现象。值得一提的是，王含虽然费尽心思，但还是被沉杀于江，重字人名的从兄弟关系并未阻止其背信弃义。这个重字人名扩展的案例，将琅琊王氏的房支四和房支五联系起来，这个房支其他所有成员——其中十二名成员扩展至第六代——的名字都以“之”字结尾。

例证八　主动避讳而改变重字的人名现象

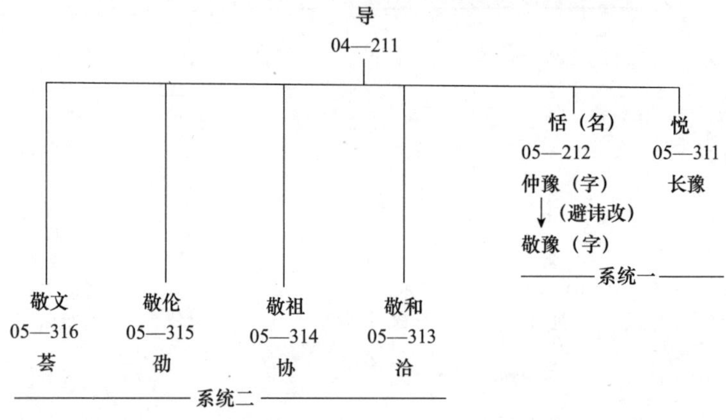

在两个门阀大族中，琅琊王氏房支四随后的世代成员，有着最为丰富的同字人名的资料，我们在此只能讨论数个颇为有趣的案例。在例证八中，典型的同字和同部首相结合的人名现象（见于例证八系统一），在王导意识到次子王恬和裴康同字的时候得以中断，裴康亡子裴邵是王导的同僚和故交。通过因尊重而自愿避讳，王导改变了次子的字，并在随后的子女中继续使用了较为简单的命名方式，即典型的同字人名原则。[26]

例证九　典型的名和字同部首现象

名	珉 Min	珣 Hsün
字	季琰 06—332	元琳 06—331

如果我们知道更多相关人员的社会联系，那么，其他许多不完整的同字人名现象，大概都可依据类似的办法加以解释。与此相反，同形同字人名现象被破坏的事实，或许可以阐释精英结党或者社会

〔26〕《晋书》卷三五《裴秀附邵传》，中华书局，1974 年，第 1052 页。例证八系统一，似乎是依照他们的出生次序（长、仲等等）开始命名的。

联盟的情况。人名同形同字现象的变化，不能反映母性之意愿。无论什么时候进行核查，一半的兄弟成员通过双重的同形同字人名混合交织，而不仅仅通过人名加以区分。

例证十　叠加型的同形同字人名

案例 A		
约 Yüeh　09—413	缋 K'uei　09—421	绚　Hsüan
——? ——	叔素	长素

案例 B	
瑜 Y ü 子珪 12—312	玚 Chang 子瑛 12—311

他们的下一代（第六代）显示出一种新类型，典型的名和字同部首人名：王字旁同时出现在名和字中（见例证九）。在总结人名部首的情况时，我们应该指出两个具有细微差异的案例，其中叠加了两种类型：典型的同形结合同字的人名现象（见例证十）。这种叠加显示了系统模型中的递归性特征。

这个例证中的案例 A 揭示，运用这种分析方法，完全可以在传统文献中榨取出全新的信息。虽然缺乏任何文本的支持，王约（09—431）的字大概以素字结尾。案例 B 则使我们对《陈书》卷二三《王玚传》的记载表示怀疑，《陈书》记载王玚和王瑜在三十多个兄弟中的排行分别是第十二和第十三。如果王氏三十余人都坚持使用这种复杂的同形异义命名，那么，将会需要六十个带有王字旁的合适汉字，并且还不触犯任何禁忌。

现在只有琅琊王氏的房支六是需要考察的。在第四代典型的同字人名之后，王正子孙在连续六世之内，涌现了令人惊叹的四十八名男性成员，他们都是以之字结尾的双名（见于例证十一）。这些人名与符号学的重字人名现象毫无关联，我们将在下文从语义学的角度进行阐释。

例证十一　双名中带之字者

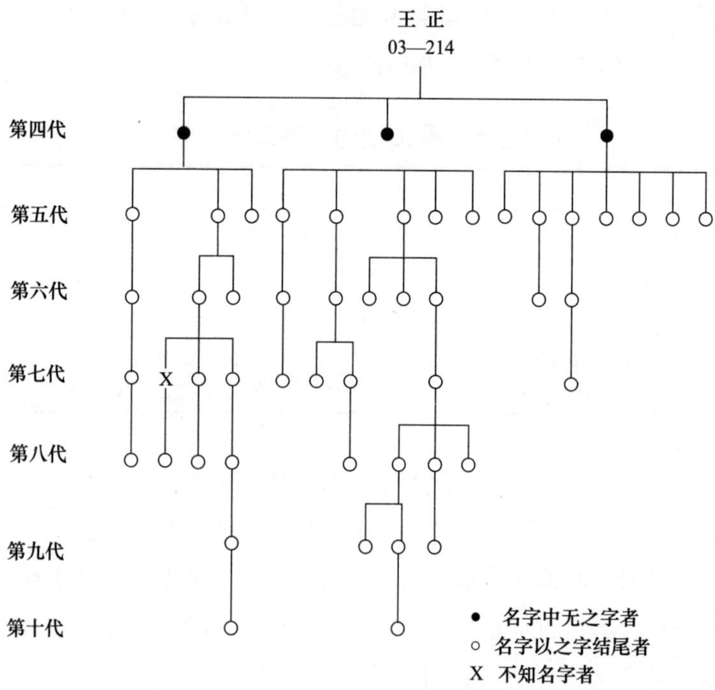

虽然缺乏家族女子资料，我们不能提供这两个大族女性人名同形同字的相关例证，但是，这个种类在模型中得以保存，是因为王莽各位姑母的有趣案例，她们的人名显示了西汉时期同形同字现象的存在（例证十二）。[27]这些令人惊异的大量案例，是皇后登场的副产品。王充对于人们立字的讨论，证实了我们关于皇后名字的观点，即当时具有同形同字的字已经出现在双名的任何位置。显而易见，子女并未因母亲出身不同，而改变同字人名中相同的字。

与前文的定义一致，部分同形同字人名现象的所有例证，都享有共同的部首。我们考察人名中的同音人名现象，未获成功。我们在关于琅琊王氏的研究成果中，找到两个人名同音的例证（参见例

〔27〕 相关资料散见于《汉书》卷九八《元后传》。

例证十二　王莽父系的叔伯和姑母（王莽是王曼之子）

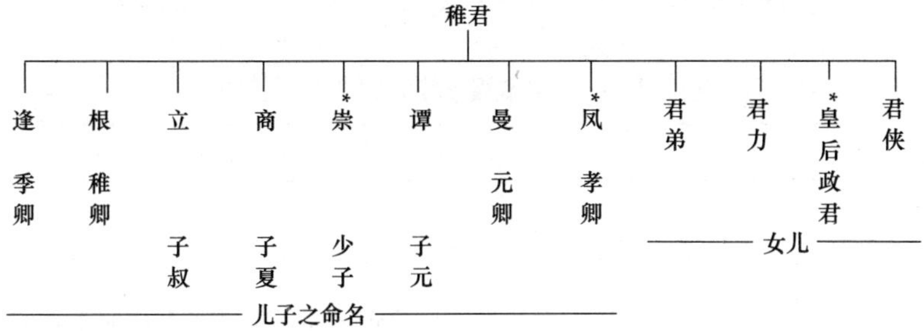

* 表示同母子女。

证十三）。但是，在考察这些资料后，我们认为，这些人名是由于笔误，从一个名字无中生有捏造的产物。据考察，两个例证都出自过继收养，这就容易使他们的名字在具有血缘关系人物的列传中是一种样式，而在法定的家族中则是另一种面貌。

例证十三　虚假的韵母相同的同音人名

（王伊同） 中古音	琨 Kwĕn 平声 06—322	混　Ywĕn 上声 06—312
（孙以绣） 中古音	靖之　Dzyeng-chi 上声 07—521	静之　Dzyeng-chi 上声 07—541

在王伊同出版的著作中，两个名字（王琨和王混）在声母和声调方面都不相同，如邓临尔（Paul B. Denlinge）所定义的那样，允许他们在发音方面有所区别。[28]但是，根据孙以绣的研究，包括对两个字注音的认识，其中一个是完全相同的，一个是杂乱无章的。以现代普通话来看，还存在着兄弟名字发音相同的案例，但在任何情况

〔28〕王伊同《五朝门第》,《金陵大学中国文化研究所丛刊乙种》下册，图表一，成都，1943年（台湾1973年的重印本遗漏了这个图表）。邓临尔《汉语的发音与东南亚语言》,《华裔学志》第31卷，1974—1975年，第319—333页（Paul B. Denlinger, "Chinese Tone and Southern Asian Languages," *Monumenta Serica*, Vol. 31, pp.319-333, 1974-1975）。

下，重新复原的人名发音显示他们在当时还是有所区别的（例如王楫09—384，及其兄弟王寂09—386，他们的音韵分别是Tsyep和Dzek）。

例证十四　文本变异造成的同形人名

玩　11—512	琮　11—511

迄今为止，作为比较有用的特征，同形同字人名现象有助于准确复原中古大族的谱系。必须指出，同形同字人名现象对于解决文本的残缺不全以及学者的诸多困惑，也大有裨益。例如，王峻（10—511）只有一子，王琮（11—511）。但是，在某个时候，《梁书》的抄手就会重复一个错误，他们炮制了一个形近字“玩（11—512）”（见例证十四）。“王玩”距我们千年之久，但他仍然非常重要，以至于困扰着现代学者毛汉光，这种情形体现了所谓的同形同字人名现象分析的证明力度。[29]一旦发生同字同形现象，同形同字人名就会在经过证实的现象范围内，通过包含这种错误得以并存，而非进行纠正。

汪藻编撰《琅琊临沂王氏谱》煞费苦心，却犯了一个严重的错误，正是由于人名中的同字人名现象所引起的。在面对强有力的反面证据时，他没有意识到符号学的同字人名和语义学的同字人名（下文将要谈及）之间的根本性差异，汪藻重新调整了王弘的子孙，以对应他想象中的谱系图景，这种模型可称作典型的重字人名（例证十五）。[30]由于首字相同的同字人名是中国北方人名的特征，故就其本身而言也是值得怀疑的。

〔29〕《梁书》卷二一《王峻附王玩传》，中华书局，1973年，第336页。毛汉光认为王玩不居官的原因不详，参见毛汉光《我国中古大士族之个案研究——琅琊王氏》，《“中央研究院”历史语言研究所集刊》第37册第2本，1967年，第577—610页，尤其是第587页（编者按，《南史》卷二四《王裕之传》载王峻子琮，无玩，第654页）。

〔30〕汪藻《世说人名谱》，即所研究的《世说新语叙录》，刻本藏于前田尊经阁文库，系金泽文库所藏，东京，1929年；中华书局缩小影印，1956年，第29页上。

例证十五　据人名重字的错误复原

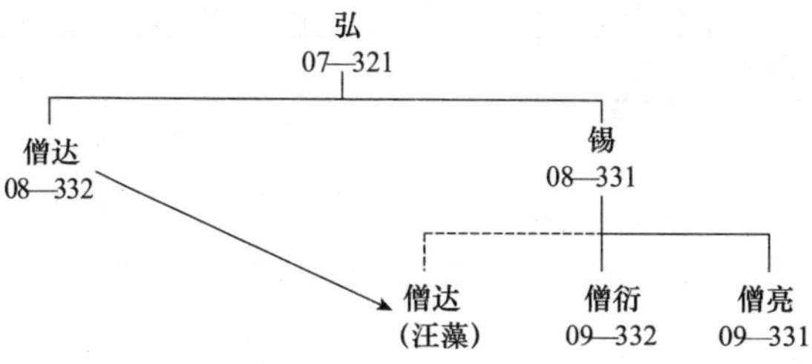

比较符号学

两个门阀大族提供了大量资料，前文所举的案例很有可能成倍地增长，基于这样的事实，我们指出，汉人案例中所描述的模式，与汉藏文化圈其他可供比较的模式相比，说服力都显得弱一些，而且在结构上背道而驰。白保罗（Paul K. Benedict）在亲属称谓的研究中遵循着这样的理论和前提，“古代的文化层级，构成了汉藏文化的基础”〔31〕。而在藏缅语言方面，罗常培认为，“父子连名制是主导性的文化特征”〔32〕。据此，形形色色的命名习俗都遵循着常见的模式：

〔31〕 白保罗《藏汉亲属称谓》，《哈佛亚洲学报》第6卷第3—4期，1942年，第337页（Paul K. Benedict, “Tibetan and Chinese Kinship Terms,” *Harvard Journal of Asiatic Studies*, Vol. 6, No. 3-4, pp. 313-337, 1942）。即便在数个世纪内与汉人保持联系，但是蒙古人的名字，没有继承，也没有借鉴中国人名的元素。他们有着强烈的藏族影响，很可能因为将它们视作神性的语言。佛教传播至蒙古人的过程，从而使西藏成为诸多神性人名的源头，其中含有不少梵文的来源。参见柯鲁格《蒙古人的名字》，《姓名》第10卷第2期，1962年，第82—83页（John R. Krueger, “Mongolian Personal Names,” *Names*, Vol. 10, No. 2, pp. 82-83, 1962）。关于越南人名，参见马恪瞻《越南的亲属系统和称谓》，《亚非研究杂志》第7卷，1971年，第33—39页（Jan Mucka, “Kinship System and Terminology in Vietnam,” *Asian and African Studies*, Vol. 7, pp. 33-39, 1971）。在越南人名中，通常是三字相连，首字是姓，末字是名，“而中间的第二个字，就是有名的‘祧’字或‘世’字，可以暗示这个人物的性别，也可以被这个家族所有的男性成员所使用，而不是经常用作确认这个家族某一辈分男性成员的行辈字”。参见斯坦博《寻访东南亚：一部现代史》，普雷格出版社，1971年，第418页（David Joel Steinberg, ed., *In Search of Southeast Asia: A Modern History*, Praeger, 1971）。这看来是东亚传来的。还有一些不完整的资料表明，至少在安南山脉的越南中部，一些山民的命名实践，与南亚的越南人比较接近。

〔32〕 罗常培《论藏缅语族的父子连名制》，《哈佛亚洲学报》第8卷第3—4期，1945年，第349页（Lo Ch'ang-p'ei, “The Genealogical Patronymic Linkage system of the Tibeto-Burman Speaking Tribes,” *Harvard Journal of Asiatic Studies*, Vol. 8, No. 3-4, pp. 349-363, 1945）。

A—B	B—C	C—D	D—E	
祖父	父	子	孙	等等

罗氏所举的例证中，缅甸孔雀王朝的世系连续六代，水西倮倮安氏世系连续一百二十代，以及南诏国王的世系五十二代，其中空缺两个世代。[33]

我们没必要相信，前引例证中生物学意义上的真实性，并以此理解分类原则的主导性。根据罗氏的研究，与汉族联系的强化，逐渐侵蚀和抹杀了西南地区数个族群的这种行为。[34]实际上，这种持续不断的父子连名制最突出的特征，在于他们是纵向的（历时性的），而中国的同字人名现象则是水平的（共时性的）。

作为社会工程，中国式的人名强调兄弟纽带。我们应该注意社会人类学家的理念，他们认为，兄弟之间的联系是传统中国社会关系中最薄弱的一环。[35]或许，符号学上同形同字人名根本的动机，就是不自觉地寻求一种方式，借此抑制成年兄弟之间“内在的倾向性”（built–in tendency）：竞争和对抗。[36]

---

〔33〕罗常培《论藏缅语族的父子连名制》，第 350—362 页。

〔34〕罗常培《论藏缅语族的父子连名制》，第 354 页（木）；第 358 页（窝尼）；第 362 页（段）。

〔35〕武雅士《中国的亲属与丧服》，收于弗里德曼《中国社会的家族与亲属》，斯坦福大学出版社，1970 年，第 206 页（Arthur P. Wolf, “Chinese Kinship and Mourning Dress,” in Maurice Freedman, ed., *Family and Kinship in Chinese Society*, Stanford University Press, 1970）。最致命的麻烦是，制礼作乐的周公，与他的兄弟一起被视作社会典范。参见《尚书》卷一三《金縢》（参见理雅各《中国经典》第 3 卷《尚书》，第 358—359 页）。波特（Jack M. Potter）《广东的萨满信仰》（*Cantonese Shamanism*），收于武雅士主编《中国社会的宗教与仪式》，斯坦福大学出版社，1974 年，第 229 页（Arthur P. Wolf, ed., *Religion and Ritual in Chinese Society*, Stanford University Press, 1974）。其中描述到大量死去的兄弟化成恶鬼回来伤害活着的兄弟，“这是农村中兄弟关系矛盾冲突的写照”。

〔36〕参见弗里德曼《中国亲属和婚姻的仪式观》（Ritual Aspects of Chinese Kinship and Marriage），《中国社会的家族与亲属》，第 178 页。一些思想流派主张所有社会、政治和经济生活的根源，是控制得到女人的途径，他们将兄弟视作潜在的社会对手，因为兄弟也是性方面潜在的竞争者。参见盖佐 · 罗海姆《沙漠中的儿童：澳大利亚中部的西方部落》，哈珀 · 柯林斯出版社，1974 年，第 23—24 页（Géza Róheim, *The children of the desert: The Western tribes of central Australia*, ed. by Werner Muensterberger, Harper and Row, 1974）。

语义

我们最后进行的语义分析，将会阐释大族谱系中每个人名的选择。考虑到文献的遗存，这种情况是不可能完成的。但是，两个大族中占相当数量的双名显然需要进行阐释。他们包括标志性的元素（带有明显的词义内容），以及个体元素（实际上和前文所分析的符号学意义相同）。从结构上讲，与语义上的同字人名相关的显著特征，正是相对于他们之间的相互关系，更有力地符合谱系以外人们的态度和看法。因此造成这样的情景，高度相似的人名遍布——垂直和水平方向的扩散——于大族之中，不局限在兄弟关系之内。显而易见，避讳在人名的标志性元素中不再发挥作用。

关于人名大型语义种类的划分，在印欧人名中比较流行，“最重要的神性文字”（theophoric type）在那里占据统治地位。[37]这种情形包括所有的人名，源于人物、生灵抑或宗教性质的观念。当这种特征并不适用于中国的单名时，双名的情形就有所不同了。我们来考察王珣的子孙和近亲的情况，王珣兄弟王珉因其佛教主张以及和僧侣的交往联系，变得引人注目（见于例证十六）。[38]在这个群体中有九个成员是双名，都含有一个明显的佛教标志（参见例证十六）。“僧”字是梵文 sangha（中古汉语指“僧伽”）抄录时的缩写，僧伽是佛教寺院中僧侣的肉体。以相似的方式，“昙”字是梵文 dharma（中古汉语指“达摩”）抄录时的缩写，意指佛法。大族世系的其他部分带来了每种类型的另一个例证，涉及人名几乎都在第八代。正如例证十六的图表所示，我们在此看到佛教人名风靡一时。

---

〔37〕伊曼耦《南亚的人名》，《美国东方学会会刊》第 98 卷第 2 期，1978 年，第 114 页（Murry B. Emeneau, “Towards an Onomastics of South Asia,” *Journal of the American Oriental Society*, Vol. 98, No. 2, pp. 113–130, 1978）。

〔38〕关于这两个人物的信息，马瑞志做了非常方便的整理，参见马瑞志《〈世说新语〉英译本》，第 587、592 页。

例证十六　琅琊王氏佛教化人名

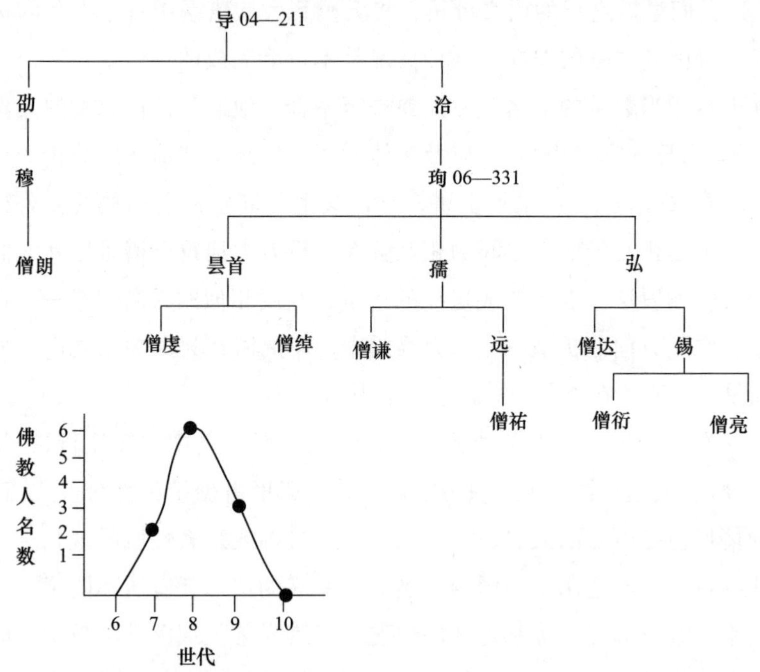

如果说琅琊王氏房支四的成员是以佛教色彩而闻名的话，那么，房支六的成员显然是以道家色彩（在这个方面与天师道［Heavenly Master Sect］有关）而出名，这在王凝之（06—512）身上体现得淋漓尽致。王凝之在试图镇压孙恩叛乱的时候，被执而杀之。[39]王凝之让我们联想到前文例证十一所见的那种不同寻常的情况。与“僧”“昙”等字的命名方式类似，“之”字是与道教相关的宗教标志。在南亚，缺乏明显意义的人名是要被取消资格的，“在很久以前已经注意到，组合式的人名在结构上并不总是具有意义的，尤其在人名的第二个元素变成王朝、学派抑或种姓的‘标志’（badge）以后”[40]。抑或宗教，也是如此。

---

〔39〕 马瑞志提供了最贴切的资料，参见马瑞志《〈世说新语〉英译本》，第586、592页。
〔40〕 伊曼耦《南亚的人名》，第116页。

例证十七　疑似佛教化命名

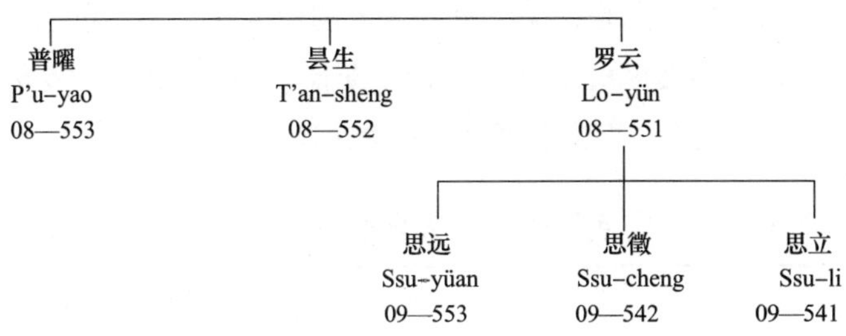

对于上述三个人名群体并包括北方成员的案例，一些成员的名字触犯忌讳而更名改字以及一些人群的字不得而知的情形，我们暂且不论，如此，只有极少的一部分人名未加阐释。一些个别性的案例是王某某（09？—3XX？）王智深，我们并不知道他在谱系中的位置；王茂璋（10—331），例证十六所见王僧衍之子。

我们还有三个兄弟关系的例证，大概能够体现出，"思"字作为一种佛教的标识（例证十七）。这种印象被他们两个叔伯的名字所强化，分别是昙生和普曜（意思是"普照天下万物"）。而且，他们的父亲罗云，很容易显示出另一种梵文发音的色彩（lo，中古音韵：la，转录于"r"，例如 arhat［阿罗汉］，中古音韵是：alahan）。

最后一个例证，揭示了试图过度使用语义分析，就会徒然无用。在这个谱系语境中，"思"字神性特征的解释看起来是合理的，但是，并非在所有情况下都是如此。职是之故，关于太原王氏的双名问题，其谱系文本的情况如此不足，我们并未详加讨论。与南方的竞争者不同，北部中国双名的多样性不能分解成语义标识和个性元素进行讨论。

四　结　论

以上所述，笔者并不是彻底讨论中古中国南方的人名问题。关于人名中昵称的问题，包括小名和爱称，我们在此不予考虑。[41]《世

〔41〕 伊曼耦《南亚的人名》，第 118—121 页。

说新语》记载了很多人物的昵称（见于例证十八）。除此之外，或许，与此相关的话题是，关于妻妾儿子的命名也是形形色色、与众不同，而在他们被提出作为主要合法的继承人时，其人名立刻就会进行更改。本文附录提供了更多的考察途径。

例证十八　人名昵称举隅

	名	字	昵称
琅琊王氏	澄 Ch'eng 04—924	平子	阿平
	敦 Tun 04—223	处仲	阿黑
太原王氏	蕴 Yün 06—122	叔仁	阿兴
	恭 Kung 07—112	孝伯	阿宁

中古精英阶层的命名实践被视作高度的模式化，我们关于同形同字人名现象的分析，验证了这种看法的有效性，同时暗示我们，对于人名中可能存在模式的认识，将会促进大族谱系的重建以及原始文献的正确解读。另外，人名中的同形同字现象，也证实了中古时期中国地域社会架构（regional social geometry）的存在。但是，我们并不认为，如果根据完整的文献，就会发现所有的人名都是从某种特定的语法中生成的。晚近，学人对韩国国民议会样式名的考察发现，名字的样式来自算命先生，母亲之梦，长寿幻想，抑或出于政治上的考虑。[42]笔者坚信，中国中古时期的人名，也蕴含着非同一般的想象力。

附录：后续深入的参考意见

第一组（太原王氏）：

聿	卓
04—321	04—131

〔42〕李仲求《法规：为笔名而疯狂》，《韩国新闻评论》第 7 卷第 28 期，1978 年 6 月 15 日，第 11 页（Lee Jong-koo, "Legislature: Craze for Pen Names High," *Korea Newsreview*, Vol. 7, No. 28, p. 11, 1978）。

虽然这两个字没有任何结构上的相同点，但是，我们在此借用赵元任的概念。[43]它们都是“字系学上”（型类，graphological）的同形人名。

第二组（琅琊王氏）：

	恢	默	谧	穆
	06—354	06—353	06—352/06—341	06—351
中古音韵	K'wai	Měk	Mywit	Myuk

他们的父亲最初有意按照某种同义人名的原则进行命名，与字形结构无关。

第三组（琅琊王氏）：

俨	仙	份	奂
09—434	09—433	09—432	09—431

年轻诸弟具有同部首的同形人名现象，重新调整了这个家族，并在没有长兄——王奂出继他人——的情况下维持家族的完整性。

（范兆飞　译）

〔43〕赵元任《论翻译中信、达、雅的幅度》（Dimensions of Fidelity in Translation，with Special Reference to Chinese），《中国社会语言学的若干方面：赵元任论文集》，第151页（编者按，中译文参见刘靖之编《翻译论集》，香港三联书店，1981年）。赵元任参考卡特福德的研究，参见氏著《翻译的语言学理论》，牛津大学出版社，1965年，第66页（C. J. Catford，*A Linguistic Theory of Translation*，Oxford University Press，1965）。

高门大族抑或布衣素士？
——南朝谢氏个案研究 *

陈美丽

（Cynthia L. Chennault）

一 引 言

梁太清二年（548），与梁朝结盟的东魏将领侯景，请求与王氏或谢氏家族联姻。梁武帝（502—549年在位）回答说："王、谢门高非偶，可于朱、张以下访之。"[1]这位皇帝此后再也未能维护高门大族在其帝国之内的崇高地位。在遭到断然拒绝的数个月内，侯景率部围攻都城。极少数的旧族门户（old lineages）成员，在侯景残酷的攻击中幸免于难，因此，正如南朝史书所作的简要描述一样，侯景的胜利终结了持续近两个半世纪，并摇摇欲坠的门阀政治。

大族"高门"（lofty gates of great families）轰然倒塌的同时，他

---

* 本文根据同名会议论文扩展而成，拙文宣读于"第四十届美国亚洲研究协会年会"，芝加哥，1990年，同时以"咏物诗与宫体诗"为题，宣读于"第四十四届亚洲研究协会年会"，波士顿，1994年。笔者感谢会议小组讨论者宇文所安（Stephen Owen）和孙康宜（Kang-I Sun Chang）先生，同时利用艾龙（Elling Eide）先生藏书室的资料，谨此致谢。在本文撰写和修改过程中，以下先生提出书面意见，笔者衷心表示感谢，他们是：丁爱博（Albert Dien）、王伊同、马瑞志（Richard Mather）、司白乐（Audrey Spiro）、余宝琳（Pauline Yu）、魏世德（Tim Wixted）、艾瑞珂（Eric Henry）和费多毅（Tony Fairbanks），等等。

〔1〕李延寿《南史》卷八〇《贼臣·侯景传》，中华书局，1975年，第1996页。本文所引正史文献，均据中华书局1959—1974年的点校本。所有英译均为笔者所译，而非他人。朱氏和张氏是三国时期吴郡（今苏州）的著姓。刘义庆（403—444）《世说新语》卷中《赏誉第八》（第142条）云，"吴四姓旧目云：'张文、朱武、陆忠、顾厚。'"刘峻（462—521）注引《吴录·士林》曰："吴郡有顾、陆、朱、张为四姓，三国之间，四姓盛焉。"本文征引《世说新语》，参考杨勇《世说新语校笺》，大众书局，1969年；乐天出版社，1972年。但是，这些家族到梁代已经衰微不堪。根据胡三省注，梁武帝的两位辅臣（编者按，指朱异、张绾）就是这些宗族的成员，而梁武帝尤为倚重这些家族。参见司马光（1019—1086）《资治通鉴》卷一六一《梁纪十七》"梁武帝太清二年（548）"，中华书局，1957年初版，1987年再版，第4979页。

们连绵持续的显赫地位也惨遭毁灭。先行研究把这些大族的长盛不衰归因于东晋（317—420）所建立的政治模式。[2] 南朝贵族（blue bloods）的祖先们已然在洛阳的西晋朝廷担任官职，然而当时这一中国文化的中心却深陷于内战与异族的入侵之中。在北方士族的策划下，晋朝迁都建康，考虑到司马氏皇权的萎靡不振，他们卷入激烈的党派斗争，不断以一个派系取代另一个，进而主导国家政策。这些侨姓士族（émigrés lineages）通过内部联姻，与长江以南根深蒂固的江东大族[3] 以及大量的农户流民（peasant refugees）隔绝开来，从而在社会顶层形成了类似种姓制度（caste-like）的集团。政府随后颁布法令，禁止庶民百姓与高门士族进行联姻，这可能也体现出，当时的精英有能力推动这套官方认可的社会规则得以实施。[4] 在东晋之后那些更加短命的朝代之中，相同的侨姓士族依然执掌政府的中枢机构，如中书省和尚书省。根据不成文的规则，只有那些出自显赫的北方祖先的大族子弟，才能以官僚机构中等品级（middle ranks）的职位作为他们的起家官。[5]

---

〔2〕关于门阀精英在当时政府中的作用，影响力较大的论著，参见毛汉光《两晋南北朝士族政治之研究》，台北"中国"学术著作奖助委员会，1966 年；宫崎市定《九品官人法研究——科举前史》，同朋舍，1956 年，第 247 页；姜士彬《中古中国的寡头政治》，西方视野出版社，1977 年（David Johnson, *The Medieval Chinese Oligarchy*, Co.: Westview Press, 1977）。

〔3〕所谓江东士族，与长江以南的非汉族土著人群截然不同。他们是 2 世纪至 3 世纪初迁徙并定居长江三角洲地区的汉族移民的后裔。

〔4〕谢和耐《中国社会史》，阿尔芒·柯兰出版社，1972 年，福斯特英译《中国文明史》，剑桥大学出版社，1982 年，第 181—182 页（Jacques Gernet, *Le Monde chinois*, Paris, 1972, trans., J. R. Foster, *A History of Chinese Civilization*, Cambridge University Press, 1982. 编者按，中译本参见耿昇译《中国社会史》，江苏人民出版社，1995 年）。此书关于当时的社会结构与政治制度交互作用的分析，对学人如何认识六朝时代，至关重要。丁爱博指出，前现代的历史学家，以及这个领域在 20 世纪的先驱们，已经根据证据推出门阀精英权力的理论，证明实际上与门第地位相关。参见丁爱博《早期中古中国的国家与社会》导言，斯坦福大学出版社，1990 年，第 1—3、9、24—25 页（Albert E. Dien, eds., *State and Society in Early Medieval China*, Stanford University Press, 1990）。

〔5〕地方评定的资品，一直是南朝大多数时期选拔官僚的主要前提。这个制度形成于曹魏时期，就是九品中正制（Nine Ranks and Impartial Arbiters）。当时由于战乱，士人精英四处流离，这个制度的本意就是让他们回归故里，随后沦为确保高门士族的子弟获得政治地位的工具。毛汉光考察了这项制度的起源与发展，参见毛汉光《两晋南北朝士族政治之研究》，第 67—98、130—158 页。葛涤风描述了东晋时期关于这种偏见的特殊压力，参见氏著《南朝早期的社会秩序：东晋的构造》，哈佛大学博士论文，1980 年，第 86—105 页（转下页）

这种情况在南朝司空见惯，其政权依旧把持在寡头精英(oligarchic elite)的手中。关于门阀大族拥有权力的持续性以及范围等诸多问题，学界已有一些研究成果。例如，在考察南朝经济衰退的原因时，川胜义雄认为，并不明智的财政政策使得大族高门的庄园经济逐渐变得无利可图。在他看来，侯景叛乱之前很长时间，高门大族已然放弃了收入甚微的大庄园，转而依靠在朝廷担任官职，以俸禄谋生。[6]另一个变化便是，大族精英不再掌控军队的实权。这些高门子弟丧失军权，便无法像在东晋时期那样，继续维护其崇高的地位。[7]

即便在国家官僚行政机构，高门大族的力量似乎也有被夸大之嫌。葛涤风(Dennis Grafflin)对正史所载高门子弟的数量进行统计，他发现东晋五大"门阀"之中，在易代南朝之后，只有琅琊王氏与陈郡阳夏谢氏还有比较可观的成员活跃于政坛。[8]不仅如此，王氏和谢氏的政

(接上页)(Dennis Grafflin, *Social Order in The Early Southern Dynasties: The Formation of Eastern Chin*, D. dissertation, Harvard University, 1980)。鉴于对中国官职英译的诸多差异，笔者在本文中都将标明其相应名称。在大多数情况下，关于官职的等级与功能，参看贺凯《中国古代官制辞典》，斯坦福大学出版社，1985年(Charles O. Hucker, *A Dictionary of Official Titles in Imperial China*, Stanford University Press, 1985)。

〔6〕川胜义雄《南朝贵族制的崩溃》，《亚洲学》第21期，1971年，第13—38页(Kawakatsu Yoshio, "La decadence de l'aristocratie chinoise sous les Dynasties du Sud," *Acta Asiatica*, Vol. 21, 1971)。川胜义雄把5世纪中期庄园制经济的萎靡，归咎于货币提供量的短缺，以及日常所用的货币与税收所带来的纯金银之间的交换比率。同时他还举例说明，侨姓士族在侯景之乱后遇到的困境，例如担任高官的谢嵩和谢蔺幸免于难，并未逃往家族控制的庄园之中寻求庇护，而是逃难番禺(今广州)，这种行为显然是以政府作为靠山(第19页)。

〔7〕苏绍兴认为，东晋之后兵权的丧失是高门士族道德沦落的外在体现。参见苏绍兴《论江左世族无功臣》，《联合书院学报》，1972年，第10期，第54—67页。

〔8〕葛涤风《中古中国南方的大族》，《哈佛亚洲学报》第41卷第1号，1981年，第65—74页(Dennis Grafflin, "The Great Family in Medieval South China," *Harvard Journal of Asiatic Studies*, Vol. 41, No. 1, 1981)。葛氏关于几大高门士族发展轨迹的描述，驳斥了这些高门在晋朝以前已经长期显赫的观点；同样，他指出在中古早期的结束时段(即隋唐之际)，只有太原王氏(5世纪他们在中国北方重新振兴)和来自山东的琅琊王氏，在唐代再度崛起。起自河南陈郡的谢氏，早在周朝被封为陈国而闻名。而郡望的次级元素，即阳夏县(今河南太康)，也可以用来指称谢氏家族的亲属集团。此处的"夏"，音假。参见颜师古(581—645)的注音，参见《汉书》卷七一《彭宣传》，第3052页，注释1以及胡三省的注释，"夏，音贾"，参见《资治通鉴》卷九《汉纪一》"汉高帝元年(前206)"，第313页。在此，笔者还要感谢王伊同先生对注音的考订。

坛实力，被来自次等士族所构成的政治和军事派别所削弱，我们由此推断，他们拥有的显赫地位，按照统治精英——这个华贵的概念超越了其成员的物质环境——的观点，就没有多少可以持续行使的实际权力了。[9]

这篇文章旨在更全面地理解谢氏家族命运的变迁，以及个体成员如何应对这些变化。首先说明的是，我们从正史中搜检的信息，印证了我们对“贵族”实力的怀疑，这些贵族的姓氏只是象征性的。对于任官五品及以上的谢氏子弟，根据其出生年份进行确认和分类（参见表一右栏），我们就会发现，在谢氏男性成员的政治势力中，出生于宁康三年（375）至隆安三年（399）之间的这代人，表现出令人震惊

表一　东晋南朝谢氏仕宦成员表

	出生世代	
五品以下或地方官，以及品级不明者		五品及以上，以及谢氏女性成员
	250	衡
鲲	1/275	裒
（据 C）	2/300	尚［A］；奕［B］；安［D］；万［E］，一女
渊 B；朗［C1］；允［C2］；瑶 D；韶 E；铁［G］；（康 B/A）	3/325	靖 B；玄 B；石［F］；邈 G，三女
奂 B；重 C1；**纯** C2；思 E；（虔 B；肃 B；万 B；汪 F；喻复 G）	4/350	景仁 C2；该 D；琰 D；澹 D；冲 G，三女
绚 C1；朏 C2；肇 D；惠连 G；（灵祐 B/A；承伯 D；峻 D；璞 D；暠 G/F；明慧 G/F）	5/375	**灵运** B；**遁** C1；**晦** C1；**皭** C1；瞻 C1；述 C2；澹 D；**混** D；模 D；曜 E；弘微 E/D；方明 G，三女
绍 C1；**世休** C1；恂 C2；**约** C2；元 E；惠宣 G；（奉 B；**世基** C1；**世平** C1）	6/400	**世猷** C1；**综** C2；庄 E，六女
超宗 B；**忱** C2；稚 C2；嶷 E	7/425	纬 C2；朏 E；颢 E；飏 E，一女
几卿 B；谖 E；（才卿 B）	8/450	璟 C2；**朓** C2；瀹 E，一女

〔9〕门阀贵族在初唐时期还是有重要作用的。葛涤风认为，当时起自北魏的胡汉联合贵族阶层，之所以保留了晋朝的名望家族，以便使原本属于异族血脉的统治阶层，可以堂而皇之地声称出自汉人血统。参见葛涤风《中古中国南方的大族》，第 74 页。

续表

	出生世代	
谟 C2；璟 D；篹 E；朏 E；（罕 E）	9/475	藻 B；譓 E；举 E；览 E；玄大 E
微 C2；禧 E；札 E；（侨 E）	10/500	蔺 D；朏 E；哲 E
贞 D；伷 E；（启 E；岳 E；祎 E）	11/525	俨 E
（凯 D）	12/550	
（靖 D）	13/575	

［说明］上表所列谢氏一百零六名男性成员，只限于正史记载的人物。本表是基于出生年份的世代排序，而非辈分世系，与其他世系表有所不同（具体参见附录）。对于生年不详的成员，我们根据其父亲、兄弟姐妹和子女的生日来推断其所属世代。上表名字带括号者表示官品不详。所有名字旁边的字母，表示个人的房支归属（参见表二）。过继至其他房支的成员，则用两个字母表示，而他们的后裔只标出其原属房支的代表字母。名字为黑体字者（编者按，原文是人名所有字母大写，今改为黑体字并加下划线以示区分），是由于自己或亲属被指控谋反而被处死的成员。

的攀升幅度。[10]但在下一代子弟之中，担任高官的成员数量却呈现断崖式的滑落，随后在不到一个世纪的时期里，谢氏再次呈现出某种复苏之势。除此之外，在血统作为支配作用的征荐制度中，当我们评估人们出身权利（birth—right）的优势时，就会发现在刘宋（420—479）早期，声称居于一流高门的五大家族之中，只有一个家族的房支保持着连续不断的成功记录，并一直贯穿于梁代（表二，世系 E）。[11]名族子弟进入官僚体制的特权，并不能确保仕途

〔10〕本文表格以每二十五年为一代，根据谢氏子弟的“出生世代”进行分组。这与按照生物意义上世系辈分的传统整理截然不同，我们借此可以更清楚地看到，处于同一时期同一代谢氏男女成员的活跃情况。由于诸多门阀人物列传提及的家族成员为数众多，为了避免人物数量的上下浮动，表一将家族成员中的高级官员与中下级官员从中分开。我们只考虑谢氏成员在有生之年所担任的官职，有些人会在死后被追赠更高的职位，这些情况则不予考虑，因为这反映了直系长辈的地位，而非本人的政治生涯。另外，为了表述的连贯性，梁代的官职也不采用梁武帝改革的“十八班”官制，而是按照“九品”进行区分。

〔11〕问题在于正史究竟在多大程度上能完整体现那些担任高级官员的谢氏成员。其中墓志部分，1964 年以降考古发现的两份墓志，以及五个墓葬（参见注释 33、41、60、62 和 76）之中的两篇墓志，我们又发现了三名不见于史传的居于高官的家族成员。在这些墓葬中，其中一座发现于 1972 年，墓主为溧阳县令（七品）谢琰（或作“谢锬”），生卒年约 350—374 年。他与阳夏谢氏的任何房支或任何人物都无关联。考古报告认为他有可能来自南方山阴会稽的谢氏亲属。参见南京博物院《江苏溧阳果园东晋墓》，《考古》1973 年第 4 期，第 227—231 页。但是，墓志对于侨姓士族的归属感，以及其墓地坐落于建康（转下页）

的步步升迁。

表二　谢氏五品官以上的房支世系

	尚 A	奕 B	朗 C1	允 C2	安 D	万 E	石 F	铁 G
2/300	尚 2	奕 2			安 1	万 3		
3/325		靖 3 玄 2					石 3	* 邈 3
4/350				* 景仁 3	* 该 5 琰 2			* 冲 5
5/375		* **灵运**	* **遁** 4 * **晦** 1 * **皭** 5 * 瞻 5	* 述 4	* 澹 1 **混** 3 模 3	* 曜 4 * 弘微 3		方明 3
6/400			* **世猷** 4	**综** 5		庄 2		
7/425				纬 5		朏 1 颢 5 飏 2		
8/450				* 璟 3 **朓** 5		瀹 3		
9/475		* 藻 5				譓 3 举 2 览 3 玄大 5		
10/500					蔺 3	朏 3 哲 3		
11/525						俨 4		

［说明］此表比较在中国南方确立地位的谢鲲与谢裒的房支成员担任五品官及以上的情况。A 列代表谢鲲一支，以其子谢尚为代表。B 列到 G 列则是谢裒后裔的情形。鉴于谢裒次子谢据子嗣众多，因此，这个房支又分为谢朗（C1）与谢允（C2）两支。每个谢氏官员的名字之后，数字表示担任的最高官品，不包括其死后追赠官职的情形。名字之前带有星号者，表示该成员的父亲未曾任官五品以上。有些特殊官职的品级会有若干变化。整体而言，该表主要参照萨孟武先生在《中国社会政治史》（第二卷，三民书局，1975 年）第六至第七章关于两晋南朝所明确的制度。与表一相同，名字以黑体字标出并加下划线者，表明因自己或亲属被指控谋反而被处死的成员。

（接上页）郊外，都支持谢琰就是阳夏谢氏成员的结论。在此，笔者感谢苏州大学图书馆华人德先生对此报告发表的卓识（1998 年 8 月 29 日给笔者的信件）。我们没有发现更多五品及以上的谢氏官员，参见《二十五史补编》之《将相大臣年表》部分，顾颉刚策划主编，开明书店，1936 年初版，中华书局，1955 年。两晋至梁朝之间的《将相大臣年表》，由万斯同编纂。谢鸿轩所纂《会稽谢氏世系图传》，见于附录。其中罗列谢氏家谱，包括史书未载的二十七名成员。但是，他们基本上属于流外的胥吏卑官，伴有少量流内的低级官员。其中大部分成员处于陈代或者梁代末年（出生年并未记载）。因此，正史记载依然是现在阳夏谢氏出任高官最全面的资料。

关于南朝政治文化的阐释，是经过唐朝的筛选和过滤（filter）而形成。例如，唐太宗（627—649年在位）曾经说，在偏僻小国的南朝，实际上鲜有人物值得尊重。因此，唐朝政府延续梁、陈（557—589）之风，"至今尤以……王、谢为重"。[12]其时，唐太宗召集士人学者撰修《氏族志》，根据社会声望与近世功绩相符的原则评定姓族等第。太宗所言忽略了一个事实：梁武帝出于相同的目的，曾经也做过类似的举动，他提升为本朝立下功劳的各个家族的地位。天监七年（508），梁朝所启动的这项改革，是如此不彻底，以至于降低了那些功名已经没落的家族的地位，但政府对社会等级的干涉极为重要，旨在借此提高政权支持者的社会地位。[13]此外，我们不能想象存在这样的上层阶级，其构成独立于政府计划之外。

若将研究范围限于谢氏早期历史，笔者在本文开篇指出，高门大族之所以持续长久，源于东晋以后统治者任期的短暂和独特的社会背景。本文接着便对政府的频繁更迭如何塑造朝廷官员的道德规范进行讨论，借此厘清素来被人所轻视的南朝官僚的情况。本文第三部分回顾了谢氏在东晋的崛起，并在考察晋朝覆灭时谢氏境遇的基础上，推断谢氏作为很有价值的政治资产，始于何时。其后控制朝政的军阀们，竞相笼络谢氏支持他们的统治；但就在同一时期，谢氏成员中第一次有人竟因叛乱的罪名而被处死。

本文接着考察从东晋末年至南朝萧齐（479—502）之间，担任较高官职的三位谢氏成员的经历，他们担任官职的时间相隔大约四十年。虽然南方的碑刻资料极为罕见——与中国北方可资利用的

---

〔12〕参见刘昫《旧唐书》卷六五《高士廉传》，第2443页。唐太宗以南北并列的口吻描述北朝，至今犹以崔、卢两家为人所重（编者按，原文是"梁、陈僻在江南，当时虽有人物，偏僻小国，不足可贵，至今犹以崔、卢、王、谢为重"。则南朝指侨姓王谢，北朝指崔氏和卢氏）。

〔13〕这种举措特别提升了当时次等家族（次门）的地位。越智重明对此改革进行研究，他认为这种举措使得门第大族不再取决于家族谱系，而是取决于官方认定。参见越智重明《梁代天监的改革与次等家族》（"梁の天監の改革と次門層"），《史学研究》第94期，1966年，第1—20页。

资料相比——但还是存在着丰富的文学史料，支持我们研究侨姓士族的情况。每项个案研究都结合谢氏人物的作品予以观照，我们选择的作品资料与个人列传的记载息息相关。谢氏的诗文作品体现出他们关心国家政事抑或退隐的动机，这也驳正了这些贵族是寄生虫一般的陈腔滥调，而且，我们还希望从这些谢氏高级官员的个人形象中，更深入地理解他们在从政过程中所面临的难题。

本文的结论对（陈郡）阳夏谢氏的衰落进行总结，这同样适用于整个侨姓士族群体。本文附录罗列了关于谢氏研究的先行研究成果。笔者特别感谢王伊同先生与小松英生先生对相关士族谱系的整理和分类，同样感谢使本人受益匪浅的其他论著，其中大多数论及东晋时期的谢氏世系，同样已在注释中加以标明。当然，本文所提及的学者，并不必然支持最近的观点，而是有序调整对于中古早期精英阶层的认识。

二　国家的优势

学者普遍认为，门阀大族的权力之源，往往追溯到这些家族在东晋所形成的统治地位。东晋与后世王朝的差异性，促使我们重新评价精英大族的地位。东晋皇帝平均的在位时间是十年，而南朝君主则要短得多，平均只有六年。[14]此期的王朝本身都朝不保夕，而王朝内部连续不断的狂暴危机，时不时地出现在历任统治者的记录之中。在政治权威的频繁更迭之下，琅琊王氏和（陈郡）阳夏谢氏具有代表性地站在历史舞台的中央，随时准备在一些重要的象征性时刻发挥作用——例如，在新皇帝的登基仪式上作为皇权的重要陪

〔14〕如果限定在刘宋与南齐时代，皇帝在位年限的记录则跌至平均五年。唐代皇帝平均为十五年。参见浦薛凤《三百四十八名中国皇帝：关于皇位继承的统计分析研究》（“348 Chinese Emperors: A Statistic-Analytical Study of Imperial Succession”），《清华学报》第13卷第1—2期，1981年，第53—132页。

衬，他们“为百官”（on behalf of the hundred officials）上表劝进那些篡位者，劝其称帝，等等。通过与东晋杰出政治家之间的祖先纽带，这些大族领袖其实在政治领域和文化领域都拥有强大的影响力，其家族成员旨在使诸多分裂帝国的行为合法化。

南朝皇帝维护门阀士族崇高声望的另一大好处就是，他们可以通过婚娶这些血统纯正的高门女子提升自己的门第。司马氏统治者与一流高门地位相埒，他们拥有良好的社会背景与文化教育；与之相比，刘宋的建国者（刘裕）起自行伍，其家族来源不明。同样地，萧梁、萧齐和陈朝也是由门第不显的寒族军阀所建立。〔15〕最初，谢氏与刘宋皇室结成政治联盟，但是，随后没有谢氏女子嫁入统治家族（参见表三，谢氏女性），这表明他们的通婚资格有所降低，至少有部分原因是许多谢氏子弟因谋逆被问罪，而其他一些位居高位的谢氏子弟对南齐的支持，也以失败而告终。虽然如此，6世纪中期谢氏对侯景联姻请求的断然拒绝表明，婚娶谢氏女子除了代表着皇权的恩赐以外，还有额外的价值，就是作为对人们功绩的奖赏，抑或对人们忠诚的肯定。〔16〕

当南朝皇帝因为家庭出身而尊崇一个社会阶层的时候，总是冒着很大的风险。当门阀大族自身将精英财产中的精神遗产作为武器，反抗国家意志时就会产生威胁。例如，萧道成（齐高帝，479—482年在位）选拔谢朏（439—506），以为侍中，负责在其登基仪式上解玺授予登基的新皇帝（表一，谢氏任官者，第七代）。但是，谢朏对其急于称帝，而未能如古制三让帝位之事非常反感。谢朏为了拒绝出仕新朝，在典礼当天谢职，身着朝服，从熙熙攘攘的宫门扬长

〔15〕南朝皇帝出身鄙陋的影响，必须提及萧衍（梁武帝，464—549）的情况。他是南齐帝室的旁支疏属，又以沉溺哲学和文学闻名于世。

〔16〕朝廷如果同意将王谢女子许配给侯景之子，就是诸多特权之一种，这也是侯景考验梁武帝是否信任他的探路石。关于侯景降梁复杂历史的描述，参见马约翰《梁简文帝》，特维恩出版社，1976年，第135—140页（John Marney, *Liang Chien-wen Ti*, Twayne Publishers, 1976）。

而去，同时宣称自己身体健康，并非因病去职。谢朏的反抗意图显而易见，很可能因此而被诛杀，但他却幸免于难，因为萧道成认为，杀之则遂成其名。[17]

与谢朏同时代者，谢超宗（卒于 483 年）是一位天赋卓绝的清谈家（conversationalist），完全不顾社交礼节，表现出不受约束的清谈之风，而这种风格带有东晋上流社会的印记。尽管谢超宗只是一名中层官僚，但他却能成为皇帝宴席的常客，正是因其坦率直言能使诸人尽欢。但有一次，他们论及北魏外交事务，超宗借着酒兴，宣称"虏动来二十年矣，佛出亦无如何"。他因此被贬为南郡王中军司马。在落寞失意之余，超宗开玩笑，他的职位虽称作"司马"（字面意思是"管理骑兵者"），其实他是在"司驴"。这个戏谑被省司上奏，谢超宗因此被禁锢十年。[18]

在一落千丈的仕途之中，谢超宗言谈之轻慢，较于昔日有过之而无不及，因此他之后遭遇愈演愈烈的严酷氛围，直到最后被皇帝赐以自尽。与之相对，南齐初年的司徒褚渊值得关注，因为他关系到南朝时期的道德准则，这种准则使传统意义上的忠君观念黯然失色。褚渊骑马过桥，因阁道损坏不慎落水，超宗在旁大加嘲讽，褚渊勃然大怒，呵斥超宗为"寒士不逊"。此时，"寒士"意指出身高贵，但经济贫困，没有政治地位的人群。谢超宗反唇相讥道："不能卖袁（粲）、刘（秉）得富贵，焉免寒士。"[19]袁、刘二人，与褚渊和萧道成在刘宋时期皆掌重权，并称"四贵"。[20]不过，袁粲和刘秉皆为刘宋朝廷尽忠竭智，而褚渊却支持萧道成实现其野心，逼迫刘宋皇帝退位。萧道成下一步的篡位之举，可谓昭然若揭。

---

〔17〕《梁书》卷一五《谢朏传》，第 262 页。

〔18〕《南齐书》卷三六《谢超宗传》，第 636 页。

〔19〕《南史》卷一九《谢灵运附谢超宗传》，第 543 页。

〔20〕《宋书》卷八九《袁粲传》，第 2229—2234 页；同书卷五一《宗室·长沙景王道怜传》，第 1468—1469 页。

谢超宗对褚渊的讥讽之语，契合《论语》对“不义而富且贵”无比厌恶的精神意蕴。[21]同样地，在自己职位上增加德行砝码者，还有以性情纯正见称的袁粲。据《宋书》本传记载，作为道家人物，袁粲生活至简，视贪恋权位为愚蠢之举。他无视政坛高压，不顾友人的劝阻，坚决不肯出仕新朝。《宋书》的编撰者沈约对袁粲极为推崇，称赞他冒险反抗萧道成的举动是“义重于生”，认为其壮举昭示天下，“其道有足怀者”。[22]

根据越智重明的观点，六朝时期，所谓的天命观已经沦落。民众的情绪（抑或官方的支持）与上天惩罚之间的关联性已然变得无关紧要。所谓天命，仅仅成为确认权威成立的程序，并屡屡被军事力量所任意支配。因此，当统治家族萎靡不振之时，忠诚于旧主，远不如把握时机辅佐一个充满活力的野心家以争夺皇位。因此，这样的谋士未必被视作不忠之臣。[23]

三　间接的道德

与东晋时期侨姓士族诸多领袖那种超然物外的道德立场相比，南朝门阀精英的道德观迥然不同。我们以谢氏为例。当谢氏后裔子孙初临政坛之时，有时提及先祖崇高的神秘感以为形援，但他们一

〔21〕《论语·述而篇》载，“子曰：‘不义而富且贵，于我如浮云。’”同样的意思，又见《论语·里仁篇》，第36页。参见阮元（1764—1849）《十三经注疏》，艺文印书馆，1981年。

〔22〕《宋书》卷八九《袁粲传》，第2234页。沈约在袁粲本传之后如此评论，“世及继体，非忠贞无以守其业”。

〔23〕越智重明《南朝的贵族制与改朝易代》，《亚洲学刊》第60期，1991年，第61—63、67—77页（Ochi Shigeaki, “The Southern Dynasties Aristocratic System and Dynastic Change,” *Acta Asiatica*, 60, 1991）。出仕自己前任举主或座主的政敌，并不被视作羞耻，这是当时人们仕途经历中很普遍的情况。就在同期刊物中，安田二郎解读了当时关于袁粲与褚渊行为的评论，证明门阀精英道德观的重新觉醒。他认为褚渊的立场代表着一种新形成的实用主义理论，即强调承担公共责任，致力公共事务；而袁粲所持的观念，则是更加传统但也不失开明，强调人身之间的忠诚，而前者则超过后者。参见安田二郎《论南朝贵族制社会之变革与地域社会》，《亚洲学刊》第60期，1991年，第50—51页。

旦仕宦成功，则全然依靠所谓的“滞事”[24]。一般来说，正是具备适应朝廷权力结构变化的能力，南朝的谢氏子弟才能攀上高位。那些政治生命显赫而长久的官僚，除却他们的实践才能以外，还有两项非常重要：一是政治敏锐性，可以保证他们在权力角逐之后能处于胜利者的阵营之中；二是辞令智慧，可以使他们从纷繁芜杂的困境之中脱身而出。此外，诸如谢朏与谢超宗那种直言不讳的反抗和批评，将会极大破坏行政机构的公信力，而这种桀骜不驯的抗议所付出的代价，便是葬送子孙之前程。[25]大多数的谢氏子弟都选择那条更加明哲保身的适应之路。

高门大族在历史学家的笔下，通常是处事无事事之心、自矜傲慢的社会阶层，他们沉迷于骄奢淫逸的生活方式，抑或浸淫于道教和佛教超凡脱俗的境界之中。与此同时，南朝历代王朝无法重新收复北方的可耻失败，也归咎于门阀大族对国计民生的漫不经心。[26]但是，如果站在当时的角度，考虑重新统一的难题（而不是以唐帝国或其他强大中央集权的时期作为评判标准），我们就会注意到相关的争论，他们质疑从蛮族手中收复故土并维持统治的可行性。旨在驱逐异族、收复中国北方的最后一场战争，是在东晋末年进行的；而在当时，朝廷的派系斗争，国内暴动以及流民安置等问题，都使东晋朝廷变得风雨飘摇。此后不久，5 世纪初，江南地区本土势力

---

〔24〕 这个词语出自谢安的《与王胡之诗》其四，“默匪岩穴，语无滞事”。诗中第二句是指在“清谈”中不谈实事，或者涉及自我利益的实用性话题。参见逯钦立辑校《先秦汉魏晋南北朝诗》，《晋诗》卷一三，中华书局，1983 年，第 905 页。

〔25〕 谢朏之后重入南齐政坛，却因直谏抗争再次被黜。他极为幸运地存活至梁代，但仍以刘宋遗老傲然自居。至于谢超宗，袁粲关于其“罪”的奏表态度宽宏，使他免为叛贼。但是，萧道成还是私下逼其自尽，只是不让人伤害其形骸。参见《南齐书》卷三六《谢超宗传》，第 636—639 页。

〔26〕 中国史学家、马克思主义者以及前现代史学家，都以统一王朝国家的标准，批评南朝时期的政权。在一片批评声中，荷康贝对当时士大夫关于佛教和玄学论争的行为持欣赏的态度。参见何肯《在汉朝的阴影下——南朝初年士大夫的思想与社会》第五章、第六章，夏威夷大学出版社，1994 年（Charles E. Holcombe, *In the Shadow of the Han, Literati Thought and Society at the Beginning of the Southern Dynasties*, University of Hawaii Press, 1994）。

的崛起和膨胀，成为国家政策的决定性力量。[27]

唐代诗人李商隐（813？—858）所作绝句《南朝》，虽然秉承了传统上人们评价六朝时的嘲讽之意，但依然准确地描绘出南朝风流（ethos）的某些面相。首先，江左政权为了显示自身在精神文化上的优越性，他们持续对北方的异族政权发动一系列北伐战争，同时也强化了执政合法性的问题。通过描摹一个王妃的举止不当，体现南朝官僚机构的"丧德"（defective virtue）。这首诗作暗指官僚的实际地位，犹如国家的奴仆一般：

南朝

地险悠悠天险长，金陵王气应瑶光。
休夸此地分天下，只得徐妃半面妆。[28]

由于"瑶光"（北斗七星之一，称为"北斗七"）曾经俯照长安的汉家宫阙，转而与建康城（古称"金陵"）天地相应，这显示出上天对于流寓政权的祈福。[29]但是，诗中的这个意象一语双关。徐妃是梁朝湘东王萧绎（508—555）的妻子，她经常前往名为"瑶光"的寺院，与其中的一

〔27〕在太和四年（369）至咸安二年（372）的北伐战争之后，洛阳与河南大部分地区都已收复，迁都洛阳的反对者认为，长江天险已经庇护东晋六十余年，与其在北方中原习乱之乡，面对荒城败壁与巨大危险，倒不如更加明智地割据南方。参见《资治通鉴》卷一〇一《晋纪二十三》"晋安帝隆安元年（362）"，第3189—3191页。就我所知，这是最后一次关于收复北土的争论。此后南朝领袖的北伐行动，似乎是被动防御，或者累积个人名望。中村圭尔发现，在刘宋时期，侨姓士族已然将中国南方视作自己的家乡，而墓志铭关于人们籍贯故里名称的记载，也反映了这种情况。东晋以降的另一个趋势，就是死去的门阀精英，不再葬于以其北方故乡命名的地区。参见中村圭尔《六朝贵族制研究》，风间书房，1987年，第438—449页，并参注释37。

〔28〕刘学锴、余恕诚《李商隐诗歌集解》，中华书局，1988年，第1370—1372页。

〔29〕"上飞闼而仰眺，正睹瑶光与玉绳。"出自张衡（78—139）的《西京赋》。参见康达维《〈文选〉英译本》上册《两京赋》（*Rhapsodies on Metropolises and Capitals*），普林斯顿大学出版社，1982年，第197、246—247页（David R. Knechtges, *Selections of Refined Literature*, Princeton University Press, 1982）。康氏将这句诗译为："Above the 'flying doors' [of Jianzhang Palace] one could peer upward / And directly sight Jasper Light and Jade Rope." 自古以来，人们便在建康山岭开采铁矿，公元前4世纪以后，便以"金陵"命名，秦始皇得知此地有天子气，便改名为"秣陵"，意为"养马之地"。

名僧人私通。此诗最末一句，正是描述徐妃标志性的装扮：“半面妆。”当她苦等夫君之时（萧绎并不喜欢她，故极少见她），为了嘲讽梁元帝一目失明，仅仅只对半边脸进行梳妆。[30]徐妃的通奸之举从未引起人们的同情。但是，我们仔细体悟李商隐诗中讽刺的指向，南朝政府从官僚那里所获得的，正是摇摆不定的忠诚（half-hearted），我们必须意识到，统治者的本性则需要肝脑涂地的忠诚（full devotion）。就如关于南朝政治生活的概括总是忽视专制皇权的加强，南朝帝王的残暴无道也总是被无视，人们沉溺于批评他们的奢靡淫乐和无所事事。以湘东王萧绎为例，我们发现，因为他对身体残疾的极度敏感，整个朝廷都沉浸在这种恐惧之中。任何与那只眇目相关的表述（包括经典坟籍的语句）都是禁忌。徐妃最终被其夫萧绎判处死刑，或许罪有应得，但那些无意间触犯言辞禁忌而被萧绎处罚的大臣们又作何解释呢？[31]

熟悉南朝诗歌的读者就会想到，正是这位随后成为梁元帝（552—555年在位）的湘东郡王，派庾信出使西魏，修复双方关系，这招昏棋使梁朝的利益受到损害。根据庾信《哀江南赋》的一些描述，梁元帝阴暗多疑的性格，给末代的梁朝晕染上浓重的绝望色彩。由于内心的嫉妒和偏执所驱使，梁元帝屡屡与朝廷的股肱重臣兵戎相见。最后，当他和他的朝廷在江陵（今湖北荆州）陷落之时，已经无人接受召唤前来勤王。[32]

接下来，我们将探讨谢氏在东晋时期如何一跃成为上层精英的领袖，以及其家族成员与东晋末年阴谋篡位者之间的关系。根据我们的推

---

〔30〕《南史》卷一二《后妃·元徐妃传》，第341—342页。《梁书》卷七《世祖徐妃传》，第163页。据徐妃本传记载，太清三年（552）五月被处死，不久之前萧绎刚刚登基，但史书未载夫妇琴瑟不调之事。

〔31〕钱锺书认为，因此种原因被萧绎流放、拷打乃至杀害的众人之中，只有徐妃一人有意揭短触忌，以为戏弄。参见钱锺书《管锥编》第二册《太平广记》第147条“梁武帝讳眇一目”，中华书局，1979年，第786—787页。

〔32〕《哀江南赋》写出了梁元帝决断的失误与道德的败落。参见葛蓝《〈哀江南赋〉英译》，牛津大学出版社，1980年，第87—93、99页（William T. Graham, *The Lament for the South*, Cambridge University Press, 1980）。关于梁元帝所面临的军事与外交困境，参见葛著，第10—15页。

测，这个时期的军事领袖之所以格外重视谢氏成员，是因为他们能证明其政权的合法性。谢氏为了使政治资本最大利益化，这个宗族内部参差不齐的重要房支彼此合作，从而使得整个家族都能被看重和推崇。

四　集体权威的建构

在西晋时期（265—316），只有一名阳夏谢氏的成员担任官职。作为精通礼仪和经典的硕学鸿儒，谢衡曾经担任国子祭酒一职。值永嘉之乱（307—312），谢衡长子谢鲲（281—324）与一个兄弟前往

表三　谢氏女性

世代	房支	帝室妻母	女性成员	出处
2/300—324		X	1. 谢真石。谢鲲之女；褚裒（303—349）之妻；康献褚皇后之母；晋康帝司马岳（342—344 在位）皇后。封号“寻阳乡君”。	《晋书》卷三二
3/325—349	A		2. 谢僧要。谢尚（308—357）之姐；庾龢（329—366）之妻。	《晋书》卷七三
	A		3. 谢僧韶。谢尚之妹；殷歆之妻；殷仲文（？—407）之母亲。	《晋书》卷九九
	B		4. 谢道韫。女诗人。谢奕（309—358）之女；王凝之（？—399）之妻；王羲之（309—369）儿媳。	《晋书》卷九六
4/350—374	D		5. 谢安（320—385）之姐。王国宝（—397）之妻。	《晋书》卷七五
	D		6. 谢安之妹。王珉（361—388）之妻。	《晋书》卷六五
	E		7. 谢万（320—361）之女。王殉（350—401）之妻。	《晋书》卷六五
5/375—399	B		8. 谢玄（343—388）之女。袁湛（379—418）之妻。	《晋书》卷八三
	C1		9. 谢重（？—399）长女。荀伯子（378—438）之妻。	《宋书》卷六〇

续表

世代	房支	帝室妻母	女性成员	出处
	C1		10. 谢月镜。谢重幼女，王愔之（？—398）之妻，王恭儿媳。	《晋书》卷八四
6/400—424	C1	X	11. 谢晦（390—426）长女。刘裕第四子彭城王刘义康（409—451）之妃。	《宋书》卷六八
	C1	X	12. 谢晦幼女。刘裕侄子兴安县侯刘义宾（？—448）之妃。	《宋书》卷五一
	C2	X	13. 谢景仁（370—416）长女。刘裕次子庐陵王刘义真（407—424）之妃。	《宋书》卷六一
	C2	X	14. 谢景仁幼女。王僧朗（？—465）之妻，宋明帝（刘彧，466—472在位）之明恭皇后之母。	《宋书》卷八五、四一
	D		15. 谢混（379—412）与晋陵公主（？—432）长女。殷叡之妻。参见谢弘微本传。	《宋书》卷五八
	D		16. 谢混与晋陵公主幼女。谢弘微本传。	《宋书》卷五八
7/425—449	G		17. 谢惠宣之女。谢方明（381—427）孙女；王道琰之妻；因其子王融（468—494）而得名。	《南齐书》卷四七
8/450—499	E	X	18. 谢飏之女。谢庄（421—466）孙女。宋顺帝刘准（469—479，477—479在位）皇后，顺帝禅让之后，降为汝阴王妃。	《宋书》卷四一

说明：此表所列谢氏女性，仅收入其父见于正史者。本表不包括那些在史书中仅据出生情况就确认为谢氏的女子。其他不准确的参考资料一概不收。例如，我们从谢朓的一首诗名就知道他有姐姐，但不知他究竟有几个姐姐，于是并未将之列入表中。谢氏女性中出具名字者，第一位来自一份碑志。其他名字，来自《世说新语》和《晋书》（编者按，谢真石的名字，见于《谢鲲墓志》，收于赵超《汉魏南北朝墓志汇编》，天津古籍出版社，2008年，第18页。最后一栏史书后面的数字，表示卷次，因表格所限，不列卷目）。

建康，这就为江南地区谢氏的历史埋下伏笔。[33]谢鲲断然拒绝走上

〔33〕谢衡早年曾经担任博士。1964年发现的谢鲲墓和相关墓志显示，谢衡还有一位不曾知名的三子谢广，葬于河南荥阳的谢氏旧墓。史书关于谢鲲的卒年不详。参见《晋书》卷四九《谢鲲传》，第1377—1379页。墓志记载，谢鲲卒于太宁元年十一月廿八日（324年1月10日），同时记载谢鲲还有一个女儿，叫谢真石。笔者在此感谢南京大学的蒋赞初先生，他给我提供相关发掘报告。参见南京市文物保管委员会《南京戚家山东晋谢鲲墓简报》，《文物》1965年第6期，第34—36页。

传统的儒家，转向道家玄学，由儒入玄的决定对谢氏家族的发展前景极为有利。事实上，他与其他数位玄学名士一起，并称“(江左)八达”[34]。谢鲲的学问信念，将其家族与侨姓士族社会的主流紧紧联系起来。大多数南渡的著名官僚都出自玄学之家。在儒家占统治地位的西晋，这些家族通常是次等家族(second-rung)，但在东晋他们却成为政坛的领导核心。[35]

谢鲲的放诞之举，引起大将军王敦(265—324)的注意，并任命谢鲲为长史。之后，王敦以“清君侧”为名围困都城之时，谢鲲的高名重望使他避免沦为王敦愤怒之火的受害者。虽未被杀，但谢鲲却被外放为地方官。[36]正如本传与《世说新语》的轶事所载，谢鲲的狂放行为并未给家族带来益处。他在去世之后，被草草掩埋在建康普通庶民的墓地。[37]另一方面，若无谢鲲以放达不羁之行卓然自立，当时地位更加巩固的褚氏家族恐怕不一定会迎娶谢琨之女(表三，第一个谢氏女子)。[38]

正是这次联姻，打开了谢氏令世人瞩目的门户。谢真石与褚裒

---

〔34〕“八达”之称，是对“竹林七贤”的致敬。早期的个人主义者之间的交往集会，如今却被认为是矫饰之举，他们之间的区别，就在于极端狂放之“通”，与更加温和即所谓“次者”的“达”。参见刘孝标注《世说新语》卷上《德行篇》第23条。参见马瑞志《〈世说新语〉英译本》，明尼苏达大学出版社，1976年，第12—13页(Richard B. Mather, *A New Account of Tales of the World*, University of Minnesota Press, 1976)。其后士大夫沉浸“玄学”(mysterious learning)的一个要因，就是西晋时期朋党倾轧，“竹林七贤”中最为激进的嵇康(223—262)，以损害公众道德的罪名被杀。参见罗宗强《玄学与魏晋士人心态》，文史哲出版社，1992年，第182—187页。

〔35〕参见叶妙娜《东晋南朝侨姓高门之仕宦——陈郡谢氏个案研究》，《中山大学学报》1986年第3期，第43—44页。

〔36〕《谢鲲墓志》记载，他是豫章(今江西南昌)“内史”，而其本传和《世说新语》(卷中《规箴篇》第12条)均载为豫章太守，这两个职位的职责大同小异，但前者是皇家封地行政长官的称谓。无论如何，这表明王敦在永昌元年(322)任命他为豫章地方官，并迫使他参与进攻建康的行动，因为谢鲲具有“朝廷之望”。

〔37〕“石子岗”，位于建康南部“朱雀门”一带，历来被用为公共墓地。但是，东晋肇建，侨姓士族通常以北方故土的名字，命名本族私家墓地之所。例如，琅琊王氏与琅琊颜氏将死去的成员，分别葬在建康北部的象山与幕府山，即“南琅琊郡”。参见郭黎安《试论六朝时期的建业》，《中国古都研究》，浙江人民出版社，1985年，第280—282页。

〔38〕在东晋建国的数十年间，侨姓士族的等级与私人资产是紧密相关的。叶妙娜证明了士人的德行、风标、容止和玄谈，都是可以促成婚媾高门望族的因素。参见叶妙娜《东晋南朝侨姓世族之婚媾——陈郡谢氏个案研究》，《历史研究》1986年第3期，第161页。

的女儿，被选作琅琊王司马岳（322—344）的王妃。出人意料的是，这位郡王通过不正常的继承原则，登基称帝。他在继位后的第三年驾崩（344），因新皇年幼，谢鲲的外孙女（褚氏）开始临朝听政。[39]此时，谢鲲之子谢尚（308—357）作为皇太后的叔叔，其平淡无奇的仕途出现了极大的转机，官职骤然开始升迁，所任最高官职是二品将军（南中郎将）。谢尚死后无子嗣，因此他的军职被传至其最年长的堂弟谢奕。绝非巧合的是，谢尚与谢奕在仕途后期都是野心勃勃的权臣桓温（312—373）的属下。谯国桓氏是侨姓士族，凭借军事才能跻身东晋门阀精英的行列，而谢氏则是依靠与皇室的联系带来利益，成为将军的姻亲家族。[40]4世纪中叶，谢奕的弟弟谢石（327—388），担任秘书郎，这在谢氏家族中尚属首次。[41]

一部分门阀精英的人物视谢氏为政治暴发户。旧族门户一针见血地抨击谢氏家族缺乏彬彬有礼的传统，“新出门户，笃而无礼”[42]。还有人对谢氏子弟在大路上驾车喧哗的举动进行批评。在他们眼中，这是又一个利用裙带关系而致显位的典型案例？[43]有趣的是，还有

〔39〕这位年幼的皇帝是司马彭子，生于建元元年（343），即晋穆帝（344—361年在位）。

〔40〕桓温联姻琅琊王的姐姐（南康长公主）。石川忠久认为，谢氏通过谢鲲外孙女而崛起。参见氏著《谢氏的家风与家族兴盛》，《中国文学研究》第7期，1979年。桓氏故乡谯国（今安徽怀远地区），在淮河以北大约一百五十公里处。

〔41〕这个六品官职，通常作为高门子弟进入政坛之后比较重视的起家官。谢石之父谢裒曾经向东晋高官诸葛恢提亲，希望他将幼女嫁给谢石，但是遭到拒绝。但在永和元年（345），诸葛恢去世之后，最终还是达成了这桩婚事。或许是因为谢石在当时担任着如此荣耀的职位。根据石川先生的推断，谢石是在建元二年（344）至永和三年（347）之间任职的。诸葛恢极为在意子女通婚对象的社会阶层，参见马瑞志《从通婚推论南朝家族地位的变化》，《早期中古中国的国家与社会》，斯坦福大学出版社，1990年，第216—217页（Richard B. Mather, “Intermarriage as a Gauge of Family Status in Southern Dynasties,” in Albert Dien, eds., *State and Society in Early Medieval China*, Stanford University Press, 1990）。1984年发现的谢奕之孙的墓葬，揭示了一些不为人知的历史。谢珫（生于421年）担任五品的散骑常侍。他的父亲谢攸，最高曾经担任五品的散骑侍郎。另外，关于谢奕另一个孙子谢温的墓葬发掘报告，显示其英年早逝，职位不详。他的父亲谢玙是谢珫之弟。参见南京市博物馆《南京南郊六朝谢珫墓》《南京南郊六朝谢温墓》，同载《文物》1998年第5期，第4—14、15—18页。

〔42〕《世说新语》卷下《简傲篇》第9条，马瑞志英译版，第396页。

〔43〕《世说新语》卷中《方正篇》第57条，马瑞志英译版，第175页。

许多议论旨在表现谢氏家族的优良家风。女性诗人谢道韫（表三，第四名谢氏女子）嫁到琅琊王氏之后，在回家省亲时闷闷不乐地说，由于她在谢氏一门才俊的抚养与陪伴中长大，她完全没料到天壤之间竟有新夫（王凝之）那样的人。[44]又有，当谢道韫的从兄弟谢胡儿从邻里那里得知，谢氏家族的一个成员曾经上屋熏鼠，便时常嘲笑此人，但此后发现故事的主角正是其父，他的叔父谢安（320—385）却虚托引己之过，进行劝导和开悟，“世人以此谤中郎，亦言我共作此！”[45]

作为一名政治家，谢安卓越的政治才能彻底巩固了家族的声望。4世纪60年代，谢安离开会稽（今浙江绍兴）别墅开始仕进，[46]便给桓温施加了一种微妙无形的道德压力，其时，桓温密谋颠覆东晋政权的计划受到挫折。[47]谢安拯救国家之功绩，值得大书特书的事情发生在太元八年（383），他和侄子谢玄（343—388）一举粉碎了前秦氐族的大规模入侵。“淝水之战”使汉人统治幸免于凌夷屠灭，而在整个南朝为人所铭记。[48]除了这次胜利之外，谢安作为受人推崇的英雄形象（实际上，他是分裂时代极少数的名士之一，其声名迄今仍为人所熟知），与其杜绝专权树私的禀性密切相关。他完全可以从拯救国家命运的功勋中，攫取巨大的权力和名望，但他却决定功成身退，从公众生活中退隐而出。

---

〔44〕《世说新语》卷下《贤媛篇》第26条，马瑞志英译版，第354页。

〔45〕《世说新语》卷下《纰漏篇》第5条，马瑞志英译版，第481—482页。

〔46〕“会稽”的首字“会”，在吴音系统又可读作“归”。

〔47〕《晋书》卷七九《谢安传》，第2073页以及《世说新语》卷中《雅量篇》第29条，马瑞志英译本，第190—191页。

〔48〕一般认为这场战争极为重要，迈克尔·罗杰斯（Michael Rogers）表示质疑，他认为这是一场规模较小的对外战争，而被东晋和唐朝过于夸大和神话了。参见迈克尔·罗杰斯《苻坚载记：正史的一个案例》，加利福尼亚大学出版社，1968年，第58—73页（Michael C. Rogers, *The Chronicle of Fu Chien: A Case of Exemplar History*, University of California Press, 1968）。

不论谢安的归隐出自何种实际原因，[49]他都留给后人一种在世事烦扰之中不为所动、镇定温和的形象。根据谢道韫的描述，她的叔叔在中年之时，就有一种从厌烦人事到尽心世务的超越，这种理性超脱从谢安开始出仕就有引导作用：

> 亡叔太傅先正，以无用为心，显隐为优劣，始末正当动静之异耳。[50]

谢安镇定自若的精神气质，在之后东晋时代的谢氏成员中丧失殆尽。太元十年（385），谢安辞世以后，家族成员分化到不同的政治派系，他们并非血腥政治斗争中的领袖，而是隶属于比他们分裂时间更早、分裂规模更大的不同皇室子弟或宗室。[51]当桓温的继承者桓玄（369—404）在元兴元年（402）以楚为号建国时，谢氏面临着是否与这个屠杀多名皇族成员与谢氏姻亲的领袖进行合作的难题。但是，桓玄非常迫切地希望谢氏子弟参加自己的政府。他甚至妄想将谢安原来的宅邸改造成自己的将军府。[52]直到谢混（卒于412年）将自己祖父的声名比喻成周朝召伯，使得桓玄感到惭愧，此事方才作罢：

> 召伯之仁，犹惠及甘棠；文靖之德，更不保五亩之宅邪？[53]

---

〔49〕太元九年（384），谢安上表请求授权，扫荡苻坚在河南地区的残余势力，但这次北伐却遭到猜忌，其时在会稽王司马道子（364—402）身边逐渐形成一股“反门阀”的派系。谢安的侄子谢玄也去职，改任会稽内史。

〔50〕《世说新语》卷下《排调篇》第26条，马瑞志英译版，第412页。

〔51〕例如，谢琰（352—400）属于司马道子“反门阀”的阵营，而他的侄子谢澹（371—425）却与其为敌，站在“支持门阀”的王恭一方。隆安元年（397）孝武帝驾崩，司马道子弄权之后，王恭设计除掉司马道子的得力助手王国宝，而他也是太原王氏的成员，王恭之侄，又是谢安的女婿（表三，第五名谢氏女性）。次年政变失败而被处死，他的儿子娶了谢重之女（表三，第十名谢氏女性）。谢重在此次政治斗争中的立场，可见注释76。

〔52〕《晋书》卷七九《谢安附谢混传》，第2079页。

〔53〕姬奭（公元前12世纪）被文王任命为西周陕地以西地区的首领，称为“召伯”。他曾在棠梨树下，露天办公，处理政事，《诗经》有《甘棠》一篇，人们历来认为其主旨就是称美召伯，“蔽芾甘棠，勿翦勿伐，召伯所茇”。参见《毛诗注疏》卷一《国风·甘棠》，《十三经注疏》，第8页上。

此言暗示了桓玄政权的僭伪特征，这种断然的拒绝也在提示，大众对谢安的尊崇就应该保护其财产与后裔免于国家无休止的征用与驱驰。

桓玄寻求与谢氏结成道德联盟，另一个人也注意到了这一点，就是刘裕（363—422）。这位将领因为平定孙恩叛乱（398—400）而名声大噪。元兴三年（404）春，刘裕灭掉“楚朝”，恢复东晋，总领朝政，延续晋祚近二十年。刘裕沉毅坚忍，篡谋夺权，因为他意识到，强悍的暴力不足以达到自己的目的。他需要设法取得那些控制官僚机构的旧族门户——中层官僚以上——的承认。

早在桓玄占领都城之际，刘裕便对谢氏产生了浓厚的兴趣。谢景仁与刘裕一起宴饮，桓玄派人数次召见，谢景仁安坐饱食，然后应召，这让刘裕印象深刻。刘裕常常称其为“太傅安孙”。[54]当刘裕将桓玄的军队逐出京城，在前来拜贺他的众多官僚之中，他对谢景仁特别关注，“此名公孙也”。事实上，作为熏鼠者，谢景仁祖父的怪异行为已经成为会稽郡时常提起的笑谈。无论谢景仁的祖父还是父亲，都未曾担任过重要的官职（表二，房支 C2）。[55]

从谢、刘二人交往初期开始，谢景仁就支持刘裕的雄心壮志。除此之外，在刘裕心腹亲信的核心内部，大多数布衣成员都来自于他的家乡京口（今江苏镇江），而谢景仁则是唯一的高门子弟。正是谢景仁出谋划策，辅佐这位未来的统治者如何获得最大程度的支持。曾有一次，刘裕对南方政敌的行动感到十分忧虑，谢景仁力排众议，劝他先抗外敌，树立声望，只有平定鲜卑人在边境线再次制造的威胁之后，才能回师对付内部的敌手。根据这个建议，义熙五年（409）至六年（410），刘裕首次发动他的北伐事业。[56]在离开朝廷期间，为了

[54]《宋书》卷五二《谢景仁传》，第 1493 页。谢景仁，原名谢裕，因与宋武帝刘裕同名避讳，故以字见称。

[55]《宋书》卷五二《谢景仁传》，第 1493 页。谢景仁祖父谢据，并无从事任何官职的记载，而其父谢允担任宣城（今安徽东南）内史。

[56] 司马光认为，孟昶是另一位支持北伐山东南燕政权的大臣。但谢景仁说服刘裕，完全是一种出自私人的建议。参见《资治通鉴》卷一一五《晋纪三十七》“晋安帝义熙五年（409）”，第 3612 页。

对付敌对势力，刘裕将谢景仁委派到关键的中枢位置。刘裕甚至任命谢景仁为吏部尚书；其时，谢安之孙谢混担任尚书左仆射，依制不得同族相监。[57]当谢景仁去世之时，刘裕亲临葬礼，哭之甚恸。

刘裕与其他谢氏成员之间并无如此真挚的情感，有的成员多少比谢景仁还年轻些，他们借助其上升的阶梯顺势而为。在十二名谢氏高官成员中，至少有一半是第五代成员，谢氏家族的仕途巅峰，得益于刘裕对他们的喜爱抑或选拔。首先，谢安幸存的子孙让他无比失望（表二，房支 D）。谢混被任命为中书令，刘裕对有此"玉人"相伴感到骄傲。但是，在谢混卷入一场叛变之后，作为独裁者的刘裕毫不迟疑地令其自尽。[58]八年之后，刘裕建立宋朝，依旧怀念谢混之"风流"，并因参加登基典礼的众人不能亲眼看见谢混的风姿而感到遗憾。[59]

刘裕登基典礼上的进玺人，是谢安的另一个孙子谢澹（371—425）。刘裕不同意别人来担此任，认为"此选当须人望"。[60]谢澹放诞仗气而性情急躁，对朝廷的这种行为意兴阑珊。但是，那些对刘裕的决定感到惊讶的人们，都无法理解对于一个不学无术、未经基本教育，并且没有社会背景的暴发户而言，这个举动是多么重要，

---

〔57〕官僚职位权力的最大化，就需要这些职位的担任者互相监督。谢混从义熙六年（410）五月起担任尚书左仆射，也就是在北伐南燕战争结束前的两个月。或许，刘裕对谢景仁的任命，是在其凯旋建康之后。万斯同认为，义熙七年（411）是谢景仁担任吏部尚书的第一年。参见万斯同《东晋将相大臣年表》，《二十五史补编》第 3 册，第 3353 页。

〔58〕《南史》卷一九《谢晦传附谢澹传》，第 528 页。

〔59〕《晋书》卷七九《谢安附谢混传》，第 2079 页。冯友兰描述了道教的自然与晋朝风流理念之间的关系，而且阐述了它所需要的风流和优雅。参见冯友兰《中国哲学简史》（*A Short History of Chinese Philosophy*），卜德（Derk Bodde）英译本，麦克米伦公司，1948 年，第 231—240 页。笔者认为，这个含义多元性的概念，来自于"风流潇洒"的本意，正是形容与上层阶级教养相关的魅力和优雅。

〔60〕《南史》卷一九《谢晦附谢澹传》，第 527 页。《晋书》卷七九《谢安传》（第 2077 页）关于谢澹的简短传记显示，刘裕之所以将如此高贵的职务交给谢澹，是因为他祖父谢安"勋德济世"，并奉安祀。我们现在不清楚谢安的另一个孙子谢璞在当时有何作为，他随后官至光禄勋，恐怕也是得益于刘裕的庇护。谢璞字景山，其传记附于《南史》卷一九《谢晦传》，第 528 页。我们从中知道，谢璞是谢涛（393—441）的父亲，谢涛并不见称于史书，但其墓志铭得以传世。参见《全宋文》卷六〇《宋故散骑常侍扬州丹阳郡秣陵县谢公墓志》，收于严可均（1762—1853）《全上古三代秦汉三国六朝文》，世界书局，1982 年，第 9 页上。作为散骑常侍，谢涛跻身谢氏担任高官的巅峰一代。

这至少提供了一种假象，即刘裕已经获得门阀大族的支持。刘裕宽恕谢混的傲慢无礼，不以常规礼俗限制他，并将其称作“方外士”，诸如此类，难道不是出自这个原因吗？[61]通过对早期谢澹的容忍，刘裕当然也有个人的不满。因此，刘裕让谢澹担任一些荣誉性的职位，并无多少职事。

在刘裕总揽东晋朝政的那段时间，他肯定已经意识到，谢氏的两个房支都继承着祖先的风操，不能抱以太大的期望。除却与刘裕交往的谢安诸孙外，谢玄的后裔谢灵运（385—433），任性不羁，只能让刘裕感到尴尬窘迫。[62]我们已经知道，刘裕力图让士庶知道谢景仁是谢安的后裔。刘裕此后的方法更具现实意义。只要谢氏成员对他竭忠尽智，就没有必要去纠结确认他们的祖先。所有房支的成员都可能获得崇高的荣耀。

从刘裕对待谢方明（381—427）的态度，就可看出其思想的转变。在刘裕登基之后，谢方明担任侍中，他被视作值得信赖的亲信顾问（表二，房支G）。在表兄谢景仁最初举荐谢方明的时候，他穷困潦倒。从隆安四年（400）夏孙恩再次攻陷会稽之后，谢方明便无家可归，流离险厄。[63]刘裕谓方明曰：“愧未有瓜衍之赏。”这既是

---

〔61〕刘裕的评论让我们联想到桓温对谢奕“我方外司马”的品评。参见《世说新语》卷下《简傲篇》第8条，马瑞志英译版，第395页。

〔62〕谢灵运桀骜不驯的性格自年轻时代已经麻烦不断。当他与自己的叔叔谢混驻扎江陵之时，卷入刘裕下属刘毅（？—412）的叛变，但他侥幸逃脱了惩罚。之后又传出他的丑闻，他杀了一个勾引小妾的家门生，并将尸体抛进长江。因此，谢灵运在义熙十四年（418）至元熙元年（419）被禁止出仕。参见《宋书》卷六七《谢灵运传》，第1743—1777页。并参傅德山《潺潺的溪流：中国自然诗人康乐公谢灵运（385—433）的生平与创作》第一卷，马来西亚大学出版社，1967年，第9—12、18、24—25页（J. D. Frodsham, *The Murmuring Stream: The Life and Works of the Chinese Nature Poet Hsieh Ling-yün: 385-433, Duke of K'ang-lo*. University of Malaya Press, 1967）。谢丘（377—407）是谢灵运的堂兄，史书不载，其墓葬于1986年得以发现。谢丘是谢重（注释41）的幼弟，他曾经在某位将军手下任七品的辅国参军。笔者推测这位辅国将军是诸葛长民（参见《晋书》卷八五《诸葛长民传》，第2212—2213页）。诸葛长民在协助刘裕击败桓玄之后得获此任，但之后却被刘裕处死。笔者认为最不可能的人是桓振，他在桓玄执政时期获得这个职位（《晋书》卷八五《刘毅传》，第2206—2207页）。关于《谢丘墓志铭》，华人德曾有引用，参见氏著《论东晋墓志兼及兰亭论辨》，《故宫学术季刊》1995年第13期，第32页。

〔63〕《宋书》卷五三《谢方明传》，第1522—1524页。

对谢氏历代传承的恭维，也表达出对谢方明游离于家族主干大房的荣耀之外的偏见。[64]虽然并未授予官职，但刘裕却将自己作为豫章郡公的部分俸禄分给了他。[65]

谢方明在刘裕手下，作为扈从不过四五年，直到谢混在义熙八年（412）死去。就在那时，一位有影响力的谋士再次向刘裕举荐了谢方明，“可谓名家驹。直置便自是台鼎人，无论复有才用”[66]。谢方明证明了自身值得信赖。永初三年（422），也就是刘宋建国的第三年，他返回故里会稽担任太守。谢方明执政严厉，改变了贵族精英堕落腐败与浮华夸耀的行为，使得“贵族豪士，莫敢犯禁”[67]。

门阀大族的持续长久给人们一种印象：上等阶层为了自身的利益而共同进退。其实，即便是每个独立的宗族甚或其房支内部，是否存在这样的凝聚力都很可疑。生活在东晋到刘宋嬗代之际的谢氏成员的列传显示，他们对于出仕与家族利益的看法存在着很大的分歧。在5世纪前二十五年（400—425），谢氏中某些成员一再回避某些亲属，原因就是与这个野心勃勃却失败的族人保持距离，以免被无辜殃及。[68]在这个时期的谢氏成年子弟中，谢瞻的个案引起我们浓厚的兴趣。在刘裕提供的职位中，他更喜欢并不起眼的职

〔64〕《绵》以绵绵瓜瓞，指连绵不断的藤之形象，描述周室从弱变强的发展过程。参见《毛诗注疏》卷一六《大雅·绵》，第12页上。谢景仁提携堂弟之时，任中军主簿，他从义熙四年（408）九月以来就担任此职。此次交谈必然发生在义熙五年（409）四月以前，即在刘裕离开建康，北伐南燕之前。

〔65〕义熙二年（406），刘裕封豫章郡公，每年食邑一万户。

〔66〕这位举荐人是丹阳尹刘穆之，他对于谢方明见而异之，无比欣赏，而在义熙八年（412）谢混死前，谢方明从未拜谒过他。谢方明在被刘裕阵营接纳之后，不久出任左将军刘道怜长史。因为军职名称在义熙十年（414）发生变化，故刘穆之对谢方明的推荐，应该是在义熙八年末至九年。台鼎的三足，代表着三公或三司。因此，“台鼎人”的称号便意味着有身居高位的非凡才能。但是，在这个案例中，最需要关注的是，谢姓就意味着这种资格。

〔67〕《宋书》卷五三《谢方明传》，第1524页。

〔68〕谢混与刘毅（参见注释62）关系至密，其长侄谢澹从其阵营脱离，并声称谢混之为人会威胁到整个家族之安危。因此，谢混因支持刘毅叛变而被杀，而谢澹的警告却使他免于牵连。谢澹也对谢晦（上文已有讨论）的野心予以嘲讽。参见《南史》卷一九《谢晦传》，第527—528页。谢方明则避免与谢混一起出现在公共场合，唯岁节朝拜而已。参见《南史》卷一九《谢方明传》，第536页。

位，而不是高官显位；不仅如此，他还据理力争，将阳夏谢氏的家族房支从郡望的集体声望（choronym's collective prestige）中分离开来。

五 超然独处：谢瞻（约380—421）

义熙十一年（415）冬天，谢瞻时任安城（今江西安福）太守，他应和一首诗，回赠族弟谢灵运。他在诗中称赞谢灵运，“华宗诞吾秀”。[69]他们幼时一同与族叔谢混学习，谢灵运的出色才华在那个时候已经崭露无遗。谢灵运此时正在京城担任秘书监。而谢瞻在过去十年间，用他自己的诗歌来说，就是“迢递封畿外”。[70]

但是，谢瞻将自己与才华横溢的族弟对比之后，其恭维之中却蕴含着对谢灵运未来的担忧。诗中“鸿渐随事变”之意象，取自《易经》，原意是劝人容忍顺从。[71]谢瞻将谢灵运喻作，“云台与年峻”，让我们想起《淮南子》屡被引用的名句，“云台之高，堕者折脊碎胫”。[72]在诗歌结尾，谢瞻认为，兄弟之间相隔的距离，并非天赋使然，而是主观选择的结果。谢瞻在此认为他是两人中更明智的一方：

29 寻途途既暌，即理理已对。
31 丝路有恒悲，矧乃在吾爱。

---

〔69〕《文选》卷二五《谢瞻·于安城答灵运诗》，李善（？—689）注，胡克家编辑，据嘉庆十四年（1809）刻本影印，艺文印书馆，1967年，第21页上—22页下。参见傅德山《潺潺的溪流：中国自然诗人康乐公谢灵运（385—433）的生平与创作》，附录五，第188—189页。

〔70〕谢灵运同时在刘裕府中任太尉参军。谢瞻早期担任桓楚政权的秘书郎。后来他屡任军队参军等职，大多数是在地方，随后在义熙十一年（415）担任安城相。

〔71〕第五十三卦，渐卦，意思是发展或前进均是循序渐进的。而“鸿渐”之意象，在所有书写变迁的诗句中都很常见。参见《周易正义》卷五，十三经注疏本，第29页上—31页下。

〔72〕刘嗣爵编《淮南子逐字索引》，ICS中国古代逐字索引系列，香港中文大学与商务印书馆，1992年，第2、13、26条。

37　量己畏友朋，勇退不敢进。

39　行矣励令猷，写诚酬来讯。

道路的岔口与素丝的长度，象征着人们最初的信仰可能发生变化抑或就是错误的。[73] 并不常见的典故是，其中警示谢灵运，君主是有可能对一个臣子产生猜疑嫉妒之心的（第三十七句）。在《左传》中，陈国贵族田敬仲投奔齐国寻求庇护。齐国国君（齐桓公）准备拜他为卿时，敬仲却认为自己在齐国所获已然甚多，坚辞不受。所受君主的恩宠越多，就越容易为朝廷上的其他臣子所妒忌而谣言四起。敬仲引用《诗经》之语云："翘翘车乘，招我以弓，岂不欲往？畏我友朋。"[74]

在其弟谢晦（390—426）举办的一次晚宴上，谢瞻以更加朴素简洁的语言，形容位高权重者所面临的诸多危险。他们随即谈到了三位晋朝早期名流的优劣：潘岳（247—300）、陆机（261—300）以及贾充（217—282）。谢灵运向来在审美情趣上有着非凡的判断力，他主张，贾充实在不能与其他二人相提并论，因为潘、陆二人的文学才能远远超过贾充。[75] 而谢晦则基于道德品性的理解，得出相反的结论：潘岳谗于权贵，陆机邀竞无已，二人不能保身，都死于对私利之追逐上。而贾充则不然，他勋名佐世，得以善终。谢瞻加入讨论，对此观点进行反驳，认为无私之心并不能保证仕途得以善终：

若处贵而能遗权，斯则是非不得而生，倾危无因而至。君子以明哲保身，其在此乎。

---

〔73〕墨子见练丝而泣之，只因素丝可染作黄色，亦可染作黑色，如同门生可以违背经师最初的教诲。杨子见歧路而哭，只因南北分途，只能选择其一。参见《淮南子逐字索引》，第 17、184、229 条。

〔74〕《春秋左传正义》卷九《庄公十一年至二十二年》"二十二年（前 672 年）"，十三经注疏本，第 9 页下—10 页上。敬仲所颂之诗，并未录入现存的《诗经》之中。

〔75〕《南史》卷一九《谢晦传》，第 526 页。

谢瞻未能使谢晦领悟，兄弟二人之所以分属不同阵营，是因为他对于自己地位的想法过于天真。他们关于是否加入刘裕政权的分歧，在元熙元年（419）新年来临之时，演变成一个戏剧性的场面。当时谢晦刚从刘裕在彭城（今江苏北部，铜山）的右卫府还都回家。谢晦曾经积极参加义熙十二年（416）至十四年（418）的第二次北伐，刘裕领导之下的东晋军队一举摧毁了陕西的后秦帝国。作为“太傅主簿”，谢晦参与这次战争，他统领刘裕的贴身卫队。大批倾慕谢晦的追随者和好事之徒将谢家的门巷围得水泄不通，谢瞻对此无比惊骇。他谨遵家族的为官之道，告诫谢晦，“吾家以素退为业，不愿干豫时事，交游不过亲朋，而汝遂势倾朝野，此岂门户之福邪？”谢瞻此言不虚，谢氏家族冲退谦让，的确属实（表二，C1）。[76]但他无法说服谢晦因循守旧、明哲保身。因此，谢瞻遂以篱笆隔绝门庭，自立门户。

由于兄弟谢晦位高权重，谢瞻竟从显赫的职位上离职而去。身为相国从事中郎，他在新年休假之时前去彭城将军府专程拜谒刘裕，自称家世暗淡朴素，

> 臣本素士，父、祖位不过二千石。[77]

---

〔76〕《宋书》卷五六《谢瞻传》，第1557页。“门户”可以表示直系亲属的一个单体家庭，抑或一个房支内父祖三代成员。参见诸桥辙次《大汉和辞典》第11册，“门户”“门户事”“门户帖”“兴门户”“成门户”等词条，株式会社大修馆书店，1957—1960年，第12243—12244页，第41208.85–88条。谢氏兄弟的祖父谢朗，曾任东阳太守（参见《宋书》卷四四《谢晦传》，第1347页）。他们的父亲谢重（399年去世）则卷入谢安故去以后那场血腥的政治斗争之中（参见注释51）。从司马道子的阵营退出之后，谢重为王恭（死于398年）所赏识而被重用。但是，隆安三年（399），司马道子击败他的敌人之后，谢重又如战利品一般被再次任用。谢重之女嫁给了王恭之子，而且司马道子质问他，据流言称他早年曾经献策王恭帮其谋划，谢重对此回答道，“岂以五男易一女”。参见《世说新语》卷上《言语篇》第25条，马瑞志英译版，第75—76页。谢重在司马道子手下，官至六品。从其墓志可知谢重死于反政变之时。参见陈思《宝刻丛编》卷一五《江南东路·建康府》“晋谢重墓志”，光绪十四年（1888）陆氏十万卷楼刻本。华人德曾有引用，参见氏著《论东晋墓志兼及兰亭论辨》，第34页。

〔77〕汉代中层官僚的俸禄是每年两千石，术语“二千石”似乎指代地方官员。这要与其他一些秩级更高的官员有所区分（如“比二千石”）。中村圭尔关于品级与俸禄进行列表比对，参见氏著《六朝贵族制研究》，第440—452页。并参贺凯《中国古代官制辞典》，第1828页。

谢瞻此举让刘裕想起，家族的历史并不能保障特权。随后，谢瞻以宿命论的观点解释，他为何因为谢晦的成功而低调从事，避开人们关注的焦点，

> 弟年始三十，志用凡近，荣冠台府，位任显密，福过灾生，其应无远。特乞降黜，以保衰门。

刘裕很勉强地将谢瞻从其封地“宋地”调离。[78]他希望谢瞻担任吴兴（今浙江湖州）太守，那是谢氏早期成名之地。即使如此，谢瞻仍然坚辞不就，[79]最后担任豫章太守。

事实上，谢瞻曾应刘裕的要求赋诗一首，其中向刘裕解释了此前他超然事外不接受高官显位的原因。当时正是义熙十三年正月（417 年 2 月），后秦的统治者在数月之前被逐出洛阳。刘裕为了追获其统治者，调动彭城北部的一队人马，路过留城附近（江苏沛县）。此地是当年张良（字子房，卒于公元前 187 年）的封地，他是刘邦建立汉朝必不可少、居功至伟的谋士。刘裕见张良的庙宇荒残不堪，慨然沮丧，故命人改构修葺。同时，刘裕吩咐部下写诗作赋，纪念张良为国家做出的卓越贡献。[80]

无人能够忽略这个举动的象征意义。谢瞻所作《张子房诗》，赞美刘裕，缅怀刘邦，[81]这揭示刘裕从维护司马氏的朝廷到实现自身更大雄心的一种转变。谢瞻在诗中将刘裕与汉朝建国者刘邦相提并论，

---

〔78〕刘裕在义熙十四年（418）号为“宋公”。元熙元年正月（419 年 1 月），被晋爵为王，但他加以拒绝，一直到七月才迈出篡位的最后一步。与此同时，刘裕通过影响重要朝臣的任命，以及拔擢支持者进入宋公府，从而为建立新朝做好准备。

〔79〕笔者认为，谢瞻之所以拒绝在吴兴从政，是因为此地与谢氏那些显赫的祖辈有关。谢安长期隐居在此，他重新出仕进入桓温府之前，曾经在此做过太守。另外，谢玄还被骂作“吴兴溪中钓碣”。参见《世说新语》卷中《雅量篇》第 38 条，马瑞志英译版，第 193 页。

〔80〕参见《宋书》卷二《武帝纪中》，第 41 页。

〔81〕刘裕自称汉高祖刘邦弟楚元王交的后代。《宋书》卷一《武帝纪上》（第 1 页）追溯了这段令人怀疑的谱系，同时记载了他的家族自晋代开始，从彭城迁徙至京口的过程。

对此清人笺注者批评谢瞻的描述为不实之“谣言”，毕竟刘裕当时尚未登基！[82]

正如南朝的许多作品一样，这首诗歌名义上是“咏史诗”，旨在颂扬现行的政治秩序。但是，诗歌在赞美当权者的同时，不能排除个人情怀的抒发。谢瞻在诗歌开头描写了朝廷衰败之状，这种对指定题目的个性化表达让人赞叹：

1 王风哀以思，周道荡无章。
3 卜洛易隆替，兴乱罔不亡。

周道的衰败代表着晋朝的没落，而且刘裕欣喜地看到，此诗彰显出新旧交替的时代已然来临的观点。然而有趣的是，这句关于周之衰败的描写，也包含着朝代建立初期的一些史事。一个巫师通过占卜预测到，洛邑地区的仁德领袖将迅速崛起，并很快取代不义之君（第三句）。接下来，周武王自诩得到天命，在此地建造有城墙的城市。[83]谢瞻提及洛阳，暗喻重重危机就集中在政治权力的中心。无论他们怀有怎样的希望，周天子在洛地的末期统治都是极其短命的（第四句）。王朝兴乱更迭的相同原则，自然适用于布列朝廷的政府官僚。[84]

---

〔82〕何焯（号“义门”，1661—1722）是另一位注释者，参见《重刻昭明文选》卷二一，何焯注、叶树藩序，乾隆三十七年（1772）海录轩刻本，第8页下。

〔83〕《尚书》卷一五《洛诰》记载，有一个很好的占卜，但没有提供具体内容。关于洛这个地理中心，可以加速一个国家兴衰的认识，我们必须再次关注娄敬（后来被赐姓“刘”）的相关言论，他劝刘邦不要仿照周朝那样，定都于洛，而选择长安来作为都城，因为秦地被山带河，四塞以为固。参见《汉书》卷四三《刘（娄）敬传》，第2119页，又参张大可编《史记全本新注》卷九九《刘敬传》，三秦出版社，1990年，第1732页。也可参见华兹生《〈史记〉英译本》，三卷本，哥伦比亚大学出版社，1993年，第235页（Burton Watson, *Records of the Grand Historian*, Columbia University Press, 1993）。

〔84〕何焯认为“舆”讹为“興”，而且谢瞻的诗句化自《尚书》关于卷入天下大乱之人的预言，“与乱同事罔不亡”。按照此说，所谓新旧循环之说是不存在的，参见《尚书正义》卷八《太甲下》，十三经注疏本，第23页上。并参理雅各英译《中国经典》第三卷《尚书》卷八《太甲下》，香港大学出版社，1960年，第210页（James Legge, *The Shoo King*, Vol. 3 of *The Chinese Classics*, Hong Kong University Press, 1960）。

刘邦若无张良辅佐，他恐怕无法在天下混乱中取得胜利。但是，此诗塑造的张良是战略家，而非《史记》本传所描述的复仇者的形象。[85]诗中的张良起到实现天意的作用。从诗中张良对天命转变的洞察力，我们可以看出刘裕谋士谢瞻的理想模板是：

7　息肩缠民思，
8　灵鉴集朱光。[86]
9　伊人感代工，
10　遂来扶兴王。
11　婉婉幕中画，辉辉天业昌。

正如张良无私的支持使独裁统治者的权力私欲合法化一样，他同样保持着超然物外的品质，随时准备从政治舞台上功成身退。谢瞻对张良历史形象的描述，隐含着他政治生涯的突然转变（契机就是遇到一个术士对他的指导），伴随着他辞职前去昆仑山。根据谢瞻的描述，张良在那里从尘世间悄然隐去，

17　肇允契幽叟，翻飞指帝乡。[87]

虽然这与张良的列传记载颇有出入，但当我们明白作者深知自己处于祸福相依的盛名之中，这种“隐退”听起来反而更加真实。这种

---

〔85〕张良旨在为故国韩国报仇，他的祖父和父亲皆为韩国官僚，而韩国被秦朝所灭。张良花费重资雇用刺客，刺杀秦始皇，但没有成功，之后他开始辅佐汉高祖刘邦。当汉朝政权日趋稳固，张良便功成身退，“为韩报仇强秦，天下振动”。参见《史记全本新注》卷五五《留侯世家》，第1249—1258页。并参华兹生《〈史记〉英译本》，第99—114页。

〔86〕汉自居火德。笔者所译的“灵鉴”（numinous mirror），指代“有命自天”的名词之象（noun image）。参见《毛诗注疏》卷一六《国风・大明》，第3页下。

〔87〕在一份具有传奇色彩的黄帝文献中，他修身养性，得以不朽，并与全家一起升天。张良隐退之后，计划通过辟谷与修行，使身体变轻而成仙。后来，刘邦夫人吕后使他信服，这种对身体的惩罚性行为，将会减短他的寿命。张良又开始进食，得以寿终正寝。

前往超凡脱俗之境的意象，难道不能反映谢瞻希望摆脱盛名之累的心境吗？[88]

在大肆渲染汉高祖刘邦的功绩之后，谢瞻描绘了一幅崭新的君臣关系画面。在这位杰出领袖的成熟阶段，他已经不再需要高明谋士的顾问意见。在诗歌末尾，大臣们使用华丽的辞藻，通过证明政府的公正德行来称颂皇帝的权威，

29　逝者如可作，揆子慕周行。
31　济济属车士，粲粲翰墨场。
33　瞽夫违盛观，竦踊企一方。
35　四达虽平直，蹇步愧无良。
37　餐和忘微远，延首咏太康。[89]

这一结论将让我们注意到刘裕纪念张良在汉朝建国时担任重要角色的最初要求。恐怕正是因此，谢瞻将自己描绘成与这幅场景保持距离的人，这从诗歌第三十三、三十四句的“瞽夫违盛观、竦踊企一方”就可看出。《文选》的一位唐代注释家观察到，谢瞻时任豫章太守（事实上，他是在两年之后的元熙元年［419］才履任的），他写《张子房诗》之时是不在现场的，属于“和诗”（matching verse）。[90]另一方面，在5世纪的相关记载中，当刘裕要求随从官僚在张良庙赋诗作词时，谢瞻的创作冠绝一时。这里没有迹象表明，谢瞻是从其他地方呈递诗歌的，根据谢瞻对刘裕命令积极回应的细节来看，

〔88〕晋朝有关成仙游仙的文学作品，都源自当时人想要摆脱俗世间诸多烦恼的期望。孔丽维认为，早期宗教经验的焦点，是从向往来世转变为渴望逃避现实，这源于人们内心的焦虑与懊丧。参见氏著《早期中国的神秘主义》，普林斯顿大学出版社，1992年，第86、98—104页（Livia Kohn, *Early Chinese Mysticism*, Princeton University Press, 1992）。

〔89〕所谓“揆子”可指代张良或者刘邦，延伸起来，也可能指刘裕。

〔90〕参见刘良批注《增补六臣注文选》卷二一《谢宣远·览古（五言）》，陈仁子校补，据嘉靖二十八年（1549）清平山堂洪楩刻本影印，华正书局，1974年，第1299页，第12页。

此诗大概是谢瞻出于兴趣主动为之。[91]

谢瞻当时究竟处于何地，大概已经无法考知。但他本人在场与否，并不妨碍我们观察他的心理变化。在"瞽夫违盛观、竦踊企一方"一句中，谢瞻使用的"瞽夫"，仅仅是表示地理悬隔的意义吗？也就是说，由于作者被阻隔在刘裕及其僚佐赋诗盛况的迢迢千里之外，因此只能毕恭毕敬地从所在地遥望着这个方向？[92]仅仅是字面上的解读，并不能真正权衡其作品的倾向性，谢瞻诗中的这个形象取自《庄子》，"瞽者无以与乎文章之观"[93]。在这部道家经典中，身体缺陷反而是一种自相矛盾的财富。正是身体缺陷使得生命免于损害，对人们来说，这意味着从公众的关注与职责中抽身而出。谢瞻因"辞采之美"而被刘裕赏识，入其阵营，这却是他的诗歌中希望避免的危险。

"竦踊企一方"，这句诗不仅仅蕴含着谢瞻的态度，抑或专门表达着一种强烈的向往之情。开头的联绵词"竦踊"，两字分别具有各自的意思："竦"，意为"因惊恐而战栗"，"踊"，意为"切掉脚趾的刑罚"。[94]所谓"蹇步"，在第三十六句"蹇步愧无良"中，被谢瞻粉饰成彬彬有礼的形象：他谦卑地表示，自己才能匮乏，无法位列刘裕的僚佐之中。这再次表示，其中更强烈地预示着真实可靠的内容。这句诗引用了《左传》的故事，一个身体残疾的贵族请

---

〔91〕 相关内容出自王俭的《七志》一书（见下），此书现已散佚，李善的注释有所引用。刘裕在其登基之前的另一次宴会上，要求百官赋诗称颂，这表明他对于文士创作带来的好处并非无动于衷。刘良的注释有可能忽略了谢瞻在义熙十三年（417）已经任职安城，此时则被召去彭城军府面见刘裕。谢瞻本传在记载他元熙元年（419）之前去彭城见到刘裕后，"还"于彭城。参见《宋书》卷五六《谢瞻传》，第1557—1558页。

〔92〕 参见吕向的注释，《增补六臣注文选》卷二一《谢宣远·览古（五言）》，第15页上。

〔93〕 参见王先谦《庄子集解》卷一《逍遥游篇》，据光绪三十四年（1908）刻本影印，世界书局，1967年，第1册，第4页。并参华兹生英译《庄子》卷一《逍遥》，哥伦比亚大学出版社，1968年，第33页（Burton Watson, "Free and Easy Wandering," *The Complete Works of Chuang Tzu*, Columbia University Press, 1968）。

〔94〕 在古代中国，残害肢体是一种常见的惩罚方式。由于遭受此刑之后不能轻易逃脱，因此被斩断脚趾或手指的犯人有时会充作看门人。参见华兹生《〈庄子〉英译本》，第268页，注释9。

求让他的弟弟成为继承人。[95]谢瞻利用这个典故，坚持认为他的才能庸碌，使得自己与刘裕的荣耀永远天地悬隔。他应这位雄主的要求而赋诗，不过一旦完成，他就返回安全之所，继续担任卑微的职务。

永初二年（421），谢瞻在豫章身染重病。当谢晦赶到他的床榻边时，有谣言宣称，谢晦从建康的军队职位上离开，准备发动叛乱。谢瞻疾病痊愈，亲眼看见自己的弟弟被皇帝软禁。谢晦随后摆脱了这一指控，但在五年后依然因为谋杀刘裕的继承人而被杀掉。[96]在被押解去往京城监牢的途中，谢晦在挽歌中承认远大的志向是无法让人免于诽谤的。不仅如此，他还对自己给家族带来盛名而感到悔恨，“辱历世之平素，忽盛满而倾灭”。[97]

谢瞻对灾祸的预测，基于对天道无情循环转变的信仰，以及对人们命运的悲观看法。南朝末年，颜之推（531—591）出于后见之明，同样告诫他的后辈，不要汲汲于攀爬官僚机构中品以上的官职。一个人的职位越高、权力越大，他面临的风险也就越大。[98]但是另一方面，我们也需要从不证自明的原则出发，讨论谢晦下台的特定氛围。谢晦之死，应当归因于刘宋的第三位皇帝决定收回权力。出

---

〔95〕昭公七年（公元前535），有预言称让天生“足不良”的孟縶，返回卫国继承王位，有人却争辩说，孟縶“非人”，无法行使一个君主的职权。参见《左传注疏》卷四四《昭公七年至八年》，第19页上—20页上。参见理雅各《〈春秋左氏传〉英译本》，《中国经典》第五卷，1960年，第619页（James Legge, trans., *The Ch'un Ts'ew with the Tso Chuen; Spring and Autumn Annals and Tso Chuan, The Chinese Classics*, Vol. 5, Hong Kong University Press, 1960）。

〔96〕谢晦看到有人指控他串通别人谋杀宋少帝（422—424年在位）的诏书时，感到无比震惊。判决是在谋杀发生十八个月之后宣布的，当时他的女儿刚刚嫁入皇室（参见表三，第十一、十二名谢氏女性）。傅德山描述新皇帝对辅佐自己登上皇位的几位大臣心意大变，而谢晦正是由于与这个派系纠缠在一起而被杀害。参见傅德山《潺潺的溪流：中国自然诗人康乐公谢灵运（385—433）的生平与创作》，第48—53页。

〔97〕参见《宋书》卷四四《谢晦传》，第1361—1362页。谢晦的兄弟谢遯、谢皭以及下一代谢世猷、谢绍、谢世休、谢世基和谢世平，一同被杀。

〔98〕王利器《颜氏家训集解》卷一三《止足篇》，上海古籍出版社，1980年，第319页。并邓嗣禹《〈颜氏家训〉英译本》，荷兰博睿出版公司，1968年，第127页（Teng Ssu-yü, “Be Content,” *Family Instructions for the Yen Clan*, E. J. Brill, 1968）。

人意料地，年轻的宋文帝（刘义隆，424—453在位）处决了辅佐其登基的朝廷重臣，同时任命那些并不希望行使权力的人担任一品官和二品官，因为他们更便于控制。宋文帝以此作为长期统治的开端，企图构建一个更加专制的统治模式。[99]

刘宋时期的政策侵蚀着门阀精英在政府中的影响力。那些社会背景较低，甚至寒门出身的人们，在官僚机构中任职的数量越来越多，尤其在中书省内。[100]非门阀出身的官员在仕途开始阶段，被派往地方去辅佐分封各地的宗室，这种情况屡见不鲜。他们的才能在那里得以施展，并与当地的宗室子弟建立良好的私人关系，因此，相比那些地位更高的大族子弟，他们在朝廷决策上反而拥有更大的影响力。[101]在军队职务以外，侨姓士族依然操控着政府机构。即便如此，通过在这些机构的上层增加行政人员，例如在吏部，分吏部尚书置二人，则夺其权力，轻其任责。[102]通过分化吏部等行政部门的权力，刘宋皇帝已经非正式地操控了尚书省这个庞大的政府机构。[103]

虽然其权威被削弱，但是，作为上等的社会阶层，门阀精英的子弟依然保持着他们的声望。由于统治者希望他们的行为和举止高于普通标准，垂范政界，谢晦希望以正直品性维护其地位的信念也不能说完全是幼稚的。但在刘宋时期，究竟什么性格的官僚才是为

[99] 参见川合安《关于元嘉时代后期的文帝亲政：南朝的皇帝权力与寒门、寒人》（“元嘉時代後半の文帝親政について：南朝皇帝権力と寒門、寒人”），《东北大学中国文史哲研究会集刊东洋学》第49期，1983年，第2—3页（编者按，刘驰摘译《南朝皇帝权力与寒门、寒人》，《中国史研究动态》1985年第7期）。

[100] 《南齐书》卷五六《倖臣传》，第972页。其中描述了刘宋中枢机构提携出身卑微的人士。在最近出版的历史论著中，学人讨论了出身较低的官员在政府中发挥影响，并在社会地位上有所提升。参见张承宗、田泽滨、何荣昌等《六朝史》，江苏古籍出版社，1991年，第168—177页。

[101] 参见注释99，川合安《关于元嘉时代后期的文帝亲政：南朝的皇帝权力与寒门、寒人》（第3—4页）特别讨论了宋文帝的弟弟刘义康（409—451），积极招募江南的才智之士。

[102] 关于这项政策的源流，参照注释140。

[103] 宋文帝开始真正实施这种权力监管，参见川合安《关于元嘉时代后期的文帝亲政：南朝的皇帝权力与寒门、寒人》，第5页。

人钦佩的？而且，那些精英高官究竟是如何具体而又令人信服地证明他们拥有这些品质？下文将通过一位连续在五个统治者任期内获得令誉的谢氏官员，继续讨论这些问题。

六　归隐之益：谢庄（421—466）

明代学者张溥在其所编《谢庄集序》中，批评了一般读者对谢庄诗文装腔作势的推崇，认为他们对谢庄作品只有粗浅的理解。如果想要真正理解谢庄身为“国器”的清华秀雅，就应该观察他与政权的关系——例如他关于改定刑狱的意见，关于搜选人才制度的建议以及是否接受北方蛮族请求互市贸易的议论，诸如此类。[104]

南朝士人热衷于评论谢庄的作品。谢庄有四百余篇作品流传于世，在他去世数十年之后纂修的《宋书》之中，其本传所载大半以上，都是谢庄充满官方色彩的作品。但是，当阅读谢庄本传上陈的意见之后，我们发现谢庄那些诚挚而有说服力的建议极少被真正采纳和实现。[105]谢庄的这种劳而无功，正好印证了张溥将其与商代的微子启（公元前12世纪）相提并论的看法。微子启是殷商最后君王商纣王的兄长，以忠诚劝谏闻名于世。

但是，更确切地说，张溥的序文又认为谢庄在仕途之中是极为幸运的，因为他获高明之福，继承祖上的子爵。[106]这就令人迷惑不解了。微子启意识到他对兄弟商纣王愚蠢蒙昧的行为已经无能为力的时候，便毅然离开朝廷。正是离开让他在《论语》中被人铭记，

〔104〕张溥（1602—1641）集、殷孟伦注《汉魏六朝百三家集题辞注》，中华书局，1981年，第184页。

〔105〕一份署名张璞的文书除外。其本传引用了孝武帝计划在登基时发表文书的评论，还有一条实际性的建议是拒绝一位皇子关于外派的请求。在已知范围内，只有最后一条建议被切实执行。其他的意见一概被拒绝，或下落不明。

〔106〕“(庄)郅章比节，居风貌之中，获高明之福，有微子遗则焉。”在阮韬（?—484）本传之中，他与谢庄以及其他二人被选为孝武帝的侍中，四人“并以风貌”。参见《南齐书》卷三二《阮韬传》，第586页。

因为孔子认为，乱邦不居，面对无以解决的危机时，退隐是明智之举。[107]但是，谢庄从未辞官去职。他的确因疾病请求短暂的离职，但犹如他提出的很多建议一样，这个请求也被否决。

不过，笔者认为，张溥对谢庄的类比是有深意的，这表现出谢庄自我意识的隐退，他已经没有控制人事和时事的动力。当时流行的时谚将谢庄与孝武帝刘骏（453—464年在位）信任的宠臣相对比，正好印证了以上的假设。时谚描述了两位吏部尚书截然不同的选官风格，"颜竣嗔而与人官，谢庄笑而不与人官"[108]。吏部掌管人事选拔，充斥着那些对自己任命不满之人的抱怨之声。虽然谢庄并未成功地将候选人选拔出来安排在合适的职位上，但我们不知道这种挫败对他有何影响。谢庄总是表现出欢笑怡然的心态。[109]

关于谢庄的执政风格，为什么其他人物列传所载，反而比本传还要翔实？大明三年（459），谢庄取代颜竣任吏部尚书五年之后，颜竣对朝廷满腹牢骚，因讪讦怨愤而被杀于监牢之中（编者按，本传载"于道杀之"）。谢庄之举止与颜竣之错谬，形成鲜明对照——后者为自己的建议遭到否决而怒发冲冠，为自己工作的勤勉未被重视而愤愤不平，他甚至期望凭借与孝武帝早年的交情凌驾于其他高级官僚之上。这些傲慢自大的缺陷，罪不至死，[110]但其他高官显宦的行事却如此谦逊而慎重，相形之下，颜竣的罪责便被放大了。

谢庄早年是颜竣的父亲颜延之（384—456）的同僚。颜延之自

---

〔107〕参见《论语注疏》卷一八《微子篇》，第1页上。关于微子启的决定，参见《尚书注疏》卷一〇《微子》，第13页下—18页下。并参理雅各英译《中国经典》第三卷《尚书》，第273—279页。

〔108〕参见《宋书》卷七五《颜竣传》，第1960页。张溥以"遂令颜瞋让清"暗指谢庄的妙语。笔者认为，殷孟伦此处误"嗔"为"瞋"。

〔109〕颜竣本传让我们知道，谢庄的大部分建议都未被采纳，而颜竣的每项建议几乎都被采纳。

〔110〕颜竣同时也以渎职之名被弹劾。颜竣当时已经脱离重要职位，试图借此从朝廷脱身。孝武帝不愿意杀掉他，但看到颜竣对弹劾之词的回复之后改变心意。颜竣很快便以勾结竟陵王诞阴谋叛乱的罪名被杀害。

矜才华横溢，曾经夸耀如果没有受到自己作品的启发，谢庄就不可能写出有名的《月赋》。关于这个问题，谢庄并未与这位年长的诗人直接争辩，只是吟诵了颜延之作品袭用他人作品的片段。这个反击如此巧妙，让孝武帝抚掌竟日。[111]

在诗歌领域，现代学者大概认同钟嵘（约 468—518）对颜延之诗歌的定品。尤为著名的是，他通过对“竹林七贤”的描写来抒发从朝廷贬黜之愤懑情绪的组诗。[112]颜延之因直言性急，与同僚交恶，被贬职流放达七年之久。他在返回朝廷之后，再次被贬谪。[113]《诗品》对于谢庄诗歌的评价是，“气候清雅”，并未达到同辈诗人的水准。但另一方面，又称其“兴属闲长，良无鄙促”[114]。

关于中古早期的门阀精英，某个学派的观点认为，自我抑制精神成为门阀权威的主要支柱。我们简单归纳其观点，汉帝国崩溃以后，某些拥有土地的豪族组织共同体进行防御，并承担起政府赈济贫困的职责。经过数代人相继为公众利益做出贡献，这些家族在当地获得了声望和地位，借此确保他们的成员有权顺利跻身官僚机

〔111〕 在另一个场合，孝武帝质问谢庄为何将自己赐予他的一柄镶着宝石的宝剑赠给叛乱之人。谢庄回答自己赠予叛贼宝剑是暗指历史上的前例——让叛贼用此剑自尽。这个回答使得谢庄有善辩之名。参见《宋书》卷八五《谢庄传》，第 2169 页。

〔112〕 钟嵘将颜延之列于“中品”，而将谢庄列于“下品”。参见《宋诗》卷五《颜延之·五君咏（五首）》，第 1235—1236 页（编者按，五君谓阮步兵、嵇中散、刘参军、阮始平和向常侍）。见于逯钦立辑校《先秦汉魏晋南北朝诗》，中华书局，1988 年。颜延之的不幸遭遇，可参见寇志明《印第安纳传统中国文学研究》，印第安纳大学出版社，1986 年，第 932 页（Jon Kowallis, *The Indinana Companinon to Traditional Chinese Literature*, Indiana University Press, 1986）。

〔113〕 参见《宋书》卷七三《颜延之传》，第 1891—1904 页。颜延之在第一次遇到个人危机之时，因质疑刘湛（392—440）的能力不足而身居高位，被贬谪为永嘉（今浙江温州）太守。故颜延之在组诗《五君咏》之中宣泄自己的愤懑之情，其中露骨的讽刺激怒了刘湛与其他权臣，他因此彻底被排除在官僚机构之外。

〔114〕 时人将谢庄与袁淑（408—453）、王微（415—442）相提并论，他们都是玄言诗的代表。明代毛晋所辑《津逮秘书》则以南齐的范晔取代了王微。例如，《诗品》卷中，第 3 页上，参见何文焕《历代诗话》，据乾隆五年（1740）刻本影印，艺文书局，1971 年，第 16 页。高木正一对此进行非常有力的考证，认为毛晋的观点是正确的。参见氏著《钟嵘诗品》，东海大学古典丛书，1978 年，第 337—340 页。

构。[115]

这种自律性的精神，在谢庄父亲谢弘微（392—433）身上表现得极为明显，他将自己的这支门户置于公众视线之下（表二，房支E）。但是，谢弘微付出的代价是，他放弃了作为谢安孙辈应该合法继承的田宅僮仆等遗产。[116]也就是说，谢弘微放弃了自己的庄园，在理论上，这可以成为支持后辈升迁的经济基础。谢弘微情愿将应得的遗产落入一个毫无廉耻的妹夫手中，更令人吃惊的是，那人竟然用这些财产偿还赌债。[117]

这就难怪谢弘微的表兄刘湛力图点醒他，劝其恢复理智：如果他连自己的家庭事务都管理不善，作为官僚，又怎么可能治理国家事务？[118]谢弘微的另一位友人，也使用同样的反诘语气讽刺他，所谓“无为”，无异将谢氏累世财产，“弃物江海”。谢弘微是不是想通过损害家庭利益而获得廉洁的“清名”？谢弘微通过确定家庭和睦的准则，即君子应当受人尊重，以此回答质疑云：

---

〔115〕谷川道雄与川胜义雄最早揭橥这个理论，这种对六朝政治特征的理解，着眼于与地域共同体（local coummunities）形成的社会纽带，称为“豪族共同体”理论。不出所料，这种由超越阶层界限凝聚社会的观点，遭到秉持马克思主义的汉学家的严厉抨击。也正是为了确定阶级斗争是否是这一历史发展模式的动力，秉持“共同体”的理论家关注地主的慈善行为，某些士大夫理想主义的正面评价，如儒家的公共伦理和道家的无为而治。关于这个话题的综合讨论，可参见谷川道雄《中国中世社会与共同体》，傅佛果英译，加利福尼亚大学出版社，1985年，第9—29页（Joshua A. Fogel, *Medieval Chinese Society and the Local "Community"*, by Tanigawa Michio, University of California Press, 1985）。谷川道雄收集了中国北方社会的资料，基于其伦理价值而构建了这种社会结构，荷康贝则将谷川道雄的理论，扩展至中国南方的地主，其证据是三四世纪的农民更希望向政府纳税。参见何肯《在汉朝的阴影下——南朝初年士大夫的思想与社会》，第42—56、60—61页。

〔116〕谢琰次子谢峻，在隆安五年（401）卒于孙恩叛乱之中。翌年，谢弘微被指定为继承人。因为谢琰幼子谢混并未留下子嗣，谢弘微也继承了谢混的财产。参见《宋书》卷五八《谢弘微传》，第1593页。随着谢混妻子东阳公主的死去，他们的两个女儿也有资格继承谢混的资产，但是，相关田宅和数百僮仆都应该合法地归谢弘微所有。谢峻与谢混共有十余处庄园，分别位于会稽、吴兴和琅琊等地。谢弘微却拒绝接受。

〔117〕这位谢家的女婿叫殷叡，是谢混长女之夫（参见表三，第一名谢氏女性）。殷叡不仅夺取未出嫁的姨妹的财产，而且还从谢琰长子谢肇的遗孀那里攫取钱财，谢肇、谢峻和谢琰都在孙恩攻打会稽的战争中遇害。

〔118〕这个问题是刘湛（见注释13）提出的，他的父亲刘柳是谢弘微母亲的弟弟。

亲戚争财，为鄙之甚。今内人尚能无言，岂可导之使争。今分多共少，不至有乏，身死之后，岂复见关。[119]

谢弘微主动放弃继承遗产的行为，已经远远超出东晋“中庸”思想的范围。但是，当时政府和大庄园主之间的紧张关系引起我们的注意。耕地的私人占有，妨碍了政府将土地分配给自耕农的目标。除此之外，大庄园内部作为依附者的奴婢与佃农成千上万，这些远远超过合法数量的人口，成为大土地所有者的荫附人口，在国家整理户口时并未上报，使国家税收蒙受损失。

东晋时期私有大庄园的蓬勃发展基本上未被抑制，很可能是因为政府需要利用豪强的资源，发展江南的农业和安置大量的流民。[120]随着时间之推移，人们已经很难在积极的层面为土地的大量私有进行辩护。迄于刘宋早期，据称长江三角洲是最为适合农业耕作的地区。无主荒野成为最后扩张的领域，但将“山川沼泽”转变为农田，将会剥夺穷苦民众的公共场地，他们原来有权在那些地区渔猎采集，收割稼穑以及捡取木柴。刘宋朝廷所面临的另一个问题就是，那些私人占有的土地是否能被真正地用于农业生产。

例如，元嘉二十七年（450），来自山阴县（今浙江会稽附近）的一名官员同样也是大地主，他请求政府将其境内的无赀之家、无地之民，迁徙到其他三个地方。这一提议遭到了孝武帝叔叔江夏王刘义恭（413—465）的强烈反对，他认为那些农民可以在山阴县豪

〔119〕面对表兄的质疑，谢弘微笑而不答。但他对并不知名的熟人解释，他为何允许累世积攒的财富被如此轻易地浪费。但谢弘微如此这般看重家中妇人的美德，似乎与其本传不和，本传记载是他自己决定不去谴责殷叡的贪婪行径。

〔120〕那些引导农民移居南方的侨姓士族，必然在劳动力与社会组织上与政府形成竞争。朱绍侯认为，世族家庭成为大地主是不可避免的，其中有些个人甚至控制着上千户家庭。除了完全掌控农户的赋税，这些北方南迁士族还可以通过贸易以及政府奖励来攫取财富。参见朱绍侯《魏晋南北朝土地制度与阶级关系》，中州古籍出版社，1988年，第222—226页。

族富室的土地上肆力耕作。在山阴拥有大量未耕土地的情况下，为什么要把他们迁徙至其他地方？据他看来，问题就在那些地主身上，他们惯于将庄园田宅滥用于无聊的享乐之上。[121]大土地所有者的形象，同样也被认为贪婪地牟取暴利。元嘉十七年（440），颜延之遭到的第二次弹劾，就是这样的事情。按照尚书左丞荀赤松的奏状，颜延之此次“以强凌弱”是长期唯利是图的结果。颜延之“求田问舍”之举，实在为“前贤所鄙”。[122]

元嘉八年（431），谢弘微对于从谢安后裔那里继承资产的态度，令人震惊地无动于衷；而他的堂弟谢灵运因为想把平民经常采集的回踵湖并入自己的庄园，而被朝廷加以处罚。这是谢灵运第三次企图兼并土地遇到失败。他的每次兼并行为都被地方官员所阻挠。正如傅德山（J. D. Frodsham）尖锐地评论，当贵族高门在被关注的地区兼并侵吞无名土地的时候，次等士族（minor gentry）对于上层精英（upper elite）的敌意便会特别激化。[123]毫无疑问，法律关于不同阶层占有不同数量土地的规定，加剧了次等士族对社会等级歧视所产生的反感和怨恨。法律规定：一个人占有的土地面积，取决于他的官僚等级，而侨姓士族的子孙通常占据清要官职，操控着京城官僚机构的上等阶层。会稽太守此前已经向朝廷进行汇报，谢灵运对于荒地的横恣兼并将会引发百姓的惊扰。太守宣布发兵自防，进行警戒。宋文帝宽容地免除了谢灵运的死罪，但他也被禁止东归，返回任何一所风景美丽的庄园。[124]

---

〔121〕从孔灵符（425—465）列传可知，江南士族的子弟一般居于山阴（今浙江境内）。他在上书时，任丹阳尹。参见《宋书》卷五四《孔季恭传》，第1533页。傅汉思（Hans Frankel）研究了孔氏的历史，参见傅汉思《山阴孔氏》，《清华学报》1961年第2期，第291—318页。

〔122〕参见《宋书》卷七三《颜延之传》，第1902页。

〔123〕参见傅德山《潺潺的溪流：中国自然诗人康乐公谢灵运（385—433）的生平与创作》，第65—66页。

〔124〕宋文帝发现此事是谢灵运遭到会稽太守的诽谤，但他仍然不愿放谢灵运“东还”。他的庄园都在东边的会稽、永嘉和始宁（今浙江上虞）。在京城软禁一年以后，谢灵运被任命为临川（今江西境内）内史。参见《宋书》卷六七《谢灵运传》，第1776—1777页。

由此而论，我们完全可以想象，谢弘微回应精英高门行为标准的意义就呼之欲出了。虽然政府已经改革了私人土地所有制，[125]大庄园主的不义之行开始被广为谴责，他们的妄行也受到广大士庶空前的严厉监视。谢弘微放弃遗产的继承，从而使他的家族免受谴责，并从那种正在被抨击的生活方式中脱身而出。在行使职权时避免冲突，已经成为谢弘微仕途生涯的基本准则。正因如此，在他去世之后，宋文帝对于没能及时给谢弘微提供机会发挥才能而感到痛惜。[126]

谢庄由其父谢弘微引荐而出仕。宋文帝见而异之，评论他为“蓝田出玉”。[127]虽然如此，谢庄在比较卑微的参军职位上滞留了约十二年之久，直到元嘉二十九年（452），才被拔擢为五品官太子中庶子。次年，宋文帝遭继承人谋杀，成为谢庄仕途的分水岭。[128]谢庄虽然很信任新政权，而且转任司徒左长史，但谢庄依然与这位篡位者的劲敌——文帝第三子、未来的孝武帝——结成同盟。孝武帝密送檄书，命令其加以修改，然后宣布于众。两个月之后，孝武帝攻取京城，顺利登基。至此，谢庄不只是以文才名世，[129]还成为新政权得以建立的“创业功臣”。

---

〔125〕大明三年（459）至四年（460），第一部控制占据田地的法令“占山格”，颁布实施。这部法令正式规定，按照阶层等级占有公共的“山川沼泽”，同时从根本上消除了精英门阀与普通士民之间的区别，使得平民也能和九品官员一样，占有无主荒地。至于普通意义上的土地占有，私人可拥有的土地不再取决于阶层，而是根据可以支出的钱财。参见张承宗《六朝史》，第121—126页。

〔126〕谢弘微在死前烧掉了文帝给他的两份手敕，他希望销毁一切有关政治权力的证据。文帝知道后，大为感动，在其死后，追赠“太常”。

〔127〕参见《宋书》卷八五《谢庄传》，第2167页。蓝田位于陕西，此种美称用于形容名门子弟。文帝称赞谢庄之时，刘湛是当时的大臣之一，所以这次会面一定在元嘉十七年（440）十月刘湛被杀之前。

〔128〕刘劭是文帝长子，执政时间是元嘉三十年二月甲子至四月己巳（453年3月16日至5月20日），他并未举行登基典礼，在刘宋的皇帝序列中通常被忽略。参见《南史》卷一四《宋宗室及诸王下·宋文帝诸子》，第386—392页。

〔129〕北魏使者因久闻谢庄擅长辞章，故在元嘉二十七年（450）专程求见。两年之后，南阳王送给父亲一只红鹦鹉，谢庄赋诗《赤鹦鹉赋》以为纪念。袁淑感叹道：“江东无我，卿当独秀。我若无卿，亦一时之杰也。”遂隐其赋。

一个人只要重权在握，便有一种责任和倾向，除非他不再认同这个政权，否则就不能拒绝之后的任何职位。或者，就如颜竣一样，当他意识到孝武帝对他的疏远，就试图辞官隐退，这不会被指责成不忠之举。当时在京城任职的官员不许请求外调地方，体现出这个问题的敏感性。[130]谢庄的身体状况一直不好。孝建元年（454），孝武帝实现统治的第二年，拜他为吏部尚书，谢庄表示身体羸疾，不堪重负，不愿居于选部。[131]但是，在谢庄写给江夏王的书信中，乞求他为自己说情，但对吏部的争议氛围却只字未提。[132]一个官员的任命，以职责过于繁重为由，并不希望牵累他人，怎么能加以拒绝呢？

谢庄的信笺机智聪敏，虽不坦率直接，但却极为得体，他在陈述观点之时，避免冒犯他人。例如，在信笺的开头，谢庄表面上对他人的精神能力表示尊重，实则巧妙地暗示，对他来说，道德价值完全取决于他的忠诚：

> 下官凡人，非有达概异识，俗外之志，实因羸疾，常恐奄忽，故少来无意于人间，岂当有心于崇达邪。

有人以放弃公共生活、游心骋怀为由而光荣隐退，与他们相比，谢庄的理由仅仅是糟糕的身体状况。谢庄这种世俗的心态和言辞，当然可以避免被他人所钦羡。事实上，这是一种故意省略重要部分而引人注意的假省笔法（paraleipsis）。退隐行为通常会获得士庶的高

---

〔130〕参见注释 135。

〔131〕参见《宋书》卷八五《谢庄传》，第 2170 页。即便对于身体安泰的人，都倾向于回避这个职位。孝建元年（454），在颜竣之外，还有刘暘和何偃曾经在谢庄之前担任此职。参见万斯同《宋将相大臣年表》，《二十五史补编》，第 3 卷，第 4249 页。

〔132〕反对迁移山阴农户的江夏王刘义恭，在皇族内部是很有影响的人物。因在刘劭统治时期支持孝武帝，他的十二个儿子全部被杀掉。之后，由于反对孝武帝长子继位，他也被杀掉并被残忍地分尸。谢庄的信笺，参见《宋书》卷八五《谢庄传》，第 2171—2173 页。

度评价，谢庄的问题让我们联想到与他同时代许多人的奸猾狡诈。刘宋时期，一些并不打算永远退出政坛的人，经常宣称追求道家思想，但其目的却是追逐功名声誉，以思想境界的理由而退隐，却很有可能带来更高的官僚等级。[133]类似的伎俩总是被谢庄的同僚们屡试不爽，谢庄的书信虽未明言，却很巧妙地隐含其中，从而使他在江夏王眼中具有举重若轻的意义。

同样地，重要官职的授予往往被推辞，至少最初是如此，目的是表现某人的谦逊冲退，抑或不愿在官僚机构进行升迁的行为，这种举动被称作“饰让”（“decorative” declining）。[134]但是，如何区分真实的退让请求，与那些以退为进只是觊觎更高权位的虚假抗议呢？在信笺的结尾，谢庄将自己无力承担职位视为理所当然的结果。在他对身体健康无情恶化的描述之下，朝廷礼节就变得没那么重要了：

> 前以圣道初开，未遑引退，及此诸夏事宁，方陈微请。款志未伸，仍荷今授，被恩之始，具披寸心，非惟在己知尤，实惧尘秽彝序。

谢庄将自己辞职退隐的请求，巧妙地与政权的成就结合起来。正如他在信末所述身体的羸弱一样——此前他曾有机会当面向孝武帝提出隐退的请求。这个很艰难的场景在其笔下则被渲染得十分美

〔133〕 还有一个声名狼藉的例子，便是在谢庄给刘义恭写信的两年之前，何尚之在七十一岁的时候退隐乡下。柏士隐指出，正是何氏短暂的退隐又复出，促使袁淑编出了《真隐传》，描述自古以来诸多仅仅留下绰号的真正的隐士。参见柏士隐《嘉遁之痕：阮孝绪和他的隐逸观》，《美国东方学会会刊》第111卷第4号，1992年，第706页（Alan Berkowitz, “Hidden Spoor: Ruan Xiaoxu and His Treatise on Reclusion,” *Journal of the American Oriental Society*, Vol. 111, No. 4, 1992）。

〔134〕 李延寿对于“饰让”行为的描述无疑言过其实。据他记载，刘宋时期只有王华和刘湛两人不为“饰让”，得官即拜。参见《南史》卷二三《王华传》，第626页。

妙。[135]通过将自己的退隐请求视作模糊不清和不够真诚，谢庄不仅避免站在政府的敌对立场之上，而且使江夏王碍于先例无法拒绝他当时的请求：

> 前时曾启愿三吴，[136]敕旨云“都不须复议外出”，莫非过恩，然亦是下官生运，不应见一闲逸。

并不像他非常谨慎地阐释退隐的动机，谢庄生动直观地描述羸弱的身体状况。如他所述，这些症状众所周知：

> 禀生多病，天下所悉，两胁癖疾，殆与生俱，一月发动，不减两三，每至一恶，痛来逼心，气余如綖。利患数年，遂成痼疾，吸吸惙惙，常如行尸。恒居死病，而不复道者，岂是疾痊，直以荷恩深重，思答殊施，牵课尪瘵，以综所忝。眼患五月来便不复得夜坐，恒闭帷避风日，昼夜慭懵，为此不复得朝谒诸王，庆吊亲旧，唯被敕见，不容停耳。[137]

---

〔135〕其中一个场合，是谢庄特别要求外调至“三吴”地区。据他的信笺云，这个请求依旧被拒绝，因为朝廷禁止官员主动申请外调。参见《宋书》卷八五《谢庄传》，第2172页。“三吴”，最初是指吴国的三个统治者所建造的三座城市。在南朝期间，则指建康与会稽之间，或指都城西南、丹阳，以及太湖附近的吴兴、吴郡等地区（编者按，作者前文三座城市，或指吴兴、吴郡、会稽三郡的郡城，关于三吴具体何指，晋唐以降，《水经注》《通典》等众说纷纭，迄今未有定论，近年研究成果参见王铿《东晋南朝时期“三吴”的地理范围》，《中国史研究》2007年第1期；余晓栋《东晋南朝“三吴”概念的界定及其演变》，《史学月刊》2012年第11期；杨恩玉《东晋南朝的“三吴”考辨》，《清华大学学报》2015年第4期）。大明八年（464），谢庄被任命为吴郡太守，但他因病无法成行，遂辞去官职。

〔136〕据我所知，官方并未答应谢庄关于“小闲”的请求。

〔137〕佛罗里达大学医学院急诊室主任鳌斑（David J. Orban）博士详细阅读这段文字，以及随后描述的家族历史，他认为谢庄很有可能患有遗传性的内分泌紊乱症状。其部分诊断结论如下：“我无法实际检查这位病人，他最引人注意的症状，是肿胀和呼吸急促。……先天性的心脏病可以解释慭懵憋闷，不能解释他的畏光与视力的下降。但是，在糖尿病或者遗传性高脂血症的案例中，憋闷烦躁通常与间歇性的充血性心力衰竭（CHF）或二级心肌病有关，……以及腹水的积聚。在这两类病情中，失明源自动脉硬化，而视网膜的空斑形成，相对于毛细血管疾病，又是次要原因。最终，谢庄大概死于多器官功能衰竭，伴有慢性心力衰竭，以及肝充血和末期肾病等。”（来自1996年8月29日的信）

谢庄祖先身体的衰弱，是另一个客观上可经证实的论据。他们出于自然因素的早亡，是不是反映了这个房支遗传基因的缺陷？

> 家世无年，亡高祖四十，曾祖三十二，亡祖四十七，[138]下官新岁便三十五，加以疾患如此，当复几时见圣世，就其中煎懭若此，实在可矜……若不蒙降祐，下官当于何希冀邪？仰凭愍察，愿不垂吝。[139]

虽然这一请求没有被准许，但在数年之后，孝武帝命令置两名吏部尚书，谢庄的职责因此减轻了。皇帝的目标是削弱单个吏部尚书的行政权力。[140]之后，大明七年（463），谢庄的同僚颜师伯违逆了孝武帝旨意，通过一项任命，谢庄因此被免职一年。[141]谢庄另一次免官，是在孝建三年（456），其理由具讽刺意味，因为他递交了太多陈述身体疾病的辞职报告。[142]

下面的这首诗《游豫章西观洪崖井》，很可能是谢庄在其中的一个免官期间写成的。诗中所描述的地方，正是豫章郊外的一座山脉，毗邻江西的鄱阳湖。在山峰之巅，传说王子乔在此乘鹤而去，故名

---

〔138〕谢庄高祖谢万（320—361）的本传记载，他死时四十二岁。根据谢庄自己的叙述，笔者推断他的曾祖谢韶生卒年为咸康六年（340）至太和六年（371），而他祖父谢思（《晋书》卷七九《谢安附谢万传》，第2087页，他的名字写作“恩”）的生卒年则是升平二年（358）至元兴三年（404）。而谢弘微的列传记载，他在幼年失去父亲。谢弘微仅仅活至四十二岁。

〔139〕根据这个文本和其他一些资料，程章灿认为，极少有谢氏成员能活过五十岁。他认为谢氏衰落最重要的原因，便是隋唐时期精英统治的消解，他还归因于谢氏身体孱弱的生理因素，以及政治环境的动荡。参见程章灿《陈郡阳夏谢氏：六朝文学世族个案研究》，邓仕樑主编《魏晋南北朝文学论集》，文史哲出版社，1994年，第558—559页。

〔140〕这个决定是在大明二年（458）实行的。孝武帝想亲自监督政府，“常虑权移臣下”。参见《宋书》卷八五《谢庄传》，第2173页。孝武帝的儿子出于同样的原因，继续实行双长官制之法。参见《宋书》卷七七《颜师伯传》，第1995页。

〔141〕此事源于任命一个平民出身者为“公车令”。参见《宋书》卷八五《谢庄传》。颜师伯（418—465），属于琅琊颜氏。参见《宋书》卷七七《颜师伯传》，第1994—1995页。颜师伯曾祖是颜竣曾祖的长兄。

〔142〕参见《宋书》卷八五《谢庄传》，第2172页。次年，谢庄复职。

“鹤峰”（Crane Summit）。在其附近，泉水从僻静的悬崖奔泻而下，汇入池塘，据说仙人洪崖，在此炼丹，制灵丹妙药，求长生不老。[143]

游豫章西观洪崖井

幽愿平生积，野好岁月弥。
舍簪神区外，整褐灵乡垂。
林远炎天隔，山深白日亏。
游阴腾鹄岭，飞清起凤池。
隐暧松霞被，容与涧烟移。
将遂丘中性，结驾终在斯。

这首诗的内容与谢庄写给江夏王的信笺大相径庭，他在信中否认精神追求方面的所有兴趣。尽管如此，他的隐退还是染上了一种世俗主义的色彩。正如他的信笺一样，谢庄没有任何言辞可能激起政府对高级官员隐退行为的反感。此诗第三至第四句“舍簪神区外，整褐灵乡垂”中，他把这个渺无人烟的地方称作“神区”，而对政治中心表现推崇之意，称作“灵乡”。[144] 此诗遣词造句的平衡要求对这种传统进行调整，这种传统经常见于诗人在抒发精神追求的开端部分——他们将熟悉和世俗的世界与充满精神活力的地方截然分开。

此诗第五至第六句，描绘了诗人迷恋深邃之高山，这是皈依隐

〔143〕该诗见《宋诗》卷六《谢庄·游豫章西观洪崖井》，逯钦立辑校《先秦汉魏晋南北朝诗》第二册，第 1252 页。公元前 6 世纪，周灵王之子乔，与道家的仙人修行三十年后得以成仙。根据传说，洪崖是黄帝乐官伶伦的道号。参见刘向撰、汪云鹏编《列仙全传》，据万历二十八年（1600）木刻版影印，台湾学生书局，1989 年，第 39、51 页。与洪崖之上的水潭相连，在豫章西边的陡峭悬崖之上形成了瀑布。参见臧励龢主编《中国古今地名大辞典》，（香港）商务印书馆，1982 年，第 645 页。关于“鹤岭”的情形，见于清人倪璠在为庾信诗歌所作的注释之中，参见庾信撰、倪璠注《庾子山集注》卷三《奉和阐弘二教应诏》，许逸民点校，中华书局，1980 年，第 214 页，注释 2。

〔144〕“神”通常用在不同的词汇中，形容国家和都城。在此，可能是指豫章郡城。

逸境界的暗喻。与此同时，我们联想谢庄对自身病情的描述可知，他时常躲在窗帘后面躲避白天的日光，我们可以推测，这正是他期望与“炎天”“白日”相隔的生理原因。[145]在诗歌第七句，不知是不是一个门外汉将道家传说中的“鹤岭”，错记成“鹄岭”？[146]第八句“飞清起凤池”，可能是洪崖丹井上空灵的氛围让谢庄叹作“凤池”，但与他同时代的人们立刻就会想到，这是他暗指“禁苑”而使用的化名！[147]在此诗最后，则是同类作品的常用模式，他们遍访偏远之地、神秘之境，以求未来之永生。谢庄所作“结驾豫章”的誓言，并不是抛弃仕途的断然承诺。谢庄的目标更加审慎谦虚，旨在以清要悠闲的职位完成他的仕途生涯。[148]

在谢庄的隐居诗歌中，自然的原始神秘与文明的人为创造，处于一种微妙的共存状态。恐怕正是由于这种包容性，使钟嵘认为谢庄的诗作没有达到那种最高层次的纯净。典型的山水作，应当是自然运行不息，沛然刚健，构成一个原生态的秩序，从而完全独立于人类世界之外。但是，不论谢庄内心究竟怀抱着何种信仰与目的，我们都不能忽视自然与社会之间的巨大差异造成的强烈反响。谢庄弹劾颜竣的奏表云：“……山川之性，日月弥滋，溪壑之心，在盈弥

〔145〕“白日”之意象，可能是委婉地指称皇帝。因为谢灵运在一句诗中曾经明言：“日月推薄，帝心弥远。”英译参见傅德山《潺潺的溪流：中国自然诗人康乐公谢灵运（385—433）的生平与创作》，第171页。谢庄请求退隐的政治动机不应被忽略。

〔146〕鹄似乎也可以指代鹤，或鹭，《大汉和辞典》“鹄”字，最后一个词条“刻鹄不成尚类鹜”，似乎是指鹤。但在地名中是不能乱用的。一般是用来指宫殿的环境抑或朝臣的装饰，参见诸桥辙次《大汉和辞典》第12册，第13433—13434页，“鹄缨”“鹄鼎”“鹄的”“鹄袍”等词条。

〔147〕“凤凰池”，是洛阳禁苑旁的一潭水池。因此，“凤池”成为这个机构的代称。参见《晋书》卷三九《荀勖传》，第1157页。感谢马瑞志（1997年2月17日来信）对于第七句、第八句的另一种英译：“Roaming in [the Realm of] Yin, he mounted the Heron Summit; / Flying through [the Heaven of Highest] Clarity, he rose above the Phoenix Pond.”如此一来，王子晋和洪崖便成为这句诗歌的主题，也就成了谢庄期望自我超越的典范，或者更简单地说，为了身体与心灵的双重解脱。

〔148〕在形容解除行政事务的负担，如同卸除身上的重担，时常会用到诸如“解”“脱”之类的词语。

奢。"[149]颜竣将精神满足视作头等大事，故而希望退出官场，却被认为是以牺牲政府利益为代价，满足其迷恋自然之欲望，因而他的行为不可饶恕。

谢庄虽然谨小慎微，但在危机四伏的朝廷氛围中，他也有过一次明显的过失。大明六年（462），孝武帝的宠姬去世，要求谢庄为其葬礼撰写一篇诔文。这篇文章多为时人所赞扬，但谢庄完全没有意识到，由于他在文中将这名亡妃与汉昭帝的母亲赵婕妤联系起来，从而激起东宫太子刘子业（464—466年在位）的怨恨。[150]直到刘子业登基之后，他仍然对谢庄的遣词用典耿耿于怀，虽然授其加官"光禄大夫，加金章紫绶"，但依然打算杀掉他。幸运的是，皇帝的一名密友提醒他，以如此理由杀掉一名广受尊重的大臣，说明皇帝轻重倒置。刘子业因此罢手，"庄少长富贵，今且系之尚方，使知天下苦剧，然后杀之未晚也"。[151]

谢庄因此系于左尚方，变成一个为宫中制造所需物品的工人。[152]虽然刘子业在登基次年杀掉许多大臣，但似乎忘记处死谢庄。刘子业被其叔叔刘彧（宋明帝，466—472年在位）废掉之后，谢庄才被释放。谢庄的身体在此期间肯定极为糟糕，他在年底之前便已去世。他可能起草了最后一篇政府文书，这封文书热情洋溢，却也不同寻常的坦率耿直。这是宋明帝大赦天下的诏书，旨在洗除前任

---

〔149〕参见《宋书》卷七五《颜竣传》，第1966页。

〔150〕孝武帝对殷妃（淑仪）极为喜爱，她为其生了一个公主。参见《南史》卷一一《后妃上·宣贵妃传》，第323—324页。其中冒犯刘子业的字眼是，"赞轨尧门"。参见《文选》卷五七《谢希逸·宋孝武宣贵妃诔》，第21页下。汉昭帝之母怀孕十四个月，才生下他，与上古的尧帝一样，于是通往昭帝出生之室的大门便被命名为"尧母门"。刘子业（其后谥号为"宋废帝"）的母亲是来自琅琊王氏的一个姬妾。

〔151〕参见《宋书》卷八五《谢庄传》，第2177页。刘子业已经派使者前去，责骂谢庄撰写诔文之时完全无视自己，而劝宋废帝不杀谢庄之人，不可考知。

〔152〕谢庄本传记载，他被囚禁于左尚方，"尚方"另有中、右两部。尚方监造的物品，例如为皇帝制作的宝剑、轿子、华盖、墨汁以及漆器，至刘宋时期，又增制兵器。另外，这里偶尔作为短暂的拘留场所。在谢晦被杀之后，他的遗孀和女儿们被关在这里好几个月，直到挚友范泰（355—428）上书才将她们释放。参见《宋书》卷六〇《范泰传》，第1621—1622页。

皇帝残暴统治之下蒙受的恶名，“庄夜出署门方坐，命酒酌之，已微醉，传诏停待诏成，其文甚工。”[153]

谢庄在朝廷有“玉人”（蓝田出玉）之称，但他在赞扬其子谢朏的时候，却称其为“真吾家千金”。[154]这个新的美称，预示着对于人物价值的评判，从权威人物的品评，跌落至集贸市场的公开交易。情况正是如此，在之后的数十年中，当时在谢庄及其同僚的诗歌作品中，不可思议地出现一种实利主义。随着社会发展的更加躁进和庸俗，唐代诗人李商隐直觉地意识到这种变化。在其贬谪之际，他抱怨那时的春风过于凛冽，使用“谢家轻絮”之意象，借指此去经年的徐徐微风，而以“沈郎钱”之意象，描摹其时狂风吹散的厚实果籽。[155]

南朝诗歌被广为接受的特征，是以其丰富的意象和比喻，反映了“贵族主义”宫廷闲适颓废的生活方式。这种解读假设上等阶层在社会地位上变得深沟壁垒，并越来越悠游享乐。在本文的最后一个个案研究中，我们认为，南齐沙龙集会中崭新的意象与主题，是对当时愈发强大威严的统治者所表达的顺从和效忠。与此同时，随着精英人群构成的复杂，他们出自多样化的社会背景，那个时代的诗歌精神不再是贪图享乐的自我陶醉，而是取悦皇室成员的激烈竞争。

---

〔153〕参见《宋书》卷八《明帝纪》，第153—154页。这个诏令是明帝作为皇帝所发的第一份文书。

〔154〕《梁书》卷一五《谢朏传》，第261页。同时，沈约称张率（475—527）和陆倕两名南人“皆南金也”。参见《梁书》卷三三《张率传》，第475页。

〔155〕参见《李商隐诗歌集解》卷三《江东》，第1365—1367页。“谢家轻絮”，暗寓《世说新语》中的轶事：“谢太傅寒雪日内集，与儿女讲论文义。俄而雪骤，公欣然曰：‘白雪纷纷何所似？’兄子胡儿曰：‘撒盐空中差可拟。’兄女曰：‘未若柳絮因风起。’公大笑乐。”参见《世说新语》卷上《言语篇》第71条，并见马瑞志英译本，第64页。沈充（？—324）与沈约同宗，在东晋时建造了私人铸币厂。这种钱在南朝通行，被称为“沈郎五铢钱”或“沈郎钱”。后者薄小，用来称呼从榆树上四处飞散的榆荚。参见彭信威《中国货币史》，第三十六节，注释1和注释2，卡普兰英译，西部华盛顿大学出版社，1994年，第187页（Peng Xinwei，*A Monetary History of China*，trans.，Edward H. Kaplan，Western Washington University Press，1994）。

七　寻求庇护：谢朓（464—499）

建元四年（482），谢朓释褐为官之时，正是南朝历史上极为罕见的十年治世（编者按，即永明之治）的前夜。与刘宋时期的竞争对手无休无止的互相残杀——刘裕之后的每任皇帝，都是通过非正常的手段继位，他们也是被兄弟或叔伯所废黜——形成对比，作为开国皇帝的长子，齐武帝（萧赜，482—493 年在位）统治期间仅仅遇到一次来自皇室内部的挑战。[156]他统治稳定和平的另一个原因，便是与拓跋魏（386—534）政权保持休战状态。一直到 5 世纪中期，北魏吞并了其他“蛮族”国家，成为中国北方的绝对霸主。齐武帝的外交政策发生转变，减少与北方政权的冲突，减轻了兵役给农民造成的负担。[157]国家的财政收入可以更多地投入到国内事务，这直接将建康打造成伟大的学术中心（seat of learning）。

刘宋时期，以谢灵运的作品为代表，他们在自己的庄园中隐居探幽，寻求自然；而永明年间，诗歌创作的环境，变成了主张文化复兴的王公长官所持有的别墅庭院。[158]谢朓在早年出仕京城期间，在大多数宗王长官手下任职。他首先担任萧嶷（444—492）的行参

---

〔156〕当武帝四子萧子响（469—490）执掌荆州军政时，他非法从蛮族那里购入武器。由于拒绝朝廷的巡使胡谐之等进入江陵的军府，被逮捕处死。本传见《南齐书》卷四〇《武十七王·鱼复侯子响传》，第 704—707 页。武帝统治时期唯一发生的动乱，是在永明三年（485）的唐寓之叛乱。作为风水师，唐寓之利用庶族地主对政府检查注籍、抑制逃税户口的不满，发动暴乱。这场暴乱迅速被扑灭。五年后萧齐政府做出让步，停止户籍的整顿，这似乎反映出寒人（commoners）政治和经济地位的大幅提高。参见张承宗《六朝史》，第 43—44 页。

〔157〕宋文帝在元嘉二十七年（450）发动的北伐是灾难性的，不仅丧失了国家边境上极具战略性的土地，而且使得江苏北部和安徽的大部分农户几乎损失殆尽。在齐武帝时期，建康与拓跋魏都城平城（今山西大同）之间，每年至少会通使一次，这种外交一直延续至太和十七年（493）至十八年（494），北魏迁都洛阳。

〔158〕孙康宜研究谢朓的《游后园赋》，她认为王公的庄园是文人创作的中心。参见孙康宜《六朝诗歌》，普林斯顿大学出版社，1986 年，第 113—115 页（Kang-i Sun, *Six Dynasties Poetry*, Princeton University Press, 1986. 编者按，中译本参见钟振振译《抒情与描写：六朝诗歌概论》，上海三联书店，2006 年）。

军，萧嶷在府邸中开馆立学，召集青年才俊。[159]谢朓还曾仕宦于文惠太子（458—494），在刚刚立为太子的那年夏天，文惠太子在其“玄圃园”中组织讲经说法的佛教活动。[160]谢朓的另一个职务是担任王俭（452—489）的僚佐，王俭是精通礼仪诏策的专家，曾任尚书令，他手下的幕僚乃精选而出，其府被称作“莲花池”。[161]

但是，在文学史上，谢朓与上层官僚的关系最为人熟知的，还是他位列“竟陵八友”之一。竟陵王（萧子良，460—494）当时担任司徒，组织了一大批学术与文学活动。这些活动的一大偶然成果，便是在翻译佛经时造经呗新声，为了将梵文的声调更加传神地表达出来，促进了中国诗歌四声的发现与声律化的建立。[162]谢朓与“竟陵八友”的其他两位成员沈约、王融（468—494）一起，领导了新的声韵格律诗歌的变革。[163]

永明五年（487），竟陵王开西邸，延揽众多的才俊之士，此地成为永明时代文人荟萃之所。考虑到汇集京城的人口之多，以及众人都有施展才能的志向，“八友”中至少有一人认为，这座宅邸浮躁喧嚣，氛围不佳——这大概是因为访客的络绎不绝所致。[164]但是，竟陵王庇

---

〔159〕这些学生在十五到二十五岁之间，他们的课程包括儒家经典、礼仪、文学和佛典翻译。参见《南齐书》卷二二《豫章文献王传》，第408页。萧嶷是齐武帝的兄弟，他担任太尉时，谢朓在其手下担任七品的行参军。

〔160〕玄圃园紧邻宫殿的北墙，太子命人栽种修竹，摆放了许多高鄣，遮挡其中靡丽奢靡的景象。参见《南齐书》卷二一《文惠太子传》，第401页。永明七年（489），谢朓在其手下任职。

〔161〕《南史》卷四九《庾杲之传》，第1210页。这个称号是时人对王俭府中幕僚的美称。武帝一直对王俭言听计从。参见《南史》卷二三《徐羡之传》，第436页。永明六年（488），谢朓在其手下任卫军东阁祭酒。

〔162〕梅维恒、梅祖麟认为，永明时代的所谓“八病”，在很多方面与梵文中要避免的诗歌错误很相似。他们同时发现，南齐诗人所发明的声调比较系统，是模仿佛教赞美佛主与国王的“偈颂”（*śloka*）模式。参见梅维恒、梅祖麟《近体诗源于梵文考论》，《哈佛亚洲学报》第51卷第2期，1991年，第375—470页（Victor H.Mair & Tsu-Lin Mei，“The Sanskrit Origins of Recent Style Prosody，” *Harvard Journal of Asiatic Studies*，Vol. 51，No. 2，1991）。

〔163〕钟嵘言：“王元长创其首，沈约、谢朓扬其波。”参见《诗品》“序”，何文焕《历代诗话》，第9页。

〔164〕范云（451—503）因此对这些庄园提出批评，“西夏不静，人情甚恶”。参见《南史》卷五七《范云传》，第1417页。在萧子響叛乱之后（参见注释156），范云逼迫竟陵王不再退缩，应该镇守拱卫京师的“石头”。

护行为的历史意义，还是他将个人才能视作获得赞誉与取得升迁的基础。[165]一项关于"竟陵八友"阶层出身的研究证实，个人的才华优先于血统出身。在这个集团中，两名成员与萧氏皇族间接相关，萧氏在前朝还是以军事能力而闻名。[166]两名成员是南方士人，[167]还有两名成员来自经济穷困、政治地位卑微的北方家族。[168]谢朓之外，只有王融称得上是显赫的侨姓大族。但对王融而言，在其父祖两代人中，琅琊王氏没有占据任何一个有影响力的职位。王融确信他的父亲在官僚机构中遭受不公正待遇，而他仕途的追求就是重振家族。[169]

至于谢朓，其直系祖先确立的优势地位，在愚蠢的赌博行为中丧失殆尽。谢朓父亲谢纬（约 425 年出生），在幼时与宋文帝的女儿长城公主订婚，文帝对于谢朓祖父谢述（390—435）的绝对信任，很明显地延续至谢朓的伯父谢综（约生于 415 年，表二，房支 C2）。[170]元嘉十七年（440），与文帝同父异母的兄弟刘义康野心勃

〔165〕参见安田二郎《论南朝贵族制社会之变革与地域社会》，第 50—51 页。他认为，作为竟陵青年才俊核心圈的一员，梁武帝进行的改革是以"贤才中心主义"的原则进行的。而在竟陵西邸提供的庇护，体现着贤能政治中实用主义的扩张，已经取代门阀主义的原则。

〔166〕在梁朝建立者萧衍外，还有萧琛（478—529），王俭为其纵横才辩所折服，将他举荐到朝廷。参见《梁书》卷二六《萧琛传》，第 396—398 页。萧氏来自兰陵（今山东峄县），在西晋混乱之际迁至南方。

〔167〕沈约先世属于江西九江的显赫门第，他们在公元 1 世纪之前迁到吴兴。另一个南方的名族子弟是陆倕（470—526），其家居住于吴县，最初由河南吴县迁徙而来。参见《梁书》卷一三《沈约传》，第 233—243 页；卷二七《陆倕传》，第 401—403 页。而沈氏与陆氏的世系，参看王伊同《五朝门第》下册，金陵大学中国文化研究所，1943 年，世系表六十九、六十二。

〔168〕任昉（460—508）祖先来自山东乐安（今博昌）。参见《梁书》卷一四《任昉传》，第 251—258 页。任氏移居南方的时间，并不清楚。范云（注释 164）是晋平北将军范汪的六世孙，在他这个房支的同代人中，第一个位居高官。参见《梁书》卷一三《范云传》，第 229—232 页。唯一确定的范氏家乡，在河南南乡（今淅川），此地在汉水北岸，紧邻拓跋魏的边界。

〔169〕《南齐书》卷四七《王融传》，第 817—825 页。王融希望辅佐竟陵王成为武帝的继承人，却身败名裂。他无所畏惧的行动，参见马瑞志《王融〈圣君曲〉考论》，《美国东方学会学刊》第 106 卷第 1 号，1986 年，第 80 页（Richard B. Mather, "Wang Jung's Hymns on the Devotee's Entrance into the Pure Life," *Journal of the American Oriental Society*, Vol. 106, No. 1, 1986）。

〔170〕谢述被任命为刘义康的左长史之时（见注释 101），皇帝劝告刘义康必须仰仗谢述，因为他才华横溢、品性端正。随后，当刘义康密谋作乱而被降黜，文帝断言如果谢述还活着，就不会发生这样的事情。参见《宋书》卷五二《谢景仁附谢述传》，第 1496—1497 页。

勃，被贬为庶人，在这位前司徒的朋友之中，谢综是唯一留任朝廷的。[171]

刘义康在其僚佐中激发出强烈的忠诚感，尤其是来自下等阶层的人群，谢朓父亲与伯父的前程因此被牵连。孔熙先（死于446年）来自经济富裕但社会地位不高的家庭，有感于刘义康对他的知遇之恩，他决定推翻宋文帝的统治，为刘义康报仇雪恨。[172]孔熙先有足够的金钱招兵买马，但缺乏在朝廷的关系。此时他看中了范晔（399—446），这是一名资深的官员，才华横溢，博学多识，却郁郁不得志。其家族社会地位不高，只是因为身居外戚而为人所倚重。

随着事态的发展，谢纬与他的兄弟都是范晔的外甥。[173]谢纬与二兄谢约（生于423年）与孔熙先情意稍款，因为孔熙先赠予他们贵重的礼物。通过这些不明真相的伙伴，孔熙先随后面谒范晔，范晔答应寻求别的官员以为支持，密谋拥立刘义康为帝。但是，他们的计划遭到泄露，谢综、谢约被公开处死。而谢纬得以苟全性命，是因为他的兄长们对他与皇族的婚姻心存嫉妒。[174]谢纬被发配广州，在那里度过了大约十年。随后在一次大赦中，谢纬返回建康，时人认为他继承了乃父的风骨，可称"方雅"。但是，昔日丑闻如幽灵般徘徊不散。如果早十年，谢纬还可能仕途有望。虽然他在那时只有三十五六岁，但是，那个层次的职位通常只会板授于仕途初期的高门子弟。[175]

---

〔171〕《宋书》卷六八《武二王·彭城王义康传》，第1792页。

〔172〕孔熙先之父孔默之在广州任职之时，因赃货得罪下廷尉，赖刘义康保护得免于难。参见《宋书》卷六九《范晔传》，第1820页。其家族最早来自山东鲁国，后来似乎迁至岭南（今广州），我们应该注意不要将他们与长江三角洲地带著名的孔氏家族混淆起来（注释121）。

〔173〕范晔的姐姐是谢纬的母亲。关于他的宗族，参见注释167。

〔174〕虽然谢约迎娶刘义康之女，但他依旧嫉妒谢纬与文帝女儿更加荣耀的婚事。参见《南史》卷一九《谢裕传附谢述传》，第532页。

〔175〕参见《宋书》卷五二《谢景仁附谢述传》，第1497页。泰始年间（465—471），即谢纬流放归来大概十年之后，他被任命为正员郎中。而且，《南齐书》记载谢纬官至五品的散骑侍郎，参见《南齐书》卷四七《谢朓传》，第825页。網祐次推断，谢纬担任的散骑侍郎，一定是在刘宋末期或南齐授予的。参见網祐次《中国中世文学研究：以南齐永明时代为中心》（"中國中世文學研究：南齊永明時代を中心として"），新树社，1960年，第486—487页。

谢朓本传没有记载任何有关他与父亲以及其他长辈之间关系的内容。他与萧氏皇族的关系，对其仕宦生涯非常重要。在永明时代，他与随郡王萧子隆（474—494）关系最为密切，转任“文学”之职。谢朓好辞赋，擅文才，故随郡王对他尤为喜爱，远甚其他僚属。[176]谢朓对萧子隆这位著名的文学资助人也很感激，将其庄园比作汉朝的“兔园”。[177]不幸的是，萧子隆的长史对谢朓心存妒忌，并成功将谢朓逐出此地。[178]

谢朓本传和《文选》都保存着谢朓写给萧子隆的辞笺，他在信中倾诉与子隆离别的巨大悲痛。最引人注意的是，谢朓描写他与萧子隆关系所使用的意象：一双簪履，一个发饰和一床衽席。[179]除此之外，还有女子的意象，如为悦己者精心装扮，以及在其爱人温暖的目光下梳头结发。[180]在辞笺第一部分，我们能读到“咏物诗”（odes on objects）那种描写琐碎繁密但又独特精妙的风格。这是谢

---

〔176〕谢朓本传描述了他们亲近的情谊，以及随郡王对谢朓作品的欣赏。参见《南齐书》卷四七《谢朓传》，第825页。张欣泰（456—501）本传记载，“多使关领，意遇与谢朓相次”。参见《南齐书》卷五一《张欣泰传》，第882页。

〔177〕“兔园”是梁王（公元前2世纪）所建，他与许多才华横溢的文士相交甚欢，诸如司马相如（公元前179—前117），以及枚乘（？—前141）。

〔178〕王秀之（442—494）向齐武帝告密说，萧子隆年纪尚轻，而谢朓则给他造成了不良的影响。齐武帝遂将谢朓从随郡王在荆州的僚佐中召回京城。

〔179〕参见《拜中军记室辞随王笺》，部分收入《南齐书》卷四七《谢朓传》，第826页，全文收入《文选》卷四〇《笺·拜中军记室辞隋王笺》，第24页上—26页上（编者按，隋王，《文选》作“隋”，《南齐书》《通鉴》《谢宣城集校注》等史书皆作“随”）。关于这份信笺的英译，参见伊可轼《谢朓及其诗歌风格》，悉尼大学博士论文，1979年，第26—27页（Lance Damien H. Eccles, *Hsieh T'iao (464—499) and his Poetic Style*, Ph.D. diss., University of Sydney, 1970）。

〔180〕通常，关于适合用途的愿望出现在最后一句。在以下节选的诗歌中，最后一句是：“曲躬奉微用，聊承终宴疲。”参见陈美丽《南齐咏物应制诗》，《唐学报》待刊（侯思孟与马瑞志教授纪念专号）。笔者通过谢朓和永明时期的其他诗歌探讨咏物诗（Cynthia L. Chennault, “Odes on Objects and Patronage during the Southern Qi,” *T'ang Studies*, festschrift volume in honor of Professors Donald Holzman and Richard B. Mather. 编者按，作者此文定稿参见陈美丽《南齐初期的咏物应制诗》，《中古早期文学与文化史研究：侯思孟与马瑞志教授纪念文集》，科罗拉多大学伯德分校唐代研究学会出版，2003年，第331—398页。“Odes on Objects and Patronage in the Early Qi.” *Studies in Early Medieval Chinese Literature and Cultural History*, in Honor of Donald Holzman and Richard B. Mather, ed. Paul W. Kroll and David R. Knechtges, Provo, Utah: T'ang Studies Society, 2003）。

朓那个时代最为流行的应酬诗，一般表达作者的主观愿望，希望所咏之物引起主人的关注并被使用。[181]在第二部分，我们发现女子寄托情感的主题，这预示着“宫体诗”（palace-style poetry）的新体裁。[182]

咏物诗讨论的焦点是诗歌技巧的艺术性，这完全可以理解，因为这些诗歌是唐代律诗（regulated lyrics）的原型。但是，在其形式之外，关于咏物诗反映社会精英绮靡奢华的生活理论，使得我们忽略了实际的问题：即所咏之物，不是作者的私人物品，而是只有皇宫抑或诸王府邸才有的摆设。除此之外，咏物诗表现出来的谄媚情绪，绝不可能是高傲骄矜的贵族姿态。以下引文从谢朓唱和诗摘录而出，简洁地描述了所咏之物心甘情愿的附庸之态：

乌皮隐几

蟠木生附枝，
刻削岂无施？
取则龙文鼎，
三趾献光仪。[183]

这种诗歌通常从野外原料的天然特征开始，随后对其精华进行

---

〔181〕谢朓诗中的女性形象，基于曹植（192—232）的《美女篇》，以及楚辞《九歌》中的《少司命》。关于这种暗示的研究，参见谢朓撰、曹融南校注《谢宣城集校注》卷一《拜中军记室辞随王笺》，上海古籍出版社，1991年，第57页，注释14。

〔182〕宫体风格的诗歌发端于南齐，但“宫体诗”之名，则形成于6世纪前期。梁武帝见之大怒，欲贬谪诗人徐摛（473—550）。他因宫体诗而闻名，并且侍读梁武帝之子萧纲。参见《梁书》卷三〇《徐摛传》，第447页。

〔183〕参见曹融南《谢宣城集校注》，第395页。“隐几”可视作一种供人凭依的小桌，但正如诗人所述，人们也可以在其上“曲躬”而卧（参注释180）。更好的理解或许是一种带弧度靠背的矮凳（编者按，作者理解或许有误。历代名画和墓葬壁画中均有隐几实物，近年考古亦有发现，具体研究参见扬之水《隐几与养和》，收于氏著《唐宋家具寻微》，人民美术出版社，2017年，第129—150页）。

提炼加工，进而有资格成为上等阶层家中的一件家具。因此，在此诗第一至第二句，这个隐几上装饰性的雕刻，可谓所取木材“蟠木”的逻辑延伸。第一句的大概主旨，与谢朓的同僚王融所作的“木有附枝”，遥相呼应。[184]“龙文鼎”更加精确地描绘出这种曲线的形态，犹如在金属上精雕细琢。与此同时，第一句和第三句的字词，暗指汉代发生的一件祥瑞之事，即上古丢失的青铜礼器神鼎，重新被找到。[185]笔者推测，谢朓将这件木椅与青铜器联系的灵感，可能受到《淮南子》的影响，即便他匠心独运地将道家的意象进行了转变与简化。[186]在《淮南子·本经训》中，作者批评了国君在乱世浪费五大元素（Five Elements，编者按，指金、木、水、火、土）的行为。其中大兴木制宫殿，木巧之饰，盘纡刻俨，有如钟磬与鼎足一般，作者批评工匠将神兽之形雕刻在宫殿的木料之上。在其批评中，我们注意到“蟠龙”一词，这个意象盘绕在谢朓诗歌开篇所描述的树木之上。[187]第四句形容隐几的“光仪”一词，让我们联想到祢衡（173—198）在《鹦鹉赋》中所摹宠物鸟的曲躬之态，“背蛮夷之下国，侍君子之光仪。惧名实之不副，耻才能之无奇”[188]。

就像这首诗歌一样，通过精致巧妙的语言，咏物诗可以刻画物品的奢华靡丽（从道家的角度来看，这是“乱”的表现）。当我们把权力关系视作诗歌的潜在主题时，就会明白这些华丽的辞藻绝不是毫无意义的：器物的珍贵和罕见，象征着有志仕途者的资格，同时也是任用他们的君主权力的物化。这种关于咏物诗的解释有个当然

---

〔184〕《南齐书》卷四七《王融传》，第 820 页。

〔185〕一座神鼎在周朝时期丢失，然而在公元 63 年发现于河南，后来被置于汉朝的祖庙之中。班固（39—92）评论此事云：“宝鼎见兮色纷缊，焕其炳兮被龙文。”参见班固《宝鼎诗》，康达维英译本，《文选》上册，第 179 页。

〔186〕这首诗的其他诗句，有的来自《淮南子》，表示与时推移之意。参见曹融南《谢宣城集校注》，第 396 页，注释 4“推移”。并参《淮南子逐字索引》第 19、206、22 条。谢朓以此典故表示，隐几的主人不会改易颜色，保持本性的始终如一。

〔187〕《淮南子》云：“寝兕伏虎，蟠龙连组。”参见《淮南子逐字索引》第 8、65、10 条。

〔188〕《全后汉文》卷八七《祢衡·鹦鹉赋》，严可均《全上古三代秦汉六朝文》，第 1 页下。

的推论：黑格尔对于传统封建贵族的权力衰落，并让位于专制君主之后语言使用的不同进行考察。自由的诗歌语言使其潜能作为一种独立的艺术形式得以实现，抑制自我真正的想法与情感，在使用语言赞美君主的同时，也创造了一种自我存在的主观实体。因此，欧洲文艺复兴时期侍奉国君的大臣，“侍立于王座周围充当他的仪仗。……持续不断地告诉高踞王座的人，他是作为什么样的人物存在着”〔189〕。

宫体诗描述的优雅女子，正如所咏之物一般，被视作逢迎和取悦君王的物件。关于这种诗歌体裁，人们认为折射出道德的沦落，我们同样提出质疑，此类诗歌主题的精妙构造是对权力关系的寓言化表达。〔190〕在我们阅读下首诗歌之前，首先考虑一下女子意象在一首庄严肃穆的诗歌中的作用：

永明乐（九）

生蔑苧萝性，
身与佳惠隆。
飞缨入华殿，
屣步出重宫。

---

〔189〕黑格尔《精神现象学》，米勒英译，芬德来序，牛津大学出版社，1977年，第311页〔G.W.F. Hegal, *Phenomenology of Spirit*, trans., A. V. Miller, “Forward” by J. N. Findlay, Oxford University Press, 1977. 编者按，中译本参见黑格尔《精神现象学》(*Phänomenologie des Geistes*)，《黑格尔著作集》，先刚译，人民出版社，2013年〕。以前，在封建时代，贵族通过在公共舆论中的光辉形象，表达他们与国家之间的关系。当时的表达，仅仅限于“出于公众利益的建议”，由于欧洲贵族真正把持实权，他们的话语总是含糊不清，而且事实的真相总是向个人利益妥协。在笔者看来，这种特性可以形容向来谨慎，甚至有时说违心之话的谢弘微和谢庄，他们同样需要注意在民众抑或朝廷面前，行事光彩而体面。

〔190〕笔者认为，应酬诗的艺术是为了适应官僚群体与更加强有力的专制君主之间的关系，而不是像之前通行的说法，即它仅仅是文学发展过程中的文艺技巧。批评家向来将诗歌的内容与文体素材截然分开（他们认为这些诗歌见证着陈腐老套的格式，以及名誉沦丧的道德行为），这些应酬诗歌的主旨之一就是提供令人信服的现实。例如，林文月便对这些诗歌就宫女栩栩如生的刻画，赞誉有加。参见林文月《山水与古典》，纯文学出版社，1977年，第125—150页。

苧萝村是西施与郑旦（公元前5世纪）的出生之地，[191]谢朓用此典故是要表达，虽然自己不是佳丽，但依旧受到齐武帝施予爱姬那样的宠爱。现代评论家认为，诗中的“性”（nature，或gender）应当理解成“才华”，[192]鉴于下联所言重要官职佩戴的“飞缨”，这不失为一种合理的推论。倩女幽魂穿梭在宫殿的重重建筑中——她们生活在寝宫深处。

这些女性的形象究竟有何目的，难道是诗歌本意所虚构的幌子？如果我们有机会回到这些组诗宣读吟咏的历史现场，我们就会看到他们对于君主美德的赞誉，对于永明之治的歌颂，以及普通民众的满足欢欣之情。《永明乐》（十）描写了彩色斑斓的凤凰与舞姿轻曼的玄鹤，而在此之前，谢朓却向朝廷中地位卑下的宫女表达感恩之情。这种感恩如果作为个人的感情，作为纯粹唯一的个人，这无疑显得太过突兀和自以为是了。或许，这节诗歌是代表全体官僚的心声。诗中传奇性的宫妃成群，唤起了官员群体的意识，通过女性完全依托男性权威的本能，官僚群体蒙受浩荡皇恩的意味得以夸张和强化。

女性形象可以和更加特殊的经验联系起来。例如，在任昉为“竟陵八友”中的一人撰写的诔文中，他如此总结其仕途的盛衰变化，“运阻衡言革，时泰玉阶平”。其中，“衡言”表示文人雅士因友情相聚，一起进行商讨的平正之言，因此，这必然是“男性”之间的话题。[193]“玉阶”则是通往后宫的，象征着在仕途亨通的时候，

---

〔191〕曹融南《谢宣城集校注》卷二《永明乐第九》，第187页。洪顺隆在此给出了不同的解释，他没有将“苧萝”理解为山名，而是以其本意，解释为缠绕在树木上的藤萝，这个意象则指代“依附性”的特征。参见洪顺隆《谢宣城集校注》，台湾：中华书局，1969年，第2卷，第192页，注释1。《南齐书》卷一一《乐志》（第196页）记载，竟陵王、其他皇室子弟以及一些文士，皆以“永平乐”为名，人为十曲，进献皇帝。此处的“平”，应当是“明”。

〔192〕曹融南《谢宣城集校注》，第187页，注释1。

〔193〕《文选》卷二三《任彦昇·出郡传舍哭范仆射》，第24页下，注释“衡言”。

任昉和好友朝觐君王是如此容易。[194]

南齐的宫体诗通常描述女子的失宠，抑或即将失宠的担忧。与咏物诗极度强调物件的珍贵价值相对照，宫女的才智更是表现出可悲的讽刺感。不仅如此，宫体诗以宫中女性的内闱，或者靡丽的闺阁作为开始，丝毫没有言及她们的出身背景。正是只有适用于所有女性的活动——胭脂与香粉的涂抹以及头饰的整理，诸如此类——才让我们发现，这与咏物诗呈现物体特殊功能的生产过程存在相似之处。[195]不管这些女子在梳妆台前作何悲叹，她们的失宠境遇却是相同的，一般是由于其他的竞争者抢走了君王对其的宠爱。但是，正如下面这首诗所云，诗歌并不阐明女子缘何被他人取代，其如履薄冰的不安全感便足以打动人心了。

咏邯郸故才人嫁厮养卒妇[196]

生平宫阁里，出入侍丹墀。
开笥方罗縠，窥镜比蛾眉。
初别意未解，去久日生悲。
憔悴不自识，娇羞余故姿。
梦中忽仿佛，犹言承讌私。[197]

---

〔194〕班婕妤（？—公元前6世纪）所作《自伤赋》，描述在长信宫中的居所，其中有“华殿尘兮玉阶苔”之句。参见《汉书》卷九七《外戚传下》，第3987页。康达维认为，这对诗句是经常引用的“玉阶”一句的出处，南朝诗歌常常引用此句指代后宫。参见康达维《一位皇妃的诗歌——班婕妤》，第四十三届亚洲学术协会年会，洛杉矶，1993年〔David R. Knechtges, “The Poetry of an Imperial Concubine: the ‘Favorite Beauty’ Ban,” Forty-third Annual Meeting of the Association for Asian Studies, Los Angeles, 1993. 编者按，康氏论文正式发表于《远东学报》(*Oriens Extremus*)第36卷第2期，1993年，第127—144页〕。

〔195〕罗吉伟在讨论梁朝宫体诗的时候，指出历史上缺少对女性的记载，是在她们隶属宫殿之前，而宫体诗的描述手法说明，“所有佳人都是共通的，她们的心性是相通而普遍的”。参见罗吉伟《被人发现在偷窥：宫体诗与乐府诗》，《中国文学》第11期，1989年，第18、20—22页（Paul F. Rouzer, “Watching the Voyeurs: Palace Poetry and the Yuefu of Wen Tingyun,” *Chinese Literature, Essays, Articles and Reviews*, Vol. 11, 1989）。

〔196〕曹融南《谢宣城集校注》卷五《咏邯郸故才人嫁厮养卒妇》，第406页。按照汉朝制度，“才人”同“美人”，“中才人”一样，在后宫中等级卑微。

〔197〕“燕／宴私”是非常专门的宴会。《诗经·楚茨》第五节，描述丰收仪式庆祝以后，王族人员进行宴饮。参见《毛诗注疏》卷一三《小雅·楚茨》，第14页上—15页下。

此诗以一个豪华而享有特权的场景开始，之后转为表达含蓄却很平凡的生活，这里采用的是倒叙手法。这个女子红颜已老，离开桂殿，的确引起我们的同情，但其中更能打动读者的，却是她的一片天真：她并不知道嫁给一个普通的士卒，究竟会带给她什么样的未来（第五句，“意未解”），还有那不时闪现眼前的昔日场景：在宫中宴会之上，她与倾慕之人亲昵地交谈（第九至第十句）。在诗歌的末尾，她还依然保持着娴静的教养所熏染的那种优雅。

从这首诗歌题目的具体细节来看，我们推断这是根据真实事件所作。在某种程度上的确如此。战国时期，赵国都城（今河北邯郸）遭到燕国的攻击，赵王被囚禁。使者前仆后继地赶往燕国军营谈判，希望归还赵王，但所有使者都被当场杀死。最后，一个厮养卒毛遂自荐，他可以带回赵王。由于他恫疑虚喝的威逼抨击，出人意料的是，燕国将领居然就此释放赵王。《史记》本卷之末的评论（太史公曰），让注释者对于谢朓创作邯郸宫伎嫁给士兵故事的史源感到疑惑。谢朓在失传的文本中描述了这样的“奖赏”，这种处理手段当然富有争议。[198]

现在看来最合理的解释是，谢朓简单地为这个故事画上了结局。这种创作手法使得他可以在这个女子的生活急剧恶化的情况下，简单勾勒她的情感变化。更准确地说，由于这个女子的情感反应没有被深刻地挖掘与刻画，而只是寥寥数笔地描述其情绪和感觉（反而更好地暗示了她举止的优雅），然而，此诗却因此突出了女子身份的无助、脆弱以及随波逐流的特征。一位传统诗歌评论家持有与此相近的观点。他认为，此诗添加宫女下嫁的情节，很可能是因为谢朓“寓臣妾沦掷之感”[199]。

---

〔198〕 杨慎（1488—1559）对此有不同的解释。他认为，谢朓此诗取自于《史记》更早的版本。参见洪顺隆《谢宣城集校注》卷五《咏邯郸故才人嫁厮养卒妇》，第462—463页。《史记》关于赵王得救的记载，参见《史记》卷八九《张耳陈馀列传》，第1629—1630页。

〔199〕 曹融南《谢宣城集校注》，胡震亨（1569—1645）“集说”第5卷，第407页。

我们认为，南齐的应酬诗，应该是抒发有志仕宦并已很快获得认可的士人的心理。由于诗歌“主体”的曲高和寡，咏物诗与宫体诗一直都是他们对仕途通达的向往。据我们推断，这些诗歌描述的角色都在代表着他们未来共同的经历与期望，包含着对于未来不确定性的忧虑。当然，传统的中国读者在格律诗中所寻求的，不是群体的一般感觉，而是从作者的个人经验中提炼出来的特殊感觉。〔200〕但是，永明体的诗歌很难满足这种可靠性的标准。谢朓在其仕途末期，撰写的应酬诗相对较少，但是，我们却能感受到其中的玩世不恭，这可能是他对武帝时期血腥统治的个人反应。

最后提及的作品，是谢朓写给内弟王季哲（死于498年）的诗歌。谢朓的岳父，大将军王敬则（死于498年）与武帝感情深厚，又是南齐建国的元老功臣。〔201〕武帝驾崩之时，太子也意外亡故，还有很多高级官员也都自然死亡。萧鸾（齐明帝，494—498年在位）在此情况下辅政，皇室内部教养更好的成员都对王敬则表示怀疑，这种怀疑很快得以印证。王敬则先让武帝之孙萧昭业在位仅仅一年，随后以其弟萧昭文取而代之；在篡位登基之前，他挟摄政王之威在萧氏内部剪除“异己”。在其登基典礼之时，谢朓岳父在地方任官，他对明帝的忧恐随后引发了一场叛乱。〔202〕至于谢朓，他应辅政大臣的要求撰写文书，之后也担任了文学才能以外的行政职位。他虽然获得新皇帝的支持，但是目睹昔日的府主随郡王与同僚悉数被杀，

---

〔200〕 经典名言“诗言志”在《尚书》大序中有很详尽的解释。刘若愚探讨了个人表达的思想。参见刘若愚《中国文学思想》，芝加哥大学出版社，1975年，第67—87页（James J. Y. Liu, *Chinese Theories of Literature*, University of Chicago Press, 1975）。宇文所安对中国传统读者的期望进行分析。参见氏著《传统中国的诗歌与诗学：世界的征象》第二章，威斯康星大学出版社，1985年，第54—77页（Stephen Owen, *Traditional Chinese Poetry and Poetics: Omen of the World*, Madison: University of Wisconsin Press, 1985. 编者按，中译本参见陈小亮译《中国传统诗歌与诗学：世界的征象》，中国社会科学出版社，2013年）。

〔201〕《南齐书》卷二六《王敬则传》，第479—488页。

〔202〕 虽然王敬则备受尊重，但他仍然感觉到不被信任。他在永泰元年（498）夏天发动叛乱，其导火线就是明帝对皇族子弟的第二次清洗，当时明帝已经病重，他希望借此让儿子更加顺利地继承皇位。

他的内心一定受到强烈的冲击。[203]

宫体诗与咏物诗通常不会刻画“主体”的具体形象。他们强烈的存在感隐藏在诗歌描述的客体（主题）之中，他们通过描写对象的所思所行，寄托和实现他们的期望。[204]但谢朓写给内弟王季哲的诗歌却不同寻常，其中直接表达了高层权贵的声音，四联的字里行间都显得傲慢专横。

赠王主簿（二）[205]

清吹要碧玉，调弦命绿珠。
轻歌急绮带，含笑解罗襦。
余曲讵几许？高驾且踟蹰。[206]
徘徊韶景暮，惟有洛城隅。

此诗前四句描写碧玉与吹笛手绿珠无与伦比的音乐才华——妩媚的技巧——以及罗裳微解，衣袂轻飘。[207]在最基本的意义上，她们都

〔203〕《南齐书》卷四〇《萧子隆传》，第710页。其中记载萧鸾特别害怕萧子隆，因为他是武帝众多儿子中最有才华的。延兴元年（494），萧子隆与叔父谋害诸王的计划被发现，同年十月他在家中被杀。

〔204〕罗吉伟认为，梁朝宫体诗中极少出现男性角色，这表明他们是“政治与经济权力的主宰”。参见罗吉伟《被人发现在偷窥：宫体诗与乐府诗》，第20页。但在齐梁两代的作者之间，却存在明显的不同。没有南齐的皇族或高官撰写宫体诗或是咏物诗。而在梁朝，他们却沉溺其中。徐陵（507—583）所编的《玉台新咏》，收录了大批梁朝皇室成员创作的诗篇。笔者认为，此类诗歌的主题最初源自官员升迁的新手段，后来演变成一种普遍的风气。

〔205〕曹融南《谢宣城集校注》卷四《赠王主簿诗二首（其二）》，第355页。据史书记载，王季哲唯一担任的职位是记室参军。参见《南齐书》卷二六《王敬则传》，第486页；《资治通鉴》卷一四一《齐纪七》“齐明帝永泰元年（498）”，第4426页。但是，我们根据李善关于谢朓应和王季哲的另一首诗歌的注释可知，谢朓称其“主簿”。参见《文选》卷三〇《谢玄晖·和王主簿怨情》，第18页下。

〔206〕所谓“高驾”，是专供权贵和富户子弟乘坐的车驾。

〔207〕郭茂倩（1041—1099）注释称，碧玉是刘宋汝南王（?—291）的爱妾，他为其写了六首赞美的诗歌。一般的观点正如谢朓诗中所咏，碧玉是非常有才华的歌手或音乐家。但是，郭茂倩所作的序中却没有提及。参见《乐府诗集》卷四五《清商曲》，世界书局，1961年，第8页上。在石崇（249—300）众多歌伎之中，吹笛手绿珠最受宠爱。石崇后来拒绝将绿珠献给权臣孙秀，导致家破身亡，全家老少悉被杀害。参见《晋书》卷三三《石崇传》，第1008页。

被简化至回归本性。第五句具有丰富的内涵，这种写法对应酬诗的技法至关重要，“余曲讵几许？”不过，所缺者正是可供选择的闲适时光，“徘徊韶景暮，惟有洛城隅。”〔208〕

孤独就是拖延的代价。通过提供备选方案，谢朓扩大了诗歌主题的范畴；就关注性而言，这与受到庇护的“货多难选”（embarras de richesses）形成竞争。在歌伎华美曼妙的表演之外，遍布着黑暗与危机，因此，我们可能怀疑，谢朓有没有通过宫女的窘迫潦倒，为他的才能被无情的君主所赏识，提供一个辩解的理由。如果这样的话，轻体诗（light verse）的体裁将为他表达其进退两难的困境提供安全的方式。

永泰元年（498），王敬则之子幼隆派人告诉谢朓，他正在密谋组织武装力量，反抗齐明帝。谢朓没有参加岳父的叛乱计划，反而密以启闻，向明帝告密。这场叛乱在几个星期内就被镇压。王敬则及其诸子皆被处死。〔209〕谢朓背叛姻亲的动机究竟是什么？从孩提时代开始，由于发动叛乱，他的伯父被杀，父亲被长期流放，这个教训让他的心理蒙上阴影。但是，担心与失败的反叛有牵连，并不是谢朓如此决定的唯一原因。正如其密友所言，谢朓此时面临着家庭和国家冲突的矛盾抉择。〔210〕除此之外，虽然谢朓和齐明帝之间无法得到当年与随郡王那样的深情厚谊，但是，正是在明帝手下，他官

---

〔208〕曹植曾经骄傲地写道，他的诸子在洛阳城隅举办曲宴。但正如曹融南所言，谢朓以此典故化用此意。参见《谢宣城集校注》卷五《赠王主簿二首（其二）》，第355页，注释6。

〔209〕王敬则在建康的两个儿子和一个孙子被杀于家中（编者按，王敬则本传载：“收敬则子员外郎世雄、记室参军季哲、太子洗马幼隆、太子舍人少安等，于宅杀之。”）。王敬则长子宁朔将军王元迁在徐州征战，被就地处决，王敬则被台军搜捕处死。有关他的起事，以及被镇压之经过，参见《资治通鉴》卷一四一《齐纪七》“齐明帝永泰元年（498）”，第4425—4428页。谢朓的妻子自此身怀利刃，扬言杀掉谢朓为其父报仇（《南齐书》卷四七《谢朓传》，第827—828页）。

〔210〕沈昭略（卒于499年）是谢瀹（455—498，表二，E房支）的密友，同时也是一名正直敢言的官吏，他对谢朓说：“卿人地之美，无忝此职。但恨今日刑于寡妻。”（《南齐书》卷四七《谢朓传》，第827—828页）沈昭略在此指的是，谢朓此举对家族造成更多的伤害，因为他的妻子为其父的惨死而复仇（见注释209）。

至五品，并有信心继续升迁。[211]

不幸的是，齐明帝在王敬则作乱的四个月之后就去世了。谢朓对明帝接班人萧宝卷（498—501年在位）不满的情绪迅速蔓延，不仅因为他性格放浪，而且任人唯亲，重用政治不成熟的近臣佞幸，忽视谢朓等高官重臣的存在。但是，当有人拉拢谢朓来推翻萧宝卷之时，谢朓再次选择了对皇帝表示忠诚——按照本传的记载，这是因为他受恩明帝。[212]毫无疑问，这些叛乱者拉拢谢朓之际，已经提防谢朓像背叛王敬则那样出卖他们。谢朓已然知悉反叛的行动，这是非常危险的，于是他们连名启奏，诬告谢朓诽谤皇室。[213]正如谥号“东昏侯”所形容的那样，萧宝卷愚蠢地做出了错误的判断，他同意处死谢朓。

谢朓之子谢谟，已经与永明时代“八友”之一萧衍之女订婚。在所有诗人中，萧衍对谢朓格外尊崇，认为三日不读谢朓之诗，便觉口臭。[214]即便如此，他还是很现实地解除婚约，将女儿嫁给另一个人。谢谟的门户被称作“门单”（solitary），也就是说，谢氏家族人丁稀少，同时缺乏影响力。[215]未来的梁武帝相中南方张氏将门之子，认为他更具前途。那位将军在跟随萧衍攻打京城的战争中阵亡，

---

〔211〕在萧鸾登基不久之后，谢朓被任命为六品的尚书吏部郎，但在就职之前，他被提升为五品的中书郎。考虑到他在明帝时期担任其他官职，特别是谢朓在隆昌元年（494）至建武二年（495）担任宣城太守，佐藤正光发现这正好符合一种模式，人们担任郎官，就会带来崇高的声望（正如在刘裕统治时期的谢方明那样）。显然地，他更加得到宋明帝的器重。参见佐藤正光《宣城时代的谢朓》,《日本中国学会报》第41期，1989年，第63—78页。

〔212〕当接到反叛集团刘沨（死于499年）的提议时，谢朓断然拒绝给予支持。史书记载：“（谢朓）自以受恩高宗，非沨所言，不肯答。”参见《南齐书》卷四七《谢朓传》，第827页。谢朓为了粉碎这场阴谋，把计划向太子右卫率左兴盛和盘托出，同时警告刘暄，即便叛乱成功，他也会丧失在朝廷的影响力。参见《资治通鉴》卷一四二《齐纪八》“东昏侯永元元年（499）”，第4446—4447页。

〔213〕这份出自反叛者撰写的诬告信的英译版，可参见伊可轼《谢朓及其诗歌风格》，第72—73页。

〔214〕李昉编纂《太平广记》卷一九八《文章一・谢朓》〔编于太平兴国三年（978）〕，艺文印书馆，1960年，第1页下。梁武帝之语，取自散佚的《谈薮》（隋杨松玠撰）。

〔215〕这条资料附于《南齐书》卷五一《谢朓传》。据说谢谟所写的信笺，让萧衍和他的女儿都感到非常惭愧，但依然没有挽回这桩婚事。时人以为沈约撰作书信，参见《南史》卷一九《谢裕传附谢朓传》，第535页。

萧衍随后又将女儿许配给一支依然活跃的琅琊王氏的子弟。[216]谢谟对于萧衍的悔婚行为感到愤怒和悲痛，这是谢朓后裔留给我们的最后一抹痕迹。

八 结 论

阳夏谢氏是最后一个跻身葛涤风所谓“一流高门”(supre-elite)的宗族，而且他们的记载在某些方面与众不同。虽然谢氏常常会从其他侨姓士族主导、以不正常途径继位的统治者身上获得利益，但他们自己却从未参与决定皇位的继承人。[217]谢氏实际上亦未能清除前任谯国桓氏的影响。这两个家族之间的斗争——从谢安应桓温之命出仕，一直延续到四十年后桓温之子桓玄所建楚朝的覆灭——也是东晋王朝的继承者所要面对的挑战范式。东晋南朝的皇权凭借军事实力，凌驾于阶层结构之上，但是，只有与门阀大族通力合作，他们的政权才具有合法性。

刘裕争取获得谢氏的拥护，他所看重的是淝水之战以寡敌众的英雄谢安与谢玄的子孙。刘裕隐瞒谢景仁的血统，并犹豫是否任用谢方明，我们据此认为，在5世纪早期，这些郡望持有者(bearer of choronym，即门阀大族)的不同房支在分享荣耀方面并不均衡。正如笔者对后续事件的理解，这个相对较小的宗族成员在刘裕建国时拥有显赫职位，而刘裕的关注使所有谢氏成员的名望水涨船高。这个问题要从家族生存的角度谈起，四五世纪之交的孙恩叛乱，几乎将会稽最为显赫的家族屠杀殆

---

〔216〕 这名将军是张弘策（455—501）。他是萧衍的左膀右臂，随后在建康被东昏侯萧宝卷的残兵所杀，谥号闵侯。萧衍的母亲来自他的宗族。参见《梁书》卷一一《张弘策传》，第205—208页。这位公主的第三个未婚夫是王志（460—513），参见《梁书》卷二一《王志传》，第318—320页。其中记载了他的兄弟、诸子和侄子等人的美德。

〔217〕 庾冰（296—344）为了保持家族的影响力，他使朝臣相信，晋成帝（325—342年在位）的儿子们年龄太小不能登基，于是由琅琊王（谢鲲孙女的丈夫）继承皇位。琅琊王与死去的皇帝都是庾冰的妹妹穆皇后所生。在桓氏之前，颍川（今河南许昌）庾氏把持东晋朝政。

尽。如果谢氏并不显赫的房支成员不愿支持刘宋政权，那么，历史上谢氏作为门阀大族的名望，也可能与东晋王朝一起湮灭不存。

在门阀与皇权共生期间，随着皇权之加强，门阀大族支持的重要性随之下降。在谢氏走向衰落的过程中，女性成员与皇族的联姻，与她们的父亲占据显赫职位密切相关。谢氏与统治家族的国婚，主要集中在谢氏成员的第六代，即隆安四年（400）至元嘉元年（424）之间出生的成员（表三，第十一至十三名谢氏女子），与此同时，这代人担任高官的数量也达到顶峰。除此以外，唯一联姻皇帝的谢氏女性是谢庄的孙女，即刘宋末代皇帝的皇后（表三，第十八名谢氏女子）。5世纪后半叶，谢朓的叔叔与公主联姻，这个重要性比较有趣。联姻名门女子的优势就是轮回循环，难道侨姓士族的某些房支也是通过与皇室女子的联姻，支撑其日益破败的家族声望？范晔曾经因其子未能婚娶公主而感到失望怨恨，这就提出一个问题，其他新兴的家族是不是得到与皇族联姻的特权？最后，谢朓纵然是皇帝的心腹大臣，也要迎娶没有文化的将军王敬则之女为妻，当然，这种联姻的目标是挽救陷入困境的精英家族。〔218〕

在梁武帝改革阶层制度以前，从未存在有组织的计划来约束高门大族的特权。但是，在个案研究的选择框架内，我们发现，皇帝采用间接的方法，主动控制政府组织高层的高门大族，同时并不触动象征着高门精英权威的重要外壳。此类方式如下：宋文帝时期，对于顺从政府与退休的士族子弟，授予和增加荣誉性的显赫职位；宋孝武帝及其后裔统治时期，皇帝对于尚书省非正式的管理以及推行两名吏部尚书的双长官制。在较低的官职上，从宋代早期开始，皇帝与王子们任用有才能但社会出身卑微的人们，通常将他们召入中书省。迄于孝武帝时期，寒人出身的舍人已经完全融入中枢机

〔218〕 王敬则之母是女巫，父亲的名字不明。但是，他因肇建南齐有功而身居高位。丁爱博引用王敬则本传中的一件轶事，说明他在朝廷中的重要地位，以及侨姓士族在权力结构中相对的孱弱。参见丁爱博《早期中古中国的国家与社会》导言，第16页。

构。[219]南齐永明时代，尤以竟陵王为代表的宗王型府主，增加了非高门出身者进入仕途的机会。这种对于个人才能的公开重视，正是梁朝制度化政策出台的先声。

贯穿本文个案研究的主线，就是将高级官僚的生命置于危险境地的不稳定性。谢瞻拒绝施加于身的声望，但兄长谢晦的野心却使他殒命。谢朓对皇帝忠心耿耿，但依旧被皇帝误解，而冤死狱中。这些戏剧性的讽刺，以及谢朓将岳父的反叛计划向皇帝告密之行为，都与李商隐诗歌中徐妃形象，构成惊人的反差；李诗中徐妃的不忠，旨在讽刺六朝时期官僚的不可靠。谢庄谨慎而有智慧，在身居要职的十年之间，从未冒犯其同僚或统治者。大量的记录与朝廷文书都证明他的鞠躬尽瘁，而一篇诔文中的区区四个字却几乎让其殒命。这些都不是特殊的事例。在官居五品及以上的谢氏子弟中，六分之一的人死于朝廷之手。[220]

南朝作家因其作品不关注社会和道德问题而被诟病，但他们所处的政治环境，确实不适合撰述说教规劝的批评性文章。与此同时，如果熟悉谢氏子弟在其仕途生涯所面临的难题，就很难接受关于六朝时期纯文学技巧的一般解释，即六朝诗歌的蓬勃发展，仅仅源于有闲的和封闭的上等阶层的唯美主义。前文个案研究所征引的诗歌和信笺提醒我们，谢氏诗文中微妙的修辞、典故和自我意象，都受到政治压力的重要影响。因此，希望我们的研究将会促使学人重新评估六朝精英家族的相关情况。

（贾骄阳译，范子烨初校，范兆飞终校）

---

〔219〕关于中书省，《南齐书》记载，“孝武（454—464）以来，士庶杂选。”随后援引鲍照（414—466）之例，鲍照出身寒门，因才学知名而被征召入仕。《南齐书》卷五六《倖臣传》，第 972 页。在文学批评领域，鲍照通常被视作阶层歧视的牺牲品。

〔220〕八名官职较高的谢氏成员，或者被杀，或者死于狱中。其中，除了谢恒是西晋官僚，正史记载，四十五名谢氏子弟在南朝担任高级官僚（参见表一）。墓志铭可以补充三人：其中两个分别是谢奕的孙子谢琉和曾孙谢温，分别属于第三代和第四代成员，另外一个是谢安的曾孙谢涛，属于第五代成员（注释 41、60）。

附录：（陈郡）阳夏谢氏研究论著

（前面标有 * 的论著，表示其中绘有谢氏世系表）

程章灿《陈郡阳夏谢氏：六朝文学士族个案研究》，收于邓仕樑主编《魏晋南北朝文学论集》，文史哲出版社，1994 年，第 529—560 页。谢氏成员的教育；道教与佛教信仰；文学天才与创造；生活预期；隋唐时期的衰落。

* 葛涤风《南朝早期的社会秩序：东晋的构造》（上下卷），哈佛大学博士论文，1980 年。葛氏在文中按照字母顺序列出谢氏成员，附以中文，通过数字编码，表示成员的世代与房支。参见下册，第 431—438、492—498 页。

葛涤风《中古中国南方的大族》，《哈佛亚洲学报》第 41 卷第 1 号，1981 年，第 65—74 页。列出谢氏和其他大族门阀每代成员的数量；列表比较各大门阀升降浮沉的顺序和速度。

洪顺隆《谢朓作品中对其先祖的投影》（"謝朓の作品に對する其の先祖の投影"），《东方学》第 52 辑，1976 年，第 61—76 页。该文论述了谢氏祖先对谢朓诗歌创作的影响，主要是谢灵运及其同代族人，这种影响涉及诗歌的主题、字词以及句法形式。

石川忠久《谢氏的家风与家族兴盛》（"謝氏の家風と家門の興隆"，见于《东晋文学研究劄记》，第二节），《中国文学论丛》第 7 期，1979 年，第 49—67 页。4 世纪 20 至 50 年代，谢氏的家风门风以及和东晋政坛重要人物之间的联姻，与家族地位的崛起息息相关。

* 小松英生《六朝门阀陈郡阳夏谢氏的家族谱系与其他》（"六朝門閥陳郡陽夏謝氏の系譜とその周辺"），《中国中世文学研究》，第 15 期，1981 年，第 1—17 页。第 2—3 页列有谢氏世系表，随后附有二十二条谢氏与东晋刘宋显赫高门通婚的图表。

佐藤正光《晋末宋初的政变和谢氏文学》，香港中文大学中国语言文学系主编《魏晋南北朝文学论集》，文史哲出版社，1994 年，第 561—573 页。晋末宋初谢氏的成员和所属派别。选择部分谢氏与皇族以及权臣的通婚情况，绘制表格；谢灵运诗歌的某些诗句反映出他对刘裕政权的态度。

苏绍兴《东晋南朝王谢二族关系初探》,《联合书院学报》1971年第9期,第103—111页。东晋时期陈郡谢氏和琅琊王氏在政治、社会和婚姻方面的关系。

苏绍兴《两晋南朝的士族》,联经出版事业公司,1987年。《世说新语》所载谢氏与其他高门大族之间的关系,第128—130页;谢氏和王氏成员的文学才能以及家族关系,第192—200页。

田余庆《东晋门阀政治》,北京大学出版社,1989年。谢氏在淝水之战中的作用;战前与战后的家族地位,第197—227页。

* 王伊同《五朝门第》(上下册),金陵大学中国文化研究所,1943年初版(香港中文大学出版社,1978年修订版)。下册罗列侨姓士族和江东士族的世系表,即"高门权门世系婚姻表",表五胪列谢氏成员的收养、婚姻、官职以及正史出处,并注释谢氏成员各自的身份与世系。上册讨论着眼社会阶层,集中讨论高门大族在政治、经济和文化中的作用。

* 谢鸿轩《会稽谢氏世系图传》(上下册),《骈文衡论》,1948年初版,广文书局,1975年再版。第七章讨论谢氏早期的起源以及家族中的著名文学家,参见上册,第146—193页,同时包括谢氏家族所藏的家谱。这些家谱在南宋与明代进行修订。其中罗列西晋至南朝末年谢氏的十六代男性成员,同时提供了未见于正史的资料,例如妻子的姓名以及居住地。

叶妙娜《东晋南朝侨姓高门之仕宦——陈郡谢氏个案研究》,《中山大学学报》1986年第3期,第43—51页。谢氏成员担任的军职;担任重要地方官数量的下跌;谢氏成员的上品、中品、下品和不仕在不同历史时期的百分比。第50页绘制了陈郡谢氏世系表。

* 叶妙娜《东晋南朝侨姓世族之婚媾——陈郡谢氏个案研究》,《历史研究》1986年第3期,第160—167页。谢氏各代男性与女性成员的婚姻,门第婚逐渐减少;各个房支不同的通婚关系;经济利益是齐梁时期高门士族联姻寒庶的原因。

精英的形成

——5 世纪中国山东地区的地方政治与社会关系

霍姆格伦

（Jennifer Holmgren）

一 引 言

当时和现在的史学家，共同将山东地区的精英阶层描述为在初唐政治舞台上的四大区域性精英集团中最具声望和最具权势的。这里的“山东”，* 是指太行山东麓的广阔平原，也就是现在的河北省、河南省北部和山东省。博陵崔氏、范阳卢氏、赵郡李氏和荥阳郑氏等家世最为悠久绵长的家族构成了这个贵族阶层，这些家族来自于河北的南部、河南的北部这个更为狭小的区域。这些大族自我标榜，比其他精英群体如西北或关中的贵族更为显赫，并不仅仅是凭借其地域出身，而且他们声称拥有一个清晰明确和血统纯正的北方汉人的系谱。在大多数情况下，他们的成员可以将其祖先追溯至汉代、三国、西晋时期的官员，他们甚至蔑视当时的皇亲国戚，认为他们是在此前非汉族的征服时代，屈辱地与胡族通婚和文化合作的暴发户式的社会阶层。〔1〕但是，正如杜希德所指出的那样，即使在唐代，

* 编者按，关于“northeastern”一词，字面意思是指东北部，不过英文世界的学者所指的东北部，与我们所说的东北部截然不同，他们通常指中国中古时期的“山东”。当然，本文译作山东，并不是现代意义上的山东，而是中古意义上的山东。

〔1〕 参见杜希德《唐代统治阶层的构成：从敦煌发现的新证据》，载芮沃寿和杜希德编《唐代概观》，耶鲁大学出版社，1973 年，第 50 页（Denis C. Twitchett, “The Composition of the T'ang Ruling Class: New Evidence from Tunhuang”, Arthur F. Wright and Denis C. Twitchett eds., *Perspectives on the T'ang*, New Haven, Conn., 1973）；魏侯玮《唐政权的巩固者：唐太宗（626—649 年在位）》，收入杜希德、费正清主编《剑桥中国史》第三卷《隋唐史》第一部分，剑桥大学出版社，1979 年，第 212—213 页〔H. J. Wechsler, “T'ai-tsung (Reign 626-649) the Consolidator,” in D. Twitchett and J. K. Fairbank （转下页）

这些贵族或精英集团的确切性质也是一个富有争议的问题，看上去诸如赵郡李氏和范阳卢氏之类的大族构成了一个超精英阶层（高门大族）中的绝大部分——他们是一个范围大得多并在地方上具有支配地位的显赫家族中的一小撮成员，而大部分成员往往被排斥于朝廷政治或国家官僚机构之外。〔2〕

这些“高门甲族”的活动被相对完整地记录下来，而同地区中的次级精英大都不为人所知。这种情形并不奇怪。无论如何，现代史学家对次等家族缺乏关注是不完全合理的。关于他们的材料分散而零碎，留存下来的片段足以说明他们在这些地区发展的历史，要早于7世纪的统一。例如，保存下来的北魏记载说，拓跋族在魏皇始三年（398）征服了河北，而南方的史料则记载了宋泰始二年（466）刘宋的内战以及拓跋氏在泰始五年（469）占领了山东的东北部，这为中国山东地区的一些地方家族在5世纪上半叶调整他们的活动与生活方式，提供了独特的机遇。本篇论文试图利用这些记录来进行研究，尤其关注清河崔氏的成员在5世纪的活动以及那些与崔氏有联系的家族，这些家族似乎构成了唐代山东东北部地方或次级精英家族群体中不为人所知的部分。清河崔氏被芮沃寿称为“大概是中国北方声望最高的家族”，〔3〕被选作这项研究的支柱，首先是

（接上页）(eds), *The Cambridge History of China*, *Ⅲ*, *Sui and T'ang China Part 1*, Cambridge University Press, 1979. 编者按，中译本参见中国社会科学院历史研究所西方汉学课题组译《剑桥中国隋唐史》，中国社会科学出版社，1990年〕。以及姜士彬的研究，参见氏著《中古中国的寡头政治》，西方视野出版社，1977年（David Johnson, *The Medieval Chinese Oligarchy*, Westview Press, 1977）。关于博陵崔氏的个案研究，参见伊沛霞《早期中华帝国的贵族家庭——博陵崔氏个案研究》，剑桥：剑桥大学出版社，1978年（Patricia Buckley Ebrey, *The aristocratic families of early imperial China——A Case Study of The Po-Ling Ts'ui Family*, Cambridge University Press, 1978）。关于赵郡李氏的研究，参见姜士彬《一个大族的末年——唐末宋初的赵郡李氏》，《哈佛亚洲学报》第37卷第1期，1977年，第5—102页（David Johnson, "The Last Years of a Great Clan: The Li Family of Chao chün in Late T'ang and Early Sung," *Harvard Journal of Asiatic Studies*, Vol. 37, No. 1, 1977, pp.5-102）。

〔2〕参见杜希德《唐代统治阶层的构成：敦煌发现的新证据》，《唐代概观》，第55—57页；参见魏侯玮《唐政权的巩固者：唐太宗》，第202、212—213页。

〔3〕芮沃寿《隋朝》，诺普夫出版社，1978年，第56页（A. F. Wright, *The Sui Dynasty*, Alfred A. Knopf, 1978）。

因为他们作为唐代一个超精英家族所具有的内在价值，其次是因为在这段分裂时期的历史，无论是在地理上还是在政治上，他们可以成为连接河北中部一流精英家族和在其北方与东方地区较不知名家族之间的桥梁。

本文考察的地域，包括河北东部的中心和山东的东北部，特别是在黄河西岸被北魏的清河、平原和渤海等郡所环绕的地区以及刘宋在山东半岛黄河东岸的青、齐两州中的同名郡县（参见地图）。

5 世纪山东半岛地图

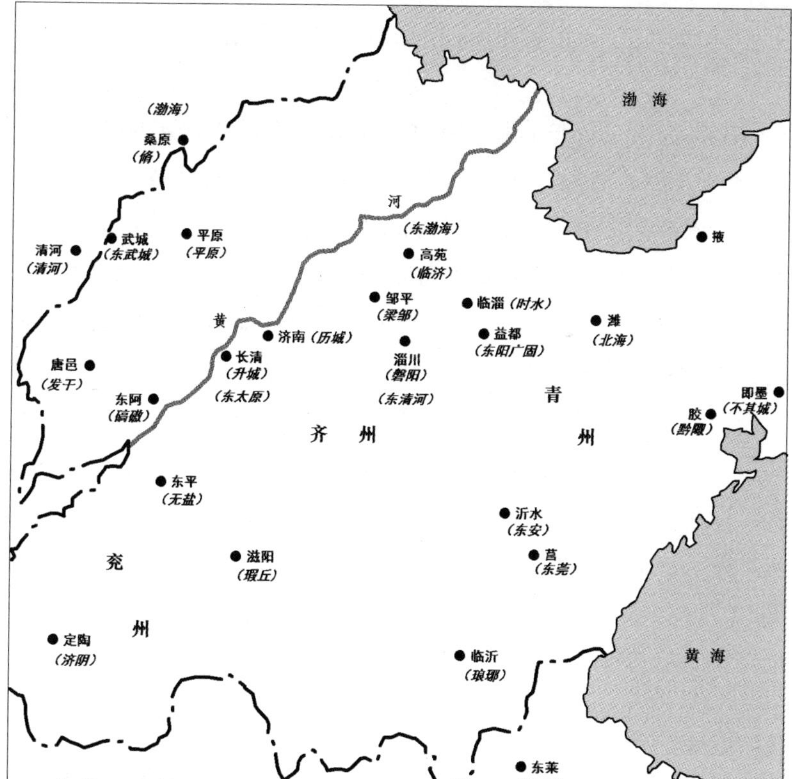

五六世纪三个与清河崔氏有密切联系的家族，被我们挑选出来给予详尽的注意，他们分别是清河房氏、平原刘氏和渤海封氏。本文将描述4世纪末期他们在山东东北部的定居，并概述他们在5世纪的中央和地方政治中的活动。接着试图推断5世纪崔氏、房氏、刘氏、封氏等不同家族房支的凝聚程度，和这个集团当时作为整体在面对外来者进入这一地区，并建立联系时的凝聚程度。可以预料的是，这项研究将会有助于理解在分裂时期与唐代初期山东精英阶层的本质。

二 北魏的河北崔氏：398—450年

在北魏第三任皇帝世祖（424—452年在位）统治时期，崔浩（卒于450年）上升至朝廷中的显要位置，他大概是清河崔氏中最著名的成员。[4] 他的家族位于东武城（今武城），大约在清河郡治所东北二十公里，以及河北东部平原郡治所西部约五十公里处（参见地图）。崔浩的父亲崔玄伯（卒于418年），将其家族的祖先追溯至三国时代的官员（魏司空崔林）。建兴元年（313）西晋灭亡之后，崔氏家族的成员担任后赵（330—349）、前燕（285—370）、前秦（351—394）等非汉族政权的朝廷官员。皇始三年（398）后燕灭亡，崔玄伯在东北平原被拓跋氏所俘获，并被迫在北魏政权担任官职。据《魏书》记载，崔玄伯是北魏太宗（409—423）朝“八部大夫”（八座，eight worthy dukes）之一。尤为重要的是，他是这个群

〔4〕参见陈寅恪《崔浩与寇谦之》，《岭南学报》第11卷第1期，1950年，第111—134页；马瑞志《寇谦之与北魏朝廷中的道教神权政治（425—451）》，收入尉迟酣、索安主编《道教面面观：中国宗教论文集》，耶鲁大学出版社，1979年，第107、111—118、120—121页（R. B. Mather, “K’ou Ch’ien-chih and the Taoist Theocracy at the Northern Wei Court, 425–451,” in H. Welch & A.Seidel eds., *Facets of Taoism Essays in Chinese Religion*, Yale University Press, 1979）。王伊同《崔浩国书狱释疑》，《清华学报》第1卷第2期，1957年，第84—101页。

体中唯一的汉人，其他人都是北魏政权非汉族的军事精英。泰常三年（418），崔玄伯卒，他被追赠为一品官，而他的儿子崔浩被允许继承了公的爵位。[5]

与崔玄伯同时效力于北魏政权者，还有他的弟弟崔徽（卒于433年）以及他的一个亲戚崔康时，崔浩在神䴥四年（431）高居声望显赫的司徒（一品），对崔康时予以表彰。[6]司徒这一职位过去都是被显赫的拓跋贵族如长孙嵩（卒于437年）、长孙翰（卒于430年）所把持的。[7]

此前关于崔浩的研究，强调他作为北魏第三位皇帝太武帝统治时期汉人谋臣在朝廷中的特殊地位，主要关注他在具有影响力的时期（431—450）所推行的宗教与汉化（sinicization）等措施。在这些方面之外，我们依然需要指出，现存的记录显示，在北魏征服和武力扩张统一国家的过程中，崔浩扮演的角色主要是一个军事战略家。[8]在他的时代，除了汉族士人在北魏中央和地方行政机构中担任具有影响力的职位有明显的增长之外，关于崔浩的汉化举措，几乎一无所知。[9]

崔浩权力的上升，被视作山东地区互有联系的家族群体所获成

---

〔5〕参见《魏书》卷二四《崔玄伯传》，中华书局，1974年，第620—623页。并参《魏书》卷二五《长孙嵩传》，第643页。

〔6〕《魏书》卷四上《世祖纪上》，第79页。

〔7〕关于长孙家族的早期历史和拓跋统治阶层的关系，参见霍姆格伦《代国编年纪：〈魏书〉卷一〈序纪〉所见早期拓跋的历史》，《亚洲研究专刊》第1号，澳大利亚国立大学出版社，1982年，第46—50、112—115页（J. Holmgren, *Annals of Tai: Early T'o-pa History according to the First Chapter of the Wei-shu*, Faculty of Asian Studies Monographs: N.S., No. 1, Facullty of Asian Studies in association with Australian National University Press, 1982）。

〔8〕参见《魏书》卷三五《崔浩传》，第807—828页；并参马瑞志《寇谦之与北魏朝廷中的道教神权政治（425—451）》，第114、115、116页，其中提及崔浩参与军政事务。马瑞志认为，这种行为蕴含着他建立一个全新的普遍国家的宗教设计，尤其参见第114页。崔浩之父崔玄伯，也是一名十分成功的军事战略家。参见《魏书》卷二四《崔玄伯传》，第620—623页。

〔9〕参见苏庆彬《元魏北齐北周政权下汉人势力之推移》，《新亚学报》第6卷第2期，1964年，第135—136页；马瑞志《寇谦之与北魏朝廷中的道教神权政治（425—451）》，第120页。

就的顶峰，他们在北魏皇始三年（398）从慕容政权投靠拓跋政权。遗憾的是，我们并不能十分清楚地了解在崔浩获得政治权力之前，这些家族之间的政治联系。不管如何，很明显的是这些人之间的社会关系主导了神䴥四年（431）至太平真君十一年（450）太武帝在位的朝廷，有趣的是，那些在神䴥四年和崔浩一起攀升权力巅峰的士人，并不出自清河郡，而是来自更靠西部的地区，如范阳郡、河北中部的赵郡和博陵郡以及远离山东的太原郡和弘农郡。[10] 其中的

图一　早期河北的清河崔氏

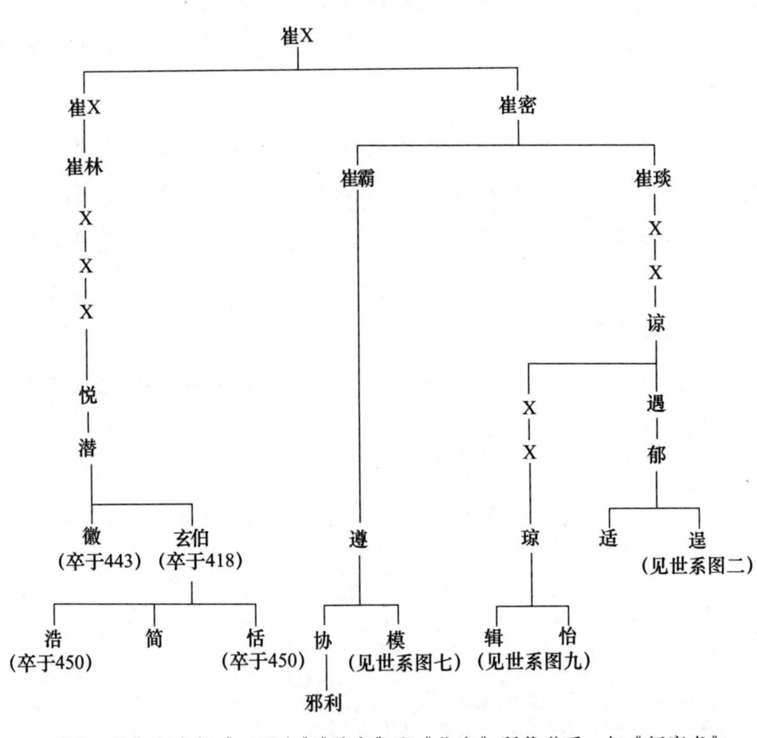

说明：早期文本如《三国志》《魏书》和《北史》所载世系，与《新唐书》卷七二下《宰相世系表》“崔氏”条有所不同者，笔者采用前者。

〔10〕参见《魏书》卷四上《世祖纪上》所载神䴥四年壬申征士诏，第 79 页。

很多人都通过婚姻与崔浩家族建立了密切的联系，太平真君十一年（450），当崔浩政治垮台之后，这些人受牵连而诛夷最深者，就是崔浩母亲所属的范阳卢氏，其妻所属的太原郭氏及其姻亲。[11]虽然情况与此相反，[12]但是，崔氏家族中只有崔浩的直系亲属被处死。[13]因此，至少就崔浩家族而言，与其说是在政府中形成庇护基础的大族，倒不如说是在直系亲属或核心家庭延伸出去的妻族、母族和姻亲关系。

在5世纪早期，崔氏家族只有两个引人注目的房支进入北魏政治的中枢：一个是崔浩家族，包括他本人，他的父亲，他的叔叔和两个弟弟；另一个是崔逞家族，崔玄伯的远亲，在崔玄伯被俘之前就投奔了北魏，我们知道崔逞和崔玄伯之间在谱系上的亲属关系（见世系图一），但是，关于两个家庭成员之间的个人关系并不清楚。[14]可能是在延和元年（432），崔浩担任司徒之时，向太武帝荐举任命崔逞之子崔赜（卒于440年），担任东北平原的冀州刺史，但崔浩与崔赜之间的亲属关系，不如崔浩与他的母系和姻亲之间的关系那么牢固，[15]崔赜担任刺史仅仅维持了一年多，崔赜及其子孙都没有在北魏中央的官僚机构中占据主要的位置。他们主要担任地方官职，可能正是如此，他的家族并未因崔浩的覆灭而遭池鱼之殃。[16]

---

〔11〕参见《魏书》卷三五《崔浩传》，第826页。

〔12〕关于处死崔浩的诏令，见《魏书》卷三五《崔浩传》，第826页。

〔13〕只有他的弟弟崔恬可以确定在太平真君十一年被诛杀。崔浩之弟览（别名简），似乎死于崔浩被杀之前，而他的叔叔崔徽情况大致相同，参见《魏书》卷二四《崔玄伯传》所附诸子传记，第623—624页。

〔14〕崔逞似乎通过陌生人上谷（今河北北部的怀来）的张衮（339—410），而被推荐给北魏统治者。张衮最迟从登国元年（386）就开始仕宦于北魏政权，参见《魏书》卷二四《张兖传》，第612—613页。崔逞前去北魏都城任职，旋即被杀，见《魏书》卷三二《崔逞传》，第758页。

〔15〕《北史》卷二四《崔逞传》，中华书局，1974年，第868—869页。其中记载，崔浩轻视崔赜，因为其祖先的地位低于崔浩这一支。《魏书》并未将崔赜归入崔浩所轻视的人群。

〔16〕关于崔逞及其子孙的传记，参见《魏书》卷三二《崔逞传》，第757—759页。

图二　崔逞世系

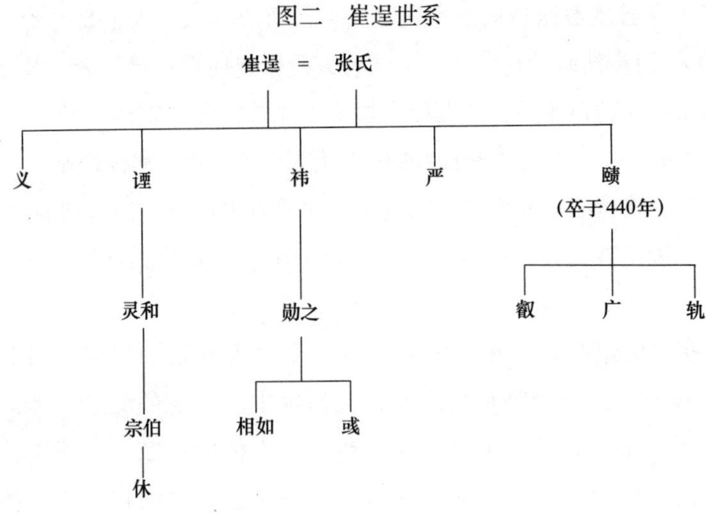

迄于6世纪，崔赜的子孙继续担任地方精英和地方行政机构的领袖，[17]而河北家族分支在中央政治中的活动，却在太平真君十一年（450）突然终结。出自河北东部清河郡的崔氏再也没有在北魏的中央行政机构中扮演显要的角色。他们的地位被那些在皇始三年（398）离开清河前去山东半岛谋求安全之所的崔氏后裔所取代。其中很多人与崔赜房支具有密切的亲属关系。据我们所知，这些人与崔浩家族并无接近的血缘关系。在崔浩从政治舞台上消失很久之后，这些人在5世纪末6世纪初开始显贵起来。就此而言，崔玄伯和崔浩在清河崔氏历史中的角色是独特的。似乎崔玄伯和他的弟弟崔徽在5世纪初游离于崔氏的主流之外，首先是与家族其他已知成员的谱系关系上，其次是在忠诚之道。忠诚态度的差异，从崔玄伯准备接受拓跋氏作为中国山东地区的主宰者[18]以及他和他的儿子与他们

〔17〕关于崔赜兄崔遹子孙的记载，参见《魏书》卷三二《崔逞传》，第759—760页。我们并不知道这些后来者是来自河北，还是来自山东东北部。

〔18〕即便《魏书》卷二四《崔玄伯传》（第620页）记载，崔玄伯最初试图逃离拓跋族入侵的平原，但他显然也做好了为拓跋氏效力的准备，这样的态度不但与逃到山东半岛的其他崔氏形成了鲜明对照（参见下文），也与因为其傲慢和表现出的敌意而被北魏开国之君道武帝所杀的崔逞不同。参见《魏书》卷三二《崔逞传》，第758页，并参注释23。

的母系和姻亲具有密切的联系，进而排斥其他崔氏成员等方面可以看出。但毫无疑问的是，在4世纪末，清河崔氏已经形成了这样的家族，其成员都相信他们来自于一个共同祖先，因此具有某种程度的关系。[19]

崔玄伯具有的独特性，不仅表现在他通过婚姻关系与清河郡西部的家族建立纽带——这些家族比河北边境的家族更早地投靠拓跋氏——还表现在他与渤海封氏的成员封恺（卒于420年）之间的私人关系。封恺也娶了范阳卢氏。他的一个儿子婚娶赵郡李氏，他的另一个女儿嫁给了崔玄伯的一个儿子。[20]皇始三年（398），自愿加入拓跋政权的渤海封氏为数不多，封恺是其中之一。这个大族的其他成员或居住在渤海，[21]或伺机加入慕容氏在山东东北部的残余政权（见下）。[22]封恺通过家族共曾祖的再从兄弟（second cousin）进入北魏朝廷，[23]天赐六年（409），封恺接受了明元帝的任命，但在泰常五年（420），封氏遭到了严重的政治打击。封恺和他的再从兄弟及其四个儿子，因谋乱而伏诛。封恺之子封伯达，抛弃他在北魏的母亲与妻子，穿越边境逃至山东半岛的东北部。[24]然而，在5世

〔19〕崔玄伯的祖先，即三国时代的崔林，被记载为崔琰和崔霸的从弟，他们是5世纪末6世纪初期在北魏占主流的崔氏房支所追溯的祖先。参见《三国志》卷一二《魏志·崔琰传》，中华书局，1975年，第370页；《魏书》卷二四《崔玄伯传》，第620页，并参世系图一。

〔20〕《魏书》卷三二《封懿传》，第763页；卷二四《崔玄伯传》，第625页。

〔21〕这似乎是与封回家族相关的事例（参见世系图三）。5世纪末6世纪初，封回（452—528）日益显贵，他在七十六岁死去时已经升迁至二品高官。他的儿子们在北齐东北部的平原担任职务。参见《魏书》卷三二《封懿传》，第761—762页；《北史》卷二四《封懿传》，第892—897页。

〔22〕封懿之弟渤海太守封孚，在天兴二年（399）加入山东东北部的慕容氏政权。参见《晋书》卷一二八《慕容超载记》，中华书局，1974年，第3185页；《资治通鉴》卷一一一《晋纪三三》"晋安帝隆安三年（399）"，（香港）中华书局，1971年，第3495—3496页。封懿并不情愿地仕宦于北魏政权（参见下文）。封恺的一个儿子似乎在当时逃至山东东北部（即下文的封灵越）。无论如何，封恺的另一个儿子，封伯达娶赵郡李氏，参加北魏政权（参见后文注释68涉及的封伯达）。

〔23〕关于封懿和他的儿子封玄之，参见《魏书》卷三二《封懿传》，第760—761页。封玄之和封恺是再从兄弟（参世系图三）。在道武帝时期，封懿因为不情愿仕于北魏而被解职，退居渤海，他在道武帝死后重新回到北魏朝廷。

〔24〕《魏书》卷三二《封懿传》，第760—761、763页。

纪末，渤海封氏设法在北魏官僚中枢重新占据了一个重要的角色。[25]就此而言，他们的历史与河北崔氏有别，后者在崔浩卒于太平真君十一年（450）之后，就再没有在北魏的中央层面发挥过重大的作用（见下）。

尽管封氏在4世纪后期将他们的一位祖先追溯到西晋时的官员，[26]但渤海封氏最早在东北部平原占据显著地位的时间，是在慕容氏统治下的3世纪后期和4世纪。他们与所供职的慕容氏关系甚密，这使得他们在皇始三年（398）拓跋氏征服河北平原之后，具有了担

图三　渤海封氏世系

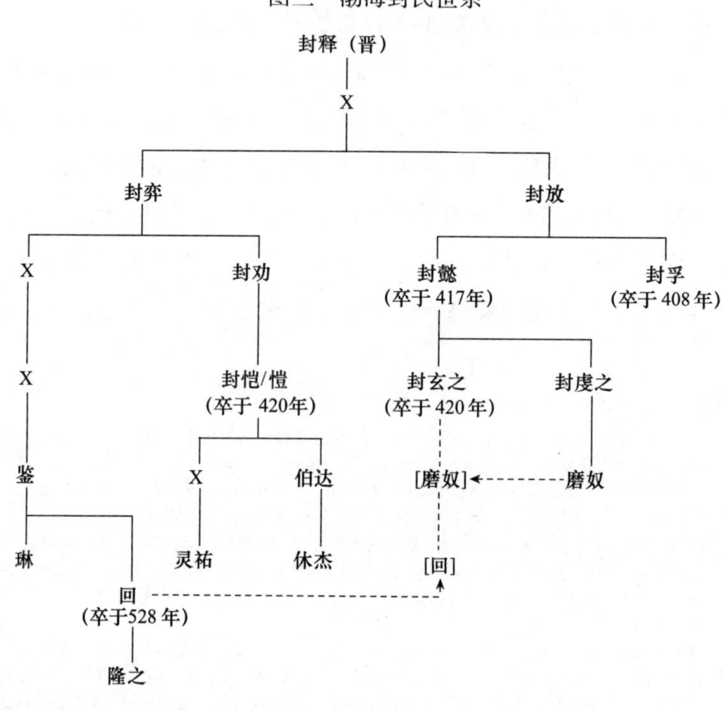

〔25〕最突出的是封回家族。并见前文注释21。封回是封磨奴的养子。封磨奴在泰常七年（420）被刑为宦人，服侍宫中。参见《魏书》卷三二《封懿传》，第761页。

〔26〕这种宣称似乎来自于封懿。关于4世纪末5世纪初封懿与其他渤海封氏之间的亲属关系，参见《魏书》卷三二《封懿传》，第760页；《北史》卷二四《封懿传》，第892页，并参世系图三。

任文职官员的巨大价值，崔玄伯最初很可能通过与封氏成员的关系，引起了拓跋氏的注意。北魏的建立者及其继任者都付出了相当大的努力，接纳类似封懿（死于417年）这种没有追随其亲戚迁至山东北部，并对出仕新政权表现出疏慢情绪的人。〔27〕据载，在北魏皇始二年（397）至天兴二年（399）之间，慕容氏率四万户进入山东半岛。〔28〕我们并不知道，其中有多少人是被强制迁徙，但显而易见的是，对河北边境和山东西北部的绝大多数家族来说，4世纪末的拓跋氏都是一股异族的和令人恐惧的力量。

皇始三年（398）至天兴二年（399），那些背井离乡抵达山东半岛的封氏成员，其命运与同时渡过黄河的崔氏成员迥然不同。在刘宋统治期间（410—469），崔氏成为山东半岛地方精英的领袖，最终在5世纪末6世纪初的南北朝廷中占据显赫的地位（见下）。而在5世纪中叶以前，封氏最多只能算是地方精英中的次等士族（minor clan）。其中，原因之一就是他们没有能力摆脱慕容氏的领导和控制（见下）。

三　定居于山东的东北部：398—410年

关于那些居住在清河、平原、渤海三角地区的地方精英家族，选择在皇始三年加入慕容氏在山东半岛的残余政权，《魏书》提供了很好的史料来源。〔29〕在这本正史中，我们发现，十几个互不相同的核心家族（nuclear families）的成员及家庭领袖，在那个时候逃到黄河以南。在

---

〔27〕 参见注释23。

〔28〕 皇始二年初，至少有四万户人口随慕容德南迁滑台。在离开滑台后，慕容德挺进山东半岛。那些在迁往滑台与山东半岛中掉队的人群，被其他在天兴二年六月（399年7月）慕容德定都广固之后加入该政权的人们所取代。封孚（参见注释22）在慕容德定都广固之前已经加入其中，参见《晋书》卷一二七《慕容德载记》，第3163—3164页。

〔29〕《宋书》和《南齐书》的相关列传提供了更丰富的信息。两书的版本分别是：《宋书》，中华书局，1974年；《南齐书》，中华书局，1972年。《晋书》对南燕的记载也是有价值的，但它对于卷入移民家族的人群，通常没有提供世系来源，只能用来确认抑或证实其他文本的记载。参见《晋书》卷一二七《慕容德载记》、卷一二八《慕容超载记》，第3161—3187页。

一些案例中，我们发现这些家族由妇女所领导，而她们的丈夫则决定是否为拓跋氏效劳，抑或已经应召参加北魏政权。家族的这种分化，似乎是经过深思熟虑的策略，其目的在于至少保证家族一些成员能够幸存下来。例如，当崔逞投靠北魏之时，他将其子崔赜留在身边，而让其妻张氏携带其他四子渡过黄河，处于慕容氏的庇护之下。[30]崔氏和清河郡的房氏、张氏和傅氏，居住在磐阳（今淄川附近）和时水（今临淄附近），大约在慕容氏新政权都城广固（今益都）以西五十公里处。[31]平原刘氏和渤海高氏，居住在北海（今潍县附近），位于广固以东约六十公里处。某些刘氏人物可能也居住在梁邹，位于黄河岸边，临近故郡平原（见本文地图）。[32]我们并不知道，渤海封氏居住何处。他们似乎没有在首都之外发展出强大的地方基础。

崔氏和张氏都来自清河郡东部边缘的东武城，而房氏则来自距平原只有数公里的绎幕县。[33]在5世纪的前十年，东武城和绎幕县沿着平原郡向东，在拓跋氏和慕容氏之间形成了一个半自治的缓冲带（semi-autonomous buffer-zone）。[34]留在故郡的家族，很可

〔30〕关于张氏，参见《魏书》卷三二《崔逞传》；关于封恺，参见注释22，他的一个儿子似乎在此时逃离河北平原，而另一个儿子则出仕北魏朝廷。

〔31〕参见这些家族成员的列传，《魏书》卷二四《崔玄伯传》，第628页；卷四三《房法寿传》，第976页；卷六一《张谠传》，第1369页；卷六四《张彝传》，第1427页；卷六七《崔光传》，第1487页；卷七〇《傅永传》，第1550页；《魏书》卷七〇《傅竖眼传》，第1555—1556页；并参卷六六《崔亮传》，第1476页，其中称崔道固即崔光之叔祖。并见世系图九。其中涉及的人有崔光、崔辑、房谌、张华、张幸、傅永及其妻崔氏以及傅洪仲。参见世系图一、图八、图九的崔氏和房氏。

〔32〕关于这些人居住在北海的情况，参见《魏书》卷四三《刘休宾传》，第964页；《魏书》卷六八《高聪传》，第1520页。更多关于平原、北海刘氏的信息，可见于南朝史书关于山东半岛内战的记载（参见下文）。

〔33〕清河傅氏的起源地已不可考，但崔氏、张氏和傅氏在皇始三年（398）的社会关系（参见前文注释30、31），暗示所有家族——包括刘氏、封氏和高氏——都居住在一个以五十至七十五公里为半径的地域中。

〔34〕天兴二年（399）以后，清河郡归于北魏统治之下。关于清河反抗北魏统治的最后记载，是在同年夏四月（399年5月或6月）。参见《魏书》卷二《太祖纪》，第35页。这是由傅世所领导的。然而，胡三省（1230—1302）在《资治通鉴》注中认为，平原郡的发干（接近于现在的唐邑，参见地图）在慕容氏的统治下，平原郡（或其中一部分）似乎至少在5世纪前十年的部分时间内，都在慕容氏控制之下。参见《资治通鉴》卷一一五《晋纪三十七》“晋安帝义熙五年（409）”，第3616页注文。

能与皇始三年（398）东迁的家族之间，在北魏征服后的一段时间内仍保持联系，这使得那些来自清河与平原的移民家族（émigré families），较之居住在山东半岛的渤海封氏和渤海高氏而言，具有相当大的优势。后面的家族来自更远的地方，他们在半岛与家乡的联系在天兴二年（399）四月之后就被完全切断了。[35]清河移民集团的亲属，似乎在皇始三年（398）之前已经定居在山东半岛，这也是该地区具有吸引力的一部分，对崔氏和张氏尤为如此。[36]简而言之，可以确定六个因素有助于清河郡的避难者成功地定居于山东的东北部。

（1）他们渡河后居住的地方临近故郡。

（2）他们保持着与故里的联系。

（3）他们集中居住在两个关键的地区，毗邻都城但又独立于都城。

（4）他们已有亲属定居在半岛。

（5）他们建立起一个婚姻关系的网络。[37]

（6）他们与慕容氏统治者保持着相对的政治距离。

这些因素，特别是最后一个，有助于刘氏在5世纪的山东半岛

---

〔35〕杨守敬《历代舆地沿革险要图》，杨氏观海堂重刊本，光绪三十二年（1906）至宣统三年（1911），第26页下。关于南燕部分，显示了越过黄河之后，一些颇有争议的地区属于慕容氏，但不包括渤海。同年渤海郡最后一次反抗北魏的大叛乱。参见《魏书》卷二《太祖纪》，第32—33、35页。今人研究的著作，参见李震《中国历代战争史》，黎明文化事业公司，1976年，第5卷，图214。该书将5世纪前十年的渤海视作慕容氏的领土。关于渤海高氏的情况，参见霍姆格伦《6世纪中国的家族、婚姻与政治权力：关于北齐高氏家族的研究》，《亚洲研究杂志》第16卷第1期，1982年，第2—6、9—10页（J. Holmgren, "Family, Marriage and Political Power in Sixth Century China: A Study of the Kao Family of Northern Ch'i," *Journal of Asian History*, Vol. 16, No. 1, 1982）。另外参见《魏书》卷六八《高聪传》，第1520页。

〔36〕据《资治通鉴》记载，在慕容氏入侵之前，辟闾浑（死于399年）为东晋政权控制着山东，而崔诞和张豁在其中占有一席之地。参见《资治通鉴》卷一一一《晋纪三十三》"晋安帝隆安三年（399）"，第3496页。另外，关于张瑛的记载，参见《晋书》卷一二七《慕容德载记》，第3167—3168页。不过，我们不能肯定这些人是否属于清河崔氏和清河张氏。

〔37〕相关例证，参见《魏书》卷三二《崔逞传》，第758页；卷七〇《刘藻传》，第1550页；卷七〇《傅竖眼传》，第1555—1556页。

获得成功。与之相反，渤海封氏起初在山东半岛并未建立坚强有力的独立基础，因为他们急切地认同慕容氏的领导权，他们在名义上宣称重新夺回河北，返回平原中部（见下）。[38]还有一些因素，例如，没有扩大与其他移民家族的婚姻关系，可能也是导致他们在山东半岛没有获得成功的因素。[39]

我们不能认为，只有来自河北东部边缘地区的家族，从皇始三年（398）拓跋氏对后燕的征服中成功脱离。魏郡（位于河南北部，今临漳附近）申氏成员，也在此时逃至山东。其中，一些申氏成员定居在清河西南的无盐（今东平附近），另一些申氏则定居在历城（今济南附近）东北部，其后以东魏郡而知名。[40]除此之外，其他的一些移民家族，尤其是太原王氏和略阳垣氏，最初来自山西和陕西。[41]他们出仕慕容政权，始于氐族前秦帝国瓦解的5世纪80年代。这些家族，特别是太原王氏，首次与南方的建康朝廷建立了联系。[42]

---

〔38〕关于天兴二年（399）慕容德在广固称王时给予封氏的地位。参见《晋书》卷一二七《慕容德载记》，第3168页。关于封氏在慕容氏统治半岛时所遭受的一些政治挫折。还可参见《晋书》卷一二八《慕容超载记附封孚传》，第3185页，《宋书》卷四七《刘敬宣传》，第1411页，《晋书》卷一二八《慕容超载记》，第3177页。韩氏也没有在山东东北部发展出坚强有力的地方势力，他们很接近慕容氏的统治阶层。关于韩氏的记载，参见《晋书》卷一二七《慕容德载记》，卷一二八《慕容超载记》，第3161—3185页。关于张氏的情况，参见注释39。

〔39〕张氏中的一些人与封氏和韩氏（参见注释38）一样，扮演着慕容氏政权中谋士的角色，属于中间阶层，他们在刘宋（410—469）统治下并不属于最高等级的精英，但依然保持着次等精英的地位。张氏和崔氏，以及来自其他清河家族的婚姻关系，可能使他们在这里占据优势地位。

〔40〕参见《魏书》卷六一《毕众敬传》，第1365页；《魏书》卷一〇六《地形志中》，第2524页；《宋书》卷六五《申恬传》，第1723页；参见世系图五。

〔41〕关于这些家族成员的记载，参见《宋书》卷五〇《垣护之传》，第1448页；《宋书》卷一《武帝纪上》，第16页；《宋书》卷七六《王玄谟传》，第1973页。关于太原王氏的研究，参见守屋美都雄《六朝门阀个案研究——太原王氏系谱考》，《法制史研究》4，日本出版协同株式会社，1951年。参见下文注释42。

〔42〕毫无疑问，这是因为太原王氏之前就在南朝奠定了他们的地位。参见葛涤风《中古中国南方的大族》，《哈佛亚洲学报》第41卷第1号，1981年，第67—69、71页（Dennis Grafflin, "The Great Family in Medieval South China," *Harvard Journal of Asiatic Studies*, Vol. 41, No. 1, 1981）。葛涤风认为，太原王氏是东晋（317—420）的一流精英，但在随后的南朝，"迅速陨落"。笔者惜未参考到他的主要研究，参见葛涤风《南朝早期的社会秩序：东晋的构造》，哈佛大学博士论文，1980年（Dennis Grafflin, *Social Order in The Early Southern Dynasties: The Formation of Eastern Chin*, D. dissertation, Harvard University, 1980）。

《魏书》所载主要提及来自清河和平原的移民群体，仅仅是因为这些家族最终在北魏的后期涌现了一些最优秀的学者和行政官僚。

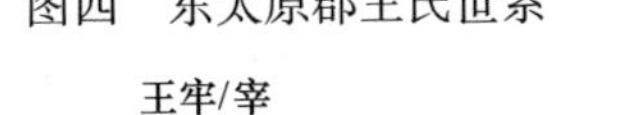

图四　东太原郡王氏世系

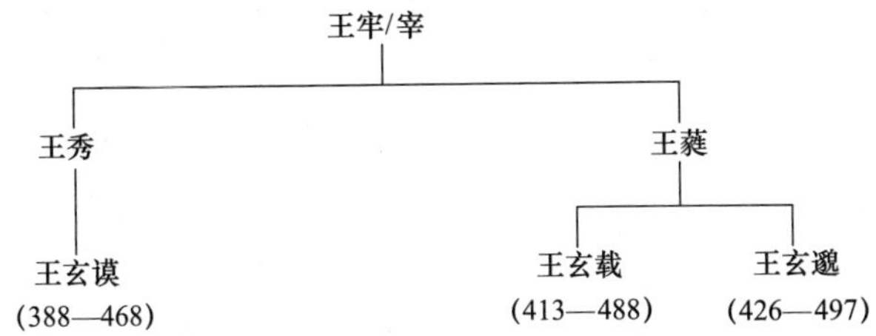

天兴二年（399），慕容氏政权在税收和劳役上对追随他们进入山东半岛的家族做出了让步。仅仅四年以后，慕容政权进行的一次括户，就在郡县搜检“荫户”（sheltered families）五万八千户。换句话说，这些获得优容的家族，荫庇当地的家族，从而摆脱政府税收的负担，迅速建立了庞大的个人财产。《晋书》记载，这些非法财富被政府成功地征收，但显而易见的是，慕容氏统治者当时的主要兴趣，并不是对其统治区域的行政改革，而是重新征服河北本土。[43]整体而言，无论在州级还是郡级层面，慕容氏对于经济社会的发展很少关心。正如在后燕以及之前的西晋统治时期一样，这个地区在行政上被继续细分为三个主要的部分：山东北部都城附近的区域，称作青州，领六郡；在其南方则是徐州，与东晋接壤；在其西南则是兖州，与东晋有共同的边界，而其西部是非汉人的政权。[44]

〔43〕参见《晋书》卷一二七《慕容德载记》，第3169—3170页。笔者未刊稿《慕容氏的末日：南燕和山东半岛的历史（399—410）》对于南燕慕容氏国家进行了详细的考察（编者按，此篇文章最后发表于《远东史研究集刊》，参见J. Holmgren, “The Last of the Mu-jung: Southern Yen and the History of the Shantung Peninsula, AD 398-410,” *Papers on Far Eastern History*, Vol. 42, pp.1-46）。

〔44〕参见《晋书》卷一四《地理志上》，第418—420页；卷一五《地理志下》，第449—453页。

图五　申氏世系

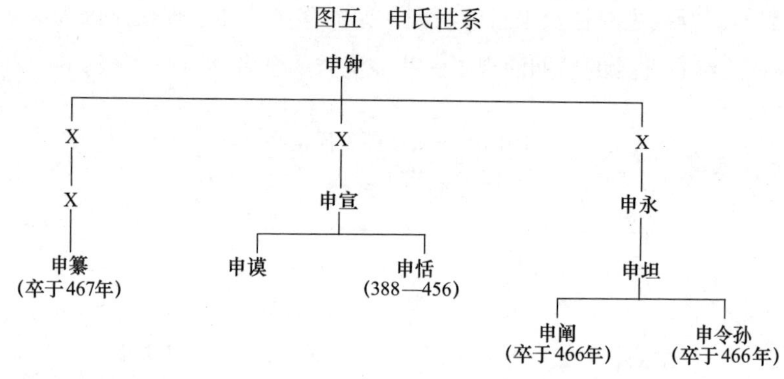

四　在刘宋时期的发展：410—466 年

义熙六年（410）二月，山东半岛落入刘宋建国者刘裕之手，这一地区重归汉人的统治。[45]在晋义熙六年（410）至宋永初三年（422）之间的某个时间，青州的行政体系肯定有所调整。很可能是一些刘氏成员居住的梁邹城（今邹平），变成一个新郡即平原郡的郡治（469 年北魏统治之后，又被称为东平原），[46]而磐阳（今淄川）则分布着崔氏、封氏、张氏、傅氏等家族，素以（东）清河郡而闻名。[47]这些变化暗示了两方面的发展：第一，随着河北和河南北部移民的迁入，黄河东岸的人口在 4 世纪末大为增加；第二，在义熙六年以前，北魏加紧对山东西北部和河北东部诸郡的控制，黄河成为两个国家之间的边界，使得这些故里在清河、平原的移民无可避免地失去与北魏的联系。

在刘宋统治的前十年，建立了两个以（东）平原、（东）清河命名的新郡，这意味着在慕容氏的统治终结之前，来自清河和平原

〔45〕 参见《晋书》卷一二八《慕容超载记》，第 3181—3184 页。关于北伐行动的详细描述，参见《宋书》卷一《武帝纪上》，第 16—17 页。

〔46〕 参见《魏书》卷一〇六中《地形志二》，第 2525 页。

〔47〕 东清河郡的两个辖区，称作绎慕与武城，似乎在追忆西部失陷的故土。参见《魏书》卷一〇六中《地形志二》，第 2525 页。

的定居者，已经在青州成为基础牢固的地方精英。这种情形部分被《魏书》所证实：在这段时期（410—420），刘氏移民的一个成员（奉伯）被任命为北海太守，他的家族在皇始三年（398）就已定居于此。[48]事实上，刘奉伯被任命管理本郡的事务，是这个时期刘氏在北海和青州拥有权力的重要表现。除了一些被认为是来自山东地区以外的刺史，在刘宋统治的第二个十年（420—430），关于青州地方势力发展的情况，我们无从知晓。[49]但是，我们可以推断，地方精英的许多成员，特别是刘氏，在这个地区的州、郡、县中占据着主导性的地位。[50]这一时期地方势力的发展并未陷入停滞，刘宋政府在元嘉九年（432）将山东半岛划分为两个州：西部的齐州，州治在历城；东部的青州，州治在东阳（旧广固城）。[51]

齐州刺史经政府授权，领九郡，五十县，三万八千余户，这是缴纳赋税的编户。[52]考虑到先前整个山东半岛也不过九个郡，在刘

---

〔48〕《魏书》卷四三《刘休宾传》，第964页。

〔49〕在高祖践祚（420）之前，申永（参见世系图五）历任青、兖二州刺史，大概是移民精英中少数在元嘉八年之前获得这个职位的一员。参见《宋书》卷六五《申恬传》，第1723页。青州的南部与西南部在这方面似乎要好一些，该时期申氏的成员偶尔会被授予刺史的职位。永初元年（420）至元嘉七年（430）之间的刺史年表，可见万斯同《宋齐方镇年表》，《二十五史补编》第3册，中华书局，1956年，第4355—4358页。应该指出，刘宋时代规模最大和最具影响力的家族琅琊（今临沂）王氏居住在青州南面的徐州。但这些王氏并不是移民精英的一部分，而是这个地区的土著家族，参见《宋书》卷四二《王弘传》、卷五二《王诞传》、卷五八《王惠传》《王球传》、卷六〇《王淮之传》、卷六〇《王韶之传》、卷六三《王华传》《王昙首传》、卷六六《王敬弘传》、卷七一《王僧绰传》、卷八五《王景文传》以及卷九二《良吏·王镇之传》各卷关于王氏担任高级官员的记载。

〔50〕据《魏书》记载，始光元年（424）至兴安二年（453），封灵祐担任渤海东部太守。我们对此表示怀疑，参见下文的讨论。

〔51〕《宋书》卷三六《州郡志二》，第1098页；《宋书》卷五《文帝纪》，第81页；《魏书》卷一〇六中《地形志二》，第2524页。

〔52〕《宋书》卷三六《州郡志二》，第1098页。这个数字参考了大明八年（464）的记载，大约是这个时期之后的三十年左右。在3世纪末的西晋，整个山东半岛（青州）可供征税的编户（taxable population）大约为五万户。参见《晋书》卷一五《地理志下》，第449—450页。辖区被缩小的青州，据说大明八年（464）有超过四万的编户。参见《宋书》卷三六《州郡志二》，第1093页。更有甚者，我们还可从天兴六年（403）慕容德括检五万八千荫户的信息，注意到人口增长的情况。毕汉思认为，《宋书》提供的数字不是来自于税收，而是来自人口普查，这揭示出刘宋时期中央权威在半岛的萎靡。人们很难对他关于中央政府萎靡不振的观点进行质疑，但是，毕汉思观察到的家族中占高比率的“口数”，他（转下页）

宋统治的第二个十年，当地的经济显然有了相当程度的发展。

在元嘉八年（431）以前，相当一部分出自中国山东移民精英的地方人士，担任了青州和齐州的地方长官。在刘宋统治半岛的前十年，刘氏垄断了北海太守的职务，很多控制地方的官员被赋予特权，其家族经营的私家庄园遍布地方，这种局面使得他们在牺牲国家利益的代价下，扩张势力和聚敛财富。但是，我们应该指出，这并不包括后文将要讨论的崔諲的事例，这里不拟讨论任何出自清河和平原家族群体的行政官僚。大概在5世纪30—40年代，这些移民家族与建康的中央朝廷保持着最密切关系的，正是此前提到的（东）太原王氏、申氏和垣氏等。[53]清河、平原郡的家族显然组成了纯地域性的集团，他们的影响力被限制在青州和齐州的特定地域。这种影响力是相当可观的，有证据表明甚至在5世纪30年代，他们仍然被中央权威所认可。这从崔諲在元嘉九年（432）被任命为齐州刺史的情形就可看出。

崔諲被擢升为齐州刺史这个级别的官员，[54]似乎暗示着南方的朝廷希望借此承认和安抚崔氏势力，而崔氏是山东东北部举足轻重的

（接上页）认为这是人口调查的记录数字，但也可能反映了豪族大庄园制（large estates）的持续发展，家族成员为了实现逃税的目标，而登记在一户之下。大明八年（464），青州和齐州平均每户口数是九点九人和七点二人。参见毕汉思《公元2—742年中国的人口统计》，《远东古物博物馆通报》第19期，斯德哥尔摩，1947年，第145、155页，图4和图5（H. Bielenstein, "The Census of China During the Period 2-742 A.D. ," *Bulletin of the Museum of Far Eastern Antiquities*," Vol. 19, 1974）。此外，考虑到中央政府的萎靡不振，那些脱离人口统计的户口，肯定也摆脱了征税者。因此，《宋书》的户口数字，只能视作那个时期编户上限数字的粗略估算。

〔53〕元嘉八年（431），申宣（参见世系图五）被任命为青州刺史，他的家族在隆安二年（398）定居于历城。段宏在南燕任官，直到409年奔宋（参见《宋书》卷一《武帝纪上》，第17页），其后从元嘉十年（433）至十五年（438），他历任青、齐二州刺史。元嘉二十一年（444）至二十四年（447），申宣之子申恬担任齐州刺史，元嘉三十年（453）至孝建二年（455），他担任青州刺史。垣护之的祖父在皇始三年（398）跟随慕容德进入山东半岛，他主要在元嘉三十年（453）至孝建元年（454）担任齐州刺史，而从孝建二年（455）开始，直到大明二年（458），他兼任青齐二州刺史。出自东太原郡的王玄谟（死于468年，参见世系图四），其祖父也在皇始三年（398）逃离平原，他在大明八年（464）担任青齐二州刺史。参见万斯同《宋方镇年表》，第4258—4265页；并参《宋书》的编年记录（《宋书》卷五《文帝纪》、卷六《孝武帝纪》，第82—135页）。

〔54〕《宋书》卷五《文帝纪》，第81页。

权力集团。崔諲是崔逞之子。崔逞、崔赜父子在皇始二年（397）投降北魏，但崔諲跟随其母，渡河前往磐阳。值得注意的是，在山东东北部的清河精英中，崔諲是永光元年（465）之前唯一被任命为齐州刺史的，其任命是在崔浩担任北魏司徒之后。同样引人注意的是，为了应对刘宋政权任命崔諲控制山东东北部，北魏提升他兄弟崔赜的官职，担任拓跋魏的齐州刺史。[55]相似的调动与反调动情况的发生，又如北魏兴安二年（453），高宗文成帝任命一位傅姓人物担任山东边界的官员，而刘宋报复性地任命一名傅姓亲属担任黄河东部的相似官职，从而引诱其亲属故旧从魏投宋（参见注释65）。在崔氏案例中，北魏应对崔諲声望的行动，在这个地区陷入僵局，在此之后，我们对崔諲和崔赜的情况所知甚少。这两项任命都维持了一年，直到他们变得无足轻重为止，这反映了一个重要的事实：在元嘉七年（430）以前，崔氏在山东东北部黄河两岸的影响如此之大，以致引起了建康刘宋政权的关注。

《南齐书》证实了刘氏在5世纪50年代山东半岛的财富与地方影响力。据《南齐书》记载，元嘉二十八年（451），刘氏在镇压梁邹的一次叛乱中起到重要作用。另外，刘怀民在元嘉三十年（453）曾经担任北海和齐郡太守，其时青州饥荒，刘善明打开自家粮仓，赈救乡里，许多百姓获得救济。在5世纪中叶以前，至少有一位刘氏家族的成员，担任了南方朝廷在山东半岛以外地区的官员。但最重要者，《南齐书》记载，在孝建元年（454），刘宋第四位皇帝孝武帝试图削减山东半岛的刘氏和其他豪族所控制的部曲和依附者的数量。[56]显而易见，在5世纪中叶，这些家族的地方势力如此强大，以至于中央权威认为这是强枝弱干、需要强加控制的。

---

〔55〕《魏书》卷三二《崔逞传》，第758页。

〔56〕《南齐书》卷二七《刘怀珍传》，第499—501页；卷二八《刘善明传》，第522页。

图六　北海刘氏世系

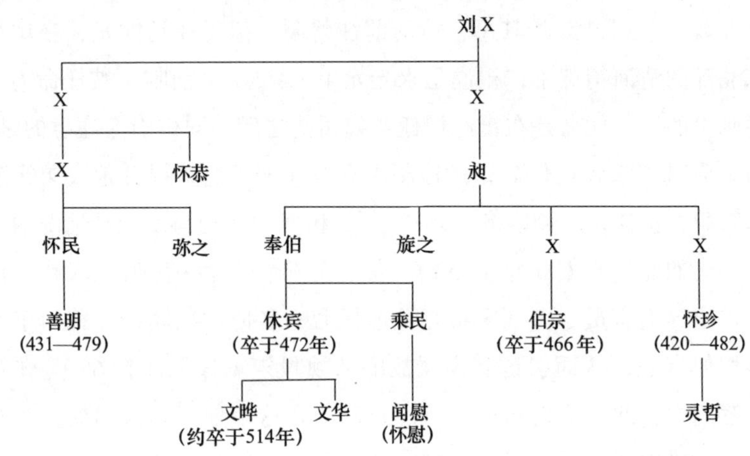

魏天兴二年（399）至永兴二年（410）之间，慕容氏政权的萎靡不振，以及其后刘宋统治时期山东半岛与中央朝廷之间距离上的疏远，都促成山东半岛东北部地方精英的发展，他们财富雄强，呈半独立状态。在5世纪中叶之前，崔氏和刘氏明显地控制了经济枢纽和政治机器，这使得他们可以就本郡正式的行政权力与建康的使者讨价还价。迄于5世纪中叶，他们是一股令中央政府感到畏惧的力量。但是，无论如何，他们在很大程度上只是地方精英，很少参与南方朝廷的事务。就此而言，他们与申氏和王氏截然不同，颇为有趣的是，5世纪60年代更为详细的记录却没有任何迹象显示，清河与平原郡的精英家族，与申氏和王氏家族成员之间具有更为广泛的婚姻关系。

五　与北魏进一步的联系：431—453年

宋元嘉七年（430）至大明四年（460）之间，申氏与王氏在建康朝廷中的地位逐步升高，而山东东北部的地方势力和自治倾向也与日俱增，与此同时，我们注意到山西北部拓跋社会中崔氏成员的卷土重来。神䴥四年（431），北魏从刘宋手中夺得河南北部的滑台。[57]在那些被俘获并被送到山西北部的人士中，崔模（约卒于463年）就在其中（参见世系图一）。[58]这是崔浩在北魏具有影响力的时代，但似乎没有证据表明，崔模曾经得到崔浩的援助。不过，崔模与崔赜过从甚密，后者竭尽所能帮助前者。崔模的妻子（张氏）留在刘宋。崔模再次婚娶，几乎完全凭借自己的功绩，最终升迁为北魏官僚机构中的四品官。[59]

在崔模抵达北魏都城数年之后，崔宽（卒于472年）也降附北魏，他的家族在4世纪离开清河，并定居于中国的西北部。崔宽与崔浩之间的实际关系并不清楚，但很明显这两个人并非至交近亲。在这种情况下，我们可以发现有趣的现象，崔浩一方面对崔模漠然置之，但他却在太平真君十一年（450）以前对崔宽的仕途提携有加，崔宽也因此攀升至四品官。[60]由于他们不是崔浩的近亲属，崔宽和崔模都得以从太平真君十一年的崔浩之祸中保命全身。这一事实无疑增强了山东东北部的崔氏和其他家族的信心，即如有必要，他们就能在拓跋氏的统治下生存下去。实际上，太平真君十一年，在崔浩被处死以后的数个月内，就出现了一起从刘宋叛逃至北魏的事件。这些叛逃的情境将在下文予以描述。

太平真君十一年秋七月，刘宋政府命令东太原的王玄谟和东魏郡的申坦率军驰援在黄河岸边的战略要地碻磝（今东阿），[61]以抵抗

---

〔57〕《魏书》卷四《世祖纪上》，第78页。

〔58〕天赐四年（407），慕容熙在辽宁死后，崔模逃至南方。参见《魏书》卷二四《崔玄伯附崔模传》，第626页。另一个俘虏是申恬的长兄申谟（参见前文注释53，以及世系图五）。参见《魏书》卷二四《崔玄伯附崔模传》，第627页。

〔59〕《魏书》卷二四《崔玄伯附崔模传》，第627页。申谟也在北方重新结婚，但是不久，他就抛弃妻儿逃至南方。参见注释58。

〔60〕《魏书》卷二四《崔玄伯附崔宽传》，第624—625页。

〔61〕碻磝落于刘宋之手，王玄谟沿河到达河南东北部的滑台，但未能攻占此地。在同年十月或十一月，他被命令撤退。参见《魏书》卷四上《世祖纪下》，第105页；《宋书》卷五《文帝纪》，第99页；《宋书》卷七六《王玄谟传》，第1973—1974页；《宋书》卷七八《萧思话传》，第2015页。

北魏的青、齐二州刺史。[62]王玄谟试图对东清河的某些傅氏族人施加压力，勉强引为军主，结果导致这些家族的一些成员逃至北魏。[63]当拓跋氏最终击溃刘宋的军队，并追击至山东半岛，时任鲁郡（今资阳）太守的崔模侄子依然决定抵抗北魏。他的名字叫崔邪利，同年十一月，他率众降魏。[64]与此相反，在三年以后，傅氏家族的成员被他们的亲属所引诱，穿越边界重新归附刘宋。[65]崔邪利重新婚娶，并在山西北部定居下来。与他的叔叔崔模一样，他也把妻儿留在南方。在崔邪利临终之前，他的官位升至五品。[66]

这些崔氏成员直接继承崔浩在北方朝廷的事业。但是，他们的历史与崔浩迥然相异，他们在北魏官僚机构所占据的最高职位，很

图七　崔模和崔邪利家族世系

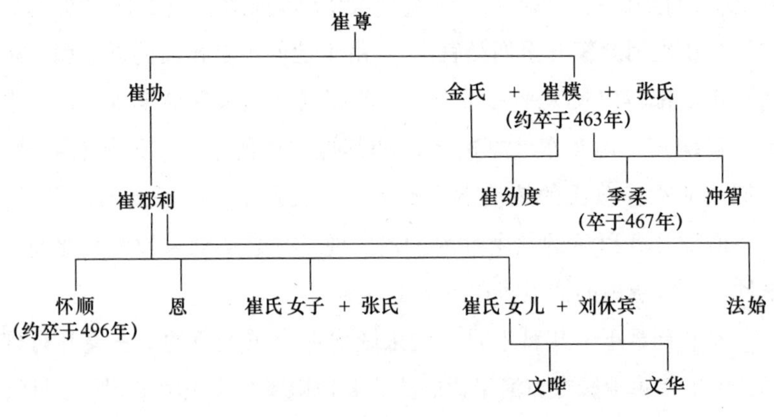

〔62〕当时的刺史是萧斌（卒于455年）。参见《宋书》卷五《文帝纪》，第98页。

〔63〕王玄谟试图强迫新丧的傅融的儿子（灵庆）担任军主。一个在萧斌（见注释62）帐下效力的亲属（傅乾爱），诱使傅灵庆从隐匿之处现身，萧斌派人杀之，导致傅融的其他儿子（灵根、灵越）投奔北魏。参见《魏书》卷七〇《傅竖眼传》，第1555—1556页以及注释65。

〔64〕《魏书》卷四下《世祖纪下》，第104页，并参世系图一。

〔65〕北魏文成帝在兴安元年（452）继位时，傅融之子傅灵越（死于466年）已经逃至北魏（见注释63），试图说服北魏进攻山东半岛。文成帝派遣傅灵根、傅灵越兄弟在山东西北边境担任职务，而刘宋朝廷相应地任命傅灵越的叔叔傅琰担任黄河东边的职位，指示他们联系傅灵越，并说服他返回故里。这招的确很奏效，傅灵越同年就返回刘宋。其兄灵根在试图返回刘宋时被人杀害。参见《魏书》七〇《傅竖眼传》，第1555—1556页。

〔66〕《魏书》卷二四《崔玄伯附崔模传》，第627—628页，并参世系图七。

少或根本没有得到崔浩的推动。其中，无一人的官职升至四品以上，而他们的后嗣子孙似乎也未能在北魏中央政府中扮演重要的角色。

北魏关于崔宽、崔模和崔邪利在太平真君十一年（450）左右在拓跋朝廷中的记载，使我们能够观察到中国历史上这一时期独一无二的政治社会现象。第一，且不论其家族离开河北所经历的流离失所，也不去管个人背井离乡和远离亲属所造成的颠沛流离，这些人并未丧失祖传的居住地这一理论构想，也对居住在故里的远亲的发展变化保持着兴趣。[67]第二，我们可以发现，在他们需要政治庇护和相互支持的时候，以同姓关系为标志的父系纽带，经常要弱于母系与姻亲的纽带。第三，当他们遇到政治危险和变故的时候，我们可以观察到同一个家庭不同成员参商分离的现象。当时经常发生这样的事情：一个丈夫出仕新政权或转投新的统治者，而他的妻子和一些甚或所有的儿子仍然滞留在旧政权的辖地。这名男子有时会再次婚娶，在新的居住地重建第二家庭。[68]这种情况导致已婚的女子及其子女，经常与其父母或母系的亲属居住在一起，而不是与她的丈夫或者丈夫的家族居住在一起。这可以从崔邪利的事例中反映出来：他抛妻弃子于刘宋境内，但却带着两个已婚的女儿，至少还有她们的一个儿子，一起奔赴北魏。在崔邪利叛逃奔魏之时，可以看出，他的妻儿并没有和他居住在一起，而他的家庭成员包括了已婚的女儿和外孙辈。[69]诸如此类的事例，不胜枚举。我们可以在泰始二年（466）至泰始五年（469）山东半岛内乱的相关记录中发现这

〔67〕崔宽是一个极好的例证，参见《魏书》卷二四《崔玄伯附崔宽传》，第624—625页。

〔68〕在南北朝时期的历史上，存在很多这样的事例，一个较为知名的案例是琅琊王肃。参见詹纳尔《洛阳记忆：杨衒之与沦陷的京城（493—534）》，克拉伦登出版社，1981年，第214页（W.F.J. Jenner: *Memories of loyang: Yang Hsuan-chih and the Lost Capital 493-534*, Clarendon Press, 1981）。在这项研究中，我们可以看到崔模、崔邪利和封伯达生活中的这种现象。泰常五年（420），封伯达逃离北魏之后，他遗弃了他的妻子李氏（见前注22）。他大概居住在山东东北部，据说他在刘宋重新结婚，改婚房氏女子为妻。参见《魏书》卷三二《封懿附封恺传》，第763页。

〔69〕《魏书》卷二四《崔玄伯附崔模传》，第628页；《魏书》卷四三《刘休宾传》，第964页。

种情形（参见下文）。这种现象可以解释，在5世纪前期的北魏朝廷中，与崔玄伯和崔浩密切相关的庇护体系中母系和姻亲关系的力量。我们还可以注意到，崔邪利的一个女儿为其子刘某的利益，对其父再婚所养子女所提起的诉讼。她似乎认为，其子刘某有权继承外祖父的封地。尽管北魏朝廷最终在这个案件中支持崔氏后嗣，但很显然，这个案件以及其他山东半岛内战时期的相关记录表明，在那个时期的政治社会方面，人们与母系亲属之间的纽带变得极其重要。[70]

六　山东东北部的内战：466年

根据泰始二年（466）至泰始五年（469）山东半岛内乱的记载，我们可以相对详细地获知，山东东北部的地方精英在公元5世纪60年代的活动情况。这场战争在发起的南方地区，持续不到一年的时间。如果不是基于这样的事实——这场战争波及了山东半岛全境，并导致建兴五年（317）西晋覆灭以来北方的首次统一，以及南方王朝失去了淮河以北整个山东地区——这场战争似乎只是一件微不足道的小事件。[71]这幕戏的进程与走向，决定权不是北方或是南方朝廷中的某些人士，而是居住在山东半岛青、齐二州的人们——他们所属的家族已经在超过半个世纪的时间里脱离于中央政治之外。关于该地区在皇兴三年（469）拓跋族统一中国北方进程中的重要性，我们当然不能过于高估。本节的主旨，并不是精细入微地刻画战争的每一个场景，而是通过呈现战争当时的相关记录，提供一个难得的契机，进而洞察地方精英的成长和社会发展的情形。

战前的相关记录表明，山东东北部移民精英的成员，早在5世

〔70〕《魏书》卷二四《崔玄伯附崔模传》，第628页；《魏书》卷四三《刘休宾传》，第964页。

〔71〕太延五年（439），北魏征服中国西北部的北凉之后，人们经常以此作为北魏重新统一北方的时间节点。但是，中国当时的山东地区依然由南方的刘宋政权所统治。这篇论文说明，在皇兴三年之前，北魏并未完成统一中国北方的事业。

纪 30 年代就已占据了重要的地方职位，而迄于 5 世纪中叶，精英的地方利益与建康中央权威要求之间的紧张局势，变得日趋严重。泰始二年（466）至五年（469）的记载表明，崔氏和刘氏以及房氏、张氏和傅氏等客居家族，共同在青齐地区组建了一支强大的武装力量，他们占据山东半岛的兵冲要地，建康的中央权威决定去安抚而不是激怒他们。

宋永光元年（465）秋八月，在南方内战爆发的前夜，崔道固担任冀州刺史*，他是出自东清河郡移民精英中的地方士人。[72]在他之下，东平原郡和东清河郡的太守，则是出自移民群体的王氏家族；而在北部，刘乘民则担任东渤海郡的太守。[73]齐州东部的青州，被外来者沈文秀所控制，[74]在他之下，青州治所东阳（今益都）处于封氏和刘氏家族的联合控制之下；而在西南，申氏则效力于兖州刺史殷孝祖。[75]薛安都担任徐州刺史。[76]

泰始二年初，南方爆发战争之时，[77]沈文秀和崔道固经过一番犹

---

* 编者按，此即齐州刺史，刘宋称冀州，皇兴三年改成齐州。

〔72〕《宋书》卷七《前废帝纪》，第 144 页。关于崔道固的父亲，参见《魏书》卷二四《崔玄伯附崔道固传》，第 628 页，并参世系图九。

〔73〕《南齐书》卷二七《王玄载传》，第 510 页；《宋书》卷八八《沈文秀传》，第 2222 页。王玄邈是东平原、乐安郡守，他的亲戚（关系不明）王玄默（426—497）是东清河郡太守。王玄默是王玄载的兄弟，参见世系图四。

〔74〕《宋书》卷七《前废帝纪》，第 144 页。沈文秀和崔道固都是在永光元年（465）秋八月被任命的。沈文秀并不属于世系图五的沈氏，其家族出自浙江的吴兴郡。关于沈氏家族重要人物的传记，参见《宋书》卷五四《沈昙庆传》、卷六三《沈演之传》、卷七四《沈攸之传》、卷七七《沈庆之传》、卷八二《沈怀文传》、卷八四《邓琬传》、卷一〇〇《自序》。

〔75〕参见《宋书》卷八六《殷孝祖传》，第 2189 页。殷孝祖出自河南陈郡（今项城）。

〔76〕永光元年九月（465 年 10 月），薛安都被任命为徐州刺史，参见《宋书》卷七《前废帝纪》，第 145 页。他是太平真君五年（444）从中国西北部奔于刘宋的北方人。参见《宋书》卷八八《薛安都传》，第 2215 页；《魏书》卷六一《薛安都传》，第 1353 页。

〔77〕永光元年十一月（465 年 12 月），前废帝刘子业在建康被谋杀，战争因此爆发。泰始元年十二月（466 年 1 月），其叔刘彧继承皇位。参见《宋书》卷七《前废帝纪》，第 146 页；《宋书》卷八《明帝纪》，第 153 页；《资治通鉴》卷一三〇《宋纪十二》“宋明帝泰始元年（465）”，第 4087—4090 页。这个月结束之前，在江西北部的寻阳（今九江），一个反对刘彧的运动，围绕着被谋杀皇帝的十岁的弟弟刘子勋发展了起来。参见《宋书》卷八《明帝纪》，第 155 页；《资治通鉴》卷一三〇《宋纪十二》“宋明帝泰始元年（465）”，第 4091—4093 页。泰始二年正月七日（466 年 2 月 7 日），刘子勋在寻阳称帝起兵。参见《宋书》卷八〇《孝武十四王 · 晋安王子勋传》，第 2060 页。

豫，决定和薛安都共同叛逆，一起支持寻阳的叛乱势力，而不是站在首都建康这一边。[78]他们都派遣了军队前去南方驰援薛安都。在这两起事件中，军队都是由出自清河或平原郡的精英成员——崔氏、刘氏、傅氏、房氏和张氏——所指挥。[79]然而，北海刘氏暗中反对支持寻阳叛乱的决定，并最终造成精英群体在这一问题上的公开分裂。申氏和王氏站在刘氏和殷孝祖一方，[80]而傅氏和张氏则追随崔道固与沈文秀。[81]齐州房氏最终决定支持他们在东阳的亲属，反对沈文秀，从而抛弃崔道固。因此，在泰始二年（466）初的数个月里，崔道固领导的崔氏成员发现自己与沈文秀、傅氏和张氏成员结成联盟，对抗刘氏、房氏、王氏和申氏。

乍看之下，精英层级的分裂似乎只是受到更南部动乱的影响。但是，对西北部事变以及通过这些事变而产生的形形色色的联盟加以精微的观察就会发现，作为地方或州郡精英代表的北海刘氏，与作为外来者和中央政府代表的沈文秀之间，存在着根本性的紧张关

---

〔78〕详见《宋书》卷八《明帝纪》，第156页；《宋书》卷八八《薛安都传》，第2218—2219、2222页。

〔79〕沈文秀派遣刘弥之（死于466年）、张灵庆和崔僧旋依次进入徐州，前去援助薛安都，与此同时，崔道固派遣其子崔景徽以及傅灵越（见前注65）和房崇吉经过兖州，抵达薛安都所在的彭城。参见《宋书》八八《薛安都传》，第2219页。《魏书》则记载房崇吉是在沈文秀的领导下和傅灵越一起行动的。参见《魏书》卷四三《房法寿传》，第974页。

〔80〕王玄邈（参见注释73）放弃崔道固板授的郡守职位，逃往南方，占据了徐州沂河岸边的琅琊（今临沂）。其目的在于切断沈文秀与薛安都的联系，并阻止其他人南下（参见地图）。王玄默（注释73）也逃至南方。刘乘民占据了建康西北部的临济（今高青）。参见《宋书》卷八八《崔道固传》，第2222页；《南齐书》卷二七《王玄载传》，第510页；《南齐书》卷二八《刘善明传》，第523页。刘弥之，参见注释83。兖州刺史殷孝祖将妻儿留在瑕丘（今滋阳），率军南下支持建康政权。东魏郡申阐（参见世系图五）奉命防守江苏北部的睢陵（今睢陵）。薛安都派遣从子索儿和傅灵越（参见注释79）围攻睢陵，并派无盐（今东平）本地人毕众敬，前去攻击殷孝祖所在瑕丘的基地。毕众敬攻拔瑕丘，并屠灭殷孝祖全家。除无盐郡申纂之外，整个兖州都投降了薛安都。参见《宋书》卷八八《薛安都传》，第2219页；《魏书》卷六一《薛安都传》，第1359—1360页；《资治通鉴》卷一三一《宋纪十三》"宋明帝泰始二年（466）"，第4095—4096、4101页。睢陵落入薛安都之手后，申阐及其兄弟申令孙被杀。关于睢陵陷落的详细描述，参见《宋书》卷八八《薛安都传》，第2219页；《宋书》卷六五《申恬传》，第1725—1726页。

〔81〕关于这个时期张氏的情况（参见注释39），我们所知甚少。在战争期间，沈文秀任命张氏为使者。参见《南齐书》卷二七《刘怀珍传》，第501页，《魏书》卷四二《郦范传》，第950页。关于傅灵越的情况，参见注释83。

系。毫无疑问，刘氏对于东阳沈文秀的敌意是确实存在的，但是，齐州地方精英成员内部的紧张关系，在很大程度上似乎仅仅是一种姿态，至少在战争初期就是如此。例如，当房崇吉在升城（今长清）宣布支持建康而不是寻阳的时候，他的母亲（傅氏）正居住在崔道固盘踞的历城之中。崔道固威胁房崇吉，如果继续坚持他的敌对立场，将要杀死他的母亲，但房崇吉置之不理，大概因为他知道崔道固不想因为杀死其母，从而疏远了傅氏家族的成员。事实上，崔道固并未杀死傅氏，房崇吉也没有对崔道固采取进一步的敌对行动。[82]然而在东部，战斗是惨烈的：刘弥之（卒于466年）是沈文秀军队中的一名将领，转而背叛他，并为建康攻下南部的下邳（今邳县）；[83]房元庆在策划东阳城的暴动时遭到杀害。[84]在刘善明率领大量门宗部曲奔离东阳之后，沈文秀进攻并占据了刘氏的根据地北海。[85]这些事件，特别是房元庆死于沈文秀之手，毫无疑问，使后来的房崇吉站在了崔道固的敌对面，而崔道固则宣布支持寻阳的叛乱，并与沈文秀结成联盟。房崇吉是房元庆的从侄（参见世系图八），刚刚成为沈文秀的麾下。[86]换言之，房氏与崔道固或寻阳叛乱

---

〔82〕《魏书》卷四三《房法寿附房崇吉传》，第974页；《魏书》卷四七《卢玄附卢度世传》，第1062页。同样值得注意的是，梁邹刘乘民并未对崔道固采取进一步的敌对行动，但积极加入刘氏对东阳沈文秀的进攻。参见《资治通鉴》卷一三一《宋纪十三》“宋明帝泰始二年（466）”，第4112页。

〔83〕刘弥之把薛安都的女婿逐出下邳，但又被薛安都驱出下邳。他在撤退的途中被杀。在此之前，他率领沈文秀的另一支部队崔僧旋（注释79）和傅灵越、崔景徽一起，前去彭城支援薛安都，合力围困睢陵（见注释80）。《宋书》卷八八《薛安都传》，第2219页；《南齐书》卷二八《刘善明传》，第523页；《资治通鉴》卷一三一《宋纪十三》“宋明帝泰始二年（466）”，第4095—4096页。

〔84〕《魏书》卷四三《房法寿附房景伯传》，第976页。《宋书》卷八八《沈文秀传》（第2222页）载有房文庆。笔者推测这两个名字系指同一个人。

〔85〕《宋书》卷八八《沈文秀传》，第2219页；《南齐书》卷二八《刘善明传》，第522—523页；《资治通鉴》一三一《宋纪十三》“宋明帝泰始二年（466）”，第4095—4096页。沈文秀也进攻了王玄邈（见注释80）和建康派来援救刘氏和王氏的明僧暠。沈文秀未能控制住北海，不久被迫撤回东阳，刘氏和王氏遂攻东阳，但也未能攻克。参见《宋书》卷八八《沈文秀传》，第2222—2223页；《资治通鉴》卷一三一《宋纪十三》“宋明帝泰始二年（466）”，第4111—4112页。

〔86〕参见前文注释79。

之间，没有真正的冲突，冲突存在于他们和沈文秀之间。

在傅灵越的领导下，傅氏似乎保持着对崔道固的忠诚，这不是忠诚于寻阳的叛乱事件，而是考虑到他们与崔氏通过联姻所建立的密切关系，[87]以及傅氏成员担任齐州而非青州的官员。另一个因素大概是他们对某些王氏成员的怨恨之情，王氏要为傅灵越的兄弟在刘宋进攻碻磝时的阵亡承担责任。[88]王氏较早地投靠刘氏，站在反对沈文秀的一方。

图八　东清河房氏世系

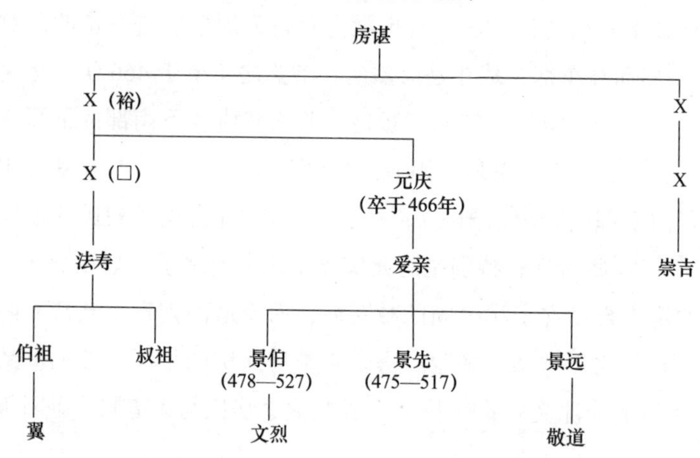

关于半岛战争进程的记载暗示，4 世纪末来自清河郡的移民中，典型的婚姻网络错综复杂，较好地延续至 5 世纪后半期，特别是在崔氏、傅氏和房氏之间。遗憾的是，我们对该时期的张氏知之甚少。关于该时期的记载，我们仅掌握一些崔氏和刘氏联姻的例证，[89]这些记载表明，清河精英群体的婚姻安排并不是当然地具有排外性。例如，崔道固的一个兄弟，婚娶东平原明氏，就是山东半岛土著家族的后代。而明氏家族

〔87〕 傅灵越之母崔氏，参见《魏书》卷七〇《傅竖眼传》，第 1556 页。

〔88〕 参见前文注释 63、65。我们还可看到傅灵越对于帮助王玄邈和萧斌的亲属所展开的报复行动，《魏书》卷七〇《傅竖眼传》，第 1557 页。

〔89〕 我们知道，刘怀珍（420—482）和刘休宾（死于 472 年）的妻子都是崔氏。关于刘休宾，见前文注释 69；关于刘怀珍，参见《南齐书》卷二七《刘怀珍传》，第 501、504 页。

的一个儿子，反过来又娶了清河精英人士的女儿。[90]房崇吉的两个姑姑，一个姑姑嫁给了他母亲一方的傅氏，另一个姑姑的婚姻则超出了这一范围，嫁给东阳贾氏，[91]而房崇吉的一位姐妹则嫁给了彭城刘氏。[92]通过与东阳贾氏的联系，房崇吉也与申氏建立了纽带关系。[93]这或许是他在内战中站在崔道固对立面的另一个原因，因为申氏决定支持建康政权。职是之故，在5世纪的后半期，清河精英社会结构的基础似乎是一个更加广泛而松散的婚姻关系网络，其中囊括了青州和兖州的土著和移民家族。大概正是这样一个婚姻关系网络，特别存在于清河家族内部，让山东东北部的精英集团在应对沈文秀之类的外来者之时，具有一种凝聚合作与自我防卫的意识。我们可以看到，在山东半岛，内战中最关键的问题，并不是认同建康或寻阳的理由，而在于代表中央政府的权威与地方利益的博弈。这一问题在青州比齐州更为明显，因为齐州的刺史及其属下的僚佐官员都掌握在地方精英的手中。

与青州不同，刘氏和房氏家族都有成员死于反对沈文秀的战役中，而泰始二年正月至七月（466年2月—8月），齐州似乎安堵如

〔90〕《魏书》卷二四《崔玄伯传》，第631、633页。

〔91〕《魏书》卷四三《房法寿附房伯玉传》，第974页；《魏书》卷四七《卢玄附卢度世传》，第1062页；《资治通鉴》卷一三二《宋纪十四》"宋明帝泰始三年（467）"，第4135页。

〔92〕《魏书》卷五五《刘芳传》，第1219页。在房元庆反对沈文秀的起事失败后，他的寡姐与其子刘芳（453—513）与房元庆一家住在东阳。刘芳的祖母是崔浩的姑姑，因此也与河北崔氏有所关联。见前文注释。房元庆家族还照顾另一个已婚的姐妹，即崔元孙（死于466年）（见下文）之妻及其儿子，而崔元孙则居住在别的地方。

〔93〕《魏书》卷四三《房法寿传》，第970、975页；《资治通鉴》卷一三二《宋纪十四》"宋明帝泰始三年（467）"，第4135页。房崇吉的一个堂姐妹（娘家姓贾），是她姑姑的女儿，嫁给无盐郡的申纂（死于467年）（见世系图五）。当申纂居于无盐之时（见下文），他的妻子和他母亲房氏的亲属一起住在升城。贾延伯和她在一起，贾延伯与房崇吉的母亲（傅氏）也有亲属关系（房崇吉的姨母），《魏书》卷四七《卢玄附卢度世传》（第1062页）提起房崇吉是无盐郡人，这很可能是不正确的，即使在4世纪的晚期，房氏还与兖州的家族有联系。例如，我们知道房崇吉的一位姑祖母（房氏）嫁给魏溥。魏溥之子魏缉，是《魏书》主要编撰者魏收（506—572）的曾祖，尽管魏氏自称他们出自河北的巨鹿，但他们家族更可能来自济阴（今青岛），在那里，魏溥的孙子在5世纪后期获得了他的第一个职位，担任本地郡守。参见霍姆格伦《北朝的世系伪冒：关于魏收的先世》，《远东史学研究集刊》第21卷，1980年，第1—16页（J. Holmgren, "Lineage Falsification in the Northern Dynasties: Wei Shou's Ancestry," *Papers on Far Eastern History*, Vol. 21, 1980, pp.1–16）。由此看来，房氏似乎在山东有着分布广泛的婚姻关系。

故。同年七月（466 年 8 月），崔道固看到建康将对寻阳取得压倒性的胜利，撤回了他对于叛乱起事的支持。[94] 同年八九月（466 年 9 月—10 月），建康派遣崔元孙与沈文秀谈判，[95] 崔元孙是崔道固的侄子和被杀的房元庆的妹夫。[96] 事情发展到这个阶段，沈文秀与敌对者之间的仇恨持续在青州地区蔓延，崔元孙在一场小型的冲突中意外被杀。紧接着，刘宋皇帝派遣沈文秀之弟文炳，前往东阳宣喻，命令沈文秀归附建康。与沈文炳相伴的是刘怀珍，他率领马步兵三千余人。[97] 沈文炳和刘怀珍之间的关系网络，足以和平解决山东半岛的问题，刘怀珍是刘伯宗的堂兄弟，而伯宗是被沈文秀所杀的北海的领袖人物之一，[98] 同时他与崔氏成员也有密切的联系，他的妻子就是崔氏。[99] 但是，问题依然悬而未决。

七　北魏对于山东东北部的干涉：467—469 年

在此之前，南方的战争已宣告结束，但是，建康的刘宋皇帝犯了一个严重的错误。在接受了原来反叛者的归降之后，他决定派遣一支重兵渡过淮河进行示威，显示刘宋在北方州郡的力量。[100] 时在徐州的薛安都听到这个消息后，惧不免罪，遂招来拓跋人。[101] 泰

〔94〕 泰始二年七月甲寅（466 年 8 月 25 日），刘彧任命崔道固为徐州刺史，但他似乎并没有离开历城，参见《宋书》卷八《明帝纪》，第 157 页；《资治通鉴》卷一三一《宋纪十三》“宋明帝泰始二年（466）”，第 4118 页。

〔95〕 年仅十岁的皇位觊觎者刘子勋，于泰始二年八月（466 年 9 月）被赐死（参《宋书》卷八《明帝纪》，第 158 页），但沈文秀没有做出任何向建康政权屈服的举动。

〔96〕 崔元孙的妻子和儿子，此时在东阳和房元庆家族住在一起。参见注释 92。崔元孙也是房元庆之子房爰亲的岳父。

〔97〕《宋书》卷八八《沈文秀传》；第 2223 页；《南齐书》卷二七《刘怀珍传》，第 500 页。

〔98〕《资治通鉴》卷一三一《宋纪十三》“宋明帝泰始二年（466）”，第 4112 页。

〔99〕 参见前注 89。

〔100〕《宋书》卷八八《薛安都传》，第 2220 页；《宋书》卷七四《沈攸之传》，第 1927 页。

〔101〕《魏书》卷六《显祖纪》（第 127 页）记载，薛安都在天安元年九月（466 年 10 月）投降北魏。《宋书》卷八《明帝纪》（第 158 页）暗示，这是因为刘彧在泰始二年十月丁卯（466 年 11 月 6 日）命令张永率军北讨。《资治通鉴》卷一三一〔《宋纪十三》“宋明帝泰始二年（466）”，第 4123—4124 页〕所载日期是泰始二年十月乙亥（466 年 11 月 14 日）。并参《宋书》卷七四《沈攸之传》，第 1929 页。

始三年正月癸巳（467 年 1 月 31 日），北魏派遣军队进入这个区域，刘宋军队在彭城西南部的吕梁招致重创。从那时起，兖州和徐州被北魏王朝完全吞并，就只是一个时间问题了。[102] 这些事件在很大程度上延缓了沈文炳和刘怀珍的计划，而在同时，齐州人士针对崔道固的积怨终于爆发。他们围攻历城，崔道固和沈文秀决定仿效薛安都，招引拓跋人，请求举州内属。[103]

北魏答应了这种请求，派遣军队穿过山东东北部的黄河沿线赴援，另外派遣五万军马前往碻磝作为后援，借此平定兖州和徐州。[104] 当刘怀珍最终在泰始三年二月至三月（467 年 3 月—4 月），抵达青州沿海的不其城时，黄河东部齐州和兖州的形势如下：在北部，刘怀珍堂兄弟刘休宾，占据梁邹；崔道固占据历城，表面上已经降魏；房崇吉占据升城，站在刘宋一方。而在南部，拓跋氏已经鲸吞了碻磝和定陶。在兖州东部，申纂控制无盐，站在刘宋一方；而出自无盐的地方人物毕众敬，则盘踞瑕丘，站在北魏一方。实际上，泰始二年（466）一月战争爆发之后，这个地区的联盟并未发生太大的变化。[105] 刘氏和房氏依然站在沈文秀与崔道固的对立面，因而选择支持刘宋抵抗北魏。与他们结盟的申纂，最初也是支持建康和

---

〔102〕《魏书》卷六《显祖纪》，第 127 页；《魏书》卷五〇《尉元传》，第 1109 页；《宋书》卷八八《薛安都传》，第 2220 页。南北方关于这些事件的记载多有不同，参见《资治通鉴》考异部分的讨论，参见《资治通鉴》卷一三二《宋纪十四》“宋明帝泰始三年（467）”，第 4129—4130 页。《通鉴》文本依从《魏书》。还可参见《宋书》卷七四《沈攸之传》，第 1929—1930 页，《魏书》卷五〇《尉元传》，第 1110 页。

〔103〕刘怀珍刚刚出发前往山东半岛，就被命令转而帮助宋军抗击北魏。抗魏失败后，他被迫与宋军一起后撤。随后，他被派去占领距离首都大约二百公里，临近今淮安的山阳。在那里，他派遣一支小部队，前往北方援助明僧暠（见前注 85）。他被派遣打入山东半岛沈文秀的军队之中。刘怀珍最终来到江苏边境的朐城（今东海），从那里沿海岸前去黔陬（今胶县）。参见《南齐书》卷二七《刘怀珍传》，第 501 页；《资治通鉴》卷一三二《宋纪十四》“宋明帝泰始三年（467）”，第 4132 页。北魏此时卷入山东半岛的动乱。参见《魏书》卷六《显祖纪》，第 127 页；《宋书》卷七四《沈文秀传》，第 2223 页，《资治通鉴》卷一三二《宋纪十四》“宋明帝泰始三年（467）”，第 4131 页。

〔104〕《魏书》卷六《显祖纪》，第 127 页。

〔105〕在东阳的南面，东清河郡的张谠占据了潍河边东莞郡的团城，东太原郡的王玄载（413—488）则占据着山东、江苏交界处的下邳。参见《南齐书》卷二七《王玄载传》，第 509 页；《资治通鉴》卷一三二《宋纪十四》“宋明帝泰始三年（467）”，第 4133 页。

刘氏，而反对沈文秀和薛安都的。不仅如此，申纂据守无盐抵抗北魏，还有另一个理由，他视毕众敬为寇仇。申纂敌意的产生，源于毕众敬屠杀前兖州刺史殷孝祖全家（参见前文）。[106]申纂为了报复这次杀戮，公然派人去发掘无盐毕众敬父母的坟墓，散落其骸骨尸首。毕众敬怀疑到了申纂，以牙还牙，对定陶申纂父亲的坟墓实施了同样的行为。泰始三年三月甲寅（467年4月22日），北魏武力攻克无盐，[107]毕众敬担心申纂会被拓跋氏宽恕并得到任用，于是他修书于北魏主将慕容白曜，指责申纂是整个祸事的始作俑者。毕众敬并不需要忧虑，因为无盐被魏军攻破不久，城中火起，申纂被烧死。[108]

拓跋军队平定了兖州残余势力的抵抗，[109]并开始尝试包围北部房崇吉所据守的根据地升城。刘怀珍说服了青州的沈文秀，与北魏断绝关系，重新投靠刘宋。这是刘怀珍的成功举措，但随后刘怀珍撤回南方，留下沈文秀独力面对拓跋人，以及地方精英的愤怒之火。[110]但是，出于对伏在门口的北魏势力的恐惧，刘氏和房氏对于沈文秀的怨恨迅速平息了，因为从此以后，我们很少听到此前青州内部的摩擦。

在攻陷无盐之后，慕容白曜转向北方，协助其他魏军将领合围升城。尽管升城至小，胜仗者少于八百人，但北魏攻克它花了两个月的时间。作为对城民顽抗的惩罚，慕容白曜计划坑杀所有居民。不过，他的谋士韩麒麟（433—488）予以警告并强烈反对，指出屠杀居民只能使齐州其他的地方领袖坚持抗击北魏，从而加剧北魏征服山东半岛的难度。[111]

---

〔106〕参见前文注释80。

〔107〕《魏书》卷六《显祖纪》，第128页；《资治通鉴》卷一三二《宋纪十四》“宋明帝泰始三年（467）”，第4134页。

〔108〕《魏书》卷六一《毕众敬传》，第1360页。

〔109〕详见《资治通鉴》卷一三二《宋纪十四》“宋明帝泰始三年（467）”，第4134页。

〔110〕《宋书》卷八八《沈文秀传》，第2223页；《南齐书》卷二七《刘怀珍传》，第501页；《资治通鉴》卷一三二《宋纪十四》“宋明帝泰始三年（467）”，第4132—4133页。

〔111〕《魏书》卷六〇《韩麒麟传》，第1331页；《魏书》卷四三《刘休宾传》，第974—975页；《资治通鉴》卷一三二《宋纪十四》“宋明帝泰始三年（467）”，第4135页。

北魏消除山东半岛抵抗的部分策略，似乎就是派遣与东北部精英大族具有密切关系的人员，进入魏军将领的序列。例如，慕容白曜是前燕最有名的君主（慕容元真）的玄孙，[112]正如我们所看到的，山东东北部最初的土著居民都是效忠慕容家族的。韩麒麟也与东北部的精英以及那些祖先在 4 世纪末就逃离平原的人士之间，保持着密切的关系。不仅如此，韩麒麟之父韩瑚，曾经担任北魏和山东东北部交界的平原郡太守。[113]另一位北魏将领郦范，来自范阳郡，祖父郦绍就出仕慕容宝（死于 398 年）政权。[114]另外，在拓跋军团中，我们还知道有两位将领——崔幼度和孔伯恭——与山东东北部的精英集团保持着联系。北魏皇始三年（398），申氏从魏郡南奔，孔伯恭亦出自魏郡，[115]而崔幼度是崔模之子。神䴥四年（431），崔模被俘虏之后（参见前文），崔幼度出生于魏郡。而在泰始三年（467），崔幼度同父异母的兄弟崔季柔，正担任崔道固的长史。当崔季柔听闻崔幼度在北魏军中供职，他试图里应外合，但在试图觇迎幼度的时候，被乱兵杀害。[116]在那个时候，诸如此类投降北魏的小事件，大概还有很多，这似乎是拓跋人化解他们抵抗北魏统治的部分策略。

泰始三年四月（467 年 5 月），慕容白曜占领升城之后，崔道固与沈文秀宣布效忠刘宋政权（参见前文），他们让房崇吉避难于历城。房崇吉加以婉拒，而前往家族的根据地磐阳。他在那里阴募壮士，准备营救其母傅氏，在升城陷落时，她成为拓跋人的俘虏。[117]其他一并落入拓跋人手中的，还包括房崇吉的妻子和申纂的妻子（贾氏），

---

〔112〕《魏书》卷五〇《慕容白曜传》，第 1116 页。关于他的祖先慕容皝（死于 349 年），参见希来伯尔《前燕史：285—370》，《华裔学志》第 14 卷第 1 期，1949 年，第 425—480 页（G. Schreiber, "The History of the Former Yen Dynasty," *Monuments Serica*, Vol. 14, No. 1, 1949）。

〔113〕《魏书》卷六〇《韩麒麟传》，第 1331 页。

〔114〕《魏书》卷四二《郦范传》，第 949 页。

〔115〕《魏书》卷五一《孔伯恭传》，第 1140 页。

〔116〕《魏书》卷二四《崔玄伯附崔模传》，第 627 页；并参世系图七。

〔117〕《魏书》卷四三《房法寿传》，第 970 页；《资治通鉴》卷一三二《宋纪十四》"宋明帝泰始三年（467）"，第 4135 页。

她是房崇吉的表姐妹。[118]贾氏和傅氏被遣送至北魏的都城。在那里，范阳卢度世（419—471）则将她们保护起来。通过联姻，卢度世与她们保持着极为密切的关系，[119]卢度世的举动看起来极不寻常，[120]特别是基于这样的事实：在北魏都城已经获得稳固地位的其他山东精英成员，极不情愿帮助那些来自边境线上的血缘关系很近的亲属。

沈文秀再次改变了崔道固对于北魏的态度。当崔道固决定在山东半岛抗击拓跋氏的时候，沈文秀派人与慕容白曜进行了谈判。沈文秀似乎担心青州地方精英的私仇和报复，因此他的使节被指示要求北魏派遣军队保护东阳。郦范建议慕容白曜，不要接受沈文秀的要求。郦范的意见体现了他对于青州政治形势的敏锐洞察。他认为，沈文秀与刘宋都城建康之间保持着良好的联系，又说沈文秀身为南人，他在江南的家族及其家族成员都忠诚于刘宋政权。换句话说，郦范将沈文秀和其他地方精英的成员进行泾渭分明的区分。当他认识到来自地方精英的投诚对于北魏成功的重要性时，就意识到此时沈文秀对于北魏的投诚，对拓跋氏有害无利。事实上，沈文秀的投魏可能导致沈氏与刘氏之间更加严重的对立，推迟刘氏接受北魏在山东半岛的存在感，从而阻碍他们的投诚行动。郦范也强调沈文秀的投降可能并非真诚，如果魏军在没有攻取历城和梁邹之前就贸然进入山东半岛，他们很可能腹背受敌。[121]

因此，我们看到，拓跋人和沈文秀都被迫认识到，他们所关注地区的实际情况，即组成青州和齐州地方精英的各个群体，存在着

---

〔118〕参见前注 93。

〔119〕贾氏和房崇吉的母亲都与卢度世有中表亲的关系，参见《资治通鉴》卷一三二《宋纪十四》"宋明帝泰始三年（467）"，第 4135 页。房谌的一个女儿（参见世系图八），嫁给了卢度世的外祖父。然而在房谌的女儿成为卢度世的继母之前，房氏与卢氏之间并无血缘关系。参见《魏书》卷四七《卢玄传附卢度世传》，第 1062 页。

〔120〕事实上，卢度世和他的家族被魏收（见前注 93）和司马光（1019—1086）挑选出来，表彰这种行为和日常的家庭管理。参见《魏书》卷四七《卢玄传附卢度世传》，第 1062 页；《资治通鉴》卷一三二《宋纪十四》"宋明帝泰始三年（467）"，第 4135 页。

〔121〕《魏书》卷四二《郦范传》，第 950 页；《资治通鉴》卷一三二《宋纪十四》"宋明帝泰始三年（467）"，第 4135—4136 页。

不可回避的忠诚纽带和坚定不移的目标。同样来自平原东北部的郦范就知道，假如慕容白曜能够使历城的崔道固自愿投降北魏，其他中心区的领袖很快就会群起效仿。一旦东平原的崔氏、房氏和刘氏投降北魏，沈文秀掌控的东阳无论如何强大，最终一定会陷落。

崔道固于泰始二年七月（466 年 8 月）归顺建康之时，已经解散了所属的大部分军队。他的城市被拓跋和房氏家族的反叛者所掠夺。崔道固为了削弱房氏势力，试图让刘宋朝廷把房氏的领袖房法寿调至江南任官。房法寿由此被激怒，从他的堂兄弟房灵宾手中袭取磐阳，宣布效忠北魏。他计划以此来赎回房崇吉的母亲和妻子。但是，在他们进行谈判的时候，他的追随者内部发生了分裂，而崔道固则从历城赶来。当拓跋人到达的时候，[122]崔道固撤回历城，房法寿的很多部下逃离磐阳，前往刘怀珍控制下的梁邹，以求全身。磐阳落入拓跋人手中，慕容白曜给予房法寿极高的荣耀。慕容白曜任命房法寿为冀州刺史（在韩麒麟的监督之下），而且任命他的八个从弟担任冀州治下的郡守。[123]这些职衔给精英们造成北魏慷慨大度和客观合理的印象：他们设计这些印象来显示，拓跋人对于类似房氏精英家族的核心成员进入州级政治结构的理解和接受，通过这一行动，他们希望借此削弱这些家族对于北魏统治的抵抗。

慕容白曜通过慷慨大度的做法，赢得大多数房氏成员的认同之后，其眼光转向历城和梁邹。与此同时，他命令长孙陵率军继续东进，剑指东阳。同样的故事再次发生。沈文秀没有任何抵抗，就同意

---

〔122〕慕容白曜的部队行军三周才抵达磐阳，因为此时他正在援助（或试图帮助）南面的孔伯恭，抵抗重新集结的宋军对于兖州的进攻。对北魏幸运的是，在没有慕容白曜帮助的情况下，孔伯恭击败了宋军。北魏对于下邳的王玄载发出最后通牒，最终王玄载和兖州其他的地方领袖开始流亡，或不战而降。整个兖州在泰始三年九月（467 年 10 月）初落入拓跋手中。此后，海路成为联系山东半岛和南方朝廷的唯一通道。详见《魏书》卷五〇《尉元传》，第 1111—1112 页；《魏书》卷五〇《慕容白曜传》，第 1118 页；《宋书》卷七四《沈攸之传》，第 1930—1931 页；《资治通鉴》卷一三二《宋纪十四》“宋明帝泰始三年（467）”，第 4136—4139 页。

〔123〕《魏书》卷四三《房法寿传》，第 970—971 页；《资治通鉴》卷一三二《宋纪十四》“宋明帝泰始三年（467）”，第 4140 页。

投降北魏，但是，当看到长孙陵军队中的部分军人在东阳西郊颇有采掠，沈文秀关上内城门，婴城自守，并攻击长孙陵，迫使他后退。[124]

梁邹城在刘休宾的控制之下。太平真君十一年（450），刘休宾的妻子和儿子被其岳父崔邪利带至北魏（参见前文）。慕容白曜企图利用他们作为诱饵，使他自愿投降。慕容白曜将一些俘虏，包括刘休宾的一个侄子在梁邹城下进行巡视，尽管刘休宾不愿投降，但其他家族成员并不同意。最终起决定作用的因素是，只要崔道固还在反抗北魏，他们就坚不投降。[125]我们再次认识到，在这个时期，共同的纽带和敌手让精英集团的成员抱成一团。不论过去有何分歧，东平原郡的刘氏不会在崔氏投降之前就束手待缚。他们拒绝投降，将会激励和鼓舞崔氏的抗魏行为。在这种背景下，慕容白曜只能希望通过武力征服其中一个城市。

泰始四年二月庚寅（468 年 3 月 23 日），慕容白曜攻破历城东郭的防御，三天之后，崔道固面缚出降，投靠北魏。[126]慕容白曜把崔道固之子和刘怀珍之子带至梁邹城下，这个城市就投降了北魏。[127]与此同时，刘宋政府命令崔道固的侄子崔僧祐，率军沿海路进入山东半岛，救援崔道固，抵抗北魏。当崔僧祐抵达不其城时，听闻其叔崔道固已经投降，他便徘徊不前，因为母亲和弟弟都在历城，现在被作为人质前来要挟。同年三月（468 年 4—5 月），慕容白曜通过其堂兄弟崔景徽——崔道固之子——进行斡旋，崔僧祐遂投降北魏。[128]

在崔僧祐失败之后，刘宋朝廷派遣沈文秀之弟沈文静前往北方，援助沈文秀，抵抗拓跋。同样地，刘宋军队兵锋所及，最远处还是

〔124〕《魏书》卷五〇《慕容白曜传》，第 1118—1119 页；《资治通鉴》卷一三二《宋纪十四》“宋明帝泰始三年（467）”，第 4140 页。

〔125〕《魏书》卷四三《刘休宾传》，第 964—966 页。

〔126〕《魏书》卷六《显祖纪》，第 128 页；《魏书》卷二四《崔玄伯传》，第 628—629 页；《资治通鉴》卷一三二《宋纪十四》“宋明帝泰始四年（468）”，第 4144 页。

〔127〕《魏书》卷四三《刘休宾传》，第 966 页。

〔128〕《魏书》卷二四《崔玄伯传》，第 631 页。同年三月，慕容白曜进围东阳，援助长孙陵。

不其城，他们被迫保城固守，抗击北魏。泰始四年十二月（469年1月），不其城陷落，沈文秀兄弟被俘。泰始五年正月乙丑（469年2月21日），北魏执缚沈文秀。东阳城内有近九千户（约四万一千人口），随着它的陷落，对北魏的抵抗行动宣告终结。[129]4世纪初以来，中国北部和山东地区首次被完整地统一起来。

我们已经看到了关于战争的记录，是如何反映5世纪中叶山东半岛不同家族之间错综复杂的婚姻网络关系以及这个地区的社会构成，是如何对政治事件的走向起到重要的作用。精英内部的氏族构成，并没有直系亲属内部基于母系或姻亲关系所形成的家族结构那样重要。他们选择让孩子和母系还是父系亲属共同生活，我们就可看出这些家族关系是如何发挥作用的。[130]华琛（James L. Watson）指出，同族亲属，或者尤其是父系亲属，在大多数情况下都不比姻亲、母系亲属，甚或邻居来得重要。[131]华氏的这个结论，似乎在4世纪末5世纪山东东北部与河北东部的地方精英身上得到印证。这并不是说，氏族（clan）和宗族结构（lineage formations）在当时的政治社会中，并不存在或无关紧要。这些组织结构是前文所论各种关系得以成立的先决条件。氏族作为分散的、大概崇尚平均主义、抑或没有等级尊卑的宗族，他们崇拜共同的祖先和故里；这样的氏族当然存在于4世纪末至6世纪的崔氏，也存在于5世纪末6世纪的房氏、刘氏和封氏。在谈及5世纪中叶以前房氏和刘氏的情形时，我们深表怀疑，但是，这有可能只是因为这些家族在此之前没有参

---

〔129〕《魏书》卷六《显祖纪》，第129页；《魏书》卷五〇《慕容白曜传》，第1119页；《宋书》卷八八《沈文秀传》，第2224页；《资治通鉴》卷一三二《宋纪十四》“宋明帝泰始四年（468）”，第4146—4147页。

〔130〕关于已婚妇女及其子女，与母系亲属共同生活的更多例证，参见前文注释92、93。

〔131〕参见华琛《中国宗族再研究：历史研究中的人类学观点》，《中国季刊》第92卷，1982年12月，第606页（J. L. Waston, “Chinese Kinship Reconsidered: Anthropological Perspectives on Historical Research,” *China Quarterly*, 92, 1982. 编者按，陈春声根据华氏讲座整理出部分中文稿，刊于《广东社会科学》1987年第2期，第70—72、79页）。华琛在此进行的讨论是基于对现代台湾乡村社会所进行的人类学调查。

加中央朝廷的活动，故他们的情形少为人知。[132]

我们也已注意到，关于北魏征服山东半岛现存的记录显示，迄于泰始二年（466），大量在山东半岛以外地区担任猥官杂吏的崔氏和刘氏成员，被南方朝廷加以利用，与半岛内部互相敌对的各个集团进行谈判，帮助他们抵抗北魏。在半岛之外被俘虏的崔氏和刘氏成员，似乎在战争结束之后，依然为南方的建康政权效力。另外，还有一些人，特别是刘氏族人，他们从山西北部的北魏都城逃离，并投靠在南方的亲戚，[133]还有一些成员，被他们在南方的亲戚从北魏赎回，[134]但是，精英家族的绝大多数成员，要么被迁至山西北部，定居于北魏都城周围，要么继续居住在山东半岛，在北魏统治下担任地方职位（参见下文）。遗憾的是，泰始五年（469）北魏重新统一半岛带来和平的同时，也带走了历史学家对于这个地区在南北朝发生事件的兴趣。5 世纪最后数十年山东半岛精英的活动与命运，鲜为人知。我们只能追踪那些迁到山西北部的人们的命运。

八 迁往山西北部：469—500 年

在战争结束后，拓跋人不顾此前宽恕的意见，着手摧毁精英

---

〔132〕华琛《中国宗族再研究：历史研究中的人类学观点》，第 594 页以下。华氏将“宗族”（lineage）这个术语限定为举行同样仪式的共同群体，也就是一个群体共同拥有财产或共同持有某种形式的资产，并定期（regular basis）举行共同的活动。华琛认为，这一术语不能运用到构成共同体的每个父系亲属群体（collection of agnates），并在使用这个概念之前，需要寻找与共同活动有关的具体的和本质性的证据。在这样严苛的条件下，我们不能将这个概念运用到 5 世纪山东半岛的刘氏或崔氏，因为除却了解他们的部曲与荫附人口之外，我们对于他们的财产管理一无所知。不过，杜希德却认为，拥有共同财产不必成为宗族的典型特征，尤其是在唐代。参见杜希德《关于华琛论著的评论》，《中国季刊》第 92 卷，1982 年，第 624—625 页（D. Twitchett, “Comment on J.L.Waston’s Article,” *China Quarterly*, 92, 1982）。笔者使用这个术语，描述那些自称源于共同男性祖先的同姓人群，这种祖先来源或多或少是可以验证的。例如，笔者在本研究中确认了崔氏家族四个不同的房支（参见世系图一、图二、图七和图九），以及北海刘氏家族两个不同的房支（参见世系图六）。但是，可以看到，我们使用更为宽泛的“宗族”概念时，氏族与宗族之间并不总是判然有别。

〔133〕当刘怀宾死于延兴二年（472）时，他的侄子刘闻慰（死于 491 年）从北魏投奔南方，参见《魏书》卷四三《刘休宾传》，第 969 页。

〔134〕《南齐书》卷二七《刘怀珍传》，第 504 页；《南齐书》卷二八《刘善明传》，第 523 页。

的领导层。随着东阳的陷落，那些抵抗北魏的领袖迅速被强迁至山西北部。首先被迁走者，正是崔道固、房崇吉、房法寿、刘休宾和沈文秀的家族及其依附者。由于崔氏和刘氏是地方精英中最有影响力的两个家族，故拓跋人准备在山西北部的朝廷中优容崔道固这样的人物，旨在确保留在山东半岛和被迁至都城的人士的某种稳定。〔135〕然而，沈文秀最初却没有得到多少优待。后来，显祖皇帝重其节义，稍加礼遇，他最终在北魏都城担任三品官的职务。〔136〕

拓跋人开始摧毁精英上等阶层的同时，显然巩固了一些次要成员在山东半岛地方行政机构中的地位。例如，封恺之孙封灵祐，他的父亲在皇始三年（398）、天兴二年（399）或在泰常五年（420）逃至山东东北部，封灵祐因为率领数百人投降慕容白曜，而获得一块小小的封地。后来，他被拔擢为第四品的将军，担任渤海郡太守。他的儿子们在北魏仕途顺利，其中一人担任二品高官。〔137〕在已知的出自山东东北部的家族中，在5世纪末6世纪初，只有封氏在北魏官僚机构中占据重要的地位。皇兴二年（468），封灵祐投降北魏时宣称，他曾经在刘宋第三个皇帝统治时期（424—453）担任东渤海郡太守，但这是不可信的，该郡似乎在元嘉三十年（453）以后才正式设置。次等家族（lesser families）夸饰性地宣称他们在前朝政权中的地位，是在分裂时期经过试验和证明的政治社会流动（social and political mobility）的有效方式，在山东东北部被北魏征服之后，封灵祐家族地位的攀升符合这个经典的模式。

拓跋人优容崔道固、房崇吉和刘休宾等人，因为他们代表着山东半岛的领袖家族，但这些领袖家族的儿子和后裔，没有在6世纪

〔135〕《魏书》卷二四《崔玄伯传》，第630页；《魏书》卷四三《刘休宾传》《房法寿传》，第966—971页。
〔136〕《魏书》卷六一《沈文秀传》，第1367页。
〔137〕《魏书》卷三二《封懿传》，第764页。

的北魏政权出人头地，反而不如那些与他们一起被强迁到山西北部的地位稍低的富豪家族。

皇兴三年五月（469 年 7 月），北魏在山西北部都城之南设立平齐郡，从山东半岛强制迁数百个家族，居住于此。崔道固被任命为平齐郡太守，[138]刘休宾被任命为怀宁县令，安抚来自于梁邹的人士；房崇吉负责归安县，安抚来自历城的人。[139]正如我们所看到的那样，崔道固在战争中控制着历城，而房崇吉领导着反对历城的力量。拓跋人对于其中的关节明察秋毫，房崇吉被任命控制来自历城的人，这很可能是精心设计的，旨在维持这个共同体内部的紧张局势，从而减少平齐郡发生叛乱的可能性。事实正如所料。房崇吉很快试图弹讼崔道固，失败后，他解县去职。六个月后，房崇吉及妻子从北魏奔至南方。[140]另一个紧张的源头，存在于崔道固的侄子崔僧祐和房法寿之间。后者控诉前者投降北魏缺乏诚意。因为这些指控，崔僧祐被捕并被投入大牢，拘押了一年以上。[141]在高祖统治（始于 477 年）初年，精英之间的争论屡屡爆发。从那时起，作为政治力量的刘氏，在朝廷中失去活力，而刘休宾之子文晔，为了挽回家族地位的日益没落，最后的努力是指责崔氏在此前统治时期的不法行为。[142]太和五年（481），崔僧祐卷入沙门法秀的谋反事件，他和家人都被处死。作为政治精英的一部分，崔僧祐兄弟崔僧渊一支，在北魏也仅仅多延续了一代。在那之前，崔道固一支已经沦为政治的底层。[143]

---

〔138〕《魏书》卷六《显祖纪》，第 129 页；《魏书》卷二四《崔玄伯传》，第 630 页；《资治通鉴》卷一三二《宋纪十四》“宋明帝泰始四年（468）”，第 4148 页。

〔139〕《魏书》卷四三《刘休宾传》，第 966 页；《房法寿传》，第 975 页。

〔140〕《魏书》卷四三《房法寿附房崇吉传》，第 975 页。

〔141〕《魏书》卷二四《崔玄伯传》，第 631 页。

〔142〕延兴二年（472），当刘闻慰叛逃至南方时（前文注释 133），一次由刘氏领导的叛乱在山东半岛爆发（起因不明），而刘休宾的儿子们则被放逐到北方边地。尽管在高祖统治的早年被召回朝廷，但刘休宾的儿子刘文晔从来没有担任五品以上的官员，在他的儿子之后，没有任何关于他们家族活动的记载。参见《魏书》卷七上《高祖纪上》，第 140 页；卷四三《刘休宾传》，第 966—969 页。

〔143〕《魏书》卷二四《崔玄伯传》，第 630—634 页。

关于皇兴三年（469）以前在北魏已经确立地位的崔氏成员，与那些从山东半岛被强迁至都城的崔氏人物之间的联系，我们并无相关证据。[144]出自河北的亲属，似乎并不乐意援助那些来自东部的家族。例如，当彭城刘芳（453—513）和他的寡母房氏抵达山西北部的时候，他拜谒在都城任官的亲戚如李氏和崔氏，寻求援助，但都被拒之门外。与很多当时来自于山东半岛的人群一样，他不得不通过教书、佣书和耕作来维持生活。[145]在北魏征服山东时，崔光年近十七岁，也以这种方式供养父母；[146]太和六年（482），他在三十岁的时候释褐中书博士。崔光地位的上升，最终是因为获得甘肃陇西李冲的庇护，并凭借自己的才能升迁为一品高官。[147]另一个在6世纪于北魏获得显赫地位，却没有获得来自河北的父母和亲属助力者，就是崔亮（459—520），他和崔光是共高祖的三从兄弟（third cousin）。在北魏征服山东时，他年近十岁，他和寡母房氏依附于叔祖崔道固所领导的抗魏家族。崔亮后来被崔光发现和推荐，最终成为二品高官，从父弟崔光韶的故事与此相似。[148]

从长远来看，房法寿子孙在北魏朝廷中的境遇，比崔道固、房崇吉和刘休宾的子孙多少好一些。[149]但是，根据文学才能而非政治等级，房氏家族中最杰出的成员是房爱亲的诸子。房爱亲从未在北魏政府获得官职，并在诸子年幼之时已然辞世。巧合的是，在崔光

〔144〕崔賾有三个儿子，在当时的官僚机构中担任着较低的职位。在5世纪后期，崔賾家族是河北崔氏在北魏中央和地方中最成功的房支，参见《魏书》卷三二《崔逞传》，第758—760页。

〔145〕《魏书》卷五五《刘芳传》，第1219页。

〔146〕尽管崔光的父亲在刘彧统治山东东北部时担任官职，但在被迁往山西北部之后，并未获得拓跋氏的任用。

〔147〕《魏书》卷四三《刘休宾传》，第964页；卷六七《崔光传》，第1487页。李冲名义上与属于河北中部精英的李氏拥有远亲关系，但据我们所知，他与崔光的家族没有任何血缘或姻亲关系。参见《魏书》卷五三《李冲传》，第1179—1189页。

〔148〕《魏书》卷六六《崔亮传》，第1476、1482页。另一个在北魏从卑下的地位爬升至高官的是崔休（471—522），他的祖父崔灵和在皇兴三年（469）被迁往山西。参见《魏书》卷六九《崔休传》，第1525—1528页。

〔149〕《魏书》卷四三《房法寿传》，第971—972页。

图九　崔琼世系

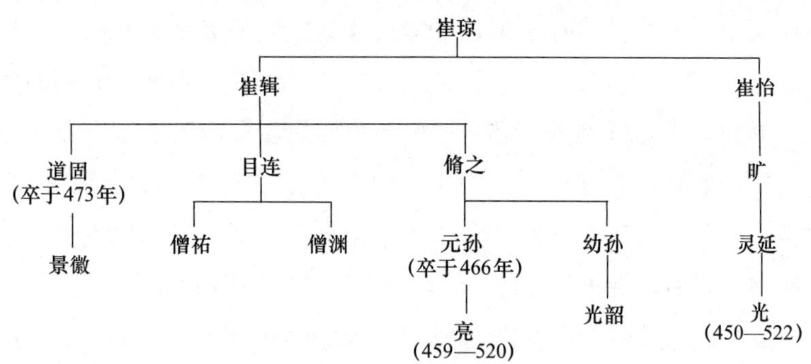

崛起之后，房爱亲的诸子都获得了官职。而他们的母亲崔氏，独自承担着教育孩子的责任——她是崔亮的姐姐，和崔光是共高祖的三从兄妹。以父系的姑姑为纽带，房爱亲的诸子和彭城刘芳之间是隔了一代的表叔侄关系（first counsins once removed）。出生于山西北部的房爱亲诸子，与崔光、崔亮、刘芳等人一样，在年少时期经历了相对的艰难与穷困。[150]

一般而言，那些来自半岛的家族，很少得到那些在北魏立足已稳的亲戚的支持。然而，正是那些来自山西北部家境穷困的人士，最终在北魏朝廷获得最高的地位。相关记载暗示，这些出身穷困的士人，形成了一个与少数获得特权者——如崔道固、崔僧祐等人——完全不同的群体。不同于更有特权的上级领袖，这个群体不顾自身之间的隔膜，他们通过家族间的相互扶持，形成一个联系密切的共同体，设法维系以前时代精英群体的抱负与理想。只要这个群体中的一位成员跻身北魏朝廷政治精英的行列，他们就会打开其他成员获得行政职位的通道。[151]

〔150〕《魏书》卷四三《房法寿传》，第976—983页。

〔151〕然而，在山西的清河家族，并不是一个排外而封闭的政治集团，例如，傅灵越之子傅竖眼，通过王肃——太和十七年（493）从南方北奔投靠北魏朝廷的外来者——的重用获得高位。参见《魏书》卷七〇《傅竖眼传》，第1556—1560页。

九　结　论

本研究的目的之一，就是呈现南北朝时期的史料如何大幅推动我们对于早期中国的地方精英在登上国家舞台，成为国家政府政治和官僚机器构成之前的理解。这也表明，对于地方集团在形成时期更加深入的了解，将会增加我们关于唐代贵族阶层在重新统一时期的组织结构与意识形态的认知。显而易见，这项研究绝不可能穷尽这个分裂时期关于地方精英可以获知的所有信息。就中国山东地区而言，还有许多工作可以继续进行，不但是前文那些顺便提及的家族，还包括本文精选出来的家族，也需要进行更为详尽的考察。本项研究提供了更多的追问，而不是答案，特别是对隋唐大贵族登上历史舞台之前、这段历史之后数十年间精英的活动情况。但是，我们可以就贵族阶层在形成时期的起源和特征总结若干结论。

地方层面

山东东北部地方精英的起源，与初唐时期地方精英的构成相似，并不超过 5 世纪早期——天兴七年（400）前后，北魏征服河北，慕容氏在山东建立南燕政权，移民涌入山东——的发展情况。这不是说，山东半岛在此之前没有精英结构，而是此前存在的社会结构被移民家族的到来彻底地摧毁了。显而易见，至少有部分土著精英幸存下来，他们作为社会底层被并入 5 世纪新的精英结构中。我们当然不是暗示，5 世纪以降，精英阶层内部缺乏变化抑或流动。本篇论文证明，即便在时间跨度较小的范围里，地方层面的士族等级（ranking of clans）依然存在着某种不稳定性。由于这种不稳定性的存在，我们必须对其后历史时期社会流动陷于凝固的论断保持警惕。5 世纪 50 年代的精英结构，在 70 年代破坏性的强迁政策中有多大程度的保存，这是完全可以确定的。这个精英结构随后在 6 世纪后半期北魏崩溃、北齐兴起的过程中也发挥着作用。然而，从唐代精英的构成来看，5 世纪显然可以被合理地视作唐代贵族阶层形成的初级阶段，至少对东北部的精英而言就是如此。

5世纪山东地方精英的不稳定性，直接与该地区的政治变化息息相关，而诱发这种变化的原因，来自地区外部而非地区内部。根据我们的考察，山东半岛在此时期经受了三个回合的政治剧变，每次政治变化都引发了精英结构的某种变动。例如，我们可以注意到，义熙六年（410）前后，刘裕灭掉南燕，渤海封氏社会地位随之下降；而在皇兴三年（469），北魏征服山东之后，封氏的某个房支又如何再度复兴。我们还可注意到，这个房支的复兴是否持续到6世纪的早期。要去探寻这一事件的实情，我们就有必要考察北魏后期和北齐的记载，也有必要判断唐代氏族谱所列的“渤海封氏”，[152]究竟是来自河北的家族，还是来自山东东北部的家族。这些任务超出了本文的范围。北海刘氏后来的地位，也需要更深入的研究，因为他们的家族并未出现在现存的唐代氏族谱（clan lists）之中。[153]刘氏似乎失去了在山东半岛的精英地位，或者有可能在北魏征服山东以后，刘氏终于从地方等级序列中大幅地滑落。在更早的时候，他们在黄河西岸平原郡的亲属也经历了相似的命运。

我们已经注意到，慕容氏和刘宋早期政权给山东半岛带来的和平与封闭，同时由于这些政权行政机构的萎靡不振，导致地方精英经济财富和半自治形态的充分发展。迄于5世纪30年代，精英已经成为一股让建康的中央权威感到畏惧和趋于奉迎的力量，正是以此为基础，他们开始就其在乡里正式行政权威中所占的份额讨价还价。北海刘氏在这个发展过程中位居前列。但是，至此为止，山东东北部的家族依然只是非常地方化的精英，他们很少或者根本没有卷入南方或北方朝

〔152〕参见姜士彬《中古中国的寡头政治》所附郡望表，尤其是第217页，A谱（位字79）第四行“渤海郡四姓”，第244页，C谱（S.2052）第二十八行“冀州渤海出廿八姓”条（编者按，A谱“渤海郡四姓”：吴、欧阳、高、刀/刁，而E谱是池田温据《太平寰宇记》所复原，第五十二行，“渤海郡三姓”：吴、高、欧阳。两谱均无“渤海封氏”）。

〔153〕姜士彬《中古中国的寡头政治》，第217—231页。

廷的事务。这种情形一直延续到北魏征服山东的皇兴三年（469）。

在北魏征服的前夜，关于精英的记载揭示出一个错综复杂的婚姻关系网络，这个网络支撑着紧密结合的社会结构。这种情况特别体现在清河家族之间，其中母系家族关系如果不能说更重要的话，似乎也与父系成员的关系同等重要。一个更广泛的、更松散的婚姻关系网络，扩展至更远地区的移民与土著家族（émigré and native families）之间。毫无疑问，这些记载所反映的社会结构，部分是源于第一代移民家族特殊的经济需要。南北朝时期北方户口的减少以及慕容氏统治者对于这些家族的扶植，都意味着移民家族在获取定居的田宅方面，很少遇到困难。但是，开发土地资源所需要的劳动力则供不应求，因为这些家族都是一些小型的、分散的群体，有时是由妇女率领年幼、不能独立的孩子，而她们的丈夫与年长的孩子则滞留于河北。在这种情况下，来自于邻居、远亲和母系亲属的支持，对于他们的生存就非常必要。换句话说，新的经济条件，使得基于广泛基础和水平关系的亲属网络成为必要。“族”（kin）这一概念可能的扩展，包括了加入这个群体来逃避赋税的奴婢与地方佃农。在这样的社会中，严格的继承规则，很可能轻易地让位于更加灵活的策略，儿孙们可以继承父系或母系亲属，也可能与父系或母系中的任何一个亲属群体同居合爨。

在 5 世纪 30 年代至 60 年代之间，北海刘氏在青州经济上的成功，可能超越了其他清河群体，在某种程度上，遵循严格宗法组织（patriarchal lines）的宗族团结（lineage solidarity）再次发挥作用。这可以部分地解释，皇兴三年（469）拓跋魏征服之后，何以刘氏是这些家族中最不能适应新形势的：在政治层面，他们很可能缺少广泛的予以支持的社会关系，这种关系在齐州家族身上已经得到证明。尽管刘氏对于从地方精英的顶层坠落感到失望，尽管他们未能在山西北部的北魏朝廷站稳脚跟，但是，一直到 6 世纪中叶，刘氏在山东家族的一个房支，依然在南方朝廷中占据一席之地。这些家族在中央政府层面的政治成功，以及维持地方层面的经济基础，这两者之间的关系与上述情形密切相关。关于北海刘氏进一步的研究，或许能够揭示皇兴三年（469）以后他们在南方存在的基础，这一基础支持家族成员从事南方朝廷的政治生涯。另一方面，他们在南方的地位，也可能来自于地方财富与声望之外的其他源头。

我们已经发现，直到6世纪初，清河精英的成员才在北魏朝廷占有一席之地，这是精英中非常特殊的一个部分——他们是皇兴三年从山东半岛被强迁至山西北部的群体。我们并不清楚，这些山西家族是否再度融入河北抑或山东的地方势力。只有对这些家族进行更深入的研究，才可以回答这个问题。当然，从山西精英前几代人物的角度观察，他们与河北家族之间存在着明确的心理隔膜。不仅如此，拓跋的徙民政策显然获得了很大的成功，以至于他们打破——至少暂时打破了迁至都城者与滞留半岛者之间的联系。不过，尽管他们被分隔开来，但是，这些山西家族保持着成为富有的、地方本位的精英的理想和身份意识。太和十七年（493）北魏迁都洛阳以后，他们是否在河南北部发展其地方势力，我们并不清楚；在6世纪，他们在朝廷中精英的政治地位，与在地方上的财富与声望之间的关系，我们同样不清楚。

中央层面

唐代的清河崔氏声称，他们拥有高等的贵族传统，这赋予他们支配当时社会的权力，但作为一个政治群体或制度森严的宗族组织，他们持续不断地参与国家行政机构的历史，并不能往前追溯到6世纪中期以前。在此之前，崔氏影响力的强度和各个时期在朝廷担任官职的人数都是极不稳定的。6世纪以前，他们在中央政府层面的分裂状态，反映出此时期的重心在于姻亲与横向的亲属关系中。这并不是一个弱点，而是在社会动荡和政治更迭时期的力量之源和生存之道。如果他们之前仅仅认识到父系或氏族的忠诚，那么山东半岛的战争以及皇兴三年北魏的征服行动将给崔氏带来更多的伤害。这并不意味着，当时不存在父系单元的观念，这种父系观念从祖先故里扩散开来，散布在不同地域的大量家族之中。5世纪的崔氏成员显然知道，他们个人的祖先以及他们与帝国其他地方乃至国境线以外的崔氏之间的关系。只不过，这些关系并未和姻亲关系得到同等程度的利用：在他们需要政治庇护和援助的情况下，父系亲属没有妻方或母系的亲属那么重要。我们可以进一步观察，5世纪后半期，随着中国山东地区的重归统一，这种庇护体系是否完好无缺地保存下来，抑或彻底地加以改变。

5世纪崔氏在北魏朝廷的影响力，可被明显地划分为三个阶段。第一阶段：始于皇始三年（398）北魏对东北部平原的征服，崔浩的事业达到顶点，终于此时。实际上，这一时期的影响，属于河北中部更伟大或更高级的精英的历史，仅仅讨论崔氏参政的人数是微不足道的，因为只有崔玄伯的直系亲属卷入其中。崔玄伯之子崔浩，作为神䴥四年（431）至太平真君十一年（450）河北精英的领袖，无论在崔氏的历史上，还是在河北边境清河、平原家族的历史上，都可算一个异数。崔浩死后，河北崔氏成员沦为官僚精英的边缘人群，主要出自崔赜一支，其成员主要担任河北和帝国其他地方的低等官职。正是通过崔赜的子孙，我们知道河北崔氏在整个5世纪和6世纪初，都维持着河北东部地方精英的地位。但是，他们在此之后的命运还有待进一步的研究。

第二阶段：崔氏在北魏朝廷的影响力，可被描述为接近参与北方政治最后阶段和最重要阶段之前低下的、平庸的和断裂的一个曲折。这段时期始于神䴥四年崔模被拓跋人所俘，继之以太平真君十一年崔模的侄子从刘宋来降，终于5世纪70年代崔道固和他的侄子崔僧祐并不光彩的仕宦生涯。同样地，崔氏参政的成员数量也不多。

第三阶段：牵涉到山东和山西的精英势力，以6世纪崔光的仕宦生涯作为象征。第二阶段终结与第三阶段开始之分野，就在于山西精英成员在早期生涯的穷困背景，以及他们明显认同都城平城，而非认同山东半岛。崔氏成员在这个阶段的突出，还可以从他们在北魏和北齐朝廷中的人数和持续性上体现出来。有待观察的是，6世纪山西地区的崔氏参与朝政是通过河北的亲属，还是通过山东半岛的亲属以及皇兴三年（469）之后，崔氏是否依然维持着在东清河郡的地方地位。易言之，我们并不清楚山西的崔氏成员，是否在心理上重新认同河北抑或山东东北部的地方精英结构。

同样地，河北封氏也在北魏朝廷拥有辉煌的早期经历，他们也在5世纪早期遭受了惨重的政治清洗。但是，与河北崔氏不同，在5世纪后半期，封氏设法重新获得在朝廷中的地位。就仕宦成功的人数与连续性而言，整个4至6世纪，河北封氏在国家政府层面的表现，超过河北崔氏。但是，有唐一代，渤海封氏充其量可称作地方望族（clan of local eminence）。他们当然没有像崔氏那样，被划入河北一流高门精英（super- élite）的行列。其原因一定要从他们在北齐末年或者隋代重新统一前夜的政治表现中加以寻找。

房氏家族的命运与崔氏成员休戚相关。在东清河郡的郡级政治中，房氏的历史非常接近地映射出崔氏的历史：从4世纪末到5世纪末，甚至在更长的一段时间内，两个家族都持续不断地在地方精英的社会和政治等级中占据着最高的地位。就此而言，东清河郡的房氏和崔氏之历史，不同于封氏和刘氏。正是房氏和崔氏在山东半岛的密切关系，支持山西的房氏成员在5世纪末的国家政治中处于优势地位。河北房氏从未深入地参与北魏政治，因此，山西房氏在北魏朝廷的成功，标志着这个家族首次在中央层面的政治中取得重要成就。与崔氏不同，房氏的成功好景不长，未能挺过6世纪中期东魏的崩溃局面。其原因有待笔者在未来进行考察。在这项研究中，我们需要仔细分辨出自清河、东清河的房氏，与出自屋引氏的非汉族的房氏之间的区别，后者在唐代成为房氏的主流。出自屋引氏的房氏，声称与汉人房氏拥有亲属关系，这造成了一种错误的印象：即从北魏早期一直到隋代重新统一期间，房氏持续不断地出现在北朝政治中。[154]真相并非如此。从6世纪中期开始，清河郡的汉人房氏并未在朝廷政治中扮演过重要的角色，但可以肯定的是，河北或山东的房氏试图单独或者一起在唐代的地方精英中占据一席之地。[155]

总而言之，作为规模庞大和稳固牢靠的群体，“大族”（great clans）持续不断地参与国家行政和朝廷政治，以至于从汉末至唐代，很少甚或不存在社会流动，这种观点是对6世纪末唐代贵族阶层形成背后复杂事实的过于简化。在大分裂时代，这些氏族中各个房支或不同家庭单元之间的纽带，和那个时期鲜为人知的家族一样地脆弱，因为平均而言，他们参与中央政治层面的时间，没有连续超过三代。[156]更现实的方法是，依据当时的群体考察当时的政治史，每个群体都包括大量出自不同父系的成员，他们共享相似的历史，他们通过婚姻和邻里纽带联合起来。当然，我们不能过分强调，大分裂时期婚姻和姻亲关系对于地方精英群体的发展和中央政府层面的政治社会流动的重要性。

（仇鹿鸣　译，范兆飞　校）

---

〔154〕参见姚薇元《北朝胡姓考》，中华书局，1962年，第157—160页。

〔155〕参见姜士彬《中古中国的寡头政治》，第217页，A谱第六行“清河郡七姓”；第224页，C谱第三十七行“贝州清河郡出十九姓”；第230页，E谱第四十七行“清河郡六姓”。

〔156〕关于这些不太知名的家族，参见霍姆格伦《代国编年纪：〈魏书〉卷一〈序纪〉所见早期拓跋的历史》，第118—121页；霍姆格伦《5世纪代郡陆氏家族及其对北魏拓跋国的贡献》，《通报》待刊（编者按，这篇同名文章其后载于《通报》第69卷第4—5期，1983年，第272—312页。参见J. Holmgren, “The Lu Clan of Tai Commandery and Its Contribution to the T'o-pa State of Northern Wei in the Fifth Century,” *T'oung Pao*, LXIX, 4-5, 1983）。

唐代统治阶层的构成
——敦煌发现的新证据

杜希德

（Denis C. Twitchett）

所有治学严谨的中国史学者，不论其政治观点和立场如何，均同意中国社会在8世纪至11世纪之间发生了深刻而剧烈的社会变革。对于这一时期社会变革的解说，几乎是人言人殊。有些学者认为，这个时期标志着中国已过渡到“近世”（modern）；还有的学者则认为，它是中国酝酿资本主义和走向都市化（capitalism and urbanization）的萌芽时期；此外，仍有人力主它是从奴隶社会到“封建”（feudalism）社会的过渡时期。

然而，笔者并不打算在这里提出什么新说。无论如何，“历史分期”（periodization）这类大问题，现在已被视作某种信仰的申述，而非实证性的历史研究。实际上，笔者试图探究的，只是整体社会变革下的一个环节——中国统治阶层的结构与成分的根本性变化。笔者相信，这个环节对唐代以后的历史发展有极其深远的影响。

自从日本学者内藤湖南在他的《支那论》(1914）中提出著名的假说，中国历史从晚唐、五代和宋初开始，已经从“中古”（medieval）过渡至“近世”（modern）。汉学界已广泛接受自东汉末年出现的“贵族政治时代”已渐次为“官僚政治时代”（或“君主独裁政治”）所取代的理论。唐代以前的庶民与士大夫之家，其社会地位有着既正式而又悬殊的区别。而士族的精英，即一小撮位高权重的高门大族，更完全掌控着政治舞台。他们通过世袭官职和占支配社会地位的特权，创造了南北朝短命政权的统治家族，也垄断着国家的最高官职。在这种制度下，君主不过是高门大族的领袖（primus inter pares）而已。在官僚眼中，他们的社会地位和君主相较，是平起平坐的，有时甚至凌驾于君主之上；而且他们认为直接向所属的本阶层效忠，是为了维持现存的社会秩序，而不是向统治家族输诚效忠。

当隋唐两代再度统一中国全境后，统治者逐渐认识到，这样的社会体制，实在不利于他们谋求政治安定和建立强大的中央集权政府的愿望。于是，他们借着新创立的考选制度，拔擢一群职业官僚。这些人由国家进行选拔，他们出身于比旧士族更广阔的社会层面，纯粹凭借个人才能进入仕途。他们与旧士族的不同之处，是其禄位由君国所赐，故他们与君国同休戚，而不是与自身所属的社会阶层共利害。这项转变产生诸多影响：第一，社会流动（social mobility）——至少对读书人中的优秀精英而言——的机会大大增加。第二，君主相臣之间，特别是宋代以后，已不再维持着以前伙伴友朋之亲近关系。由于皇帝已成为唯一的政治权威，他就可以对其臣属更多地行使专断的权力。当皇帝权力变得愈来愈专制和独断时，便不免与世隔绝，无法和宰辅重臣维持和易亲密的个人关系。在处理和讨论国家日常政务上，皇帝不得不越来越倚重身边的私人秘书和役作内廷的宦官了。

这些转变自然不是发生于旦夕之间，而是经历了好几个世纪。事实上，一直到唐末，旧族门阀依然拥有较大的权势，门荫的特权依然存在。至于"任人唯贤"的标准，此时尚非放诸四海而皆准、且不受挑战的准则。自从陈寅恪在第二次世界大战期间，刊行精辟的唐代政治史研究的名著以后，学者们已经习惯把唐代这个历史转变期，解释成一段持续不断的政治斗争史。斗争的主角是旧族门阀和新兴阶层，后者是出身相对寒微而通过进士词科进用的职业官僚。根据陈寅恪的基本阐释，学者们加以发展和演绎，出版了大量饶有趣味的论著。事实证明，今日继续以两大利益集团之间的政治分野作为研究起点，仍将大有所获。

职是之故，令人稍觉奇怪的是，迄今竟然没有学者更加精确地界定唐代以前“门阀贵族”（aristocracy）的构成，抑或详细阐明有唐一代哪些人群应该归属于贵族利益集团。

唐代以前分裂的南北朝社会，和后世存在两处明显的区别，这些差异或会帮助我们理解何谓“贵族社会”。首先，在南北朝的最高层，皇帝和高级官员，都被一小撮权势显赫的高门大族所控制以至几乎垄断。其次，在南北朝的较低层面，士大夫（scholar-official）与庶民或寒门（commoner）的法律地位，有着严峻和正式的区分。士族的户籍和寒门的户籍之间是法律意义上的区别，泾渭分明。凡是列入士族户籍者，就可以享有免除劳役、兵役、田税、市征的特权；同时又可免受刑责，还可以用罚金、品位或职位上的合理降黜，抑或政治生涯的挫折等方式进行赎罪。更重要的是，士庶之间严禁通婚，通婚对象甚至局限在士族阶层内部，士族内部的不同房支和家族，还存在复杂的等级制度，其中有些士族还实行族内婚。

研究唐代门阀贵族的史家，往往集中考虑第一个问题，即高门大族如何操纵朝廷政治和中央政府。实际上，所有关于“唐代统治阶层的构成”和“唐代官吏的家世和社会背景”的分析研究，通常只是将研究对象局限于唐代中央政府的宰相、左右仆射之类的最高官员。这些“样本”自然不能代表唐代统治阶层的整体情况。虽然这些官职权重望崇，但其职任却随侍皇帝左右，合作密切。因此，他们的选拔，每每基于个人的条件考虑；而在中下级官僚的选拔中，个人条件本来就不被考虑。不过，由于唐代史料的零散和局限，若要进行比上述研究更深入、更系统化的分析，殊无可能。与明清学者晚近运用丰富史料，在理解社会流动方面获得重大进展的情形相比，更是不可同日而语。由于唐代国史、实录、会要及其他官修史籍所载的，绝大多数是京城宫廷历史和中央政府施政的记录，所以我们只能重建三省六部的大臣年表，以供任何一种系统研究或统计分析之用。[1]

即使在宫廷和中央政府这样最高层级的政治世界里，倘若认为其中只有一个共进退的贵族集团，似嫌过于简化。虽然在特定环境下，那一小撮冠冕相袭、名重天下的高门大族会为共同利益而一致行动，但是很清楚地，他们并不属于单一的门阀集团。事实上，至少存在着四个地域性的贵族集团，他们各有可远溯至隋代以前南北朝的历史渊源。其中势力最大、声望最隆的首推“山东”（今河北省）四姓（four great clans）。他们声称是中国文化传统最纯正的代表者，他们拒绝与四姓以外的家族通婚（除非多纳货财者），他们甚至视李唐皇室为社会暴发户（social upstarts）。历代唐室君主虽然竭尽全力，试图打破门阀士族的深沟壁垒以及削弱他们在社会上的好自矜伐之风，但收效微乎其微。权势和山东士族相埒，而没有那么骄矜者，正是西北地区的关中郡姓，李唐皇室包括在内。关中郡姓在五六世纪的北朝开始崛起，累世与北朝异族统治家族和胡人贵族进行通婚。通过通婚关系，他们接受了许多来自中亚和草原民族的文化风俗。与山东士族和关中郡姓相比，权势稍逊一筹的，则是唐室发祥地代北的虏姓。他们在许多方面与关中郡姓相仿，只是具有更强烈的异族血统。最后一个贵族集团是极为富奢、崛起于南朝时期的江南吴姓。[2]

上述这些高门大族的子弟，在初唐政府的最高层，依然拥有举足轻重的力量。唐初两任皇帝（高祖、太宗）的政策看来并没有向整个贵族集团的权力挑战，他们积极寻求策略，维持势均力敌的地域性贵族集团之间的权力均衡，从而避免任何集团处于绝对支配地

---

〔1〕现今尚存而系统地记载唐代高级官员的史料有：（1）宰辅；（2）仆尚丞郎；（3）御史；（4）翰林学士。此外，《登科记考》所载的举子名录，也是可供分析唐代官僚科举出身的重要史料。

〔2〕有关此点，可参阅柳芳的《氏族论》。参见《新唐书》卷一九九《儒学中・柳冲传》；也见《全唐文》卷三七二《柳芳・姓系论》，光绪二十七年（1901）广雅书局刊本，第7页上—11页下。

位。[3]8 世纪末 9 世纪初的唐代史家，强烈意识到统治精英的构成已经发生剧烈的变化，他们对这种现象，感而述之。监修《会要》(修于 804 年，成于 805 年)的苏冕在书中便说，“创业君臣，俱是贵族。三代以后，无如我唐”。[4]

虽然在苏冕的时代，高门大族的权势和影响力已经衰落，但他们在李唐皇朝 9 世纪末 10 世纪初军事、政治和社会的动乱中完全被摧毁和消失之前，仍然是一股不可低估的政治力量。[5]

他们由极盛转衰，终至败亡的命运，对唐代以后的中国历史影响甚大。在内藤湖南提出关于晚唐五代社会变革的假说以前三个世纪，中国 17 世纪伟大的史学家顾炎武早已清楚地指出许多因唐末门阀贵族的崩溃而带来的政治和社会后果。在明亡的阴影下，顾炎武将唐代描绘成中国历史上的太平盛世，也在纯非巧合的情形下，将唐代说成高门大族的全盛时期。根据顾炎武的观点，高门大族在 9 世纪末 10 世纪初的衰亡，不仅消除了中央政府赖以维持政治稳定和政权延续无可替代和非常重要的因素，也消除了门阀大族在乡里的地方势力和影响力，而这让他们在乡里社会出现变乱之际，可以成为维持地方政治社会稳定和持续发展的仰仗力量。与唐代门阀贵族相较，顾炎武强烈地感受到，多灾多难时代的公卿权威，只是依托于“区区宰辅之虚名”，完全不像唐代公卿的权力扎根于深厚的地方基础，他们在地方拥有个人和家族的势力和影响力。顾炎武所撰《裴村记》即云：

---

〔3〕 参阅魏侯玮《唐初政治上的派系分野》，载芮沃寿和杜希德编《唐代概观》，耶鲁大学出版社，1973 年，第 87—120 页(Howard F. Wechsler, “Factionalism in Early T'ang Government,” Arthur F. Wright & Denis Twitchett eds., *perspectives on The T'ang*, Yale University Press, 1973)。

〔4〕《唐会要》卷三六《氏族》，国学基本丛书本，商务印书馆，1935 年，第 663—664 页。

〔5〕 孙国栋《唐宋之际社会门第之消融——唐宋之际社会转变研究之一》，《新亚学报》第 4 卷第 1 期，1959 年。

呜呼！自治道愈下而国无强宗，无强宗，是以无立国，无立国，是以内溃外畔而卒至于亡。然则宗法之存，非所以扶人纪而张国势者乎？

余至闻喜县之裴村，拜于晋公之祠，问其苗裔，尚一二百人，有释耒而陪拜者。出至官道旁，读唐时碑，载其谱牒世系，登陇而望，十里之内邱墓相连，其名字官爵可考者尚百数十人。

盖近古氏族之盛，莫过于唐，而河中为唐近畿地。其地重而族厚，若解之柳，闻喜之裴，皆历任数百年，冠裳不绝。汾阴之薛凭河自保于石虎、苻坚割据之际，而未尝一仕其朝。猗氏之樊、王，举义兵以抗高欢之众，此非三代之法犹存，而其人之贤者又率之以保家亢宗之道，胡以能久而不衰若是？自唐之亡，而谱牒与之俱尽。然而裴枢辈六七人犹为全忠所忌，必待杀之白马驿而后篡唐。氏族之有关于人国也如此。

至于五代之季，天位几如弈碁，而大族高门，降为皂隶。靖康之变，无一家能相统帅以自保者。夏县之司马氏举宗南渡，而反其里者，未百年也。

呜呼！此治道之所以日趋于下，而一旦有变，人主无可仗之大臣，国人无可依之巨室，相率奔窜，以求苟免，是非其必至之势也与？

是以唐之天子，贵士族而厚门荫，盖知封建之不可复，而寓其意于士大夫，以自卫于一旦仓黄之际，固非后之人主所能知也。……

乃欲其大臣者以区区宰辅之虚名，而系社稷安危之命，此必不可得之数也。《周官》："太宰以九两系邦国之民，五曰宗，以族得民。"观裴氏之与唐存亡，亦略可见矣。

夫不能复封建之治，而欲藉士大夫之势以立其国者，其在重氏族哉！其在重氏族哉！[6]

顾炎武在此清楚地看到，那一小群高门大族的消失——他们控制着朝政大权，同时也在地方保持着权力基础——所带来的广泛的政治后果。然而，近代学者如陈寅恪及其追随者，将高门大族视作社会和政治安定的根源，同样注意到门阀在中央政府和全国政治中所担任的角色，他仅仅关注其中最有权势的家族。

其实在更早的时候，北宋以博洽著称的沈括（1031—1095）已在其《梦溪笔谈》（撰成于1086年）中就晚唐社会变动的本质，提出更广泛的理念。沈括清醒地认识到，六朝隋唐整体的社会结构和政治精英的社会出身，和他本人所处的时代判然有别。最显著的差异是六朝隋唐社会中的不同群体之间，存在着罕见的严峻而明确的等级区分。沈括将这种差别，比拟于印度的种姓制度（Indian caste system），他显然相信这种等级分明的社会组织，是普遍存在于异族社会的。他推断这种制度应当是北魏时期由拓跋人引入中国内地：

士人以氏族相高，虽从古有之，然未尝著盛。自魏氏铨总人物，以氏族相高，亦未专任门地。

唯四夷则全以氏族为贵贱，如天竺以刹利、婆罗门二姓为贵种；自余皆为庶姓，如毗舍、首陁是也；其下又有贫四姓，如工、巧、纯、陁是也。其他诸国亦如是。国主大臣各有种姓，苟非贵种，国人莫肯归之；庶姓虽有劳能，亦自甘居大姓之下。至今如此。

自后魏据中原，此俗遂盛行于中国，故有八氏、十姓、三十六族、九十二姓。凡三世公者曰“膏粱”，有令仆者曰“华腴”，尚书、领、护而上者为“甲姓”，九卿、方伯者为“乙

〔6〕顾炎武《顾亭林诗文集》卷五《裴村记》，中华书局，1959年，第106—107页。

姓”，散骑常侍、太中大夫者为“丙姓”，吏部正员郎为“丁姓”。得入者谓之四姓。[7]其后迁易纷争，莫能坚定，遂取前世仕籍，定以博陵崔、范阳卢、陇西李、荥阳郑为甲族；唐高宗时，又增太原王、清河崔、赵郡李，通谓“七姓”。

然地势相倾，互相排诋，各自著书，盈编连简，殆数十家。至于朝廷为之置官撰定，而流习所徇，扇以成俗。虽国势不能排夺，大率高下五等，通有百家，皆谓之士族，此外悉为庶姓，婚宦皆不敢与百家齿。陇西李氏乃皇族，亦自列在第三，其重族望如此。一等之内，又如岗头卢、泽底李、土门崔、靖恭杨之类，自为鼎族。其俗至唐末方渐衰息。[8]

从上面引文可以看到，沈括相信3世纪以降，早已在选拔官吏上扮演重要角色的家世门第，至拓跋魏入主中原而将外来影响力发挥至最高峰时，他们便从过去门第高低相对确定的情况，转变为一项硬性规定的严峻的门第等级制度。因此产生的“上品无寒门，下品无势族”现象，虽然在6世纪末中国复归统一之时已经消泯，但是，与此同时，一撮权势极其显赫的一流门阀应运而生，其成员有增补有变化，一直延续至唐代。这些一流门阀大致相当于顾炎武和陈寅恪所讨论的高门大族。但是，沈括在这个问题上补充了一个全新的因子：这就是在唐初出现的一群规模较大、地位稍低，在地方有名而非享誉全国的百余家“士族”。这群士族同样是排外的集团，实行内部通婚，声称他们的入仕应当受到优待。

据沈括所论，隋唐社会实际上不只是存在那撮在正史可钩寻而

〔7〕“四姓”之说，自7世纪河北大族自称“四姓”时，已遭混淆（编者按，关于四姓，盖有两说，一是士族的四个阶层，一是具体的四个家族，晚近研究参见陈爽《“四姓”辨疑：北朝门阀体制的确立过程及其历史意义》，《世家大族与北朝政治》，中国社会科学出版社，1998年，第42—80页）。

〔8〕沈括撰、胡道静校注《梦溪笔谈校证》卷二四《杂志一》，上海出版公司，1956年，第772—773页。

得、深沟壁垒的高门大族，而是存在着类似种姓制度的等级序列和排外性的社会集团。其中，河北士族高高在上，而底层则是数量众多、称霸乡里的宗族，他们与寒门之间有着严峻的区别。

日人仁井田陞和竹田龙儿在晚近出版的专著里，采用一些有趣的事例证明和发挥沈括的观点。他们的证据主要来自明清时期数量众多的族谱。家谱、宗谱之类的谱牒学著作，即使是较近期的修成品，经常节录谱序、志铭以及传为唐、宋，甚至金代的官方文献，这些资料并未受到重视。除了仁井田陞、〔9〕竹田龙儿〔10〕在相当程度上使用这些族谱外，牧野巽〔11〕亦在关于明清族谱的研究中利用这些材料。其他学者采用这些族谱资料进行研究的例子，亦偶有所见。笔者曾经发现几个有趣的例证，倘若立足更大的族谱数据基础，进行系统化的研究，收获必定更丰。〔12〕虽然这些族谱成书均很晚，它们引录文献的可靠性不能不使人生疑；但是倒也不必完全怀疑它们的真实性。因为这些在较晚时代成书的族谱，不过是漫长修撰过程的最后产品，它们最早的修撰时代，至少可以追溯至宋代。这些文献不能直接用作证据考订史实，尤其在现在的例证中，没有确切证据表明这些文本更接近那些时期，与此同时，即便这些文本是真实的，它们在流传过程中显然受到严重的影响。

最契合上面讨论的文献，是一道开元五年（717）颁布的敕令。

---

〔9〕 仁井田陞《斯坦因在敦煌发现的天下姓望氏族谱——围绕唐代的身份内婚制》（“敦煌発见の《天下姓望氏族譜》——唐代の身份的内婚制をめぐって”），载《中国法制史研究：奴隶农奴法·家族村落法》，东京大学出版会，1962 年，第 656—660 页。

〔10〕 竹田龙儿《关于贞观氏族志编纂的一个考察》（“貞觀氏族志のに關する一考察”），《史学》第 25 卷第 4 号，1952 年，第 23—41 页。

〔11〕 牧野巽《近世中国宗族研究》，日光书院，1949 年，第 40—120 页。

〔12〕 一个特别有趣的例证是《陆氏葑门支谱》，光绪十四年（1881）重修，该谱见录多贺秋五郎《宗谱的研究：资料编》，《东洋文库论丛第四十五》“姓氏别目录”第 812 条，东洋文库，1960 年，第 150 页。原谱藏东京国会图书馆。这本族谱收录大量唐代文献，包括一篇撰于开元二十九年（741）记载分支族谱的序言；一篇写于天宝十四载（755）关于族谱修订的凡例；一篇由宋代诗人陆游撰写的《重修旧谱序》以及元和七年（812）唐政府承认和著籍陆氏叙分四十九支的文书。《陆氏葑门支谱》卷一五《各支名目》，第 1 页上—28 页下；卷一六《先代序跋》，第 5 页上—12 页上。

这道不见于任何唐代史籍的诏令，界定了唐帝国内部不同士族的社会地位。诏书记载，永徽六年（655），唐朝已经规定二十六姓将异于其他姓氏。诏书又载，麟德三年（666），改定二十六姓，他们的身份地位也确定下来。它跟着列出二十六姓之名单，其中十姓称为“国之柱”，十六姓称为“国之梁”。* 最后申明二十六姓若与庶姓通婚，当责二年徒刑。

据目前所知，引录此诏最早的文本，根据序言是修于嘉靖十四年（1535）的《新安汪氏重修八公谱》，这是安徽新安汪氏一个房支的谱牒。这本族谱仍保留了多篇早期修订之序言，最早的一篇系朱熹所撰。[13] 大量证据表明，新安一隅的谱牒撰述，早已异常发达，而新安汪氏的情形，人们亦知之颇详。[14] 因此，这道有问题的诏令就有相当的机会是来自宋末撰写的族谱。这道诏令亦被后来光绪二十三年（1897）的《吴趋汪氏支谱：附汪耕荫义庄祖墓图》所征引。[15] 该谱还出版于光绪三十三年（1907）。[16] 两个版本的族谱都收录了一篇表面看来属于唐代的文献。这篇题为歙州（唐新安名）刺史汪华上于贞观六年（632）或七年（633）的奏表，内容使人觉得它是连同汪氏族谱一并上奏，冀望得到唐室的认可，将汪氏列入名门。但是，这篇上奏差不多可以肯定是杜撰的。[17] 这道诏令还见

---

* 编者按，据《新安汪氏重修八公谱》和《吴趋汪氏支谱》卷首《唐族望敕》载，所谓“国之柱”十姓是：武阳李、荥阳郑、陇西牛、并州郭、上党陈、河西汪、安定皇甫、中山鲍、河间刘和雁门夏；“国之梁”十六姓是：武阳贾、白水张、扶风马、京南叶、陈留王、冯翊赵、蒙扶水、冀赵苏、京兆杜、河内荀、梁山钜、南阳何、岭南庞、安定胡、高阳许、南阳侯，等等。

〔13〕该谱并不以此名列入多贺秋五郎前引书内。它大抵和“姓氏别目录”第 312 条的《休宁西门汪氏族谱》相同，参见多贺秋五郎《宗谱的研究：资料编》，第 107 页。

〔14〕参阅《新安名族志》的详备记载，是书旨在罗列新安望族的世系资料，而尤以记载汪氏的情形最为重要，是书修于元末，现存两个版本：一为明初本（现藏北京中国国家图书馆善本处及东洋文库）；一为 17 世纪早期版本（现藏东洋文化研究所）。

〔15〕多贺秋五郎《宗谱的研究：资料编》“姓氏别目录”第 320 条，第 107 页。

〔16〕多贺秋五郎《宗谱的研究：资料编》“姓氏别目录”第 320 条，第 107 节；竹田龙儿《关于贞观氏族志编纂的一个考察》，第 34 页。

〔17〕竹田龙儿《关于贞观氏族志编纂的一个考察》，第 36—38 页。

于同治十二年（1873）的《叶氏宗谱》，内容只有少许次要方面的歧异，《叶氏宗谱》表明这个上奏取自前代族谱。[18]另外成书于1921年，属于华中、华南何氏总谱的《庐江郡何氏大同宗谱》，也收录这道诏令。《庐江郡何氏大同宗谱》还为上述开元诏令所言的“二十六著姓”的说法，提供一项显然不是因袭前说的参考资料。该谱记载，“至唐永徽时（650—656），考定氏族，以仕唐官秩为高下，表其著姓，凡二十六家。”[19]

原修于嘉庆二十五年（1820），1924年刊行的《方氏联宗统谱》，即《湖北黄冈方氏族谱》，[20]也有二十六显姓之说，但并非因袭前谱。该谱记载，湖北方氏原本出于河南方氏，而方氏名列唐代二十六大姓。不过，《安徽新安汪氏八公谱》《叶氏宗谱》所录开元诏令的二十六姓，都没有记载方氏。

正如仁井田陞所云，[21]开元诏令所列的二十六姓，很难与史实相吻合。首先，前文沈括所提那些身份地位得到显庆四年（659）诏令的确定，[22]而且互相联姻的七姓，竟然只有荥阳郑氏得以名列开元诏令的二十六姓之中。假如这个氏族谱名单是后来重新确定的，旨在打击那些不可一世的高门大族，若如显庆四年修订《姓氏录》所处环境的话，为何荥阳郑氏又不被摒弃于外？这实在令人费解。再者，倘如《庐江郡何氏大同宗谱》所言，这二十六姓凭借出仕李唐之功勋，一如《姓氏录》所道，为何那些在唐初三朝身居高位的高官家族，又不在其中？再者，史称唐高宗因为旧氏族志没有收入武后一族，而在显庆四年复位门望。[23]但令人不解的是，这个大族名单一

---

〔18〕多贺秋五郎《宗谱的研究：资料编》“姓氏别目录”第939条，第161页。

〔19〕多贺秋五郎《宗谱的研究：资料编》“姓氏别目录”第196条，第97页（编者按，这段引文出自《庐江郡何氏大同宗谱》卷一《郡望》，安徽省城文华印书馆，1921年，第6页上）。

〔20〕多贺秋五郎《宗谱的研究：资料编》“姓氏别目录”第12条，第81页。

〔21〕仁井田陞《中国法制史研究：奴隶农奴法·家族村落法》，第657页起，并参注释9。

〔22〕《唐会要》卷八三《嫁娶》，第1528—1529页。

〔23〕《唐会要》卷三六《氏族》，第665页。

样遗漏武氏一族。武氏同样不见于其他氏族谱。而在另一方面，这个名单中的许多氏族，通常认为其来源混淆莫辨，其中至少有六姓的来源，更是完全不明。

鉴于上述氏族谱所载大族的冲突矛盾，诏令本身的文字风格不类开元之世以及收录诏令的族谱均成书于较晚时期，笔者非常怀疑开元诏令和族谱中相关文本的可靠性。

无论如何，即使这道诏令有可能是明代伪托之作，它仍有值得注意之处。从这道诏令，我们可以看到晚至 16 世纪，中国尚保留着类似新安这样极其重视宗族世系绵延的地方，而这个地方仍然保存着唐代那种门限森严的传统。这个传统就是：一方面，如正史文献所示，国家极度重视高门大族的社会地位；另一方面，这些拒绝与外界通婚、有着排他倾向的高门大族，名实相符地建造着依尊卑高下而成立的门第社会。

我们证明这个有坚实史实根据的传统的存在，并不困难。在唐代官方史籍中，即可寻得充分的佐证。大量家乘、族谱、郡望表（lists of eminent lineages）以及其他谱牒撰述，都分门别类，根据这些大族在唐帝国社会地位的高低依次排序。正如所料，在唐代以前，一姓一族的福祉前途，实际上依赖于朝廷对其地位的支持与承认，这些谱牒自然会被有关人士广泛和普遍地加以编撰。《隋书·经籍志》《旧唐书·经籍志》和《新唐书·艺文志》均载唐代以前编撰的大量谱牒著作目录。它们记载的范围包括单体私家谱牒（genealogies of single lineages），斯为近代家谱和宗谱之前身，以及特定地区的士族群谱，以至规模庞大的全国综合性谱牒。梁武帝之世，修撰此等谱牒之风臻于极盛，例如王僧孺所撰的《十八州谱》，篇幅逾七百卷，梁代士族，尽在其中。

隋唐史书所载的这些谱牒著述已经亡佚，其中很多更是早在 8 世纪之前已经散失。除了见于其他史书引录的片言只语外，目前仅存的谱牒著作，唯有敦煌的手抄文书。敦煌人除了拥有修撰本郡历史的强烈传统外，[24]似乎尚有编修氏族谱的传统；例如唐宣宗时，秘阁便收有一本二十卷的《敦煌张氏家传》。[25]现藏伦敦大英博物馆的敦煌文书中，有件类型相同、卷帙较少、记载地方著姓氾氏的《敦煌氾氏家传残卷》。[26]《氾氏家传》的作者和成书年代虽然不详，但肯定是唐代以前的撰述。它不像近世家谱那样详尽精确地追溯家族中所有男性成员的谱系。它首先简述氾氏世系：上溯帝尧的弟弟弃，河平元年（公元前28），第一代氾氏祖先徙居敦煌。接着就是韵文写成的颂词，最后是一系列氾氏先贤的小传，其中残存前面十余人的传略。这些传略所颂扬的人，只限于敦煌氾氏。至于家传序言所云，氾氏本起自汉代冀北（今河北）的氾氏著姓，却未加追溯和记载。这份家传名副其实为一地方氏族志，它的地位与价值也并未超越地方的界限，它的内容差不多可以确定大体依据5世纪刘昞所撰的《敦煌实录》。其他著录于隋唐史籍的家传，很有可能和《氾氏家传》一样，一章一传，而非近世族谱的样式。

第二种可供本文论列的敦煌文书，是伯希和与羽田亨刊行于1924年的《敦煌名族志》，伯氏暂名，原卷现藏法国国家图书馆。[27]这件文书比《氾氏家传》更残缺不全，既缺首端部分，书题亦付阙如。日本学者池田温近期对此进行研究，池田温认为，这件族志撰于景云元年（710）左右，有可能和官方编纂、卷帙庞大的《姓族系录》具有某些关系，后者成于先天二年（713）。[28]我们参照隋唐史籍所著录的大量族志名目，这种专门记述一个地方著姓的敦煌残卷，大概在唐代以前已经广为流行，只是后来逐渐衰微而已。近世尚得

---

〔24〕例如，《敦煌实录》便在5世纪撰于此地。

〔25〕《旧唐书》卷四六《经籍志上》。

〔26〕池田温《敦煌氾氏家传残卷研究》（"敦煌氾氏家傳殘卷について"），《东方学》第24期，1962年，第14—29页；文书编号是S.1889号。

〔27〕伯希和、羽田亨《敦煌遗书》，东亚考究会，1926年，第29—34页。

〔28〕池田温《唐代氏族志研究——关于〈敦煌名族志〉残卷》（"唐朝氏族志の一考察——いわゆる敦煌名族志殘卷をめぐって"），《北海道大学文学部纪要》第13卷第2期，1965年，第1—64页。这篇文章是界定门阀贵族问题最为重要的研究。

一见的同类撰述，仅存《新安名族志》，曾在元明两代多次重修。[29]至于在敦煌文书中，首尾俱全的族志只有一种，零碎不全的有两种。不过，即此三种也足以清楚地显示，它们并非完整和系统的谱牒，不过是一份关于氏族俊彦的题名记录和官职履历而已。

虽然没有其他唐代谱牒撰述的残章断篇存留下来；但是我们仍然知道有唐之世，官方和私人均重视修撰各种类型的氏族谱。自然，官方和私人修书的目的不尽相同；私家的撰述通常旨在维持其家族声望，而官方的撰述目的基本上是为了平衡，进而控制门阀士族在政治和社会生活中的影响力。[30]

在唐高祖、太宗、高宗之世，历朝大臣仍然多出于旧族门户，是以唐室无日不以本族先世为念，甚至有窜改谱系攀附陇西李氏之嫌疑。[31]不论李唐追溯陇西李氏的真相如何，仍不能免受山东（今河北）四姓的盛气凌人。贞观初年，太宗便着手对付这个问题。太宗的对策是委任一批高官，编修大型、全国性的氏族志，以此确定门第地位的高低。他们所根据的除了向帝国全境索取士族谱牒外，还包括地方官员对这些谱志的评价意见。随后还与史籍参校，确保准确无讹。唐太宗对初稿并不满意，诏令降低河北崔氏的等第。经多次修改，迄贞观十二年（638）终于修成，以《贞观氏族志》为名进呈太宗。是书卷帙浩大，凡一百卷，载录二百九十三姓、一千六百五十一家，评以九等，“进忠贤，退悖恶”。经太宗批准，颁行天下。[32]

近代谱牒颇有载录与《贞观氏族志》有关的文献，数年前竹田龙儿已将部分内容刊行于世。上文提到修于光绪二十三年（1897），

---

〔29〕参见注释14。

〔30〕池田温《唐代氏族志研究——关于〈敦煌名族志〉残卷》，第1—64页；竹田龙儿《关于贞观氏族志编纂的一个考察》，第23—41页。

〔31〕陈寅恪《唐代政治史述论稿》，生活·读书·新知三联书店，1956年。

〔32〕竹田龙儿《关于贞观氏族志编纂的一个考察》，第23—41页。

收录所谓开元五年（717）诏令的《吴越汪氏之谱》，便载录新安汪氏始祖汪华在贞观六年（632）撰写的上谱表。[33]另刊行于1937年的《欧阳安福府君：六宗统谱》，也录有唐政府于贞观六年颁予欧阳氏，明确其各宗支不同地位的凭据。不过，这纸凭照充满疑窦、讹误，肯定是赝品。[34]而刊行于光绪十年（1884）的《浙江山阴安昌徐氏宗谱》，也收录性质相近的一份文献。它题为唐太宗御撰，虽然不像《欧阳安福府君：六宗统谱》的凭证有明显杜撰之迹，但它的真实性仍极惹人怀疑。[35]诚如竹田龙儿所言，这些文献都让人深表怀疑，不能视为真实或当时的史料。虽然如此，它们也有另一方面的史料价值。它们反映了一个有趣的事实：直至明清时期，那些旨在冒宗认祖的族谱都要杜撰文字，企图与《贞观氏族志》著录的氏族拉上关系。可见，《贞观氏族志》虽然很快就被新的官修氏族志所取代，但其声名却历久不衰。

显庆四年（659），唐高宗决定重修氏族志。史称高宗以《贞观氏族志》未叙武后一族，引以为憾，故下令重修。高宗亲撰新志序文及凡例，改为《姓氏录》。《姓氏录》凡二百卷，二百四十五姓，*二千二百八十七家。不像旧氏族志以现存谱牒和长期备受承认的社会地位为依据，《姓氏录》完全根据有唐以来功臣的勋位确定门望的高低，而只有勋臣的直系亲属享有这些地位，旁系远支不能利益均沾。[36]

武后专政时期，即显庆五年（660）至神龙元年（705），按照一般人的看法，中国社会已出现非常显著的变化。通过科举入仕的职

---

〔33〕多贺秋五郎《宗谱的研究：资料编》“姓氏别目录”第320条，第107页；竹田龙儿《关于贞观氏族志编纂的一个考察》，第36—37页。

〔34〕多贺秋五郎《宗谱的研究：资料编》“姓氏别目录”第1044条，第170页；竹田龙儿《关于贞观氏族志编纂的一个考察》，第38—39页。

〔35〕多贺秋五郎《宗谱的研究：资料编》“姓氏别目录”第559条，第128页；竹田龙儿《关于贞观氏族志编纂的一个考察》，第35—36页。

* 编者按，《新唐书》卷九五《高俭传》载“二百三十五姓”。

〔36〕池田温《唐代氏族志研究——关于〈敦煌名族志〉残卷》，第1—64页。

业官僚，是这个时期真正在政治上扮演举足轻重的角色。[37]故此，显庆四年（659）重修的《姓氏录》强调个人功勋重于家世的做法，就不足为奇了。再者，武后死后，李唐再次中兴之时，就更有必要重新修订氏族名录了。

当柳冲上奏请求重修氏族志不久，唐政府便予以采纳，下令重修。柳冲出身河东南部的著姓，其时供职史馆。关于新志的修编，可以肯定，和武后死后至玄宗继位的政治环境有关，此时名门望族的势力已经复兴，或许基于这个理由，柳冲奏请重修的不仅是《姓氏录》——因为这次重修将会确定那些出身寒微，出仕武后政权得以显贵的官僚地位——也包括《贞观氏族志》。但是，玄宗时新修氏族志，可以说注意到了社会变化的情况，《贞观氏族志》"甄差群姓，其后门胄兴替不常"。

令人注意的是，这次复兴名望之议，并不像以前皆出于帝王私意，而是来自出身旧族门户的高级官僚。这有可能标志着，重视评定门望等级的观念，已由先前的李唐皇室——例如太宗时期——转移到门阀贵族，特别当他们的传统地位面临着寒族官僚的政治挑战时。[38]

新志在另一重要方面也有异于旧志：新志修撰者柳冲不单是出自名门的官僚，他还是专职的史官，任职史馆，新志即编修于此。在7世纪后半期，史家已经对修撰氏族志涉及的各种问题产生浓厚的兴趣，例如，武后时期，史官路敬淳便以致力谱志撰述而享有盛名，后世姓谱学者皆以路敬淳为宗。[39]柳冲自称本于路敬淳。[40]长安四年（704），伟大的史学理论家刘知幾运用严谨的史学评论准则，

---

〔37〕参阅本文附录参考论著所举陈寅恪、胡如雷、横田滋等先生相关著作。

〔38〕《旧唐书》卷一八九《儒学下·柳冲传》;《新唐书》卷一九九《儒学中·柳冲传》。有关《姓族系录》的修撰，详见池田温《唐代氏族志研究——关于〈敦煌名族志〉残卷》，第31—46页，该文详细罗列参与修撰此书的人名，而在第45页，更是显示他们虽无人来自门阀贵族，但均为唐室姻亲或勋臣之后。

〔39〕《旧唐书》卷一八九《儒学下·柳冲传》;《新唐书》卷一九九《儒学中·柳冲传》。

〔40〕《新唐书》卷一九九《儒学中·柳冲传》。

撰成并刊行充满批判精神的刘氏族谱后，引起了相当大的轰动，许多在过去被人广泛接受的高贵先世，纷纷被推翻。[41]刘知幾深深体会到谱牒学这一史学旁支的重要性，所以他后来在《史通》中倡言正史应当包括专门记述氏族的篇章。[42]刘知幾成为柳冲修撰新氏族志的合作者。

柳冲的新志于先天二年（713）修成，同年进呈朝廷。新志名为《姓族系录》，亦名《姓族录》。开元元年，唐玄宗继位，再令柳冲、刘知幾和薛南金增补改正，然后颁行全国。[43]据池田温的意见，上文提及的《敦煌名族志残卷》，很可能就是《姓族系录》编撰所本的部分原始材料。[44]

开元十一年（723）至十四年（726），大史学家韦述任职秘书省期间，私下增补《姓族录》，名为《开元谱》，凡二十卷。[45]韦述在其时代，颇以好谱学而著称。[46]

玄宗统治时期，许多谱牒著作编撰完成。除韦述外，散文家萧颖士亦以擅长撰述谱牒而闻名。[47]另一个著名的谱牒学家为孔至，

---

〔41〕《唐会要》卷三六《氏族》，第665页。刘知幾其实并不是第一个怀疑刘氏显赫先世的人。孔颖达在其《左传正义》"文公十三年""襄公二十四年"早已对刘氏的源流提出质疑。参见张西堂《唐人辨伪集语》，太平书局，1963年，第17—18页。

〔42〕参见蒲立本《中国史学评论：刘知幾与司马光》，收于毕斯里、蒲立本主编《中日历史学家》，牛津大学出版社，1961年，第145页（E.G. Pulleyblank, "Chinese Historical Criticism: Lin Chih-chi and Ssu-ma Kuang," in *Historians of China and Japan*, eds., Beasley and Pulleyblank, Oxford University Press, 1961）。

〔43〕参见《册府元龟》卷五六〇《国史部·谱牒》，崇祯十五年（1642）李嗣京刊本，第20页上—21页下；《唐会要》卷三六《氏族》，第665页；《旧唐书》卷一八九《儒学下·柳冲传》；《册府元龟》卷五五四《国史部·选任》，第33页下；《旧唐书》卷七《中宗纪》；《旧唐书》卷八《玄宗纪上》。

〔44〕池田温《唐代氏族志研究——关于〈敦煌名族志〉残卷》，第36—38页。

〔45〕《新唐书》卷五八《艺文志二》；《旧唐书》卷一〇二《韦述传》；《新唐书》卷一三二《韦述传》记载，《开元谱》当修于开元十一年至十四年；另见《玉海》卷五〇《艺文·谱牒》"唐编古命氏"条，清嘉庆十一年（1806）合河康氏刊本，第31页下。

〔46〕《旧唐书》卷一〇二《韦述传》；《新唐书》卷一三二《韦述传》。

〔47〕《新唐书》卷二〇二《文艺中·萧颖士传》；萧颖士致韦述之长函，见于《全唐文》卷三二三《萧颖士·赠韦司业书》；萧颖士作为谱牒学家而闻名，参见《新唐书》卷一九九《儒学中·柳冲传》。《册府元龟》卷五六〇《国史部·谱牒》，《唐会要》卷三六《氏族》，第666页，萧颖士误作贾至。

天宝十二载（753）至十三载（754）间撰成《百家类例》；但该书以不收名相张说一族招致非议，而张说之子为玄宗快婿。据称，孔至还撰有《姓族杂录》。[48]

除了上述私家修撰的谱牒著作外，其时还有两种官修谱牒著作，它们篇幅甚短，年限下至玄宗朝。一部是《天宝姓谱》，只有一卷，可能是李唐皇室的玉牒。[49]另一部是李林甫等撰《天下郡望姓氏族谱》，修于天宝八载（749），是年即为旧族门阀重揽朝柄之时。根据后来的说法，未被列入《天下郡望姓氏族谱》的家族，不许与谱内氏族进行联姻。[50]

经过安史之乱引起的社会大变动后，学者修撰谱牒之风似乎逐渐衰歇。[51]唯一活跃于此领域的学者是柳芳。柳芳供职史馆，乾元二年（759）续成韦述未竟的国史修撰工作。因修国史之故，柳芳饱览初唐史乘，尤其熟谙玄宗一朝的史实。[52]在柳芳少数传世文字中，有一篇长文专论氏族，饶有趣味，是唯一讨论氏族问题的唐代文献。[53]这篇文献在讨论谱牒修撰的时候至关重要：柳芳指出真正的谱牒撰述，是甄检士人妄自攀附名门望族，而不是助长伪冒之风。另一耐人寻味之处，柳芳是柳冲的后人，似乎柳氏有治谱牒之家学

---

〔48〕《新唐书》卷一九九《儒学中·柳冲传》；《唐语林》卷二《政事》，中国文学参考资料丛书，古典文学出版社，1956—1957年，第47—48页；《封氏闻见记校注》卷十《矜尚》，中华书局，1958年，第88页。孔至被视为谱牒学者，亦见《新唐书》卷一九九《儒学中·柳冲传》。

〔49〕宇都宫清吉《唐代贵人的考察》（“唐代贵人に就ての一考察”），《史林》第19卷第3期，1934年，第50—106页。该谱并未记载于任何唐代文献。

〔50〕《玉海》卷五〇《艺文·谱牒》，第31页下。

〔51〕麦大维《8世纪中叶的文学和历史理论》，载芮沃寿和杜希德编《唐代概观》，耶鲁大学出版社，1973年，第307—345页（David McMullen, “Historical and Literary Theory in the Mid—Eighth Century,” *Perspectives on the T'ang*, ed. Arthur F. Wright, and Denis C. Twitchett, Yale University Press, 1973. 编者按，中译文参见倪豪士编《美国学者论唐代文学》，黄宝华等译，上海古籍出版社，1994年，第156—190页）。

〔52〕关于柳芳，参见杜希德《柳芳：一个被遗忘的唐代史家》，《泰东》第17期，1972年（Denis C. Twitchett, “Liu Fang: A Forgotten T'ang Historian,” *Asia Major*, Vol. 17, 1972）。

〔53〕《新唐书》卷一九九《儒学中·柳冲传》；《全唐文》卷三七二《柳芳·姓系论》，第7页上—11页下。关于这篇文字的英译和注释，参见杜希德《柳芳：一个被遗忘的唐代史家》，《泰东》第17期。关于它的完成，参见《唐会要》卷三六《氏族》，第666页。

传统。柳芳在史馆奉命修玉牒，永泰二年（766），柳芳进呈修成的二十卷《永泰新谱》。[54]开成四年（839），柳芳孙柳璟又以翰林学士的身份修续皇室新谱。[55]

在唐宪宗重振中央政府权威的短暂时期，即9世纪初，政府最后一次主持修订包括全国望姓的官方氏族谱。元和七年（812），林宝领衔、知制诰王涯协修并撰跋的《元和姓纂》十卷最后修成，进呈御案。[56]《元和姓纂》的修撰目的和编排方式都异于以前各志。它不像前志那样严格按照各姓政治和社会地位的高低依次编排，它只是以四声为标准，粗略简单地进行分类，集萃诸多姓望，而在同一声韵下的不同氏族，则按其重要性依次排列。故此，《元和姓纂》不像前志带有明显的政治目的，相形之下，反而与后世研究姓氏的著作更加接近。

上述各志的原本无一传世。《贞观氏族志》的片言只语，唯韵书和宋代编纂的《古今姓氏书辩证》（邓名世撰）有所征引，但所录不外寥寥数语，无法得窥原书面貌。[57]只有《元和姓纂》的大量篇章得以传世。虽然清代学者颇费心力辑录佚文，然辑本支离破碎，与原本存在太大距离，仍然无法让我们看到一份由唐代学者撰述的完整的名门望族的名录。[58]

概括来说，我们从上述各种氏族谱可以清楚地看到，至少在安史之乱前，唐政府经常编修氏族志，其中氏族世系的追溯必须受到

---

〔54〕关于柳芳的先世，参见《新唐书》卷七三上《宰相世系表》“柳氏”条；关于唐室玉牒，参见《唐会要》卷三六《氏族》，第666页；《册府元龟》卷五六〇《国史部·谱牒》，第21页下；《玉海》卷五〇《艺文·谱牒》，第32页下—33页下。

〔55〕《册府元龟》卷五六〇《国史部·谱牒》，第22页上；《唐会要》卷三六《氏族》，第666页。

〔56〕《玉海》卷五〇《艺文·谱牒》，第33页下—34页下；《唐会要》卷三六《氏族》，第666页；《册府元龟》卷五六〇《国史部·谱牒》，第21页下—22页上。

〔57〕池田温《唐代的郡望表——以九至十世纪的敦煌写本为中心》（“唐代の郡望表——九、十世纪の敦煌寫本を中心として”）（上），《东洋学报》第42卷第3号，1959年，第293—331页。

〔58〕参见岑仲勉的力作，《元和姓纂四校记》“序”，共三册，商务印书馆，1948年。

官方的监督，政府必然委派史官编撰官方氏族谱，其中许多著名的史家，也以谱牒学家而知名于世。我们知道这样的事情并非孤立存在，所有的家世投状都由政府详加按验，吏部和礼部根据家谱、家讳进行审查，从而消除冒宗认祖的附会行为。

唐政府关注这类称宗认祖的事情，基于两个截然不同而又往往互不相容的目的。一方面，唐室急于限制门阀大族自高身价，亦防止有人攀附名族，可见那时个人的社会地位仍为家世所左右。在这个意义上，氏族志的修撰，实可视为限抑名门大族之间的联姻，以及持续削弱河北大姓权威的一种政策；另一方面，氏族志的编修却又明文确定门阀等级，规定士庶有别。换句话说，唐政府一面尝试使用纂修氏族志的手段限制高门大族的权力，另一方面却又借此维持官方认定的士族与比较卑微的寒门庶民在地位上的区别。所谓士庶之别，具体如何实行，已经殊不可考。但可以肯定地说，士子入仕早已不是隋代以前那样只取决于家族声望。在当时的社会环境下，至少有显庆四年（659）修成的《姓氏录》和先天二年（713）修成的《姓族系录》与之相反，二志是以人们实际的功勋职位确定氏族地位的高低。唯一例外的是，李林甫等人纂于天宝八载（749）的《天下郡望氏族谱》。这本姓氏书除了篇幅较少之外，其撰修立场和本质都异于前志。据宋代的说法，是书颁行天宝年间，规定“非谱裔相承者，不许昏姻”。因此，其目的是为了确立等级森严的社会集团。

除了精简详略之别外，以上所交代的史实和18世纪清代大史家赵翼所言，并无二致。[59]在此，笔者正好讨论与本文主题相关的敦煌文书。敦煌文书的解释虽然如文书本身一样复杂，但却给我们提供了独一无二的证据，让我们可以从这些失传已久的谱牒中，确定哪些人、哪些家族是唐代著姓大族的社会精英。

---

〔59〕 赵翼《陔余丛考》卷一七《六朝重氏族》，商务印书馆，1957年，第315—322页。

首先得以刊行，在少数日本汉学家之外引起学界关注的敦煌文书，正是现存北京国家图书馆，原编位字79号的敦煌写本。1930年，这件文书由向达首先刊行，此后屡经学者讨论和重编。[60]最近池田温极为精细地校勘了以前的抄本。[61]

这件写本并不完整，卷首残缺，亦无标题。写本主体首先依次罗列帝国郡名，之后注名某郡隶属之州，接着记载该郡所出大姓的数量，最后罗列州郡所出的大姓名称。文书跋尾记载，系高士廉于贞观八年（634）奉敕所撰。

高士廉是成于贞观十二年（638）的《贞观氏族志》的主要撰修人。据向达考证，这件写本确属《贞观氏族志》的一部分。[62]仁井田陞接受向达的观点，不过他认为这件写本应当是《贞观氏族志》撰写于贞观六年（632）的初稿本，而非贞观十二年（638）进呈太

---

〔60〕向达《敦煌丛抄叙录》,《北平图书馆馆刊》第5卷第6号，1931年，第53—80页；同刊第6卷第6号，1932年，第57—62页。参见宇都宫清吉《唐代贵人的考察》("唐代貴人じついての一考察"),《史林》第19卷第3期，1934年，第50—106页；那波利贞《隋唐五代政治史述略》,《支那地理历史大系四编》，白杨社，1941年；仁井田陞《中国法制史研究：奴隶农奴法·家族村落法》，东京大学出版会，1962年；守屋美都雄《六朝门阀个案研究——太原王氏系谱考》("六朝門閥の一研究：太原王氏系譜考"),《法制史研究》4，株式会社协同会社，1951年，第131—135页；牟润孙《敦煌唐写本姓氏录残卷考》,《台大文史哲学报》第3期，1951年，第61页；竹田龙儿《唐代士人的郡望》("唐代士人の郡望について"),《史学》第24卷4号，1951年，第26—53页；艾伯华《征服者与统治者：中世纪中国的各种社会力量》，荷兰博睿学术出版社，1965年（Wolfram Eberhard, *Conquerors and Rulers: Social Forces in Medieval China.* rev, ed. E. J. Brill, 1965）;《中国"士绅社会"补释》,《伦敦大学亚非学院院刊》第17卷第2期，1955年，第371—377页（Wolfram Eberhard, Additional Notes on Chinese "Gentry society", *Bulletin of the School of Oriental and African Studies*, Vol. 17, No. 2, 1955）;《古代敦煌的领袖家族》,《汉学研究》第4卷第4期，1956年，第209—232页（Wolfram Eberhard, "The Leading Families of Ancient Tun-huang," *Sinologica*, Vol. 4, No. 4, 1956）。以上论著都讨论这件写本，并参考它的抄本，普遍引用者，见于许国霖编《敦煌石室写经题记与敦煌杂录》下册，商务印书馆，1937年，第153—154页。

〔61〕见池田温《唐代的郡望表——以9至10世纪的敦煌写本为中心》（上）,《东洋学报》第42卷第3号，1959年，第293—331页；《唐代的郡望表——以九至十世纪的敦煌写本为中心》（下）,《东洋学报》第42卷第4号，1960年，第412—430页。池田温详校这件写本的早期抄本，自许国霖以后，没有学者得见这卷写本的原本或副本，它亦不见于20世纪50年代的北京敦煌文书缩微胶片。仁井田陞和艾伯华引用的许国霖抄本，像许氏所编《敦煌杂录》一样，抄写并不准确和粗率大意。另外，范文澜《中国通史简编》第3册，人民出版社，1965年，第93页，刊有这卷写本的残页照片。

〔62〕向达《敦煌丛抄叙录》，第53—80页。

宗的定本。宇都宫清吉在1934年撰写的专文也支持仁井田陞的看法。[63]稍后，那波利贞认为，这件写本其实是《贞观氏族志》的摘要或目录。[64]仁井田陞认为，这件写本所列氏族名目的基本主旨，是为了再次确定名录内的高门大族，只与他们社会地位相当的士族门阀进行联姻。艾伯华（Wolfram Eberhard）则以为，这份氏族谱属于《哥达年鉴》（*Almanach de Gotha*）之类的贵族世系，不过，他称他们为“士绅”（gentry），而引起另一种混淆。他认为这些大族的社会地位和社会经济力量保持着稳定性和持续性，并在东汉至五代不断的社会变动下仍不受影响。[65]

不管这卷写本是否本于一道官方文献，它肯定不是官方的副本。它是敦煌名僧悟真在开成元年（836）手抄而成。[66]这个抄本并不精细，其中夹杂着许多不规则的简写和错字，而在某些郡下所列氏族的总数，也与实际抄写氏族的数量大有出入。值得注意的是，开成元年敦煌已被吐蕃所占领，这份郡望表在敦煌已经失去法律的效用；而且这时《贞观氏族志》在唐帝国境内已完全过时，早为后来多次重修的新氏族志所取代。

对于这卷写本属于《贞观氏族志》系统的说法，首持异议的是牟润孙。[67]牟氏在1951年发表的精要考证中，指出这卷写本在内容、体例和规划等方面，都与辑录的《贞观氏族志》残卷存在许多差异。

---

〔63〕宇都宫清吉《唐代贵人的考察》，第50—106页。

〔64〕那波利贞《隋唐五代政治史述略》，第124—135页。

〔65〕艾伯华《征服者与统治者：中世纪中国的各种社会力量》，1965年，参见蒲立本《“士绅社会”：关于艾伯华近来著作的评议》，《伦敦大学亚非学院院刊》第15卷第3期，1955年，第588—597页（Edwin G. Pulleybank, “Gentry Society”: Some Remarks on Recent Work by Wolfram Eberhard, *Bulletin of the School of Oriental and African Studies*, Vol. 15, No. 3, 1955）。以及艾伯华的讨论，参见氏著《中国“士绅社会”补释》，第371—377页。参见注释60。另见艾伯华《古代敦煌的领袖家族》，《汉学研究》，第209—232页。

〔66〕关于悟真的事迹，参见陈祚龙《悟真的生平与著述：816—895》，法国远东学院，1966年，第9—10页（Chen Tsu-lung, *La vie et les oeuvres de Wou-tchen: 816-895: Contribution a l'histoire culturelle de Touen-houang*, École Française d'Extrême-Orient, 1966）。

〔67〕牟润孙《敦煌唐写本姓氏录残卷考》，《台大文史哲学报》，第61—74页。

牟氏进一步指出，在郡望表之后题记为高士廉撰的敕旨，荒诞支离：行文既欠畅顺，也错讹丛出，不可能是官方颁行天下的文书，也不应出自大学者如高士廉的手笔。牟氏提出异议的另一根据，该敕旨禁止高门大族与外姓通婚，以维持他们高贵地位的议论，但这显然违背人所共知的唐太宗限制士族权势的策略。牟氏的观点在1958年得到王重民有力的支持。王氏在一篇详尽的考证札记里，再次罗列这卷写本令人更加惊讶的讹误和矛盾。该篇奏表的日期也与史实不符。另外，敕旨提到的氏族总数（三百九十八姓），也与《贞观氏族志》所记的（二百九十三姓）不吻合。[68]显而易见，这卷写本与《贞观氏族志》有密切关联的看法已经不能成立。但是，当藏于伦敦和巴黎的同类性质的敦煌文书相继公开以后，关于这个问题的争论，愈趋复杂。

第一种是那波利贞1941年在巴黎发现，并刊行的一卷长达二十行的写本残卷。[69]它列出关中四郡*的望族名目。它的编排方式和前面氏族谱大致相同，只是在每一氏族条目下都附注士族自称的始祖（first ancestor）。可惜这件写本无法与北图所藏位79号文书互相对勘，因为后者缺乏关中四郡的姓望名目。

第二种新发现的写本包括五个残卷，其中一个就是那波利贞在1941年刊行的。[70]其他四篇合成一件，收于大英博物馆斯坦因藏室（Stein collection），编号为S.5861，1958年由仁井田陞首次发表。[71]仁井田陞和池田温都引用过这件敦煌文书，他们将之视作单独的文本。[72]这五篇写本皆残缺不堪，实在不易得出确切的结论。不过，

---

〔68〕王重民《敦煌古籍叙录》，中华书局，1958年，第101—104页。

〔69〕伯希和敦煌藏件P.3421。参见那波利贞《隋唐五代政治史述略》，第124—135页。

* 编者按，指京兆、始平、扶风、新平。

〔70〕伯希和敦煌藏件P.3191。参见那波利贞《隋唐五代政治史述略》，第124—135页。

〔71〕仁井田陞《中国法制史研究：奴隶农奴法·家族村落法》，第622—660页。

〔72〕仁井田陞《中国法制史研究：奴隶农奴法·家族村落法》，第622—660页；池田温《唐代的郡望表——以九至十世纪的敦煌写本为中心》，第293—331页。

笔者认为仁井田陞所刊的 S.5861a 写本，便是氏族志另一种形式的例证，即所有同一姓氏的姓望都排在一起。从仅存的八行四姓看到，这一残卷俨如《广韵》或其他韵书引录氏族志的样式。

其他四个残片，可以肯定差不多出自同一写本，而且和藏于北京图书馆的位 79 号写本具有非常密切的联系。P.3191、S.5861b 和 S.5861c 三个残片在文书体例上和位 79 号极为相近，唯一差异之处就是前者的州郡均隶于各道之下。州郡的名目在相当程度上和北图的位 79 号互相重复；至于氏族的名目虽非完全相同，但也非常接近。它们并不能继续修正我们对位 79 号的看法。

最后一个残片，即编号 S.5861d 残卷，很可能带来一种新的解释。这个只有六行文字、残存文字极少、残泐严重的文书，显然是位 79 号写本所附敕旨的一部分。它提及相同数目的姓氏（三百九十八），相同的家族"非史籍所载"，而残卷前面的日期大概相同，只是佚失了统治年号。倘从这些少量文字去判断，措辞其实完全相同。不过，它们之间有两项重要的差异。首先，虽然 S.5861d 残卷所载的敕旨没有年号，但却写上"八载五月十日"。按以"载"代"年"，是天宝年间（742—756）的习俗。因此，这篇敕旨的日期当是天宝八载（749）。再者，位 79 号写本明确记载"高士廉"之名，但 S.5861d 残片只有"甫"字。不过，"甫"字正好是天宝宰相李林甫的末字。如前所知，李林甫在天宝八载（749）奉命编撰《天下郡望氏族谱》，并颁行天下。

由此看来，位字 79 号写本和这批文书残片实出同源，只是前者的编者试图与高士廉所撰且声誉卓著的《贞观氏族志》相联系，而 S.5861 文书的作者则与晚一个世纪李林甫所撰的氏族谱相联系。

在笔者看来，上述写本残卷的氏族谱，源出天宝八载李林甫所撰的《天下郡望氏族谱》，而不是修于贞观十二年（638）的《贞观氏族志》。王应麟编撰的《玉海》引《中兴书目》云：

《天下郡望姓氏族谱》，一卷，李林甫等撰（崇文目同）。记郡望出处，凡三百九十八姓。天宝中颁下，非谱裔相承者，不许昏姻。[73]

以上引文所述，契合牟润孙和王重民的主要观点。牟润孙从文字、体例等方面怀疑位字79号文书并非高士廉撰于贞观十二年（638）的原作；同样，我们也可以怀疑，它们亦非李林甫撰于天宝八载（749）的原作。位字79号文书，不大可能是李林甫所撰《天下郡望氏族谱》的抄本。笔者认为，北京和伦敦所藏的敦煌写本，多半源出李林甫所撰《天下郡望姓氏族谱》的通俗而粗陋的传抄本。位字79号文书的编者记成错误的成书日期，又以高士廉代替李林甫之名，目的显然是凭借伪托的成书日期和权威人物，与当时仍最具权威并被广泛征引的唐初谱牒巨作《贞观氏族志》建立关系。

应该指出，现存诸多文献，收录了不少与敦煌氏族谱文书实际内容有明显传承关系的文字。前文曾经提及，《广韵》和其他各种宋代姓氏书、工具书里，征引了不少《贞观氏族志》的佚文。其中最重要者，是宋代初年的地理学巨著《太平寰宇记》。[74]该书包罗甚广，在每州之下，列有该州的望族名目。《太平寰宇记》是官方编撰，追求权威性，故望族名录的取材，肯定来自官方认可的资料。很明显地，《太平寰宇记》收录的望族名录，并非出自北宋新修。事实上，《太平寰宇记》面世前百年的社会大变动，早已使这些氏族谱完全丧失效用。既然这些材料多半只会引起好古考据者的兴趣，故《太平寰宇记》的编纂者自然采用现有的氏族谱。李林甫撰述的著作，作为官方最近编撰的氏族谱，内容简单，自然最适合《太平寰宇记》编者之需。

---

〔73〕《玉海》卷五〇《艺文·谱牒》，第31页下。

〔74〕池田温对此进行精心辑录和比较。参见池田温《唐代的郡望表——以9至10世纪的敦煌写本为中心》（上），第293—331页。

《太平寰宇记》和《广韵》等书所载的氏族名录，与前文提及的敦煌写本残卷相较，甚至与 P.3421、S.5861a 两件不复本来面目的残卷相比，内容都非常接近，由此推论，笔者认为，它们都同出一源，最有可能出自李林甫修于天宝八载（749）的《天下郡望氏族谱》。

但是，另一件敦煌写本让我们的讨论更加复杂。这件写本现藏大英博物馆，编号 S.2052，亦由仁井田陞于 1958 年刊行于世。[75] 和上述几件文书残卷不同，这不是一个残卷，而是一个完整的副本，有卷题和谱序。它虽然没有著录撰写日期和作者姓名，但它是 9 世纪以粗糙拙劣的书法所抄写。从提到的地名判断，它的抄写日期不能早于贞元十年（794）至十二年（796），题名为《新集天下姓望氏族谱》，只有一卷。它并不著录于任何书志，似乎很接近李林甫所撰的氏族谱，从题名"新集"来看，它有可能或者声称是李林甫《天下郡望氏族谱》的修订本。倘若真是如此，它一定经过大幅的修改。首先，李林甫氏族谱所列氏族总数为三百九十八，但这件写本所录的氏族却多达七百九十一个，其中大部分姓氏都极不寻常，而又甚难和名门望族扯上关系。再者，它在每一郡下所列的氏族次序——所有研究这些文书的学者都认同，氏族次序根据社会声望和重要性进行排列——皆与其他各种氏族谱迥然相异，一些举世著名和有影响力的氏族有时反而排在所属郡的第三或者第四名。

它在地名上的大量误用，排除了它是任何形式的官方文献的可能。它在简单的序言中也没有像北京、伦敦所藏的写本那样，托名高士廉抑或李林甫所撰。毋庸置疑，它不会是官修的文献，它大概是 9 世纪早期在民间流传的作品。它也不可能在敦煌地区流传，因为许多著录于《广韵》及其他姓氏书的敦煌望族，却未见于这件写本。

---

〔75〕仁井田陞对这卷写本进行辑录及详细考证。参见仁井田陞《中国法制史研究：奴隶农奴法·家族村落法》，第 640—656 页，并参注 71。

9世纪初，敦煌虽然为吐蕃占领，但在境内却仍然流传着多种不同的氏族谱。它们部分是根据唐政府修于七八世纪的氏族志而改写的作品，其他多半是稍后时期编撰的通俗著作。它们流传的政治环境——唐帝国已经不再修订和重新编纂权威而卷帙庞大的氏族志，以及敦煌尚在异族统治之下——基于这样的事实，即这些氏族谱内容各异，但显然曾在同一时期抄录和流传。这就确切显示，它们的价值不能从表面评估，它们不能被看作带有任何严峻社会意义、富有权威色彩的氏族谱。它们远远不是一个尚受门阀大族控制的政府所颁布，用以区分社会地位的诏令，它们看来是后人意图恢复门第社会思想的行为反映。它们一部分是在人们怀旧复古的心境下撰成，另一部分大概是家道破落的贵族子弟，目睹门第社会在政治、经济和社会变动下濒临崩溃，力图恢复匡救旧秩序的心境下完成的。

如此，我们自然不能简单地将之视作唐政府钦定的郡望表，抑或半永久的中古中国贵族阶层的《哥达年鉴》。倘若这些郡望表原本的撰写主旨，早已无足轻重，那么这些敦煌文书对现代的史学家究竟有什么意义呢？

我们可以这样看，不管这些写本确切来源为何，不管它们出于什么理由得以修撰和继续传抄，这些郡望表告诉我们，哪些氏族当时是被认为望重州郡的社会精英。虽然我们无法准确判断这些文献的撰写日期，但将存世的文献进行比较，可以看到位字79号文书（藏于北图），P.3421号、P.3191号（藏于巴黎）以及S.5861a–d号文书（藏于伦敦），与《太平寰宇记》《广韵》所载的郡望表，其实同出于玄宗天宝八载（749）纂修的《天下郡望氏族谱》，那时李唐政府最后一次尝试严格控制名门望族。唯一的例外是撰成于9世纪前期的S.2052号文书（藏于伦敦）。非常可惜，上述的郡望表都只是以残卷传世。不过，它们给我们提供了两份详细的氏族名录，这些氏族在当时被普遍认为拥有优越的社会身份。第一组与唐初政府评定的氏族名目紧密相关；第二组是数量更为庞大的氏族群体，在9

世纪前期的中国北方，大概在关中，人们普遍认为他们拥有优越的社会地位。

即使是时代较早，数量较少的第一组士族群体，在数量和范围上，已经远远超过陈寅恪和其他现代学者所认定的一小撮“高门大族”：他们构成唐初政治的权力核心，也是各个宫廷派系的主要成员，这些高门大族自然包括在敦煌氏族谱之内。在此，我们并非使用这些文献更精确地界定何谓一流高门，而是将这一小撮一流高门置于社会情境中，他们是更广大的社会阶层的顶端。这个社会阶层的范围虽然更为广泛，但在地方上也是具有排他性的显赫士族，他们构成沈括讨论初唐社会的重要因素。对生活于 11 世纪后期的沈括来说，这个明确界定的地方社会精英阶层的存在——我们现在至少可以粗略地确认那些是地方豪族或士族——肯定是唐宋之间社会重大的差异，正如在唐代，规模更小的高门大族才得以操持朝纲。〔76〕

对于现代社会史家来说，这个改变意义非凡。最显著的结果是：门荫入仕特权以及上等社会阶层的衰落，而代之以科举考试，按教育和才能拔擢人才，大大增加了布衣寒士向上社会流动（upward social mobility）的机会。但是，关于中国历史上任何时期的社会流动，总是被很棘手的解释问题所困扰。即使史料宏富的明清两代，关于个人和家族的经济情况，同样缺乏准确完整的资料。至于个人在国家的地位，由范围广泛的法令界定，最多只能观察到个人和家族实际社会地位和生活状况的一种极端笼统的相互关系。故此，这类分析并不能如预期一样地精确。对唐代而言，传记和谱牒类史料更较稀少，关于社会流动问题，不可能提出任何精确、具有

---

〔76〕 以下论文试图界定“地方望族”（locally prominent clans）的功能、生活方式、社会角色和文化精神。参见竹田龙儿《唐代士人的郡望》，第 26—53 页；竹田龙儿《关于唐代士族的家法》（“唐代士族の家法について”），《史学》第 28 卷第 1 号，1955 年，第 84—105 页；今堀诚二《唐代士族的性格描写之一》（“唐代士族の性格素描”），《历史学研究》第 9 卷第 11 号，1939 年，第 59—80 页；《唐代士族的性格描写之二》第 10 卷第 2 号，1940 年，第 46—81 页。

实际意义的论断。首先，我们可以获得的史料——基本是正史传记、墓志碑铭和唐人文集——它们都是预先选择的，只为成功和显赫的人士而编撰。我们没有后世的家谱和族谱，而通过这些谱牒，我们就可以看到一个氏族完整的面貌，就能比较那些成功者与不成功的族人，从而可以纵观整个宗族许多世代的盛衰情况。唯一存世的资料是《新唐书·宰相世系表》；不过它仍是高度选择下的产品，而在特定案例中，它也是错谬丛出，毫不精确。[77]同样地，我们对于唐代地方历史，实在一无所知。职是之故，我们对于不同氏族活跃的地方社会，茫然无知。

到目前为止，对唐代社会流动及相关问题有兴趣的史家，他们只注意这类问题：官僚个人的社会背景与其仕途成就的相互关系。[78]界定某人的社会背景，目前只有两项准则可资运用。第一是通过只有门阀子弟可以担任的政治高位，确认哪些人出自范围很小的名门望族。第二是考察人们的入仕途径，讨论他们是门荫入仕，还是科举晋身。第二种标准一直被广泛和不加鉴别地采用，前提是科举入仕的人们，多数来自寒微之家；而门荫入仕的士人，当然出自名门。自然，我们应用的时候应该保持最大的警惕。[79]我们知道，即使到了晚唐，官僚群体中的科举入仕者，仍然仅占很小的比例。[80]而从

〔77〕周一良《〈新唐书宰相世系表引得〉序》，收入洪业主编《新唐书宰相世系表引得》，北京：哈佛燕京学社，1934年。守屋美都雄《六朝门阀个案研究——太原王氏系谱考》（1951年）同样清楚地揭示《新唐书·宰相世系表》的错误。

〔78〕参见魏特夫、冯家昇《中国社会的历史：辽代（907—1125）》，美国哲学学会，1949年，第458—463页（Wittfogel. Karl A. and Feng Chia-sheng, *History of Chinese Society: Liao*. Philadelphia, 1949）；杜希德《安史乱后的榷盐使》，《泰东》第4期，1954年，第60—89页（D. C. Twitchett, "The Salt Commissioners after the Rebellion of An Lu-shan," *Asia Major,* Vol. 4, 1954）；蒲立本《安禄山叛乱的背景》（牛津大学出版社，1955年）对唐初政治派系的分析。

〔79〕关于这个情况，参见杜希德《8世纪早期的唐代政府》，《伦敦大学亚非学院院刊》第18卷第2期，1956年，第322—330页（Denis C. Twitchett, "The Government of T'ang in the Early Eighth Century," *Bulletin of the School of Oriental and African Studies*, Vol. 18, No. 2, 1956）。

〔80〕明经一科没有统计数字，至于进士科，唐代每岁取士有二十至三十五人。参见《文献通考》卷二九《选举考二》，十通本，商务印书馆，1936年，第276—280页。令人怀疑的是，一年内竟有百余人登第。

很多案例中，我们可以观察到许多本来出自名门的人，也一样通过科举入仕；另一方面，并非所有的名族子弟都可以荫资入仕，他们获得门荫，正是依靠父亲的官品高低，而不是根据他们的族望或社会出身。因此，出身寒微而攀上高位的官僚，他的儿子同样享有荫补的特权，和同样官品的贵族子弟无异。[81]

人们普遍认为，那些不是出自名族，而凭科举入仕，再晋身高位的士人是“新人”或“新贵”（new men）。在某种意义上，这种说法肯定是准确的，这些新贵显然更倾向于依靠君主和王朝，而比起那些出自名门大族的同僚，他们更是恪尽厥职，他们向现存的“政治秩序”效忠尽智，而不是为了维持自身社会阶层的稳定。但是，这不表示他们全都是出身寒微、社会地位低下的人，当然也不是一些当代中国学者所解释的，是占主导地位的庶族地主（petty landowner）和商人阶层。虽然笔者未对现存的资料证据进行必要的系统分析，但根据整体印象，许多“科举入仕的官僚”（examination-entrant bureaucrats），绝非来自籍籍无名的暴发户。他们虽然不如那一小撮高门大族显贵，但前文敦煌文书所载地方士族精英中的不少成员，都声称和河北高门大族一样冠冕相袭，享有社会地位。笔者因此大胆地推测：虽然科举制度的确为没有显赫家世，而遭埋没的部分青年才俊打开了晋身仕途的通道，但在唐初，真正通过科举入仕的社会流动新因子，却是一大群声望相对不太显赫的地方士族；他们借科举之途加速其晋身高位；以前这些高位，或多或少是由高门大族所垄断的。

社会流动真正意义上的突破，即促成地方上寒门子弟的向上流动，在笔者看来，并不是与7世纪晚期科举制度的发展紧密相关。

---

〔81〕关于“荫”的授予，参见《唐会要》卷八一《勋》，第1498—1907页；《旧唐书》卷四二《职官志一》；魏特夫、冯家昇《中国社会的历史：辽代（907—1125）》（第459页）认为，这种恩典只限授一至二人。不过，许多案例都显示官员的许多儿子，有时侄儿和孙子，获得荫任。

事实上，当唐代中央政府在8世纪晚期日渐衰落，而政治和军事权力旁落地方时，导致供职地方政府或中央政府特别机构的机会大大增加。虽然如此，我们最重要的问题就是，试图尽可能地确定敦煌文书和官方姓望氏族谱所载社会精英依靠地方乡里的类型和等级。

首先，虽然沈括的类比富有想象，但毫无疑问的是，唐代社会确实有过不可改变和持久性的、类似种姓集团的士大夫阶层。这种"中国式的婆罗门阶层"（Chinese Brahmin caste），与其他社会阶层截然不同，他们具有法律上的差别，他们享有特权，他们的身份地位异于庶民。开元七年（719）的诏令糅合了传统的社会分法，将社会阶层分作四民——士、农、工、商。[82]但在条文上却用最笼统的词句加以书写。它简单地规定，禁止官僚与民争利，禁止工商与官员来往。它并没有提到，这些各有职业的人口，是自成阶级、世袭的和不可转变的。毫无疑问，四民阶层都属于"良民"（free commoners）。官僚和拥有官衔者在经济和法律方面享有巨大的特权；不过，这些特权就像"门荫"一样，只从个人担任的官职而来，受惠者只限于本人及直系亲属，其他族人并不能享有这些特权，至多是因其声望在地方社会间接地获得利益。工商阶层以外，所有平民都有权参加科举考试。但是，这项规定似乎并未严格执行，证据显示，许多商人不仅科场得意进士及第，而他们的子弟赴京赶考时，竟然可以否认他们的出身。[83]

《唐律》虽然花了许多功夫，谨慎界定良民与贱民在法律地位方面的差别；也明文规定唯有官僚或拥有官衔的人方可以享有特权，但却没有提到，一般良民与少数士族乃至高门大族之间的分野所在。

---

〔82〕参见《唐六典》卷三《尚书户部》，享保九年（1724）近卫家熙刻本，第31页。书后附有玉井是博利用宋残卷进行全校的版本，参见玉井是博《支那社会经济史研究》，岩波书店，1942年。

〔83〕杜希德《晚唐时期的商人、贸易与政府》，《泰东》第14卷第1号，1968年，第63—95页（Denis C. Twitchett, "Merchant, Trade and Government in Late T'ang," *Asia Major*, Vol. 14, No. 1, 1968）。

例如，《唐律》虽制定极严峻的规定，禁止良民和贱民通婚，但却没有法律方面的规定，禁止良民内部不同社会集团之间的通婚行为。

事实上，即使那些所谓禁止士庶通婚的诏令，见诸敦煌文书位字 79 号、S.5861 号和前述多种明清族谱，以及《玉海》征引李林甫《天下郡望氏族谱》，从未做到有令必行，而它们也未见载《唐律》之中。《唐律》所收，是社会行为中不可改变、不可移易的律法，倘若真有这样的基本法令在开元二十五年（737）以前颁行——这是迄今尚存的残本《唐律》所著录的成书时间——它就应该被视为临时法；倘不以诏令的形式存在，便应纳入诰命之中。但是，唐代及其以后的史籍和官方文献中，却找不到任何蛛丝马迹，只能找到一条"禁止"河北大族通婚的敕令。[84]笔者强烈怀疑这道敕令，如果这样的法令确实制定，但也是转瞬即逝，并不成功，诏令很可能是门阀大族为了自身的利益，企图支撑和维持他们日渐衰落的社会地位。

当然，笔者并不否定，不同群体的自由民之间事实上曾经通婚。前田爱子进行的精确研究，令人信服地证明，一直到唐代末期，河北主要大族仍然在其婚姻圈内保持身份内婚制。[85]然而，据我们所知，唐代以后的中国社会，各省各地书香门第的精英分子并不倾向只在内部进行通婚。在此，笔者所不能接受的，是唐代士族通婚的范围皆由唐政府明文严格规定的意见，也不能接受所谓唐政府在法律上禁止士庶通婚的观点。除非发现更新更有力的证据，否则，笔者坚持认为，通婚行为应该由地方的习惯和风俗所决定，而不是由

---

〔84〕《唐会要》卷八三《嫁娶》，第 1527—1530 页。

〔85〕参见前田爱子《唐代贵族的婚姻关系——以山东五姓为中心》（"唐代贵族の婚姻関係——山东五姓を中心として"），东京大学学士论文，1964 年。编者按，前田爱子的硕士论文也与此相关，参见氏著《唐代官僚机构中山东五姓的进出状态》（"唐代官僚机构における山东五姓の进出状态"），东京大学硕士论文，1966 年。同时参见前田爱子撰、郝烛光译《唐代山东五姓婚姻与其政治影响力——通过制作崔氏、卢氏、郑氏婚姻表考察》，《唐史论丛》第 14 辑，2012 年，第 247—271 页。

中央政府一纸诏令加以规定，并以国家权威的形式加以执行和维持。

在这里总结的第二点，其实可以独立成一个专题研究，即本文讨论的地方士族，并不构成利害一致的经济阶层，他们也没有扮演经济精英的角色。正如近世的“士绅”宗族，大概只有很少成员得以进入仕途。可以肯定地说，这些成员在经济地位和职业等方面，存在着各种各样的差异。事实证明，即使权势显赫的高门贵胄，也有终身贫困或力耕为生的成员。另外，也有大量证据表明，出身寒微的人可以凭经商而成巨富，同样，也有官僚从事贸易以改善他们的经济地位。不过，必须一提的是，唐代士族在累世数代维持他们的权势、财富和影响力等方面，远比近世士绅宗族做得成功。他们无疑享有全国性的声望和社会地位，在这方面，清代只有一两个宗族可以相提并论。

另一个重要的一般性论点，就是这些士族的郡望（places of origin），只是表明他们属于某个房支，并不必然表示他们的出生地或居住地。例如，许多河北大族的成员，其实居住于长安；另一方面，有些士族的确和他们的原籍保持紧密的联系，例如，顾炎武在《裴村记》中提及的裴氏就是如此。此外，我们还要知道，个人的郡望常有歧异的记载。这大概是因为个人在不同社会情境下追述先祖世系的结果。例如，人们为了入仕，为了婚娶和为了祭祀祖先而追述世系，追溯祖先的精确程度便不可同日而语了。故此，所谓“某人某郡某县”，是指他来自某个同姓氏族，根据传统的说法，和某地相关。当然，某人的郡望也可视作某人的籍贯，不过，没有其他证据之前，不宜作如是观。[86]

---

〔86〕竹田龙儿引用显著的例证，让我们看到一幅关于这个复杂形势的清晰图景，他又试图分析那些在特别社会环境下自称出自名门的人士的事例。他列举出许多家世记载歧异的案例，这些人物的家世在两《唐书》和墓志铭中的记载截然不同。参见竹田龙儿《唐代士人的郡望》，第42—43页。如果再考虑刘知幾所云冒称大族祖先的情况，这个问题将更加复杂。参见《史通》卷五《世家》，同书卷一九《邑里》。

也就是说，除了少数长期共同进退、休戚相关而明确地自成一系的地方势力——如河北高门大族和苏州地区的吴郡士族——基于个人和宗族共同的地域出身、共享实际的地方利益，进而形成真正的地域性派系：这种认识是非常危险的。因为其中不少士人可能已经连续数代，甚至数个世纪和原籍彻底断绝联系。郡望不能过于强调，在这个特殊的领域，还需要进行士族个案的详细研究，提供具体翔实的资料，从而作为理论的坚实基础。

即使根据目前有限的证据，我们仍有信心断言，唐代社会的最高等级，比起以后历朝历代，更有阶层区别，更讲究等级分明。有唐一代，依然存在着一小撮权势显赫、影响甚大的旧族高门，他们扎根于五六世纪分裂时期错综复杂的政治进程。与此同时，唐代还存在着数量更多、流动性更大的士族群体，他们也有不逊于旧族高门的悠久历史，只是他们在政治和社会上的影响力基本上不在国家层面，而是局限于地方社会。但是，一般说来，国家和社会都承认他们享有优越的地位。旧族高门和地方士族，在社会上都是排他性的，他们虽不致成为一个自我封闭的种姓阶级，但他们的地位都被确认高于一般庶民。这是李唐政府承认他们地位，从而试图控制他们的策略所导致的结果。

比较他们与隋代以前祖先的情况，我们可以清楚地看到，那些高门大族和地方士族在唐代的力量，已经变得衰弱很多。他们在经济上和法律上的特权，已被褫夺，这些特权只能根据国家授予的职位而产生，不再是与生俱来；他们赖以建立权势的基础，如独立的士籍和世袭官职的垄断等特权，也遭到剥夺；他们现在所倚靠的，是继承祖先的财富、在地方的影响力、在政治和社会上的凝聚力以及继承的传统和文化教育所产生的力量。他们表现得相当出色。当然，最迟从7世纪末开始，他们已居于退守求存的一面。

实际上，关于氏族谱的撰述和学术讨论，对于氏族世系和排序的集中关注，是门阀士族与日渐强大的官僚化国家之间的斗争，李唐政府旨在限制高门士族的权势和声望。李唐政府试图通过审慎地覆核氏族的世系，从而甄辨、厘清和界定贵族的先世；贵族门阀也使用氏族谱作为防御武器，试图支撑他们已濒临解体的传统的政治社会秩序；他们已然看到，社会的变动早已淘去他们昔日的权势和社会名望。或许，从9世纪《新集天下姓望氏族谱》中所载姓望氏族数量激增的情况，我们可以看到，在安禄山叛乱引发的急剧社会变动下，唐政府最后一次试图调整传统的上流社会，以适应当时的社会现实。直到10世纪末，随着这样的社会变革，传统门阀秩序的残余也荡然无存。

虽然如此，关于上述的假设，有必要对晚唐社会进行更多详细的研究加以验证。在进一步的研究中，笔者讨论的敦煌文书，只要运用得宜，只要意识到它们用作考证史实存在的相关问题，它们将是极有价值的佐证资料。

（何冠环　译，范兆飞　校）

参考论著备注

陈寅恪关于唐代政治的研究，参见陈寅恪《唐代政治史述论稿》（重庆，1944年初版；上海，1947年再版；北京，1956年重版）；进一步的研究，参见氏著《隋唐制度渊源略论稿》，重庆，1944年初版；上海，1946年再版；北京，1954年重版。在20世纪50年代，陈寅恪再次讨论这些话题，相关研究是陈寅恪《论隋末唐初所谓“山东豪杰”》，《岭南学报》第12卷第1期，1952年，第1—14页；《记唐代之李武韦杨婚姻集团》，《历史研究》1954年第1期，第33—51页。对于陈寅恪理论进行较多的修正，并用于探讨最重要的个案研究者，参见蒲立本《安禄山叛乱的背景》，牛津大学出版社，1955年（Edwin G. Pulleybank，*The Background of the Rebellion of An Lu—shan*，Oxford University Press，1955. 编者按，中译本参见丁俊译《安禄山叛乱的背景》，中西书局，2018年）。并参杜希德关于这本著作的书评论文:《8世纪中叶的唐政府》,《伦敦大学亚非学院学刊》第18卷第2期,1956年,第322—330页(D.C. Twitchett,"The Government of T'ang in the Early Eighth Century," *Bulletin of the School of Oriental and African Studies*, Vol. 18, No. 2, 1956)。

除却在1958年以后那些加诸陈寅恪身上的纯政治性攻击文章,如第一篇攻击文章,北京大学历史系三年级三班研究小组《关于隋唐史研究中的一个理论问题——评陈寅恪先生的"种族—文化论"观点》,《历史研究》1958年第12期,第37—52页。陈寅恪理论也受到不同中国学者的批评,例如,岑仲勉批评陈寅恪关于9世纪唐政府内部党争的错误分析。参见岑仲勉《隋唐史》,中华书局,1957年,第397—405页。不过,整体来说,陈寅恪关于旧族门阀与新兴官僚党争的基本理论仍未受到挑战。

日本学者谷川道雄强烈批评陈寅恪和蒲立本的论点。他指出,在8世纪科举入仕的官僚,力量仍然不足以向旧族门阀发起挑战。他断言当时的政治冲突,在很大程度上仍然是贵族集团内部的分野。参见谷川道雄《关于武后朝末期至唐玄宗初期的政治纷争——唐代贵族制研究的一个视角》("武后朝末年より玄宗朝初年にいたる政争について——唐代贵族制研究への一视角"),《东洋史研究》第14卷第4号,1956年,第47—50页。

武后在执政时期,扮演着强化官僚利益角色的观点,横田滋加以强调,参见氏著《武周政权成立的前提》("武周政權成立の前提"),《东洋史研究》第14卷第4号,1956年,第273—294页。另外,胡如雷断言,科举入仕的官僚是武后掌政的政治基础。参见氏著《论武后的社会基础》,《历史研究》1955年第1期,第85—96页。不过,这个观点受到章群的挑战,他认为通过科举考试而注入政治新血液的现象,可以追溯到唐太宗时,不应过分强调与武后的关系。参见氏著《论唐开元前的政治集团》,《新亚学报》第1卷第2期,1956年,第281—303页。

关于重点讨论唐代以前门阀大族的成分,唯一精准的论述,参见孙国栋《唐宋之际社会门第之消融——唐宋之际社会转变研究之一》,《新亚学报》第4卷第1期,1959年,第211—304页。

研究隋代以前门阀士族的论著甚为丰富,尤其是日文著作。唯一的西文通论性著作,参见马伯乐、白乐日《中国古代的历史和制度》,法兰西大学出版社,1967年,第95页以下,尤其是第101—105页(Henri Maspero &

Etienne Balazs, *Histoire et institutions de la chine ancienne*, Presses Universitaires De France, 1967)。不过，其内容是相当过时的。关于高门士族政治和法律地位的一般研究，参见冈崎文夫《南朝贵族制起源及其成立经过的若干考察》("南朝贵族制の起源、并に其成立に到りし迄の经过に就ての若干の考察"),《史林》第14卷第2号，1929年，第179—194页；滨口重国《魏晋南北朝隋唐史概说》, 1942年初版，后收于《秦汉隋唐史研究》，东京大学出版会，1966年，第832—896页；矢野主税《门阀社会成立史》，长崎大学史学会油印，1965年；宫川尚志《六朝史研究・政治社会篇》，日本学术振兴会刊，1956年；越智重明《魏晋南朝的政治与社会》，吉川弘文馆，1963年。关于士族通婚及贵族社会结构的主要著作，参见仁井田陞《六朝及唐初身分的内婚制》("六朝より唐初の身分的内婚制"),《历史学研究》第9卷第8号，1939年，后收于氏著《中国法制史研究：奴隶农奴法・家族村落法》，东京大学出版会，1962年，第600—621页。近期的综合性著作，是毛汉光采用统计分析的方法，讨论士族成员的任官及其功能情况。参见毛汉光《两晋南北朝士族政治之研究》(上下册)，台北"中国"学术著作奖助出版委员会，1966年。

关于高门大族权力赖以持续的九品中正制之研究，参见宫崎市定《九品官人法研究——科举前史》，同朋舍，1956年；侯思孟《帝国早期的选官制度与官吏任命：九品中正考》，法国汉学研究所编《高等中国研究所杂文集》第1卷，法兰西大学出版社，1957年，第387—414页(Donald Holzman, "Les Débuts du Systéme Médiéval de Choix et de Classement des Fonctinanaires: Les Neuf Catégories et l'Impartial et Juste," Mélanges Publiés par l'Institute des Hautes Etudes Chinoises, *Bibliotheque de I'Institut des hautes études chinoises*, I, Presses Universitaires de France, 1957)。

在此期间，学人出版两部重要的、大规模重建门阀世系的著作，分别是矢野主税《魏晋百官世系表》(上下册)，长崎大学史学会，1960年；王伊同《五朝门第》,《金陵大学中国文化研究所丛刊乙种》，重庆，1943年。王伊同的专著比矢野主税的著作更加精密，不过他只是研究南朝大族的情况。研究士族个案研究的系统著作，目前可见，只有已故守屋美都雄的著作，参见氏著《六朝门阀个案研究——太原王氏系谱考》,《法制史研究》4，日本出版协同株式会社，1951年。士族个案研究方兴未艾。

越智重明在这方面有许多饶有趣味的研究，特别参见氏著《关于魏晋南朝的最下级官僚层》(“魏晋南朝の最下级官僚层について”),《史学杂志》第74卷第7号，1965年，第1—37页。他在这篇研究中指出，6世纪下级官僚的任用，显示所谓等级森严的门阀制度已经动摇。唐长孺精辟地讨论门阀士族的兴衰过程。另外，唐长孺对南朝晚期出身相对寒微的人士大量进入仕途的现象进行研究，参见氏著《门阀的形成及其衰落》,《武汉大学人文科学学报》1959年第8期，第1—24页；《南朝寒人的兴起》,《南北朝后期科举制度的萌芽》，俱收入《魏晋南北朝史论丛续编》，生活·读书·新知三联书店，1959年，第93—123、124—131页。

上述研究讨论隋代统一以前，严格意义上的贵族制已经衰微。关于唐代初年的士族问题，布目潮沨有一系列的著作，参见氏著《唐初的贵族》,《东洋史研究》第10卷第3号，1948年，第24—34页。他宣称即使在李唐建国初年，那些在南北朝隆盛的门阀贵族已经荡然无存。不过，他的观点受到矢野主税的猛烈攻击。参见矢野主税《唐初的贵族政治》(“唐初の贵族政治について”),《东方学》第9号，1954年，第12—18页。布目潮沨在后期的著作中，已不再坚持这个观点，参见布目潮沨《隋唐史研究》,《东洋史研究丛刊之二十》，东洋史研究会，1968年。

一个大族的末年

——唐末宋初的赵郡李氏*

姜士彬

（David Johnson）

从晋至唐的绝大多数时间里——大概是4世纪至9世纪，由数百个大族构成的集团在中国的政治和社会上占据主导性的地位。这些大族成员有效地控制了在地方上推荐候选人参与行政机构的资格，因此，他们垄断了高官显宦的大部分职位。大族成员同样享有崇高的社会声望（部分原因是他们仕途的成功），倾向于在本阶层内部互为婚姻。尽管历经朝代更迭、国内混战、异族入侵以及政局分裂的种种威胁，这些家族的一部分依然幸存延续，甚至长盛不衰达数百年之久。但是，这些家族未能在唐末五代的战乱中幸存下来。如果我们观察北宋初年的政治社会精英，很难发现这些大族成员活动的踪迹。一些零星的人物宣称他们是唐代乃至更早时期门阀大族的后裔，但这样的声称经常是错谬百出。

大族高门往往以郡望（choronyms）[1]作为标志——也就是说，将地理标签附缀于家族姓氏之前，如太原王氏。没有人能够自称太原王氏，除非他真正是这个大族的成员。在中古时期流行的士族谱牒中（“氏族谱”, lists of great clans）——某些氏族谱残卷幸存至今——每个氏族均以其特有的“郡望＋姓氏”（choronym-surname）的组合

* 本文研究之所以能够进行，部分原因是获得哥伦比亚大学东亚研究所的资助。笔者借此机会对东亚研究所及代理所长孔迈隆（Myron L. Cohen）先生表示感谢。笔者同时感谢艾伯华、毕汉思（Hans Bielenstein）及孔迈隆等先生，尤其是萨默斯（Robert Somers）先生，他们对本文的初稿提出宝贵意见。

〔1〕 Choronyms，源自希腊语 chōros：“一个地区或国家；土地财产，大片庄园。”

形式，作为标识，相互区分。这些氏族谱列举的大族，具有重大意义，而这些氏族谱时常在官方监督下进行修订。与此同时，高门大族的谱牒也置于严密的关注之下，避免有人伪冒大族的世系。迄于晚唐，拥有著名郡望的成员依然享有崇高的声望，因此，唐代历史中充斥着标榜郡望而自云高门的人物。但是，在北宋初季，这些著名的郡望却极为罕见（11 世纪中叶以降，这些郡望再次被使用，不过它们在那时的重要性已经发生根本性的变化）。大族门阀在生物学上的后裔可能仍旧存在，但在几乎所有的情况下，他们已经不再使用传统的郡望。总体言之，旧的统治阶层已经被摧毁无遗，一个新的统治集团取而代之。〔2〕

拙文的主旨在于探寻中古中国最显赫的世家大族之一——赵郡李氏——究竟在唐末宋初发生了什么样的事情。笔者尝试完成两项工作：一是将此大族作为晚唐时期业已存在的组织进行阐述，二是继续追踪此大族在五代迄于宋初的历史发展。晚唐时期的一个大族究竟意味着什么？在唐宋变革的过程中，这些高门大族究竟发生了什么事情？由于相关史料残缺不全，我们很难回答这些问题。在很多情况下，我们缺乏关于赵郡李氏生活情景的基本资料，而且在此

〔2〕关于前文概述观点的广泛讨论，参见姜士彬《中古中国的寡头政治》，西方视野出版社，1977 年（David Johnson, *The Medieval Chinese Oligarchy*, Westview Press, 1977。编者按，中译本参见范兆飞等译《中古中国的寡头政治》，中西书局，2016 年）。对于中古世家大族的若干方面提出精彩卓见者，参见杜希德《唐代统治阶层的构成——敦煌发现的新证据》，收于芮沃寿、杜希德主编《唐代概观》，耶鲁大学出版社，1973 年（Dennis Twichett, "The composition of the T'ang Ruling Class: New Evidence from Tunhuang," *Perspectives on the T'ang,* ed. Arthur F. Wright and Denis C.Twitchett, New Haven, Conn., 1973）。读者若对该方面的参考文献背景产生兴趣，应参考以下两本著作，它们即将由剑桥大学出版社出版，分别是伊沛霞关于中古时期博陵崔氏的研究，参见伊沛霞《早期中华帝国的贵族家庭——博陵崔氏个案研究》（编者按，伊著于 1978 年由剑桥大学出版社出版，Patricia Buckley Ebrey, *The aristocratic families of early imperial China——A Case Study of The Po—Ling Ts'ui Family*, Cambridge University Press, 1978。中译本参见范兆飞译《早期中华帝国的贵族家庭——博陵崔氏个案研究》，上海古籍出版社，2011 年）以及白蒂关于明清时期安徽桐城精英宗族的研究，参见白蒂《中国的土地与世系：明清时期安徽桐城之研究》（编者按，该书于 1979 年由剑桥大学出版社出版，参见 Hilary Beattie, *Land and Lineage in China: A Study of T'ung-ch'eng County, Anhwei, in the Ming and Ch'ing Dynasties*, Cambridge University Press, 1979）。

时期为我们知道的数百名李氏人物中，只有很小一部分成员拥有详尽的列传资料可资利用。但是，从各朝的正史列传、存世的文学作品以及石刻碑铭中，仍然可以搜集出惊人的资料，借此我们确信可以重建赵郡李氏的历史。[3]

一　赵郡李氏的发展：从兴起至晚唐

大族的发展，我们可依据两个构成原则加以阐释。其一是谱系原则（genealogical principle），其二是地理原则（geographical

〔3〕本文所使用的主要文献来源是：王朝正史、墓志铭以及其他纪念性文集中的人物传记；《新唐书》卷七二上《宰相世系表》"赵郡李氏"的世系；《全唐文》、个人文集以及其他文献中由赵郡李氏所撰写的形形色色的作品。笔者致力于搜集8世纪中叶至12世纪早期赵郡李氏撰写的迄今存世的所有作品。在笔者研究的部分阶段，哥伦比亚大学的史恺悌（Catherine Swatek）女士曾经给予帮助。与此相似，笔者力图搜集已经刊布的墓志铭，同时搜集"中央研究院"和"国立中央图书馆"收藏的尚未刊布的墓志拓片。这两个机构都在台湾，笔者对这些资料都进行了考察，前者通过一名卓有才能的助理研究员康乐先生，后者通过"国立中央图书馆"出版的收藏墓志拓片的目录。在哥伦比亚大学所藏的丰富谱牒中，所有五十多份题名李氏的谱牒都经过彻底的谨慎搜寻，希望获得早期的资料，但是，我们没有发现任何一份值得信赖的早于宋代的谱牒。关于后面的这项研究计划，哥伦比亚大学的李耀中（Li Yao-chung）先生曾经给予帮助。

关于第二手的文献，最重要的是青山定雄所撰写的关于宋代早期官僚出身背景的一系列论文：《五代宋朝江西的新兴官僚》（"五代宋に於ける江西の新興官僚"），《和田博士还历纪念东洋史论丛》，讲谈社，1951年，第19—37页；《宋代华北官僚系谱研究之一》（"宋代における華北官僚の系譜について"），《圣心女子大学论丛》第21卷，1963年，第21—41页；《宋代华北官僚系谱研究之二》，《圣心女子大学论丛》第25卷，1965年，第19—49页；《宋代华北官僚系谱研究之三》，《中央大学文学部纪要（史学科）》第12卷，1967年，第67—110页；《宋代四川官僚谱系研究》（"宋代における四川官僚についての一考察"），《和田博士古稀纪念东洋史论丛》，讲谈社，1960年，第37—48页；《宋代福建的新兴官僚——特别以谱系为中心》（The newly-risen bureaucrats in Fukien at the five Dynasty-Sung period, with special reference to their genealogies），《东洋文库欧文纪要》第21卷（*Memoirs of the Research Department of the Tōyō Bunkō*），1962年，第1—48页。陈寅恪一篇关于李德裕贬死年月的文章，提供了好几份重要但尚未公布的墓志铭，参见陈寅恪《李德裕贬死年月及归葬传说辨证》，《中央研究院历史语言研究所集刊》第5本第2分，1935年，第149—174页。牧野巽关于中国宗族及其组织演变的研究论文，尤为重要，尤其是氏著《近世中国宗族研究》（日光书院，1949年）一书的第二章和第四章；同时参见《宗祠及其发展》（"宗祠と其の發達"），《东方学报》第9号，1939年，第173—250页。另外，非常有用的一批资料是伯克利大学艾伯华教授从《旧五代史》中搜集的李氏人物的资料，这是他较大研究计划的一部分，承蒙他慨允我进行使用。与此同时，我还要感谢宾夕法尼亚大学的郝若贝（Robert Hartwell）教授提供了宋代赵郡李氏的相关资料。

principle)。随着讨论的进行，这些术语的含义将变得更加清晰明确。

赵郡李氏的谱系结构

首先，我们考察《北史》列传和《新唐书》“赵郡李氏”条所描述的世系构成。《北史》中有一个关于赵郡李氏的列传，其中叙述李氏家族的起源及发展历程，这些文字必定写于显庆四年（659）以前，因为是年《北史》撰成并进献给皇帝。[4]彼时彼刻，大族高门及其传统在很大程度上依然未被触动，强盛如初；不仅如此，《北史》所载很可能就是根据赵郡李氏提供的资料摘录而成。[5]因此，与撰成于嘉祐五年（1060）并呈献于皇帝的《新唐书·宰相世系表》*所载的赵郡李氏谱系相比，《北史》所载的世系更加可靠。但是，这两份资料并非相互独立，因为他们具有若干共同的特征。例如，《北史》阐述其世系，始于秦汉时代的李牧和李左车，然后跳跃至李左车的十四世孙李恢。李恢生一子定，定有子四人，皆仕于晋。这些谱系和《新唐书》所载世系极为相同，然而，《北史》接下来的叙述，并未被《新唐书》所记载：

> （有子四人）兄弟皆以儒素著名，……（定有一子名机）；机子楷，……家于平棘南（赵郡的别名）。有男子五人，辑、晃、茉、劲、叡，……并以友悌著美，为当世所宗，时所谓四黄者也（兄弟四人的字号中均有“黄”字）。辑位高密郡守，二子，慎、

---

〔4〕《北史》卷三三《李孝伯传》，据乾隆四年（1739）武英殿本影印，艺文印书馆，1956年。关于具体日期，参见《唐会要》卷六三《修前代史》，中华书局，1955年，第1092页。

〔5〕《北史》的作者李延寿，出自另一个名门大族陇西李氏，李唐皇室亦自称陇西李氏后裔。李延寿对于谱牒的关注，不仅表现在《北史》列传的设计安排上，我们有时看到整个卷次都在专门阐述一个氏族的成员，还体现在他们家族的悠久历史，构成了《北史》卷一〇〇《序传》。

* 编者按，《新唐书·宰相世系表》，下文简称“《新表》”。

> 敦。晃位镇南府长史，一子，义。劲位书侍御史，[6]四子，盛、敏、隆、喜。叡位高平太守，二子，勗、充。
>
> 其后，慎、敦居柏仁，子孙甚微。义南徙故垒，世谓之南祖。勗兄弟居巷东，盛兄弟居巷西，世人指其所居，因以为目，盖自此也。[7]

《北史》的记载，显然将李楷的子孙划分为四个群体：李辑二子李慎和李敦之后裔，宅居柏仁；李晃之子李义及子孙，向南迁徙于故垒（old fortifications），世人谓之南祖；李叡子李勗及其兄弟；李劲子李盛及其兄弟——最后的两个群体居于同一条巷子中。

与之相较，《新唐书》的阐述将赵郡李氏分为三个部分：

> ……（李楷）徙居常山。五子：辑、晃、芬、劲、叡。（笔者按，此处的李芬，相当于《北史》中的李茉，字形相近，显然有一个是错误的，尽管无法知道孰是孰非。）叡子勗，兄弟居巷东；劲子盛，兄弟居巷西。故叡为东祖，芬与弟劲共称西祖，辑与弟晃共称南祖。自楷徙居平棘南，通号平棘李氏。辑字护宗，高密太守，子慎、敦，居柏仁，子孙甚微，与晃南徙故垒，故辑、晃皆称南祖。[8]

《新表》的主体文本，分成三个主要的部分：即由李晃（南祖）、李叡（东祖）及李劲（西祖）三人的后裔子孙所组成。宅居柏仁的李辑及其后裔子孙，并未出现在《宰相世系表》记载的任何世系之中。这种情形似乎说明，有唐一代的某个时期，人们丧失了对于赵郡李

〔6〕据《新唐书》卷七二上《宰相世系表》，据乾隆四年（1739）武英殿本影印，艺文印书馆，1956年。兹将“书侍御史”改为“治书侍御史”。

〔7〕《北史》卷三三《李孝伯传》。

〔8〕《新唐书》卷七二上《宰相世系表》。

氏中李辑房支的谱系知识。还有其他证据显示，迄于唐代，人们认为赵郡李氏只有三个房支。[9]职是之故，《新表》的作者在“李氏”条的谱序中，将李辑与李晃一并视作“南祖”，正如他将李芬与李劲视作“西祖”一样：正是因为没有关于李辑和李芬后裔子孙的资料可资利用，所以他们被并入依然存在的李氏房支之中。《北史》丝毫没有提及李茱（即李芬）所建立的房支，但又非常明确地将李辑与李晃的后裔子孙区分开来，种种情形表明，李茱建立的房支系统已经荡然无存，但是，李辑建立的房支却依然活跃。

因此，赵郡李氏的谱系结构就相当清楚了。《北史》列传呈现了李氏谱系结构的轮廓，而《新表》则铺叙出更加精细的内容。李氏由三个（或四个）房支所构成，每个房支都有特定的名称，诸如“东祖房”（Eastern Ancestor branch）之类。这些房支成员只不过是三个（或四个）光荣祖先——他们都是李楷之子——的后裔子孙。不仅如此，据《北史》所载，这些人原本居住在“平棘南（赵郡）”，其后裔子孙分别居住在四个截然不同的区域：东祖房居于巷东，西祖房居于巷西；南祖居于故垒或柏仁某处。由此看来，赵郡李氏发展演变的初级阶段，某一特定房支的成员似乎倾向于聚居在某个特定的区域。

但是，这种情况并未延续下来；如果按图索骥，我们搜集《新表》所述主要房支不同成员的列传和神道碑刻等资料，就能发现这些成员具有大量相异的次级郡望（sub-choronyms），次级郡望是指

〔9〕出自赵郡李氏的李吉甫，在9世纪初叶撰成的《元和郡县图志》（畿辅丛书版）中提及“三祖宅”（《元和郡县图志》卷一七《河北道二》）。《宝刻丛编》（据光绪十四年陆心源十万卷楼刻本影印）撰成于13世纪，是一本搜集碑刻的总目，并附有注释，其中提及“唐李氏三祖堂记”（《宝刻丛编》卷六《河北东路·祁州》）。另外，唐文宗曾经赐给李德裕“三祖碑文”，三祖就是《新表》所载赵郡李氏三个主要房支的开基祖。参见《全唐文》卷七〇四《李德裕·谢恩赐王元逵与臣赞皇县图及三祖碑文状》，清嘉庆十九年（1814）武英殿刻本，第11页上。但是，我们要注意到神龙二年（706）前后，申明旧诏，重新禁止天下冠冕世家互相通婚，尤其提到李楷之四子的后裔。参见《全唐文》卷三一八《李华·唐赠太子少师崔公神道碑》，第19页下。

一个附属性的地名标识，缀于郡望之后，唐末以前经常如此使用：例如，赵郡赞皇。它是指基本郡望之内郡的一个领县。除此之外，一些次级郡望在史料中消失匿迹，而新的次级郡望则取而代之。显而易见，次级郡望反映出赵郡李氏在赵郡内部居住地的变化，因为没有一个赵郡李氏的次级郡望脱离于赵郡领县以外。与此同时，这些居住地的变化，并未严格依照世系的发展而变化，这是因为相同的次级郡望出现在数个并不相同的主要房支中，而数个相异的次级郡望又可以表示某一房支的成员。

赵郡李氏世系图

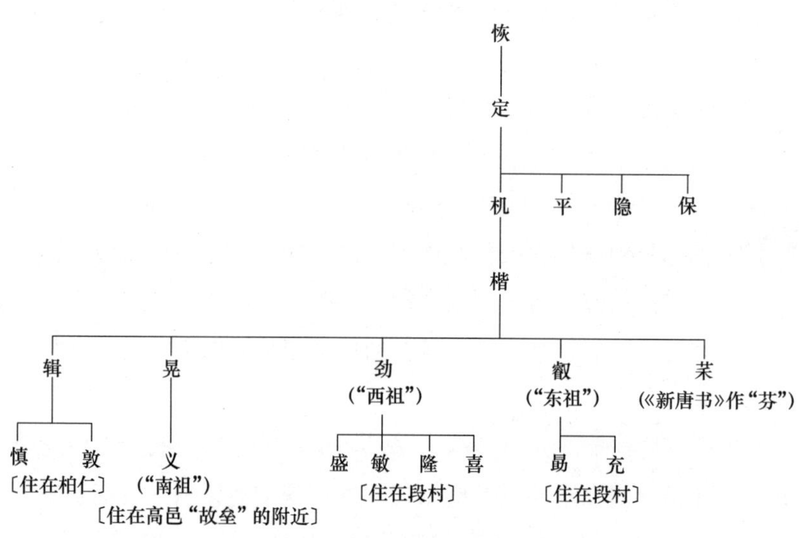

（据《北史》卷三三绘制）

不言而喻，较之谱系构成，赵郡李氏的地域结构远为复杂。洞察这个氏族的地域结构，至关重要，因为这种结构并不是那么理想化，而且它们所反映的实际情况，较之《北史》和《新唐书》所描绘的情景更加充分完整。实际上，如果考察李氏成员的地域分布，我们就会发现李氏成员从其原来的乡里迁徙和扩散出去，在赵郡的不同地方建立各个房支，最终几乎完全割断了与赵郡的乡里联系。

在随后的考察中，笔者首先尝试确定赵郡李氏最早居住的核心区域，接着追踪李氏成员此后的迁徙情况。

赵郡李氏的地域分布

1. 早期的扩张

根据最可靠的资料，赵郡李氏的东祖房和西祖房之所以如此得名，正是因为这些房支最初的分裂甫一发生，其房支创建者就分别居于乡里巷子的东西两侧。《北史》和《新唐书》都谈及这条巷子位于平棘县之南。李吉甫撰成于9世纪初的《元和郡县图志》，为我们考察李氏成员的墓葬地、土地占有等方面提供了不可多得的珍贵资料，同时，关于这条巷子，此书也提供了更为丰富的资料。此书在“平棘”条内，记载如下：

> 赵郡李氏旧宅，在县西南二十里。即后汉、魏以来山东旧族也，亦谓之“三巷李家”，云东祖居巷之东，南祖居巷之南，西祖居巷之西。亦曰“三祖宅巷”也。[10]

虽然这段材料断言李氏家族的三个房支——而非两个房支[11]——皆居于此巷之内，但是，毫无疑问，《元和郡县图志》所指明的，与《北史》和《新唐书》所阐述的正是同一个地方。因此，赵郡李氏原来的居住地就位于赵郡西南方向二十里（唐制）的一个巷子。[12]

---

〔10〕《元和郡县图志》卷一七《河北道二》。笔者以为，其中的“三巷李家”，应为“三祖李家”，如此才能与下面的材料更加一致。

〔11〕《元和郡县图志》记载，南祖和东祖、西祖居于同一巷子，南祖居于巷南。不过，这大概是李吉甫所做的错误的辩解理由，他基于两个事实：其一，众所习之，赵郡李氏为“三祖李氏”；其二，东祖和西祖之得名，正是因为其子孙居住在祖巷方向相反的东西两端。无论《北史》，还是《新唐书》，都没有提及在那个巷子中，还居住着第三个亲属群体。

〔12〕这个氏族早期聚集在一个地方，体现在《魏书》和《北史》中赵郡李氏的列传所使用的次级郡望，几乎所有的例证都记载为“平棘”。这证明《新表》所载李楷迁至平棘南以后，这个氏族的成员都被称作平棘李氏。

另一条证据准确地印证我们关于这个巷子所在位置的判断，就是《李宪墓志铭》。李宪在6世纪的前二十五年（500—525）内担任高级官员，他是赵郡李氏东祖房的成员。[13]在北魏创业之始，李宪的曾祖父李系，被道武帝任命为平棘令，追赠平棘男之爵位。[14]在《魏书》列传中，其祖父李系的郡望是“赵郡平棘”。[15]李宪在其本人的墓志铭中，所使用的次级郡望是柏仁。李宪以母老乞归养，拜赵郡太守，表明其家位于此地。

《李宪墓志》云，他虽然屡屡在京师近郊获得赐地，作为陪陵的墓葬地，但是，他仍然希望死后归葬乡里——因此，李宪死后被“合葬于旧墓”。[16]《李宪墓志》没有记载这些氏族成员墓葬地的具体位置，不过，这块碑刻是清同治十年（1871）赵州段村的居民在掘井时所发现的。[17]我们完全有理由相信，李宪墓志被发现的现场，就是其墓葬的实际位置。据《赵州志》记载，段村位于赵州以西二十五里；[18]但是，根据美国陆军地图局绘制的关于此地区比例尺为1∶50000的地图显示，段村其实位于赵州西南偏西部直线距离10.6公里，公路距离约12.8公里。[19]这与“（赵郡）县西南二十里”所云的位置非常接近，也就是《元和郡县图志》所载“赵郡李氏旧宅”的具体方位（唐制二十里大约相当于10.7公里）。实际上，笔

---

〔13〕《魏书》卷三六《李顺传》，中华书局，1974年，第835—836页。

〔14〕《魏书》卷三六《李顺传》，第829页。

〔15〕同上。

〔16〕陆增祥《八琼室金石补正》卷一八《仪同三司文静公李宪墓志》，吴兴刘承幹希古楼刊本，1925年，第5页上。在墓志铭中，李宪被称作“柏仁人”，但他并未葬在柏仁。他有可能在柏仁成长，其直系祖先葬于赵郡西南部的“旧宅”附近。李宪的孙女，是北齐时期的文宣皇后，《李青摩崖报德碑》记载她是柏仁县永宁乡阴灌里人，大致就是其祖父李宪生活的地方。参见《畿辅通志》卷一五一《金石十四·定州刺史李宪墓志》，据光绪十年（1884）开雕版影印，商务印书馆，1934年，第5820页上。因此，赵郡李氏从原来居住的中心地区向柏仁地区的迁徙行动，很可能就发生在5世纪初期或者中期。

〔17〕《畿辅通志》卷一五一《金石十四·定州刺史李宪墓志》，第5819页上。

〔18〕《赵州志》卷一《古迹》，光绪二十三年（1897）版，第34页上。

〔19〕美国陆军地图局，L737组，河北地图，1∶50000比例尺，第7968Ⅱ片（赵县）和第7968Ⅳ片（元氏）。这些地图大部分是根据第二次世界大战以前的勘测绘制而成。

者坚信它们就是同一地方，而赵郡李氏旧宅所在的乡里，以及东祖房和西祖房最初的乡里基础，不是别处，正是段村。[20]

我们还可以确定李氏南祖房——即李晃子李义的后裔房支——最初的居住地，尽管它的方位不如东祖房和西祖房那样准确。李氏南祖房的每名成员，都在其列传或墓志铭上记载着完全一致的郡望："赵郡高邑"。这种情形揭示这个家族一定是结合相当密切的群体，而且他们的居住地一定位于高邑县内的某个地方。这契合前引《北史》的记载：李义离开乡里之后，"南徙故垒"，因为高邑县位于段村南部约十三公里。[21]《元和郡县图志》所载更为翔实，"三祖李氏亦有地属高邑县封斯村者，李氏旧茔多在封斯"。[22]由此可见，封斯村很可能是南祖房的乡里旧籍。那么，它位于何处呢？我们无法

---

〔20〕《元和郡县图志》记载了李左车的墓，正如《北史》和《新唐书》所载，李左车被视作这个大族最早的祖先之一。李左车墓位于平棘县西南七里（《元和郡县图志》卷一七《河北道二》)。如果李左车墓果然就在此处，这就可以解释这个氏族为何开始将他视作始祖。另一种可能是，在一个相对长的时间之后，赵郡李氏成员自己建造了李左车的墓。无论何种情况，这个墓葬接近于段村。

我们在此应该指出，还有一则看起来与段村有关的有趣资料。李仁瞻大概卒于咸亨元年（670）前后，他是赵郡李氏东祖房的成员，其墓志铭记载，他祖先迁徙的情况是"自段干木至柏仁"(《全唐文》卷二九二《张九龄·故果州长史李公碑铭》，第5页上）。段干木是战国时期（Warring States）的圣贤，而非地名。这个错误的形成，大概是因为作者或者抄手把段干木想成段干了，而段干是老子之子宗的胙土封地（参见《史记》卷六三《老子列传》，中华书局，1962年，第2142页。老子的名字屡屡出现于李氏谱系的开篇位置）。但是，无论怎样，李氏从段干至柏仁的迁徙行为，看来难于让人接受，因为在这份碑铭撰写之时，大约在开元十八年（730）前后，即便一名孤陋寡闻的赵郡李氏大概也会知道，在柏仁之前，平棘或赵郡是李氏家族的重要场所（编者按，碑铭原文是"自段干木至柏仁侯"，柏仁侯指李昙，秦御史大夫、柏仁侯，而非地名）。当然，这种从段干直接迁至柏仁而根本没有提及赵郡或者平棘的主张，从表面上看，就让人疑窦丛生。考虑到我们已经知道的演变情况，更能让人理解的解释可能是李氏从段村迁徙至柏仁——因为实际发生的情况正是这样。那么，是不是《全唐文》在收录和抄写碑铭的时候出现了问题？

〔21〕笔者无法确定"故垒"具体所指。《元和郡县图志》卷一七《河北道二》记载，2世纪初叶，在魏郡、赵国和常山等郡缮作坞垒六百一十处，以抵抗羌人的入侵。所谓"故垒"，很可能就是其中的一处遗迹。同时记载，其中一个坞堡（千万垒）在平棘县南一里处，但其他证据显示这不大可能是《北史》所指的那个地方。

〔22〕这句简短的引文，不见于艺文印书馆据畿辅丛书版影印版本的正文，而出现在第6页下张驹贤对第十七卷的考证文字中，张氏说这段文字出自官方记载，但笔者没有找到具体出处（编者按，据中华书局点校本校勘记云："封斯村至多在封斯。今按，殿本亦有此条，他本脱。考证谓即汉封斯县。钱坫引有'平棘故城在县南云云'，此脱。"参见《元和郡县图志》卷一七《河北道二》，贺次君点校，中华书局，1983年，第504页）。

确定具体位置，不过，撰成于1897年的《赵州志》记载，已经罢废的封斯县之县址——东汉以降，封斯县废，故此县址在唐代可能急剧缩小沦为村落——位于“城西南二十五里”。[23]根据美国陆军地图局绘制的关于此地区比例尺为1∶50000的地图，正好标识了一对村落：东封斯村和西封斯村，它们位于赵县西南方向直线距离约二十一里（清制）处以及处于段村之南约3.5公里的地方。[24]《宝刻丛编》是13世纪辑录各地碑刻并附题跋的总目著作，记载一份标明唐代的“李氏三祖堂记”，位置在“高邑之北道傍”；[25]而比例尺为1∶50000的地图显示，在高邑之北约6.4公里的一个“李村”，恰好位于西封斯村南部一公里处。[26]尽管需要在敲定“故垒”的具体位置时才能确定，但是，上述事实让我们相信，南祖房最初的居住地很可能就是封斯村。

因此，《北史》所载赵郡李氏四个房支最初的居住地点，我们已经在空间上定位了其中的三个。现在需要定位的还有一个房支：即李辑的后裔子孙。《北史》和《新唐书》都告诉我们，这个房支的创建始祖居住于柏仁县（今尧山）。但是，如前所述，唐代以前，这个房支已经从赵郡李氏脱落而出，显然是因为未能维持他们的地位。鉴于我们无法获悉这个房支任何成员的名字，因此，没有直接证据表明他们最早居住在柏仁县的具体位置。但是，我们知道一些宅居柏仁的赵郡李氏的人名，并且了解他们居于何处，故此，我们可以确定宅居柏仁的赵郡李氏的大概方位。在这些李氏人物中，有些是东祖房的成员，他们的名字出现于《新表》，其余名字则未出现（这些没出现的成员可能是李辑的后裔）。可以推断，当这些赵郡李氏的

〔23〕《赵州志》卷一《古迹》，第32页上。

〔24〕参见注释19所引地图。

〔25〕《宝刻丛编》卷六《河北西路·赵州》，第61页上。作者李云卿即便有可能是赵郡李氏，但不能确定他的身份。杨殿珣《石刻题跋索引》将此石刻的时间定为“唐末”。

〔26〕参见注释19引用的地图，以及同组第7967Ⅳ号高邑地图。但需要注意的是，“李家庄”在高邑东部二公里左右，还有“李氏墓群”在其正东方向。

成员前往柏仁地区时，他们会尽可能选择定居在已经安家落户的宗人附近。较早前来定居的宗人也会欢迎这些亲戚的来临，因为与附近没有亲属关系的家族竞争地方权力时，这些后来的成员代表李氏额外的新增人员和资源。

6世纪初叶，〔27〕地方豪侠李显甫（东祖房的一名成员），集诸李数千家于“殷州西山”。〔28〕李显甫之子李元忠，继承了他的权力及爵位（平棘子），很可能与诸多亲族宗党居于同一村落。〔29〕正光六年（525）左右，边塞镇兵因被强迁至河北而发生叛乱，李元忠的乡村面临灭顶之灾，史载李元忠“帅宗党作垒以自保”。〔30〕李元忠后来拜南赵郡太守，柏仁县就在南赵郡辖区之内，李元忠使用的次级郡望正是柏仁。〔31〕接着，大约一个世纪之后，武德六年（623），一群赵郡李氏的成员筹资在宣雾山修龛镌石，具有纪念性的经像碑记载，树碑目的是对肇建的李唐王朝感恩报国。〔32〕宣雾山坐落在今尧山城北四公里处，〔33〕而西山在笔者寓目的所有地图中，都无法找到踪迹，

〔27〕大概在5世纪早期之前，赵郡李氏都居住在柏仁。根据《新表》，李慎与李敦的一个堂兄弟，李义（《新表》作“羲”）出仕“燕”政权，这有可能指不同的燕政权，一直从后赵太宁元年（349）延续至魏太延二年（436），包括前燕、后燕和北燕等政权。另外，与《新表》记载的其他世系进行比较，我们发现李慎和李敦大概卒于后燕长乐二年（400）。另可参见注释16。

〔28〕《北史》卷三三《李灵传》，《资治通鉴》卷一五五《梁纪十一》“梁武帝中大通三年（531）”，中华书局，1956年，第4803页；《魏书》卷四九《李灵传》，第1098页。

〔29〕《北齐书》卷二二《李元忠传》，中华书局，1972年，第313页；《北史》卷三三《李灵传》。

〔30〕《资治通鉴》卷一五五《梁纪十一》“梁武帝中大通三年（531）”，第4803页。值得注意的是，在这段文字中，葛荣在普通谈话中（即“连为赵李所破”）对于赵郡郡望的使用。

〔31〕《资治通鉴》卷一五五《梁纪十一》“梁武帝中大通三年（531）”，第4803页；《北齐书》卷二二《李元忠传》，第313页。

〔32〕《全唐文》卷一五六《李君政·宣雾山镌经像碑》，第24页下—26页下。同时参见《唐山县志》卷一一《碑记》，清光绪七年（1881）版，第16页下起。武德四年（621），李唐击败河北地区的主要势力窦建德；次年，击溃窦的继任者刘黑闼势力，借此巩固了对山东地区的统治。镌经像碑所在寺庙可能就是清代有名的隆胜寺。参见《大清一统志》，据道光二十二年刻本影印，商务印书馆，1934年，第5页下，其中卷二“顺德府”记载隆胜寺“在唐山（即柏仁）县宣务山后”，以及“凿山为龛，刻佛经佛像于上……中有千佛堂”。《大清一统志》记载，此庙为（五代）后周太祖所建，不过，这无疑是皇室的自我夸饰。也许周太祖只是重修抑或扩建，然后大肆渲染，遂将一切功劳归于自己。

〔33〕关于这座山的方位，参见注释19所引用地图之“柏乡”，第7967 Ⅲ片。

它最有可能的方位，就是和宣雾山同属一条山脉，位于尧山城西北数公里之处。[34]有理由推断，柏仁李氏的势力中心处于同一区域。

关于宣雾山经像碑，还有值得继续关注的方面。这个树碑项目的共同捐助者——明显是荣誉性的——正是此山所在地的行政长官（定州刺史、定州都督）；而所谓协同捐助的荣誉副官，则是柏仁县令。[35]这强烈地暗示出，在李唐建国之际，柏仁地区的赵郡李氏是地方精英的重要成员，一直到武德六年（623）之前，柏仁李氏已经与新王朝的官方代言人建立了良好的合作关系。另外，还需注意的是，参与树碑项目的李氏成员，并未出现在《新表》中，而且与其中列举的人物没有任何关系。

结合赵郡李氏谱系结构和地理分布的资料，我们大概得出如下结论：在晋朝的某个时期，李楷定居于平棘城南（今赵县，即唐代赵郡）。李楷诸子成为这个氏族四个房支的始迁祖（apical ancestors）。其中，李楷孙李义，"南徙故垒"，建立了以高邑县为根据地的一个房支：这是《新表》中持续不断地使用同一个次级郡望（高邑）的唯一房支，被称作"南祖房"。另一子李辑，有二子，李慎与李敦，居于柏仁。就我们所知，这些人物的名字，并未出现在《新表》或其他史籍中。他们一定在相当早的时间，就从这个氏族的谱系中脱落而出，进而建立起独立的房支。他们大概居住在柏仁县西北部宣雾山区的某个地方，其后大量东祖房的宗人亲戚加入其

---

〔34〕殷州设置于孝昌二年（526），领三郡：赵、南赵和巨鹿（柏仁是南赵郡的领县）。州治在广阿城，今隆平城东约五公里处。参见《魏书》卷一〇六上《地形志》，第2470—2472页。胡三省认为，西山毗邻广阿，大概是因为他推测"殷州西山"的"殷州"是指殷州的治所，而非泛称的郡（参见《资治通鉴》卷一五五《梁纪十一》"梁武帝中大通三年（531）"，第4803页）。在广阿西部大约十二公里处（因此在隆平西部约七公里处），山峦相连，但就笔者所能见到的情况，其中没有一座山被称作"西山"。即便如此，在方圆数里以内，这些山峦其实就是唯一凸出的高地，文本记载的西山大概就在其中。不仅如此，距这些山峦最近的城市，就是现在的尧山，即中古时期的柏仁。

〔35〕这位行政长官就是雙士洛。其全名见于《新唐书》卷一《高祖纪》。雙士洛曾任相州总管，武德六年（623），复置相州总管府。参见《旧唐书》卷三九《地理志二·河北道》。柏仁县令是严雄，其余情况无从知晓。

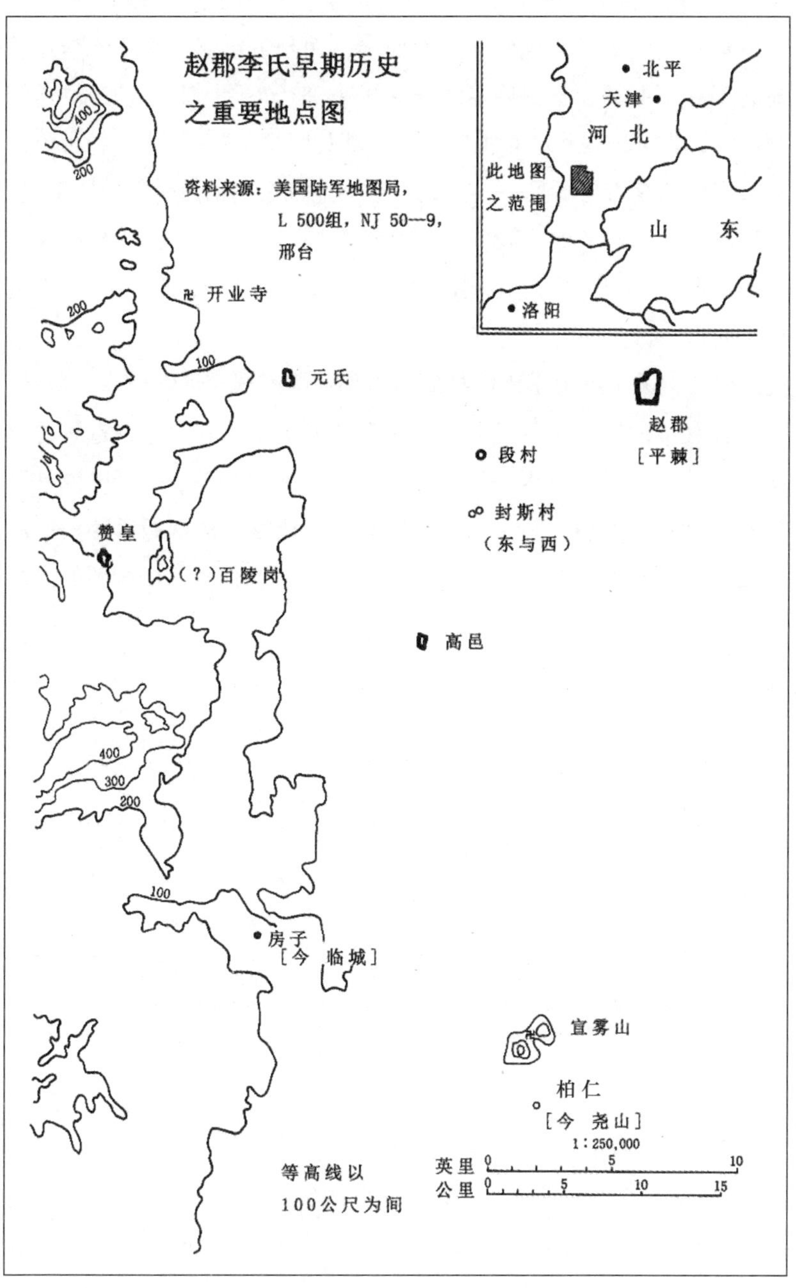
赵郡李氏早期历史
之重要地点图
资料来源：美国陆军地图局，
L 500组，NJ 50—9，
邢台
北平
天津
河 北
此地图
之范围
山 东
洛阳
400
200
开业寺
200
100
元氏
赵郡
［平棘］
段村
封斯村
（东与西）
赞皇
（？）百陵岗
高邑
400
300
200
100
房子
［今 临城］
宣雾山
柏仁
［今 尧山］
1：250,000
英里 0 5 10
公里 0 5 10 15
等高线以
100公尺为间

中。[36]李劲和李叡——李楷的四子和五子——的子孙后裔，没有从李楷曾经居住的“平棘南”迁离而出，而是继续居住于此，李劲后裔居于巷子西部，李叡后裔居于巷子东部。正因为此，李劲被视作“西祖”，李叡被视作“东祖”。《元和郡县图志》——9世纪初由出自赵郡李氏的李吉甫所撰——记载，这个地方在赵郡西南方向二十里，结合碑刻方面的资料，我们将这个地方确定在段村，位于赵郡西南方向偏西二十里（唐制）。李义就是从这个地方“南徙故垒”，迁至高邑县封斯村。

因此，关于赵郡李氏的早期房支如何演变成7世纪以降的情景，我们就有了大致的了解。但是，除却高邑房支以外，这种定居的模式并未延续和贯穿有唐一代。首先，次级郡望平棘——可以说是最初的，也是《魏书》和《北史》所载该氏族唯一的次级郡望——从历史记载中彻底消失了，柏仁取而代之。[37]它们被三个全新的次级

---

〔36〕其他与柏仁郡望有关的东祖房成员是：李浑、李叔胤之女和李德饶（参见《北齐书》卷二九《李浑传》，第393页；《魏书》卷九二《列女·卢元礼妻李氏传》，第1984页；《隋书》卷七二《孝义·李德饶传》，中华书局，1973年，第1669页）。另外，还有李宪及其孙女北齐文宣后、李钦、李雄（又称李义雄）（关于前两者，参见注释16，文宣后，参见《北齐书》卷九《皇后·文宣李后》，第125—126页；关于后两者，参见《李钦暨妻张氏墓志》《李雄墓志》，收入赵万里《汉魏南北朝墓志集释》，科学出版社，1956年，第252页上、233页上）。值得注意者，墓志记载后三个李氏人物来自同一个里（阴灌里）。遗憾的是，关于李钦和李雄，我们没有进一步的相关信息。最后，还有一位李元（参见《李元暨妻邓氏墓志铭》，《汉魏南北朝墓志集释》，第341页下）。

〔37〕在唐初宣雾山筹资镌刻经像碑的资助者以后，“柏仁李氏”在文献中就极为罕见了。笔者仅见的例证是李怀远和李嗣真，他们都在武后时期担任官职，李怀远担任宰相。李嗣真的例证无关宏旨，但李怀远的例证就体现出有趣的特征。在两《唐书》的本传中，李怀远的郡望是“邢州柏仁”。大约贞观元年（627）以后，柏仁就成为邢州实际的领县。参见《太平寰宇记》卷五九《河北道八·邢州》，据嘉庆八年（1803）南昌万廷兰刻本影印，台北：文海出版社，1969年，第11页上。因此，他与柏仁的关系大概是真实的，但是，他看起来与赵郡李氏的联系已经削弱了。《新表》所载他的世系强化了这种印象。其中，李怀远父李有，没有记载官职，向上连续五代都是空缺。这种世系的空缺有可能意味着，在9世纪的时候，或者《新表》取材的史源撰写之时，柏仁李氏的谱牒就是残缺不全的。而纪念李怀远及其子孙的碑铭资料，大概在他父亲的名字之前，再没有追记其他祖先。事实上，《新表》记载这些人物的小段世系，完全脱离于其他部分，从整体上看似乎是插入的。这一小段的世系处于错误的时间次序之上。李怀远卒于神龙二年（706），排在第十一世，西祖房的远房堂弟李吉甫，同为第十一世，却卒于元和九年（814）。李怀远之子卒于开元十三年（725）至十八年（730）之间，但另一位远房堂弟却卒于元和四年（809），时年六十三岁，也可能处在完全错误的地方。

郡望所代替：元氏、房子和赞皇。赞皇变得至关紧要，实际上，赞皇也是8世纪和9世纪赫赫有名的赵郡李氏成员唯一使用的次级郡望。换言之，迄于五代，赵郡的郡望都维持得完整无缺，并作为李氏声望与权力的代名词，但是，随着时间之推移，这个氏族内部形形色色的亚群体（sub-groups）占据上风。不仅如此，这些亚群体只能通过他们共同持有的次级郡望加以确认，而不是根据他们在氏族谱系中的地位进行区分，这是因为属于同一房支的氏族成员可能持有完全不同的次级郡望，而不同房支的成员有可能持有相同的次级郡望。唯一的例外是南祖房，这个房支的成员自始至终坚持使用高邑作为次级郡望。职是之故，我们应该依循次级郡望和实际居住地点——而不是通过谱系的分支与亚分支——来追溯和考察这个氏族进一步的发展变化。

2. 在赵郡内部的继续扩张

元氏县地处太行山东麓边缘，这些山脉东向河北平原，向西斜升至河北、山西交界的地区。在6世纪的前二十五年内（500—525），甚至在更早的时期，赵郡李氏就已经居住于此，一直到7世纪的最后二十五年（675—700），他们大概仍然居住在那里。[38]宅居于此的成员，大多数隶属于赵郡李氏的西祖房，他们大概在5世纪末期从乡里的巷子迁徙而来。大约同时，东祖房的李显甫也迁移至柏仁。在6世纪初期，一个赵郡李氏的成员（李裔）舍其山地，兴建佛寺，其地位于元氏城西北八公里处。[39]李裔之孙和曾孙分别在北周和唐初扮演着维护佛寺的重要角色。[40]除此以外，1855年在

---

〔38〕李裔卒于永熙三年（534），《开业寺碑》的年份是永淳元年（682）。参见注释39。

〔39〕参见《全唐文》卷二〇一《李尚一·开业寺碑并序》，第18页上—23页上；《八琼室金石补正》卷三九《开业寺碑并序》，据吴兴刘承斡希古楼刊本影印，1925年，第10页下；《元氏县志》“金石”，《开业寺李公碑》，民国二十年（1931）刊本，第9页上—11页下以及第9页上的《李公碑》图版、第34页上的《李公碑碑阴》图版；《元和郡县图志》卷一七《河北道二》。

〔40〕李裔之孙祖元，曾孙维摩。他们所起的作用，在注释39引用的《开业寺碑》中有所描述。

元氏城南发现的一方墓志铭显示，在6世纪末期，至少有两代赵郡李氏的成员居住在此，虽然他们无法和其他赵郡李氏的人物建立联系。[41]最终，李知本及其较年幼的弟弟李知隐大概在那时居住在元氏县。相关列传记载，他们兄弟雍睦和洽，后裔子孙百余口，财物僮仆，纤毫无间，从未发生任何争执。他们名望如此崇高，以至于隋末席卷该地的盗贼过其闾而不入，同时避难者五百余家，皆赖此而避免祸患。[42]

至于房子县，即前文提及的第二个全新的次级郡望，我们发现两名赵郡李氏的成员曾经使用这个次级郡望：李仁瞻，卒于7世纪末叶；李乂，卒于开元四年（716）前后。[43]逮至8世纪早期，这两人的墓志铭被撰写之时，[44]这个家族与房子县的关系纽带已经削弱，因为他们都没有埋葬于此。房子县——天宝年间（742—755）更名为临城——地处太行山麓，泜河流域，元氏县南部约三十五公里处。

赵郡李氏第三个出现的次级郡望是赞皇，这与《北史》和《新唐书》所描述的氏族结构并不吻合。正如元氏和房子一样，赞皇地处太行山麓，河北平原西部的边缘地区。时至8世纪和9世纪，这个次级郡望其实已经代替了高邑县以外的所有次级郡望。李吉甫在《元和郡县图志》中指明赵郡李氏在赞皇出现的情况。他在“赞皇”条中云：“百陵冈在县东十里，即赵郡李氏之别业于此冈下也，冈上亦有李氏茔冢甚多。”[45]显而易见，李吉甫——元和八年（813）撰成《元和郡县图志》[46]——当时正在撰述他所能感受到的9世纪早期赵郡李氏最为重要的若干特征，即便他本人很可能并没有居住在赵郡

〔41〕《八琼室金石补正》卷二二《齐故李功曹墓铭》，第25页起。

〔42〕《旧唐书》卷一八八《孝友·李知本传》；《新唐书》卷一九五《孝友·李知本传》。

〔43〕《全唐文》卷二九二《张九龄·故果州长史李公碑铭》，第5页上；同书卷二五八《苏颋·唐紫微侍郎赠黄门监李乂神道碑》，第1页上。

〔44〕李乂的墓志铭成于死后不久，约在开元四年（716）；李仁瞻的墓志铭大概成于开元十八年（730）至二十八年（740）之间。

〔45〕《元和郡县图志》卷一七《河北道二》。

〔46〕张国淦《中国古方志考》，中华书局，1962年，第81—85页。

地区，但是，他提供所属大族的资料当然是可靠的。关于赵郡李氏所占有的土地，李吉甫记载只存在于高邑和赞皇。大量李氏的墓葬就分布在这两个地方。与此同时，我们从其他史料可以获悉，赵郡李氏实际上在唐代后半期的资料中只出现两个次级郡望：高邑和赞皇。我们必然得出如下结论：在9世纪早期，赵郡李氏在高邑和赞皇的房支是最为强大和最具凝聚力的。高邑是赵郡李氏最早的房支之一，前文已有简略的阐述。接下来，我们将要考察晚唐时期另一个重要的房支。

作为次级郡望的赞皇出现时间相当之晚：碑刻方面最早的证据是元和十二年（817）李岗的墓志，李岗卒于天宝十四载（755）。[47]《旧唐书》记载李峤的次级郡望是赞皇，李峤卒于开元元年（713）；这是笔者在正史中见到的最早例证。[48]较之更早的与赞皇具有联系的事实是，李迪的父亲李愿和曾祖李玄同都拥有赞皇县开国男的爵位，而他卒于天宝六载（747）。[49]无论如何，这种情形意味着早在7世纪末期，赵郡李氏的成员已经定居于赞皇。但是，笔者无法找到任何资料可以显示，第一批李氏成员何时居于赞皇，或者他们从何处迁来。

赵郡李氏东祖房和西祖房的成员都将赞皇作为次级郡望，因此，我们知道在氏族成员的血缘与地缘之间并不存在紧密的关联。这种情形同样发生在将柏仁作为次级郡望的李氏成员身上，种种情况说明这似乎是唐代士族的一种常态。因此，我们在这里根本没有遇到现代人类学家——他们考察香港、台湾，华南和中国东南部某些范围较小地区的宗族（lineage）及其居住地模式——所描述的现象。譬如裴达礼（Hugh D. Baker）关于上水的讨论，当一个宗族膨胀扩

〔47〕当然，还有一些时代更早的碑刻，但所纪念的人物没有早于李岗的。

〔48〕《旧唐书》卷九四《李峤传》。

〔49〕罗振玉《芒洛冢墓遗文四编》卷五《赵郡李府君墓志》（以下简称《李迪墓志》），上虞罗氏云窗丛刊本，1917年，第34页下—35页上。

张时，就会生长形成若干卫星社区（satellite communities），这些社区必然由一些与祖先原居地相比规模较小的亲属集团聚居而成。[50]这样看来，建立一个新的小村落，就相当于构建一个分支家族；这些分支家族倾向于居住在独立分散的小村落中。9世纪中国的情形与之截然不同：诸多房支当然是从祖先的原居地分散而出，但是，这些房支的成员在分裂一段时期之后，有可能再度汇聚和结合。职是之故，当两个分支的谱系关系变得更加疏远之时，他们有可能竟然发现彼此极为密切地杂居在一起。赵郡李氏选择赞皇一定有其可以感知的优势，理由之一可能是——正如笔者谈及柏仁的情形——李氏宗人亲戚已经居住于此，因此，他们乐于接纳更多的宗人加入其中。但是，我们所能做的，就是推断为何有如此之多的李氏成员迁至赞皇，因为我们对最初居住于此的李氏成员一无所知。

毫无疑问，迄于8世纪和9世纪，追祖至赞皇的赵郡李氏名望显赫，位高权重；其中，至少有五名宰相将赞皇作为次级郡望，还有诸多高官显宦和文人墨客。另外，就我所知，宋初自云具有赵郡血统的李氏成员攀附赵郡唯一的次级郡望，就是赞皇。

从5世纪到9世纪，有两个过程影响到赵郡李氏的演变发展。第一个过程是李氏的某些分支会逐渐衰落，因此附着其上的次级郡望也就随之消失；第二个过程是新的地理据点将会建立。在后一个过程中，我们可以看到一个非常清晰的模式。所有早期的次级郡望——平棘、高邑和柏仁——均位于河北平原，在很大程度上（当然不可能完全精确）都地处洛阳通往东北的主要交通线路上。[51]但是，所有后来的次级郡望——元氏、房子和赞皇——都地处河北平原西部边缘的太行山麓。赵郡李氏一定经历了这样的事情：李氏在

〔50〕 裴达礼《一个中国宗族村落：上水》，斯坦福大学出版社，1968年（Hugh D. Baker, *A Chinese Lineage Village: Sheung Shui*, Standford University Press, 1968）。

〔51〕 参见青山定雄《唐宋时代的交通与地志地图之研究》（“唐宋時代の交通と地誌地図の研究”，吉川弘文馆，1963年）中地图一所绘的路线。

原来的居住区域所占有的土地无法支撑其日益膨胀的成员，开拓新的居住地就势在必行。随着晋朝的分崩离析，政局动荡不定，组织有序的亲属集团就能轻而易举地在河北地区攫取和占领新的沃土良田，赵郡李氏原始的扩张就可追溯至这个时期。但是，在北魏重新建立国内的政治秩序以后，随着新的非汉族统治阶层的粉墨登场，他们对土地贪婪的饕餮之欲也必须得到满足，因此，不可能再像以前那样轻易地占有土地了。随后的扩张必须集中在缺乏吸引力的区域，故此，李氏的注意力转移至太行山麓隆起的高地。

并非所有的新房支都能繁荣活跃；在三个新的（次级）郡望中，两个非常迅速地消融于历史记载中。某个房支消亡的诱发因素不可能只有一个，而且，在任何情况下，这个过程都无法进行充分研究，因为我们观察到一个房支正在衰落的唯一方式，就是在现存的史料中发现其后裔子孙戛然中断，不再出现了。职是之故，我们不可能研究一个已经消失的房支。然而，即便如此，我们也不能断定，作为次级郡望的柏仁之消失，就意味着赵郡李氏不再居住在柏仁地区。这种形势看来不可能是因为人口繁殖的失败，抑或李氏成员大规模的向外迁出（正如前述，6世纪早期，居住在柏仁地区的李氏成员数以千计）。我们不能清楚地洞察为何一定会发生这样的事情，特定的家族群体不能持续地维持他们在任官上的成功，而冠冕相袭将确保他们永久地出现在史书记载中（《北史》对他们轻描淡写的记载，可能暗示了这种情况）。他们甚至变得如此穷困潦倒，以至于无力承担制作正常墓志铭的费用，我们因此失去了这方面的相关记载。[52]不论原因究竟为何，某些次级郡望确定无疑地消失了，而且，我们可以推断，赵郡李氏的这些房支在担任官

〔52〕但是，在墓志铭的保存方面，偶然性发挥着极为重要的作用。因此，我们根据这类墓志的所在地抑或数量得出结论时，必须谨慎从事。例如，在洛阳及周围发现相当数量的墓志铭，不能证明上等阶层的墓葬就相应地集中在那里。这种情形只能说明，业余考古学者在洛阳地区进行了更彻底的调查。

职的竞争方面，一定是历经坎坷，失意潦倒。赵郡李氏谱系中柏仁房支的销声匿迹，大概就是经历了一种相同的过程。我们不能确定这种情形，除非我们拥有《新表》中每个李氏人物的传记资料——有些事情实际上远远比我们掌握的资料要丰富得多——我们采用其他任何方式，也难于解释8世纪和9世纪极少数的次级郡望集中出现的情况。

不论赵郡李氏次级郡望的出现和消失，也不论李氏成员的迁徙不定，其基本的郡望赵郡却始终不变。尤为重要的一个事实是，我们曾经讨论的所有次级郡望都是赵郡内部的领县。这是判定大族身份固定不变的根据，其他高门大族也都拥有自己的郡望。次级郡望不会被人载入氏族谱，譬如，当时人谈起最显赫的名门望族时，他们通常都说"赵郡李氏""范阳卢氏""博陵崔氏"，而不会不厌其烦地提及次级郡望；关于某人子女的通婚情况，这有时是中古碑刻的一个特色，经常记载通婚对象的郡望，而非次级郡望。当这个大族的新房支在赵郡建立起来时，一个新的次级郡望最终将附缀于基本郡望之后。但是，当这个家族的后裔子孙迁出赵郡建立其房支，当他们不再将父兄的遗骸迁回，祔葬于百岭岗、封斯村附近，或其他任何地方的祖坟，他们都没有抛弃赵郡这个郡望。他们甚至仍然保持祖先曾经使用的次级郡望。正因如此，在赵郡李氏的赞皇房支建立不久，其成员就抛弃柏仁这个——抑或其祖先曾经使用的任何——次级郡望，并开始自云赞皇人。但是，当他们的子孙后裔最终从赞皇迁至洛阳地区以后，他们仍然自称赵郡赞皇李氏，甚至在其数代祖先已经安葬于洛阳附近，他们依然如故。因为如果这些李氏成员自我视作新迁入地的成员，他们就会丧失赵郡这个郡望，所有的声望也会随之消失。〔53〕

---

〔53〕显而易见，最早至8世纪结束（即次级郡望赞皇出现的时候），赵郡郡望都具有某种不能减少的地理意义。没有人曾经尝试在赵郡郡望之下，附缀一个不在赵郡管辖范围之内的次级郡望。譬如，不存在类似赵郡洛阳李氏这样的情况。

因此，本篇论文考察的群体必须是所有被称作赵郡李氏的人们。关键性的区别并不在赵郡李氏的不同房支之间，而是作为整体的集团与其他任何集团之间。我们已经观察到，赵郡李氏的诸多房支并没有维系其地理上的差异，而是来回交织移动，一直到东祖房和西祖房的成员都分别拥有大量不同的次级郡望。但是，诸如此类的事情没有发生在郡望这个级别之上——或者即便发生，这种情形就会非常清晰地加以表示。举例言之，安平县位于赵县东北大约九十公里处。安平是李氏另一个名门望族的居住地，可以肯定他们没有赵郡李氏那样声名卓著，但无论如何，他们也能自我标榜在唐代出现一位宰相以及在更早的时期出现数名高官显宦。[54]这些安平李氏在《新表》中有属于自己的部分，追溯世系远及汉代。尽管这两个地方的李氏彼此相距只有九十公里，但是，从来没有出现任何一份世系表，将两个势力强大的李氏群体联系在一起，但是，赵郡李氏的平棘房与柏仁房——两者相距五十公里——之间，存在着强有力的纽带。[55]另一个类似，但不太明显的案例是关于唐代官僚李逊的。李逊的家庭不知什么缘故，似乎与陇西李氏联系在一起，[56]但是，《旧唐书》本传记载了他唯一的郡望，“于赵郡谓之（其家）申公房”。[57]相当明显地，赵郡李氏出于某种原因，热衷于在这个群体和他们之间划上一条界限。

正如这些案例所要告诉我们的，表面看来，赵郡李氏与其他李氏群体之间的区别变得模糊不清，实际上，赵郡李氏似乎要维持这

〔54〕例如李德林、李百药、李几等。

〔55〕我们再次提起主要郡望的地理意义，因为安平不是赵郡领县。赵郡李氏的次级郡望，显然一定在赵郡之内。

〔56〕关于其弟李建，参见以下文献：《全唐文》卷六七八《白居易·有唐善人墓碑铭》，第2页下—4页下，同书卷六五五《元稹·唐故中大夫尚书刑部侍郎上柱国陇西县开国男赠工部尚书李公墓志铭》，第3页下—6页上；同书卷六八一《白居易·祭李侍郎文》，第10页上—11页下。

〔57〕《旧唐书》卷一五五《李逊传》(《新唐书》卷一六二《李逊传》略同)。申公即为李发，在北魏封为申国公（参见《旧唐书》卷一七一《李渤传》)。

种泾渭分明的界限。据《新表》记载，在李氏“南祖房”之末，插入独立的一部分，开篇如下，“南祖之后有善权，后魏谯郡（今安徽亳县）太守，徙居谯。……”其后是非常简短的谱系，前后十三世，其中涌现四名宰相和大量高官显贵。[58]然而，即便有这种断言，我们也不可能将李善权和赵郡李氏早期的任何一个祖先联系起来。这部分世系仅仅记载他迁徙至谯，这个地理位置由两《唐书》李敬玄本传所载的郡望所强化，李敬玄卒于永淳元年（682），他是这个房支的第一个俊良之士：亳州谯（县）人（亳州位于开封东南方向约一百七十公里里处）。[59]李敬玄曾孙绅，卒于会昌六年（846），同为宰相，本传却记载他的郡望是润州无锡。[60]毫无疑问，李绅生活在无锡地区，其父在这个地区的好几个县都担任过县令长官。李绅曾孙李昊生活在晚唐五代，来自关中地区，其母居住在陕西西南最边陲的青泥岭。[61]当李绅获准建造家庙时，他在洛阳进行营造；但是，他却将他的祖父母、父亲以及其他亲属迁葬于长安附近。

总体言之，李敬玄及其子孙和赵郡李氏之间丝毫不像有清晰明确的关系，他们的列传记载着形形色色的郡望，这些郡望从未被赵郡李氏所使用，而且，其家族史充斥着大量的迁徙活动。除此之外，他们可知最早的祖先，即便在唐代也无法和赵郡李氏建立联系。[62]但是，尽管如此，李敬玄的本传记载云，“又与赵郡李氏合谱”。[63]各种关于李绅的不同列传资料，都试图宣称他具有世家大族的身份。例如，《旧唐书》本传记载，李绅是无锡人，但又紧接着云：“本山

[58]《新唐书》卷七二上《宰相世系表》(编者按，应为三名宰相：李敬玄、李绅和李元素)。

[59]《旧唐书》卷八一《李敬玄传》，《新唐书》卷一〇六《李敬玄传》。

[60]《旧唐书》卷一七三《李绅传》。值得注意的是，《李绅家庙碑》中提及的“家略”（Family Account），也是从李善权开始，没有追溯之前的祖先。这与《新表》所载极为吻合，应该不是出自巧合。参见《全唐文》卷六七八《白居易·淮南节度使检校尚书右仆射赵郡李公家庙碑铭》，第9页下。

[61]《宋史》卷四七九《李昊传》，据乾隆四年（1739）武英殿本影印，艺文印书馆，1956年。

[62]《全唐文》卷六七八《白居易·淮南节度使检校尚书右仆射赵郡李公家庙碑铭》，第9页下。

[63]《旧唐书》卷八一《李敬玄传》，《新唐书》卷一〇六《李敬玄传》。

东著姓。”[64]沈亚之为李绅撰写的传记云，“本赵人，徙家吴中”。[65]（因此跳过其数代谯县祖先之居住地），与此同时，李绅在所建家庙（ancestral hall）的碑铭上明确将他的家族与南祖房联系起来。[66]但是，在李绅之后，笔者尚未发现这个家族的其他成员直言不讳地将其郡望攀附至赵郡。

显而易见，我们在此讨论的不是一般情况。首先，这个谱系就令人疑窦丛生：不仅因为它无法将已经追溯的最早祖先，与赵郡李氏任何著名的祖先建立联系；而且，还因为从卒于永淳元年（682）的李敬玄，到卒于会昌六年（846）的李绅，其间的血统世系存在着明显的问题。《新唐书》的《宰相世系表》和本传都记载，李绅是敬玄之曾孙，但是，他们之间的时间跨度，似乎至少需要四代，甚至可能需要五代。其次，我们在李敬玄的本传中发现，尽管没有将他的郡望记载成赵郡，但他与赵郡李氏曾经合谱。在关于李敬玄“曾孙”李绅的各种传记文献中，都或多或少地提及他具有赵郡的血统，但都没有直截了当地标榜赵郡之郡望。在李绅子孙后裔的列传中，这种暗指出自大族门阀血统的提示似乎逐渐式微了。

很显然地，赵郡李氏和李敬玄之间曾经结成同盟；李敬玄似乎被允准可以自称为赵郡李氏的某种亲属，却不能被视作这个大族的正式成员（full member）。李敬玄的后裔李绅，充分利用这种特权，但是，无论李绅还是他家族中其他任何成员，都不曾干脆利落地宣称，“我是赵郡李氏”。当我们观察李敬玄经历的时候，这种观点就显得相当合理了。李敬玄多次担任高官显职，并在总章二年（669）至永隆元年（680）出任宰相，但最重要的是，他典选累年，在相当长的时间

[64]《旧唐书》卷一七三《李绅传》。

[65]《全唐文》卷七三八《沈亚之·李绅传》，第11页上。

[66]《文苑英华》卷八二二《家庙三·白居易·淮南节度使检校尚书右仆射赵郡李公家庙碑铭》（与《全唐文》卷六七八所载相比，这个文本较佳），据隆庆元年（1567）戚继光刻本影印，艺文印书馆，1965年，第6页上。

里掌控着选官机构。实际上，李敬玄的本传明确记载，敬玄掌选，荐贤举能，天下称其能。[67]这个职位大权在握，李敬玄充分加以利用。《旧唐书》本传记载，“敬玄久居选部，人多附之。前后三娶，皆山东士族，又与赵郡李氏合谱，故台省要职，多是其同族婚媾之家”。[68]

李敬玄长期有效地控制行政机构的职位，我们很难想象，赵郡李氏的结盟对象有比他更可能的人选。赵郡李氏和李善权子孙之间的联系，似乎维持了好几代人，因为逮至9世纪，李绅都是李德裕的长期盟友，而后者正是典型的世家大族赵郡李氏的成员。[69]毫无疑问，这种联盟关系有助于阐释，李绅为何可以无所顾忌地四处标榜他出自高门大族的血统。但是，这个故事最为重要的特征，并不在于李敬玄、李绅或其他人被允许标榜和赵郡具有某种关联；而在于他们并未完全被赵郡李氏所吸收。即便漫不经意的读者，在阅读这些人物的列传资料时，也会发现他们的背景有些扑朔迷离，以及他们声称与赵郡的具体关系也是时隐时现。经过某种考察之后，其中被遮蔽的部分就浮出水面：一个声望崇高的旧族门阀和一个权势熏天的同姓人物之间，建立起一种格外实用的联盟关系。但是，区分真正的赵郡李氏与其他李氏人物之间的界限依然存在。李敬玄没有被视作赵郡李氏；据说他与赵郡李氏“合谱”。李绅也不被称作赵郡李氏；据说他的祖先本是山东著姓（语焉不详地），其后迁徙至长江三角洲一带。显然地，“赵郡李氏”象征着某种定义明确、界限森严的认同；即便大权在握的李敬玄和李绅也不能仅仅炮制一份谱牒，就期望人人都要接受它。他们最多能够获取的，就是具备这个大族某种形式的成员资格，也就是所谓的挂名成员（courtesy membership）。这就非常清楚地显示，尽管“赵郡李氏”的概念包括一个相当庞大的人群，但它仍然有着泾渭分明的界限。

---

〔67〕《旧唐书》卷八一《李敬玄传》。

〔68〕同上。

〔69〕《旧唐书》卷一七三《李绅传》。

3. 与赵郡联系的断绝

我们对于赵郡李氏的考察，将进入一个新阶段。可以说，我们已经明白这个大族在谱系和地域上的房支如何构建而成（其组织系统一方面是仪式性的，一方面是政治性和经济性的）。即便在 9 世纪早期，赵郡李氏在赵州的数个不同的地方都占有土地。但是，尽管如《元和郡县图志》所载，我们知道一定有大量的赵郡李氏成员，在赵郡耕田种地，守护墓地，但我们其实没有关于他们的任何资料。正如前述，虽然存在着一些暗示性的材料，诸如李氏在宣雾山舍第资助镌刻经像碑的事情，但除此之外则是寥寥无几了。实际上，关于高官显宦成熟的宦游经历，文献记载得较为翔实；而对他们的早年经历，我们通常一无所知。关于这个氏族的成员的幼年时期和青年时期，我们仅仅得到一些浮光掠影的印象，他们通常居住在赵郡之外。譬如，李绅（大概只能算是一名“荣誉的”赵郡李氏）受教肄业于慧山寺（今江苏省无锡市附近），在进士及第后曾经归隐慧山。[70]又如李栖筠，是一名纯正的赵郡李氏成员，李德裕的祖父；他在年轻的时候，曾经隐居于汲郡（今河南东北部）共城山下。[71]

实际上，有些我们了解清楚的赵郡李氏成员，有可能是在赵郡成长起来的，尤其在唐代的前半期。但是，这种情况不易证明。关于确切生活在赵郡地区的李氏成员，我们所拥有的不足为凭的大部分证据资料，都是有关隋代及其以前时期的。从那时起，存在一些逸闻轶事，似乎显示赵郡李氏和其他宗人亲属共同居住在一个乡村的环境中，有时率领宗党亲属抵御强盗匪寇（在轶闻故事中，他们通常因“义门”的德行而使宗人免于罹难），护卫乡村。[72]但在唐代，类似的故事极为罕见。

---

〔70〕《全唐文》卷八一六《李濬·慧山寺家山记》，第 3 页下起。但是，如前所论，我们要注意他的近亲很可能已经归葬长安，而他获准建造的家庙却远在洛阳。

〔71〕《全唐文》卷四九三《权德舆·唐御史大夫赠司徒赞皇文献公李栖筠文集序》，第 15 页下。

〔72〕例如，参见《旧唐书》卷一八八《孝友·李知本传》；《北齐书》卷二二《李元忠传》，第 313 页；《新唐书》卷一九一《忠义上·李育德传》；《资治通鉴》卷一五五《梁纪十一》“梁武帝中大通三年（531）”，第 4803 页。

当我们想要了解唐代赵郡李氏的实际居住地之时，这些资料往往来自于墓志铭，它们告诉我们李氏成员卒于何处。我们发现，根深蒂固、功成名遂的赵郡李氏（人们大体上以这种方式来纪念他们），经常居住在都城之一的地方。这种情形再次提醒，当我们根据大部分来自洛阳地区的一群墓志铭，推断李氏成员的地域分布时，必须小心谨慎。〔73〕但是，当我们权衡所有的情形之后，文献证据看来还是表明这样的结论：大约从唐初开始，一直延续到整个唐代，赵郡李氏确实有从赵郡地区迁徙而出的行动。

赵郡李氏的这次迁徙行动，无异于和乡里根基逐渐脱离隔绝，最清楚的特征反映在赵郡李氏为其亲属精心挑选的墓葬地之上。首先，我们必须明白，在唐代乃至唐以前的时期，人们死后归葬祖坟是当时普遍接受的理念。〔74〕但是，颇具讽刺意味的是，这种虔诚的信念只能在部分房支内部得以严格执行，因为一旦某人已经永久地安葬于某处，那么他的子女将有强烈的动机继续使用这个墓地。因此，如果出于某种原因，某人的遗骸未能葬于其父的墓地，就几乎可以断定，一个新的家族墓地将会建造起来。孝顺的儿子不愿发生这样的事情，遂将至近的亲属——有时数量很多——重新迁葬于祖坟，这种英雄行为会被各种不同的文献所记载，我们即刻就会看到其中的一些文献。不过，这些故事极力赞美和称颂的情形表明，迁葬行为是多么的不同寻常。

在笔者已经看到的唐代墓志铭中，没有一个赵郡李氏安葬于赵郡境内。* 当然，正如前述，较之其他地区，外行的古董收藏者的考

〔73〕当然，根据类似《畿辅通志》之类的地方志所载，还有大量声称是唐代知名的赵郡李氏成员墓碑上的碑铭，都在赵郡地区，但是，一些证明出自伪托，对于没有真实发现资料的碑铭材料，笔者通常淡然置之。在大多数例证中，都没有提供这些碑铭的文本，我们因此不能用其内部的理据加以确证。

〔74〕吕思勉《隋唐五代史》，中华书局，1959 年，第 1009—1010 页。这种理念隐含在下文将要引用的诸多文本之中。

* 编者按，随着考古工作的进行，近年有若干赵郡李氏的墓葬发现于赵郡境内，也有若干墓志得以刊布，例如 2009 年发表《李琎墓志》《李仙童墓志》和《李无畏墓志》，参见冻国栋《河北元氏新出数方唐赵郡李氏家族墓志概观》，《魏晋南北朝隋唐史资料》第 26 辑，第 146—156 页。

察区域更加偏好洛阳，因此，洛阳地区发现的墓志铭数量，占有的比例之高就出乎寻常，这在一定程度上可能会造成误解。但是，我们终究不能怀疑，赵郡李氏从赵郡迁离的行动是真实可靠的。关于这种现象，当时的士人就有评论，贾至在8世纪的第三个二十五年间（750—775）曾经提及，“士居乡土，百无一二，……（大族高门）地望系数百年之外，而身皆东西南北之人焉”。〔75〕崔元亮卒于太和七年（833），其墓志铭引述他临终遗诫诸子云，“自天宝（742—755）以还，山东士人皆改葬两京，利于便近（河北地区的政治军事，与京城格格不入），唯吾一族，至今不迁。我殁，宜归全于滏阳先茔”。〔76〕刘秩有一篇议论选举制度的杂议，大约撰成于开元二十八年（740），〔77〕其中云，“隋氏罢中正，举选不本乡曲，故里闾无豪族，井邑无衣冠，人不土著，萃处京畿”。〔78〕大概在二三十年之后，李德裕的祖父李栖筠，对于同一现象给出不同的解释。〔79〕他在一个上奏中谈及，“豪姓多徙贯京兆、河南，规脱徭科”。〔80〕

这个过程可以通过赵郡李氏的墓志铭进行说明。如前所述，李宪卒于武平三年（572），他屡次获得皇帝的赐地，就在洛阳附近，城傍陪陵。但是，根据李宪的墓志铭所载，他希望葬于故里的先茔，墓志接着继续说，他被“合葬于旧墓”。〔81〕但是，进入唐代以后，我们发现一种截然不同的样式产生了。典型的例证是南祖房成员李藩

---

〔75〕《全唐文》卷三六八《贾至·议杨绾条奏贡举疏》，第3页上。

〔76〕《全唐文》卷六七九《白居易·唐故虢州刺史赠礼部尚书崔公墓志铭》，第18页下。

〔77〕我们假定这篇杂议是为其《政典》所备，《政典》撰成于天宝后期，大概在天宝九载（750）。具体参见戴何都《法译新唐书选举志》，拉鲁斯出版社，1932年，第85页（Des Routours Robert, *Le Traité des Examens*, Larousse，1932）。

〔78〕《全唐文》卷三七二《刘秩·选举论》，第23页上。

〔79〕李栖筠卒年五十八岁，大概在建中元年（780）之前，因为在其列传中没有提及德宗继位，以及其政敌元载一直掌权至大历十二年（777）（编者按，《旧唐书》卷一一《代宗纪》载，大历十一年，御史大夫李栖筠卒）。

〔80〕《新唐书》卷一四六《李栖筠传》。还有一个相关的原因，本文刚才引用的文献都未提及，就是严禁人们在本郡或本县担任郡守或县令，即任官的籍贯限制，这种措施一直延续至隋代。

〔81〕《八琼室金石补正》卷一八《仪同三司文静公李宪墓志》，第2页上起。

之女的墓志铭。李氏在十六岁时卒于长安旅舍——她的父亲其时大概任职于京城——并在大约十天之后埋葬于京城附近，“从权礼也”。李藩在其后的文本中云，“唯俟于吉时，归葬于故国。祔□我先茔之松柏，从尔孝思而已矣”。[82]这位慈父的誓约可能从未实现（否则碑铭将会进行更正）。大约四十年之后，赵郡李藩房支的另一个成员被迁回洛阳归葬，可见这个传统已经割裂了。[83]

大概在安禄山叛乱之时，李岗之妻故去，权窆于“河南府洛阳县东三家店之左右前后”。他的家人计划在局势变得较为稳定之后，再将她的遗骸迁葬于“先茔”（毫无疑问，这些祖先的坟茔就在赵郡）。但是，事情并未按照家人的计划进行下去，因为在平定叛乱期间，李岗已经卒于永城（今永城，河南东部）的官舍，遂权葬于县郭。一直到元和十二年（817），李岗之孙李绛和李泾才将李岗护归洛阳，将他和妻子进行合祔。然而，当来到三家店附近的墓葬地时，他们发现罗列着其他家族的坟茔，不能找到他们祖母的坟墓。这种情形意味着，如果李岗想要迁葬于先茔，他将要和妻子分开埋葬——李岗的孙子显然不能接受这种情形。[84]他们于是找来一名风水先生，占卜宅兆于三家店之西北原。李岗的遗骸最终被安葬在此，“冀迩夫人之居也”。[85]因此，这个意外事件也在破坏李氏和乡里联系的过程中发挥作用。饶有趣味的是，李岗的曾孙李璆，被安葬于其父墓葬的附近（他的父亲是护送和归祔李岗遗骸的参与者之一），

〔82〕《八琼室金石补正》卷六七《赵郡李氏殇女墓石记》，第12页上起。《唐文拾遗》卷二三《李藩·李氏殇女墓石记》，第22页上—22页下，以及其他文献。这个李氏姑娘的一个姐妹，活到五十四岁，其墓志铭记载，她被归葬于“某所先茔”，不过，这先茔很可能是她丈夫的（参见《全唐文》卷六八〇《白居易·海州刺史裴君夫人李氏墓志铭》，第7页上—8页下）。

〔83〕这个人就是李并，参见《全唐文》卷三二一《李华·扬州司马李公墓志铭》，第6页下。

〔84〕这也暗示这个家族的成员没有定期祭扫祖先的坟墓。

〔85〕这些材料全部见于李岗的墓志铭，参见《芒洛冢墓遗文三编》之《唐故谯郡永城县令赵郡李府君墓志》（以下简称《李岗墓志》），上虞罗氏云窗丛刊本，1917年，第62页下—63页下。

这个墓葬和李岗墓葬都位于平阴乡。[86]这个墓葬显然位于同一地方，若果真如此，我们就有了一个很好的例证，借此观察一个新的祖先坟茔是如何营建起来的。

一个多少缺乏偶然性的例证，见于李仁瞻、李元祐父子的墓志铭。这两方墓志大约镌刻于开元十八年（730）至开元二十八年（740）之间。[87]李仁瞻卒于四川的官舍，其碑铭云，“葬不归赵，乃卜宅于许，封树汝坟，子孙遂家，亦既重代”。[88]李元祐的碑铭则强调其家并不殷实，为之辩白云：

> 岂所谓不恋本达也，无怀土以重迁；[89]不伤生仁也，无困财以乏祀。夫然，赵之北际，何必故乡？许之东偏，亦云乐国：故丧之归也，遂窆于斯。[90]

显而易见，李察（捐资刻石者）对于未能将父亲和祖父的遗骸归葬于赵，心中惴惴不安。显然他仍将赵郡视作真正的家乡（李仁瞻和李元祐的郡望均为赵郡房子）。但是，他的辩解驱动他否定那种信念，并强烈地声称他们家族的新家所在。[91]

李氏与赵郡联系崩溃瓦解的最后阶段，就是那些毫不犹豫地自认为是赵郡李氏的成员，开始把洛阳之类的地方视作“先茔”的所

---

〔86〕《芒洛冢墓遗文三编》之《唐故河南府司录参军赵郡李府君墓志铭》(以下简称《李璆墓志》)，第64页上—64页下。

〔87〕这两份墓志的作者卒于开元二十八年（740），墓志撰成于“开元中”（约730），参见《全唐文》卷二九二《张九龄·故果州长史李公碑铭》，第6页上。李元祐很可能卒于墓志制作前不久——墓志是在其子的请求下所作——李仁瞻则可能生活在7世纪的后半期。关于这些人物，我们不能提供更准确的生卒年代（编者按，《新表》作“玄祐”）。

〔88〕《全唐文》卷二九二《张九龄·故果州长史李公碑铭》，第5页上—6页下。

〔89〕这段志文出自《论语》卷四《里仁篇》。意思是小人怀土，思恋故土，追求安逸，认为迁离乡土是严重的事情。因此，建立新家就被巧妙地当作君子的行为。

〔90〕《全唐文》卷二九二《张九龄·故瀛州司户参军李府君碑铭》，第7页上—7页下。

〔91〕其他不在祖坟埋葬而有自我意识的例子，譬如李端和李乂的墓志铭，参见《全唐文》卷五三〇《顾况·饶州刺史赵郡李府君墓志铭》，第10页上—11页上；《全唐文》卷二五八《苏珽·唐紫微侍郎赠黄门监李乂神道碑》，第1页上—5页上。

在。其中，李德裕四子李烨将李德裕及其子女的灵柩护送改葬，没有比这更好的例证了。[92]李德裕在大中三年（849）卒于贬谪地海南崖州。他的妻子刘氏大约卒于同时，还有数名子女以及仆役同殁于瘴疠滋生的崖州。数年之后，皇帝下诏恩准他们将李德裕的遗骸护送北归，进行永久性的归葬。迁葬之事由李烨主持完成，他从贬谪地蒙州去营护葬事。李烨相机行事，将兄弟姐妹的遗骸、刘夫人的灵柩，以及不知确切人数的仆役，全部归葬于洛阳附近。除此之外，李烨及其妻女，都安葬于同一地方。[93]

不管根据什么标准来看，这都是英雄式的行为，而且无疑要投入相当多的金钱和精力。在这个符合儒家孝行的伟大壮举中，丝毫没有降低标准抑或折中调和的成分。同时，与这件事情相关的各种碑铭——为数甚多——都没有暗示，在洛阳之外有更合适的地方来埋葬李德裕和其他成员。不像我们刚才讨论的几个例证，这个事件没有那种耿耿于怀的感觉，即真正的家乡位于赵郡，也没有认为改葬于其他任何地方多少是令人难堪的折中妥协。与此相反，洛阳显然被视作安葬这些赵郡李氏的合适地方。与此同时，他们确实也认为自己就是赵郡李氏：这个群体中好多人——包括李德裕和李烨——都使用赵郡赞皇的郡望。

这个事件标志着我们所观察的发展进程的终结：即李氏成员不再拥有将某人遗骸送回赵郡进行安葬是恰到好处的意识，这种情形非常简单地表明，李氏成员新的祖坟已经遍布于各个地方。但是，这并没有意味着那些家族的成员已经不再自视为赵郡李氏了。赵郡之郡望依然被人们使用，而且在某些情况下还自矜门阀，显露出引

〔92〕 赵郡李氏在这个阶段脱离赵郡的例证，见于李迪和李方乂的碑铭，参见《芒洛冢墓遗文四编》卷五《赵郡李府君墓志》（以下简称《李迪墓志》），第34页下—35页上；《芒洛冢墓遗文》卷中《唐故试秘书省秘书郎兼河中府宝鼎县令赵郡李府君墓志铭并序》（以下简称《李方乂墓志铭》），第32页下—33页下。具体参见下文。

〔93〕 有关李烨归葬家人的详情，参见陈寅恪的论文（注释3），以及其中所引史料。

人注目的家族骄傲。

值得注意的还有两个例证。李迪卒于天宝六载（747），葬于洛阳。他的墓志铭没有任何迹象显示，他的子孙认为这个墓地有任何形式的不合时宜；而且也没有认为葬于赵郡是更为可取的观念。由此看来，这个家族与赵郡的联系已经完全断绝。不过，他的墓志上却记载着赵郡的郡望，同时标榜着门阀的高贵传统：

> 公侯代袭，阀阅相承，齐梁禁婚，惮其茂盛；周隋定族，称为第一，四姓著首，百氏之先。[94]

第二个案例是李方乂的墓志，他卒于元和九年（814）。[95]这个墓志如此开始行文：

> 公讳方乂，字安道，赵郡赞皇人也。其先出自帝颛顼（传说黄帝之孙）之裔，历虞夏世为理官，因以命氏。惟咎繇（圣王大舜之官员）齐圣之德，惟柱史非常之道。书则曰大禹让，史则曰仲尼师，宜为氏族之望也。蝉联世禄，负荷天爵。……为公为侯，烛曜前史。

下文接着列举李方乂在周、战国魏、汉，以及北魏时期祖先的名号，详细记载他们之间世代的数量，然后从李顺（志文中称“宣王”），连续记录李方乂十代祖先的名号和官爵，一直到其父为止。[96]这是一份编排谱系知识的佳构，显示墓志撰者曾经使用这个李氏群体极为详尽和完整的谱牒资料。这显示赵郡李氏具有强烈的传续意识。但是，李方乂被运回归祔的“先茔”（墓志如此记载）就在洛阳附

---

〔94〕《芒洛冢墓遗文四编》卷五《李迪墓志》，第 35 页上。

〔95〕 李方乂，《新表》作“李乂”。注释 91 所提及的李乂就是《新表》所列的人物。

〔96〕《芒洛冢墓遗文》卷中《李方乂墓志》，第 32 页下—33 页下。

近。有必要再提一遍，这些人群和赵郡李氏的故里已经没有实实在在的联系，但与此同时，他们却保持着属于赵郡李氏的非常强烈的显赫地位、绵延长久以及独一无二的认同感。

赵郡李氏与故里断绝关系的最后一个例证，见于有名的李德裕所谈的精辟阐述，李德裕在很多方面都代表着旧有的统治阶层（在9世纪的第二个二十五年间，825—850）。皇帝曾经御赐赞皇县图——李德裕的郡望是赵郡赞皇——以及“三祖碑”文，这明显是纪念赵郡李氏三大房支的始迁祖。李德裕向皇帝谢恩，撰写呈状云：

> 伏以桑梓虽存，久隔兵戈之地，松楸浸远，已绝霜露之思。……故国山河，因丹青而尽见，祖宗基构，寻碑版而可知。[97]

由此可见，迄于9世纪中叶，赵郡李氏和赵郡之间的联系已经完全隔绝了。一个从未踏入赵郡的李氏成员就可能是赵郡李氏。如果他卒于贬谪之地，其遗骸有可能被孝子运回并葬于先茔，不过，这些祖坟并不在赵郡之内。在较早的时期，大量赵郡李氏的成员有时聚居在一个巷子里，抑或一群小村庄中，但是，唐代以降，这种情景已然绝迹。实际上，赵郡李氏的成员已经星散在全国各地。诸多成员居住在都城及其附近；另一部分成员则居住在父祖任官的城市，抑或居住在其祖先机缘巧合而被埋葬的地方。有些赵郡李氏一定还居住在赵郡，但是唐初数年以后，我们已经找不到这方面的真凭实据。我们根据《元和郡县图志》可知，赵郡李氏在赵郡的两个地方占有土地，然而他们究竟掌握多少土地，以及究竟谁持有这些土地，我们都不得而知。

因此，我们遇到一个重要的问题：如果赵郡李氏没有居住在赵

〔97〕《全唐文》卷七〇四《李德裕·谢恩赐王元逵与臣赞皇县图及三祖碑文状》，第11页上。

郡，他们实际上散布于全国各地，那么，他们究竟如何界定自我呢？在何种意义上说他们是一个界限分明、与众不同的群体呢？

唐代晚期赵郡李氏的特征

首先，让我们从赵郡李氏没有界定自我的方式谈起。他们没有占有共同的族田，其经济收益没有用于氏族活动的支出。亲属集团同样没有祠堂（clan temples），可用来追祔列祖列宗，亦可举行四时（seasonal festivals）烝尝，进行祭祀。[98]因此，这个氏族不像后世的宗族一样，通过这些因素进行界定。实际上，在唐代文献中，我们没有发现大量赵郡李氏（以及其他人）共同参加任何活动的记载。[99]逮于隋唐易代之际，我们还能看到布满乡村的赵郡李氏率领宗党抵御匪寇。[100]《隋书》记载了一个李氏家族高会欢庆的图景，大概能够反映6世纪第三个二十五年（650—675）的实际情况，“（赵郡）李氏宗党豪盛，每至春秋二社，必高会极欢，无不沉醉諠乱”。[101]但是，迄于唐代，该大族以乡村为主导的这类活动似乎消失了，我们再也看不到大量李氏成员聚集在一起的场景。[102]赵郡李氏——至少是那些在历史记载中留下印记的成功者——无论比邻而居还是社日仪式，他们都不再团头聚面。

---

〔98〕许多家庙（family temples）立于唐末，但是，只有高级官员获准立庙，而且祭祀对象不能超过三至四位祖先（关于建造家庙的规定，参见《唐会要》卷一九《庙隶名额 · 百官家庙》，中华书局，1957年，第387—392页）。

〔99〕一个可能的例外是李观（在唐代有好几个同名的人物，参见岑仲勉《唐人行第录》，上海古籍出版社，1962年，第375页起）。李观的本传记载其祖先从赵郡迁至洛阳，但是他与《新表》上的李氏人物不可能联系起来。无论如何，宝应二年（763），吐蕃人侵，他正住在长安附近的盩厔别业，亲率乡里子弟一千人，守护黑水之西的地方（参见《旧唐书》卷一四四《李观传》）。

〔100〕相关例证，参见注释72，以及李元忠的例证（参见前文）。

〔101〕《隋书》卷七七《隐逸 · 李士谦传》。

〔102〕一个可能存在的例外情况是人们在家庙的祭享活动，一些碑文似乎提示，相当数量的宗人参加祭享的仪式。不过，这些记载最多就是暗示而已，而且很可能只是包括服丧范围（mourning circles）的亲属。无论怎样，我们知道，关于那个赵郡李氏的例证，并未提及参加仪式的宗人。实际上，鉴于这个活动包括了李绅家族，他们可能并不是真正的赵郡李氏。

即便如此，没有人怀疑“赵郡李氏”是存在的。在氏族谱中，列有“赵郡李氏”之术语；当人们提及门阀大族的时候，“赵郡李氏”正是他们经常使用的例证；李氏成员一贯在墓志铭中坚持使用赵郡作为郡望，纵然在没有次级郡望的情况下也是如此。简而言之，这个士族的确有一种认同，大致包括两个方面：一般大众的普遍认可，尤其是上层阶级认同“赵郡李氏”具有明确的意义；士族本身具有明确的自我界定，这体现在他们的谱牒之中。[103]

一般来说，人们持续使用“赵郡李氏”的概念，是因为他们固守着一些理念，即赵郡李氏崇高的社会地位，源自他们之前的父亲和祖父。不像北魏和南朝的某些时期一样，任官在唐代不再被视作门阀成员的特权之一，但是，他们之间的通婚仍然根据氏族谱来决定，氏族谱在中国一直通行至 9 世纪。[104]正如我们从敦煌文书所看到的例证，这些氏族谱包括所有最显赫门阀的名称，按照郡望和地理进行排列。它们没有记载次级郡望；每个条目通常是简单的“河东柳氏”，或“赵郡李氏”，诸如此类。[105]社会地位显赫的家族，在为适婚年龄的子女寻求门当户对的配偶时，他们就会参考这些氏族谱。[106]某人属于这个氏族的哪个房支，并不重要（只是就有权使用

---

〔103〕关于笔者描述的赵郡李氏是相当“松散”的氏族组织，以及谱牒对于氏族认同的关键作用，有一个非常明确的例证，就是《隋书》列传所记载的另一个名门大族京兆韦氏，其成员韦鼎所发生的事件（参见《隋书》卷七八《艺术·韦鼎传》，第 1772 页）。隋文帝曾经问韦鼎，与高官韦世康相去远近，他却回答：“臣宗族分派，南北孤绝，自生以来，未尝访问。”对于出自“百世卿族”的家庭成员竟然说出这种话，隋文帝大为震惊，因此，文帝命令政府提供酒肴，派遣韦鼎和韦世康前往杜陵（韦氏家族的郡望所在地），在那里宴饮十余日。根据这个故事，其唯一的结果就是，韦鼎考校昭穆，编成《韦氏谱》七卷，追溯世系超过二十余代（有必要指出，韦鼎、其父、祖父及曾祖，都未列于《新表》“韦氏”条）。

〔104〕关于这些话题，参见姜士彬《中古中国的寡头政治》第四章《唐代氏族谱与身份制度的演变》，西方视野出版社，1977 年。

〔105〕关于这些氏族谱，参见杜希德《唐代统治阶层的构成：敦煌发现的新证据》，载芮沃寿和杜希德编《唐代概观》，耶鲁大学出版社，1973 年。

〔106〕这种情形甚至到宋代依然如此，《玉海》论及名为《诸氏族谱》的一本氏族谱，就明确记载，“俾士流案此谱乃通昏姻”。参见《玉海》卷五〇《艺文·谱牒》，据光绪九年（1883）浙江书局重刊本影印，浙江书局，第 29 页下—30 页上。

氏族谱的人而言），只要这个氏族是门阀大族〔世家大族强调门当户对的内婚制，是南北朝“贵族制”社会最具持久性的特征之一。乾元三年（760）前后，李华在那时写道，“山东士大夫以五姓婚姻为第一”。[107] 实际上，唐初皇帝发布禁止大姓高门互婚的诏令，人们对此都记忆犹新，这同时也是门阀大族自矜骄贵具有说服力的要素〕。[108] 假如我们相信唐代晚期一些逸闻轶事的话，就会发现甚至皇室自身也不能避免与大姓高门联姻的诱惑。[109] 因此，在某种意义上，赵郡李氏继续存在于世，因为当时的人们出于明确地界定社会精英之需要，不允许他们消失无踪。旧有的社会制度并未彻底被新型的社会制度攘夺替代，在旧的社会制度下，人们的社会地位由家族和任官两个因素所决定；而在新的社会制度下，任官单独确定崇高的社会地位。只要旧有的观念依然存在，就会需要“门阀大族”的存在。

如果一个高门大族在占据一切有利条件的情况下，终究破落衰败——犹如晚唐以前大量名门大族所经历的一样——那么，他们在婚姻市场（marriage market）上的行情想必会大幅跌落。但是，赵郡李氏在政界一直非常成功，他们并未遭遇这样的困境。这个家族仅在 9 世纪就产生八名宰相，[110] 以及其他多名高官权贵。因此，他们一直作为很热门的通婚对象，故仍然维持着“赵郡李氏”的公众意识。

人们将赵郡李氏视作一个实体（entity），只是他们进行自我界定

---

〔107〕《全唐文》卷三一八《李华·唐赠太子少师崔公神道碑》，第 20 页下。大约同时，柳芳云，山东郡姓“尚婚娅”，因此他们“先外族、后本宗”（参见《新唐书》卷一九九《儒学中·柳冲传》）。

〔108〕李华在神道碑中，列举了禁止互为婚的诸多名族（《全唐文》卷三一八《李华·唐赠太子少师崔公神道碑》，第 19 页下）；另外，关于李迪的碑志，参见《芒洛冢墓遗文四编》卷五《李迪墓志》，第 35 页上。

〔109〕最具说服力的例证是唐文宗，他曾经为宪宗的两个女儿——真源公主和临真公主——在大族门第中寻求东床佳婿。根据杜中立的传记，唐文宗说：“民间修昏姻，不计官品而上阀阅。我家二百年天子，顾不及崔、卢耶？”（参见《新唐书》卷一七二《杜兼传》）

〔110〕这些宰相是：李巽、李吉甫、李藩、李绛、李德裕、李固言、李珏和李绅。

的一个部分，也不是最重要的部分。如果他们不再坚持自称赵郡李氏——一个界限分明的特殊群体——那么，公众的接受就变得毫无意义。士族谱牒准许他们如此行事，我们已经看到一件有趣的案例，即李氏家族和一个李姓高官（李敬玄）结成联盟，办法就是允许他与赵郡李氏“合谱”。[111]我们知道赵郡李氏拥有谱牒，正是因为一些谱牒的书名流传至今：唐代文献对它们略有提及，也根据某些大族成员所展示出的广博的谱牒知识。《新唐书·艺文志》载有《赵郡东祖李氏家谱》二卷，[112]《隋书·经籍志》载有《赵李家仪》十卷，并附录一卷。[113]白居易为李绅的家庙敬撰碑文，其开始简单叙及李绅的谱系，“谨按家略，……”[114]《李澥墓志铭》记载：“史氏志其大，家牒详其细。”[115]白居易为李藩之女撰写的另一份碑文，所追溯的李氏祖先达到六代，兼及她的丈夫、儿子以及女婿的姓名及官爵，然后谈道：“由此而上得于国史‘家牒’云。”[116]

我们已经看到李方乂的墓志，这份墓志显示作者至少已经掌握李方乂房支极为详尽的谱系，因为它所追溯的远祖，列举周代和北魏之间显赫祖先的名号，然后依次追叙李方乂之前连续十代的祖先。[117]其他赵郡李氏的墓志铭也清楚地显示，墓志作者同样掌握了相当渊博的谱系资料。例如，李岗的墓志铭，展示了关于此前五代祖先的详细知识——追溯祖先一直到北魏时期——同时总体阐述了李氏家族在早期房支分化的情形。它同时不无骄傲地指出，《氏族

〔111〕参见前文。这是一种结盟合作，而非吸收关系；根据李敬玄家族的材料，我们可以非常清楚地看到，他们从未完全被纳入赵郡李氏。

〔112〕关于《赵郡东祖李氏家谱》，参见《新唐书》卷五八《艺文志二》。

〔113〕关于《赵李家仪》十卷（录一卷），参见《隋书》卷三三《经籍志二》，第971页。

〔114〕《全唐文》卷六七八《白居易·淮南节度使检校尚书右仆射赵郡李公家庙碑铭并序》，第9页下。

〔115〕《全唐文》卷七八四《穆员·刑部郎中李府君墓志铭》，第14页上。志文中的“史氏”，可能暗指那本谱牒大作——《姓氏谱》（二百卷），史玄道正是纂修人之一。

〔116〕《全唐文》卷六八〇《白居易·海州刺史裴君夫人李氏墓志铭》，第7页下。这可能就是类似《新表》谱序的文本，显然可供对此有兴趣的人进行参考。这个原稿可能由李氏自行撰述，而且他们还保留了一份抄录本。

〔117〕参见前文。

志》和《著姓略》都将李岗的祖先列于四海盛门之中。[118]

所有赵郡李氏中谱牒意识最强烈的当属李华。[119]李华经年累月地被贬黜于东南之地，在此期间，他经常为吴楚地区上等阶层的士君子家族撰述家传和墓志铭，并以此获得盛名，根据文集的序言，那些求文于公者，得请者以为子孙荣。[120]事实上，李华对于谱牒之学饶有兴趣，尤其看重自己家族的谱牒。这种情形明确地见于李华的很多文章，而以两段文字最为显著。一段文字是李华写给表弟卢复的书信，其中，他赞扬范阳卢氏绵延长久和声望显赫，不过彼时已经破落不堪——卢复是个例外。李华接着写道：

> 华恨未见，弟为广访求也。南祖分于何祖？帝师今有四房，谁各承后？弟为华具条流相报也。顷撰军器舅神道碑，后其房族由来，意欲如军器之志，广外家之美，令万代闻见，不复讨谱牒也。[121]

另一段文字见于李华在大历元年（766）给李观撰写的书信，[122]李观是李华的远房子侄，即将前往吴中（今江苏南部）就职。李华感谢李观送他一本名讳不详的族人撰写的诗集，然后突然开始讨论他们的谱系。

---

〔118〕《芒洛冢墓遗文三编》之《李岗墓志》，第62页下—63页下。其中，所引著作的名称是：《氏族志》和《著姓略》。两书都成于唐代初年。前者很可能就是有名的《贞观氏族志》，后者载于《新唐书》卷一九九《儒学中·柳冲传》（"姓略"）以及同书卷五八《艺文志二》（"著姓略记"），它们记载的名称稍有不同。显而易见，晚至9世纪早期，即李沆墓志铭撰写之时，门阀大族仍然依靠唐初有关氏族身份的谱牒著作，以证明其自尊骄矜的地位。我们可以说，正是由于他们认为谱牒是氏族确立其边界的基本根据，因此，保存下来的氏族谱——类似《氏族志》的大规模修撰的总结性著作——成为他们确定社会地位高下的思想基础。

〔119〕关于李华的生平和背景，读者可以参看麦大维《8世纪中叶的历史和文学理论》，载芮沃寿和杜希德编《唐代透视》，耶鲁大学出版社，1973年（David McMullen, "Historical and Literary Theory in the Mid-eighth Century," *Perspectives on T'ang*, Arthur Wright, and Denis C. Twitchett, eds., Yale University Press, 1973. 参见注释2）。

〔120〕《全唐文》卷三三八《独孤及·检校尚书吏部员外郎赵郡李公中集序》，第14页上。

〔121〕《全唐文》卷三一五《李华·与表弟卢复书》，第2页上—2页下。

〔122〕这是唐代另一个李观，此人见于《新表》。

他集中阐明的是，他和李观以及一位“中丞苏州”——大概就是诗集的作者——分别是生活在4世纪末5世纪初兄弟三人的嫡嗣。这兄弟三人正好是《新表》中东祖房三个房支的始迁祖，因此，李华实际向李观说明，尽管他们只是远房亲戚（他们最近的共同祖先大约是李观之前的十世祖），但其实他们仍然具有亲戚关系，并且都是赵郡李氏中一个房支的成员。〔123〕他小心谨慎地自称是李观的“叔父”，而且，根据《新表》，李华比李观高一辈。〔124〕什么因素促使李华滔滔不绝地阐述一连串的谱系资料？李华相信谱牒之学渐趋式微，正如他坚信许多传统的因素都在凌夷一样，〔125〕也许他正试图激发李观，在这个话题上产生和他相同的认识，“夫知卿大夫之族姓、班位之高下，见贵春秋，而此道将亡，自族之不知，况他人乎？”因此，他嘱托李观在前往江南吴中的羁旅途中，集中精力搜集相关资料，以便完善家传之遗阙。〔126〕

李华对谱牒之学投入的程度之深大概非同寻常，但也没有理由推断他是反常之举。〔127〕大量证据显示，赵郡李氏编纂谱牒，并定期加以参考和翻阅；唐代其他高门大族一定从事相同的事情。〔128〕这些

〔123〕但是，这封书信中没有明确提及东祖房。笔者将之视作所持观点的旁证。笔者在开篇就提到，《新表》所体现的士族结构，对于唐代的士族成员并不是非常重要。

〔124〕这是相当明确的事实。李华知道九世亲属以外远房侄子李观在氏族房支中的世代，这表明他使用了规模相当大的谱牒。一个相似的例子又见李栖筠文集的序。尽管这个序言是权德舆所撰，但一定根据李栖筠家族提供的资料。其中，李华被记载成李栖筠的族子（distant nephew），参见《全唐文》卷四九三《权德舆·唐御史大夫赠司徒赞皇文献公李栖筠文集序》，第15页下。实际上，李华可能比李栖筠年长。李华的生卒年大概是景龙四年（710）至大历二年（767），参见注释119所引麦大维的论文；而李栖筠卒年五十八岁，大约在建中元年（780），参见《新唐书》卷一四六《李栖筠传》）。但是，李华是李楷的十三世孙——李楷是他们最近的共祖——而李栖筠则是李楷的十一世孙（参见《新表》）。因此，李华以这种方式被提及，暗示李栖筠的世代高于李华。这同样暗示他们使用了整个氏族的庞大谱牒。

〔125〕关于李华写给他外孙女的书信，参见《全唐文》卷三一五《李华·与外孙崔氏二孩书》，第3页上起。

〔126〕《全唐文》卷三一五《李华·送观往吴中序》，第14页。

〔127〕我们需要注意李守素，他是唐初的谱学家，对于华戎阀阅，莫不详究，当时号为“行谱”。而李守素是赵郡李氏的成员（《旧唐书》卷七二《李守素传》）。

〔128〕《唐语林》记载的一件轶事显示李氏（包括崔氏）的不同房支，都很清楚他们辈分的高低远近，这种知识一定来自于谱牒资料。参见《唐语林》卷四《企羡》，国学基本丛书，商务印书馆，1939年，第138页。

谱牒就是士族门阀自我界定的标准。他们显示作为实体的“赵郡李氏”与其他人群的界限位于何处。作为郡望的赵郡，依然保持着旧有神秘性的大部分——部分原因至少要归功于氏族谱——某人被排除在谱牒之外，仍然是鱼游沸鼎之事。[129]鉴于赵郡李氏非常明确地界定自我，其他人群就可以继续把他们视作一个特定的实体，一个社会的事实，一个界定明确的群体，其声望被全体成员所分享。

我们已经考察赵郡李氏的发展历程：他们从赵郡西南部最初的根据地开始扩张，进入邻近区域，最终断绝了和祖籍的直接联系。我们同样看到赵郡李氏演变的过程：第一阶段，他们作为非常团结的亲属群体居住在同一个乡村；第二阶段，这样的组织大量分布于河北平原的西部以及太行山东麓；最后阶段，赵郡李氏似乎已经星散四处，散居各地：都城附近、河南河北、江苏甚或四川。整个时期大概经历了五百年之久，没有发生变化的是一件事情：“赵郡李氏”代表着一个特定的亲属群体，成员之间的关系都彼此知道。这个更大实体内部的各个群体，在地理和谱系方面会发生迁移和改变，但是，这个氏族自身的牢固基础总是维持不变。赵郡李氏是全国最显赫的名门大族之一，当时通行整个朝代的氏族谱也可以证实这种情况。因此，即便这个氏族没有地理上的集聚点，没有全体族人共同参加的仪式，也没有赡济全体族人所需经费的族田，然而，它仍然拥有组织形式和生命力。谱牒决定其界限所在，而其他人群则接受和证实了这个界限。但是，这个氏族——作为一种观念的，而非

〔129〕关于族人被赵郡李氏的谱牒排除的情况，我们没有直接的证据，但可以肯定一定发生过。有个李敬玄的例证，他获准和赵郡李氏“合谱”（joint genealogy），这意味着其中确实横亘着壁垒。另外，据《北史》记载，在赵郡李氏早期发展过程中，地位相对低下的李辑后裔组成的房支，也发生过这样的事情。某个房支的成员可能因为不够成功显赫，而在某个时候被该房支从谱牒中清除。在其他士族中，我们知道某个成员因地位卑下而被排除在外。例如，崔廓是博陵崔氏，但是因为他孤贫母贱，而不为邦族所齿。参见《隋书》卷七七《隐逸·崔廓传》，第1755页。柳璨，出自河东柳氏，但他却是唐代当权派嚼穿龈血的悍敌，我们随后就会看到他的表现。柳璨成长于贫苦之家，因此，他的宗人“不以诸宗齿之”，参见《旧唐书》卷一七九《柳璨传》。

生物实体的氏族——是相对脆弱的，正是因为它最终只不过是一个观念。它是一个没有强有力的制度将之具体呈现的观念，而且，它是一个从未衍生出理论基础的观念。

在9世纪，赵郡李氏终于来到了长期演变进程的终点。早在隋代，曾经支持世家大族的政治社会制度已经开始发生变化，迄于晚唐，这种制度几乎已经消失了。高门大族依然保持崇高的声望，是因为社会偏见的变化非常缓慢，同时因为诸多名门望族——赵郡李氏即在其中——在整个唐代都非常成功。但是，他们的成功是在新制度下获得的，他们通过适应新制度，而将必然来临的变化延宕了一段时间。仅据才能作为选拔官员的标准一旦牢固地确立，高门大族的权力基础就被摧毁无遗了。[130]类似赵郡李氏的大族能够继续维持，正是基于大量民众的尊崇、大族的自我界定以及自我矜持。[131]不过，因为这些因素不再以真正的社会现实抑或政治体制为基础，因为他们不再被成熟的既定制度所保护，因为他们不再被连贯一致的意识形态所支配，五代时期的大动荡重创并摧毁了他们。这篇论文的第二部分，旨在阐明在那个致命的世纪里，或称作唐末宋初的时期，赵郡李氏究竟发生了什么事情。

二 赵郡李氏的衰亡：从晚唐至宋初

作为一个政治权势显赫而又自我认同的实体，赵郡李氏的消亡，通过《旧五代史》和《宋史》列传中氏族成员事实上的消失得以证实。《旧五代史》列传中，作为卷目主要记载对象的李氏人物有四十八名，其中两位被赋予赵郡的郡望——李德休和李愚；编纂者

---

〔130〕 当门阀贵族不再掌权时，门荫制度（nepotism system）本身就成为反贵族的制度了。

〔131〕 对于他们的经济势力，我们所知甚微，而且我们似乎不太可能详细地了解这些情况。不管怎样，这都远远不能让他们幸免于山雨欲来的政治风暴。

似乎对李愚的自云半信半疑。[132]第三位据说是李德裕的孙子——李敬义，亦名延古——即便在他的列传中，也没有记载他的郡望，但理应视作赵郡李氏的成员。[133]实际上，在《旧五代史》提及的数百名李氏人物中，仅能证明其中的十一名成员是赵郡李氏的后裔。[134]

较之五代，我们要在北宋寻找赵郡李氏成员，也并非易事。在《宋史》前面的一百一十六个列传卷目中，李姓人物六十个，只有一个成员明确记载赵郡郡望：即李京。第二个李氏人物（李迪）[135]的列传记载，很久之前，其先赵郡人，其后徙于幽州；第三个李氏人物（李熙靖），据称是李德裕的九世孙，但是，李迪和李熙靖都没有明确记载赵郡之郡望。[136]

---

〔132〕《旧五代史》卷六七《李愚传》，其开篇云，"自称赵郡平棘（李氏）西祖之后"。

〔133〕第四个人物李崧，可能与赵郡李氏有关，但其本传只字未提。在统计这项数据时，我们只包括列传的主要传主。关于后唐统治者的数卷，还有卷五二、五三，其中被赏赐改姓李的人物列传以及多个人物的合传，卷一三二《世袭列传一》至一三六《僭伪列传三》，我们都排除在外。

〔134〕《旧五代史》总共提及四百二十名李氏人物，尽管我们无法确定其中的大多数都属于哪个氏族。十一名赵郡李氏是前文和注释133提及的四位，另外，还有李愚之父李瞻业，李敬义之父李烨，李崧之兄弟李嶬、李嶼，李崧之父李舜卿、李崧子李璨。由于他们都没有独立的列传，因此，不用说这些人都不会明确地标识为赵郡郡望。笔者之所以获得这个信息所根据的数据，是由于伯克利大学艾伯华教授的关照。艾伯华教授彻底梳理整部《旧五代史》，系统地注释其中所有已知姓名的人物，并提供相关资料。笔者衷心感谢他允许我使用这些资料。

〔135〕不要和同名的另一个人物混淆了，参见前文，第38页。

〔136〕我们把合传的数卷排除在外。在这次统计的资料中，最晚一名李氏是李熙靖，其生卒年代是熙宁八年（1075）至靖康二年（1127），最早的一名大概是李琼，其生卒年代是大顺二年（891）至乾德元年（963）。另外，我们发现两位李氏成员的墓志铭声称出自赵郡，而在《宋史》本传中未有提及：李师中有强烈的主张，参见刘挚《忠肃集》卷一二《右司郎中李公墓志铭》（以下简称《李师中墓志铭》），丛书集成本，商务印书馆，1940年，第168页；而李沆的主张则显得暧昧不明，参见杨亿《武夷新集》卷一〇《宋故推忠协谋佐理功臣光禄大夫尚书右仆射兼门下侍郎同中书门下平章事监修国史上柱国陇西郡开国公食邑三千八百户食实封一千二百户赠太尉中书令谥曰文靖李公墓志铭》（以下简称《李沆墓志铭》），清留香室刊本，第1页下。最后，还有三位李氏成员，其亲属曾经声称出自赵郡血统，但他们的列传和碑铭都没有提及赵郡。李昉有可能是李宗諤的远房亲戚，而李宗諤的墓志铭含糊地、非正式化地声称出自赵郡，参见张方平《乐全集》卷三九《朝散大夫右谏议大夫知相州军州同群牧事上柱国赐紫金鱼袋赵郡李公墓志铭》（以下简称《李宗諤墓志铭》），四库全书珍本初集，商务印书馆，1934年，第22页下。李垂之父李筠，在其墓志铭中以更加模糊不明的方式，和赵郡李氏进行联系（台北"中央研究院"所藏墓志拓片，第02360号）。而在李昌龄伯父李迁的墓志铭中，则是强烈地声称他们是李德裕兄长李德修的子孙，参见曾巩《元丰类稿》卷四五《试秘书省校书郎李君墓志铭》（以下简称《李迁墓志铭》），第10页下。

与此相反，在《旧唐书》后面有规律的六十七个列传，作为卷目主要记载对象（排除统治性的皇室人物），有四十八名李姓人物，其中十四名赵郡李氏成员，还有一个很可能也是赵郡李氏——所占比例接近三分之一。[137]我们发现一个有趣的现象，还有八名李姓人物出自另一个大族高门，即陇西李氏，而陇西李氏在《旧五代史》和《宋史》中同样罕见。[138]

这些发现结果，契合笔者以前所考察的唐末宋初之际宰相家庭出身的结论。至德元年（756）至天祐三年（906），在二百四十四名宰相及行政长官中，一百三十一人出自高门大族，二十一人声称出自名门大族，尽管他们并不是名族子弟。而在北宋早期的一百年中，有四十四名宰相，其中，似乎只有三人声称出自唐代名门大族，实际上，只有一人明确地意识到这种血统。[139]

正史中的标准列传，通常只记载在中央政府中出任高官显宦的人物，因此，上述统计数据虽然不是论据，但是它们充分地反映出赵郡李氏在晚唐以降政治权势的急剧滑落。这些数据所带来的印象可以通过其他诸多途径加以证实。譬如，我们发现，9世纪中叶的一份墓志铭记载，"世所谓赵（郡李氏）之东祖者，地峻门昌，嶷客当世"。[140]但是，北宋一篇讨论名门望族的文章，追溯某些重要家族的先世至宋朝初年，其开篇云，"唐朝崔、卢、李、郑及城南韦、杜二家，蝉联珪组，世为显著。至本朝绝无闻人"。[141]当然，这有些言过其实，但却具有启迪作用。这非常清楚地显示出唐宋之际"谱牒废绝"（disruption of genealogical tradition）的论断。这种观点也出现在

---

〔137〕这十四名李氏成员是：承、巽、芃、纾、观、若初、吉甫、藩、虞仲、绛、绅、珏、固言和德裕。存疑的是李珙。

〔138〕这八名李氏成员是：揆、益、逢吉、程、训、仲敏、让夷和蔚。

〔139〕姜士彬《中古中国的寡头政治》第七章。

〔140〕《芒洛冢墓遗文三编》之《李璆墓志》，第64页上。

〔141〕王明清《挥麈前录》卷二《本朝族望之盛》，中华书局，1962年，第20页。根据序言，这本书作于乾道二年（1069），但是，这篇文章显然是就北宋一朝的情况进行总结。

宋代思想家的著作中，经常见于讨论谱牒的论著，也见于其他文本之中。笔者的目标正是拼接和整理碎片化的证据，从而尽可能清楚地揭示，在唐末宋初赵郡李氏的三代或四代之间，谱牒废绝的过程究竟是如何发生的。这种考察面临着一种特殊的困难，正如笔者所言，衰亡中的大族门阀在其后所留下的记载越来越少，故此，其衰亡的程度愈烈，从事研究的难度就愈难。不过，我们拥有足够的资料来论证这个话题。

唐宋之际谱学传统的废绝

在进行讨论李氏问题的具体经历之前，我们应该提出一些普遍性的看法以打下基础。笔者刚才提及的那份宋代名门望族的名单，正是一个很好的出发点。首先，这只是王明清所撰《挥麈前录》数百条史事旧闻中的一个条目，而且，在唐代极为流行的氏族谱，没有一个出现在这里。我们当然不会认为它是具有决定性的看法，但难免会意识到，王明清的意图正是包括北宋绝大多数的名门望族（他明确声称要追溯至太祖朝和太宗朝，实际上，最长的谱系回溯至公元 960 年），其形式是漫不经心的。王明清没有提供一份正式的名录，他只是以相当随意的方式提供了一份三十六个氏族的名号。[142]首先记载七个氏族，罗列始祖名号，然后记录每代子孙名字中表示行辈的字。望族中最长的房支连绵延续，达到七世。王氏没有中断，连续不断地对十二个名族流行的金字招牌进行阐释。例如，“陈文惠居近金水门（开封北面城墙最西部的城门），以门名目之（家族名号）”。这个条目紧接着罗列了九个氏族，旨在区分和辨明同姓氏族之间的不同之处，这个条目之末尾，枯燥单调地列举了另外八个望族的名号。

关于这篇有趣的文本，有诸多方面值得关注。没有一个望族的

〔142〕 这个数据可能需要进行微调，因为文中提及的家族情况并不总是很清楚。

世系可以追溯至宋代建国以前。这些望族每代子孙中表示行辈的那些字派，在宋代以前并不常见；行辈字派的使用，前所未有地连续超过七代。[143]笔者认为，这种情形暗示宋代的氏族组织较之唐代要强大得多，这或许是压缩型谱牒所带来的非选择性特征。在提及某个望族始祖的后裔子孙时，仅涉及他们名字中表示行辈的字派，我们几乎不可能区分这些家族成员，也不能凭借那种方式将其他成员排挤出去。对于很多望族而言，郡望的本质已经完全发生变化。郡望不再是大族的故里家乡，取而代之的可能是，高祖拥有房宅所在城市中某个地方的名称，抑或某个祖先所筑的亭台楼阁之名目。相对唐代而言，这些亲属群体的规模更小、层次更肤浅、更易于自我界定。如果进行考察，我们就能发现这类氏族组织的理论基础，简而言之，就是11世纪新儒家的亲属观念。

最后值得一提的是，只有两个伟大的郡望出现在这些家族之中：吴兴沈氏和河内向氏。不过，这并不意味着我们能够找到很多人带有这种郡望，如《宋史》列传就是如此。与之相反，我们很难发现任何沈姓人物非常明确地自称吴兴郡望。事实上，笔者仅仅找到一个近乎如此自称者：沈严。[144]不过，在沈严的墓志铭中，没有追溯任何祖先的名讳，也没有尝试与前朝的吴兴沈氏建立联系。如果沈严是六朝唐代吴兴沈氏的后裔，他的家族似乎已经不知道这个事实，或者并不太在意，以至于没有在墓志中提及这种事情。即便如此，这并不意味着所有的沈氏成员都不知道他们拥有显赫的先世。沈播的墓表，立于11世纪中叶或稍后，由其子委托王安石撰成。其

---

〔143〕 在《新表》中，我们经常发现某人的子辈都有相同的字派表示行辈，但几乎不曾发现他的孙子辈成员也使用共同的字派。

〔144〕 他的家人没有能力为之举办体面的葬礼，其后康定元年（1040），由前往吴兴担任太守的朋友代为埋葬。在其墓志铭中，沈严家族世居吴兴。参见范仲淹《范文正公集》卷一二《宁海军节度掌书记沈君墓志铭》，四部丛刊本，商务印书馆，1929年，第12页上—13页上。

中明确提及武康沈氏的显赫，记载九世蝉联相续的谱系传承。[145]而且，还有大量其他沈氏人物，也出自吴兴地区，但令人称奇的是，“吴兴”郡望从未被他们使用。[146]在北宋时期，吴兴郡望看来已经没有任何意义可言了。[147]

在王明清所举望族中，另一个伟大的郡望——河内向氏——对于说明这些郡望的招牌在北宋所扮演的作用更有价值。有宋一代，向氏家道的繁盛奠基于向敏中（949—1020）。他在王明清的名录中被称作“文简公”。我们有向敏中的墓志铭，以及其后连续五代子孙中四代人物的墓志铭。前四代向氏人物墓志所载的郡望都是相同的：开封。只有第五代人物，即向敏中的五世孙李澣（1121—1181），其墓志记载的是河内郡望。[148]李澣成长于南方，其墓志铭记载，他力图重建家族的传统，并按照程颐所主张的理论构建家族意识，建家庙，正神主，严祭祀事，恩泽生产，并以明确的家法家规管理族人。毫无疑问，李澣墓志自称河内郡望，正是此项事业的一个方面。

我们以李澣的墓志铭，与这个房支始祖向敏中的墓志相比较，它们之间的差异非常之大。《向敏中墓志》起首云，“公讳敏中，字常之，其先宋左师之裔也（春秋时代的人物，即向戌），后世徙居大梁（开封），子孙因家焉”。[149]他的三位直系祖先（父亲、祖父和曾祖），

---

〔145〕王安石《临川先生文集》卷九〇《贵池主簿沈君墓表》，中华书局，1959年，第936—937页。这个时间是由沈季长生于天圣五年（1027）推断的，季长是沈播之子，沈博请王安石为之撰述墓表。

〔146〕昌彼得等《宋人传记资料索引》第五册，鼎文书局，1974—1975年。这本书在此处很容易让人产生误解，它经常记载某个人是“吴兴人氏”，其实所根据的只是非常晚出的文集，如《全宋词》。

〔147〕但是，武康是一个旧的次级郡望，它有可能携带昔日郡望所有的声望。

〔148〕杨万里《诚斋集》卷一三〇《通判吉州向侯墓志铭》，四部丛刊本，商务印书馆，1929年，第7页上。

〔149〕祖无择《龙学文集》卷一五《大宋故推忠协谋守正佐理功臣开府仪同三司行尚书左仆射兼门下侍郎同中书门下平章事充玉清昭应宫使昭文馆大学士监修国史上柱国河内郡开国公食邑一万二千七百户食实封五千一百户赠太师谥曰文简向公神道碑铭》，宋人集本，第1页下。

没有担任官职，即便其父向瑀好聚图书，善交贤俊之士。关于这个家族早期数代的祖先情况，我们一无所知，而这种印象则被向敏中之子向傅范（1010—1074）的墓志所印证。我们从中再次看到，春秋和宋代之间的祖先完全没有被提及。碑文中继续记载，北宋建国，向氏随之兴盛，在此之前则是混沌一片，鲜为人知。[150]显而易见，在这个氏族连续不断的发展过程中，存在着明显的断裂；北宋初年，他们根本无法与更早的向氏人物建立联系，向氏的伟大郡望河内似乎只是在王明清的望族名录中昙花一现。[151]因此，河内向氏郡望的出现，比吴兴沈氏郡望所蕴含的意义还要少，而且根本不能视作中古大族残存至宋代的证据。职是之故，王明清的北宋望族名录，其实代表着一个全新的精英集团，这个集团和唐代的社会精英几乎没有什么关系。

关于唐代名门望族的消融和崩溃，五代和宋初的文献中充满着直接和间接的证据。人们可以读到关于阶层仇恨的激烈言辞，旧族的精英人士因此惨遭杀戮，其府邸和庄园也被洗劫一空。宋代文献中关于名门望族的讨论，显示出他们对于唐代形势的茫然无知，同时他们对古代血统出身的态度已经发生改变。有唐一代的名门望族，不再是人们钦羡仰慕的对象，而是经常被宋代的文人学者所训斥。总体来说，这些文献所提供的情景，不如《挥麈前录》的望族名单，抑或前文根据列传的统计数据所描述的情况那样清晰明确，但是，最后给我们留下一个不可动摇的印象：唐末宋初之际，中国的统治阶层存在着明显的不连续性。对于这种断裂现象的阐释，最有说服力的文献莫过于宋代关于谱牒之学的评论以及宋代谱牒著作本身。兹举一例。北宋有一本研究姓氏的重要著作——《姓解》——将每

〔150〕《乐全集》卷三七《宋故密州管内观察使金紫光禄大夫检校工部尚书使持节密州诸军事密州刺史兼御史大夫知汝州兼管内营田堤堰桥道劝农使兼汝州兵马总管上柱国河间郡开国公食邑三千五百户食实封六百户赠昭德军节度使谥惠节向公神道碑铭》，第 30 页上、34 页上。并参注释 136 所引。

〔151〕河内向氏的精英分子出现于《晋书》和《南史》，而在唐代的活动就极为罕见。

个家族的姓氏，例如李氏，当作一个模块，不再进行细分。《姓解》对李氏可能存在诸多不同房支的情形熟视无睹，而他们在谱系上风马牛不相及。所有李氏成员——还是以那个案例来说——不管生活在何时，也不论生活在哪里，只要他们足够有名，就有资格被其中的“李氏”条目所收罗。其结果就是成为一个简单的名人录而已。由此可见，术语“姓”的意义已经发生变化。在唐代，“姓”意味着姓氏与郡望的结合，陇西李氏和赵郡李氏被视作两姓。而在《姓解》中，“姓”具有现代的意义：即姓氏，纯粹而简单。另一部更加纷繁复杂、搜罗广泛的著作——《古今姓氏书辩证》，撰成于1124年——给出了类似的印象。《辩证》将每个姓细分为不同的房，不过，不仅著名的赵郡和陇西郡望都在“李”姓条目之下，另外还有十二个郡望。* 相似的是，一本11世纪的辞典，《集韵》云，“李姓有十二地望”，并继续记载名号，以陇西李氏和赵郡李氏为首。

这些例证暗示出人们对于大族已经产生了新的看法。精英与非精英郡望之间判若云泥的差异已经消失。这种变化部分是因为人们态度的变化，同时也是人们对此全然无知的产物。首先，宋代的谱牒知识，无论如何，都很少追溯至五代以前。当时人们已经朦胧地意识到，一些郡望较之其他的更有声望，但任何费力劳心去寻求具体原因的人们，可能很快就会态度鲜明，这是因为许多唐代以及前朝的名宦良吏都居住在那个郡望所在地。甚至连李唐皇族的谱牒也已经亡佚。当后唐政权决定为献祖和懿祖——李唐王朝的开国始祖——的帝陵设置台令加以管理时，结果帝陵所在县的百余名无赖子弟纷纷自称为宗子（head of the clan），因此应该管理这些陵墓。但是，“宗正无谱牒，莫能考按”。[152]

---

* 编者按，《辩证》卷二一“李氏”条下，除陇西李氏和赵郡李氏外，还有十三个李氏的郡望，都没有出现在唐代氏族谱之中，分别是：辽东、江夏、汉中、柳城、略阳、鸡田、武威、代北、高丽、范阳、渤海、西域、河南等。

〔152〕《新五代史》卷五七《杂传·李鏻传》，据乾隆四年（1739）武英殿本影印，艺文印书馆，1956年。

如果连李唐皇室的谱牒都不在自行任命的继承者（宗正）手中，那么，其他大族谱牒的消失就不足为奇了。

例如，王安石在王平（983—1047）的墓志中写道：

> 其先为汉雁门太守者曰泽，泽后十八世雄，为唐东都留守。封望太原（王氏著名郡望之一），族墓在河南，而世宦学不绝，为闻姓。至唐之将亡，雄诸孙颇陵夷，始自缺其谱，亡不知几传而至护，始居福之侯官，曰本河南人，雄之后也（王护是平之高祖）。[153]

另一个有趣的案例是关于欧阳修的。在北宋中期，作为大学者和政府高官，欧阳修大力推动谱牒的编纂。在欧阳琮之后，欧阳氏就没有谱牒。欧阳琮大概生活在 8 世纪早期。[154]这段谱系的空缺见于《新表》“欧阳氏”条目上，当然，这是欧阳修负责编纂的。[155]一份成于景祐四年（1037）的墓表，很好地描述了当时的局面，“今世衣冠虽或前朝旧族，然经级（唐末五代之）大概，离去旧邦，不则爵命中绝，谱谍散缺”。[156]同时期的另一份墓志铭，讲述了一个类似的故事：

> 自唐灭，士丧其旧礼而一切苟简，独杜氏守其家法，不迁

---

〔153〕王安石《临川先生文集》卷九八《尚书都官员外郎侍御史王公墓碣铭》，第 1008 页上（参注释 145）。

〔154〕周密《齐东野语》卷一一《谱牒难考》，笔记续编本，广文书局，1969 年，第 1 页上。

〔155〕《新唐书》卷七四下《宰相世系表》。《新表》中的欧阳氏世系，和欧阳修文集中的世系（《欧阳文忠公全集》卷七一《欧阳氏谱图》，四部丛刊本，商务印书馆，1929 年）多有扞格之处，这大概暗示《新表》所据材料的残缺不全

〔156〕尹洙《河南先生集》卷一三《故龙图阁直学士朝散大夫尚书刑部郎中知河中军府兼管内河堤劝农使驻泊军马公事护军彭城郡开国伯食邑八百户食实封三百户赐紫金鱼袋刘公墓表》，四部丛刊本，上海：商务印书馆，1936 年，第 6 页上。同样参见《宋史》中刘烨的本传，其中谈及在衣冠旧族中，只有刘氏保存着他们的世牒，参见《宋史》卷二六二《刘烨传》。

于世俗。盖自春秋诸侯之子孙，历秦、汉千有余岁，得不绝其世谱，而唐之盛时公卿家法存于今者，惟杜氏。[157]

即便出身寒微的人们，已经迅速领会了以其谱牒的亡佚，作为他们对先世茫然无知的借口。郭崇韬是后唐的重要官员，出自寒素之家，他曾经被两个同僚（豆卢革、韦说）问起是不是唐代名将郭子仪的枝派后裔。郭崇韬回答道，“遭乱，亡失谱谍，尝闻先人言，上距汾阳（王，即郭子仪）四世耳”。[158]

在唐末五代的兵燹祸乱中，谱牒的丢失屡屡被11世纪的文人学者所提及。苏洵云：

自秦汉以来，仕者不世，然其贤人君子犹能识其先人，或至百世而不绝，无庙无宗（典型的宗族是长子继承权）而祖宗不忘，宗族不散，其势宜亡而独存，则由有谱之力也。盖自唐衰，谱牒废绝，士大夫不讲，而世人不载，于是乎由贱而贵者耻言其先，由贫而富者不录其祖，而谱遂大废。[159]

欧阳修尤为关心这一传统已然发生的崩溃，他以犀利尖锐的言辞概括北宋初年的情形：

前世常多丧乱，而士大夫之世谱未尝绝也。自五代迄今，

---

〔157〕《欧阳文忠公全集·居士集》卷三一《太子太师致仕杜祁公墓志铭》，四部丛刊本，商务印书馆，1929年，第1页上，杜衍卒于嘉祐二年（1057）。

〔158〕《资治通鉴》卷二七三《后唐纪二》“唐庄宗同光二年（924）”，第8915页，《通鉴》将此事系于同光二年（924）。《旧五代史》卷五七《郭崇韬传》所载内容相似。另可参看王赓武《五代时期北方中国的权力结构》，斯坦福：斯坦福大学出版社，1967年，第112页（Wang Kung-wu, *The Structure of Power in North China during the Five Dynasties*, Standford: Standford University Press, 1967. 编者按，中译本参见胡耀飞等译《五代时期北方中国的权力结构》，中西书局，2014年）。

〔159〕《嘉祐集》卷一三《谱例》，四部丛刊本，商务印书馆，1924年，第1页上。

家家亡之，由士不自重礼俗，苟简之使然。[160]

又及：

然近世士大夫于氏族尤不明，其迁徙世次多失其序，至于始封得姓，亦或不真。[161]

当然，如前所考，赵郡李氏有其谱牒。不过，即便这个氏族至少有一份谱牒幸存至宋，但也只是历史的文物遗迹，而非正常运行的氏族的鲜活记录。我们根据《新表》“李氏”条东祖房的相关部分推断出这个结论。其中，第九代一百八十八人中，只有三十一人载有曾孙。这当然不是这个群体的生育率不高，而是在唐朝覆灭前后的数代人很可能没有妥善保管家族的谱牒。[162]同时，与西祖房和南祖房相比，东祖房的世系规模要庞大得多，这大概暗示我们，《新表》“李氏”条史源的编纂者使用了更加完整的东祖房的谱牒，而继续使用的其他房支的资料则要缺乏得多。《新唐书·艺文志》载有《赵郡东祖李氏家谱》二卷，有可能就是《新表》编纂者利用的史料。《新表》的取材大概成于唐末，因此，赵郡李氏谱牒的阙漏大概就是从那时出现的。[163]但是，不论它编成于何时，造成的印象非常深刻：大约8世纪末期以降，关于赵郡李氏谱牒的史料是支离破碎的，这种情形看来同样适用于其他高门大族。只有极少数幸存于9世纪中叶以后的成员可以在世系表中留下名号。

因此，我们有若干理由相信，赵郡李氏的谱牒传统，和其他名

〔160〕《欧阳文忠公全集·居士集》卷六九《与王深甫论世谱帖》，第3页下—4页上。

〔161〕《欧阳文忠公全集·居士集》卷四七《与曾巩论氏族书》，第11页上。

〔162〕当然，这些人的时间差异极大，但是，这个谱牒中第十二代人的死亡时间通常是8世纪末或9世纪初。

〔163〕白居易在李藩之女的墓志铭中，引用“国史家牒”作为某些资料的来源（《全唐文》卷六八〇《白居易·海州刺史裴君夫人李氏墓志铭》，第7页下）。

门望族一样遭受着同样的破坏，尤其考虑到如下事实：《新唐书》及其《宰相世系表》，一直到嘉祐五年（1060）才宣告撰成，因此，它们反映的是 11 世纪中叶人们关于氏族制度及谱学复兴的问题，而非谱学知识一以贯之的传统。《新表》取材最晚近的那批史料，与《新唐书》的告竣，中间大致间隔了两个世纪之久。那些谱牒的使用，象征着一种衰亡传统的再兴，它们所传递的谱学资料，大部分在二百年前已经停止编纂了。

就赵郡李氏来说，谱学传统的崩溃，大致相当于赵郡李氏的大断裂，而谱学迅速重建传统的失败，证明作为一个自我认同和自我维持的亲属集团，赵郡李氏已经走到了尽头。这就强化了笔者在本文第一部分提出的论点：对于唐代及以前的门阀大族而言，谱牒是自我界定的基础。没有谱牒，就不可能有赵郡李氏，因为不存在其他的因素，能够让其成员确认氏族身份。[164]

因此，基于间接证据的基础，我们有很好的理由相信，赵郡李氏和其他中古时期的名门望族一样，未能从唐末五代的混乱局势下存续下来。关于那段时间赵郡李氏的真实经历，我们能知道些什么呢？这幅图景甚至在 9 世纪后半叶已经模糊不清了，而且在 10 世纪迅速地消失不见，但是，仍然幸存着一些碎片化的资料，借此我们可以讲述他们遭受迫害和零落消亡的故事。

唐末五代的赵郡李氏

李德裕子孙生活的材料最具启示作用。在 9 世纪的第二个二十五年间（825—850），李德裕两度担任宰相，他是宰相李吉甫之子、另一个宰相李巽的远房堂弟。李德裕卷入那时的朋党之争（factional struggles），成为投荒海南最有名的贬谪者之一，大中三

〔164〕 大众的舆论最终取决于士族的自我界定，不过，公众对于“赵郡李氏”观念的敬重，一定可以延长这个士族的存续时间。

年（849）李德裕卒于崖州。[165]我们已经看到，李德裕自认为他已经断绝了与赵郡乡里的联系，而且大概从来没有与那里的人们进行联系。其父李吉甫在长安安邑里建造了一座大型府邸，不过他因为京师一宅之外，无他第墅，公论以此重之。[166]时号“安邑李丞相”，可见其宅邸名声在外。这在名称上是一个非常重大的转变，因为以前的习惯用语可以肯定是“赞皇李氏”或“赵郡李氏”。他的郡望被大众化的标签所替代，预示着《挥麈前录》所举宋代族望之伪郡望（pseudo-choronyms）的出现。李德裕继承了其父安邑里的府第，并加以维持，同时别构“起草院”，院有“精思亭”。据说他执政期间，每次朝廷用兵，他都在此起草相关诏令。[167]薛爱华（E. H. Schafer）曾经提及这座府第，他说这大概是9世纪长安城权贵著名府邸中“最富丽堂皇”的一座，他如此写道：“此等府第……享誉内外，以其规模宏大雄伟，且精巧别致，高雅风简，其亭园中‘怪石古松，俨若图画’。”[168]

李德裕还有一座更为有名的宅邸：平泉别墅。其地去洛阳三十里，在伊阙之南。[169]据说此宅周围十里，构建百余所亭台楼榭。[170]泉水潆洄，虚槛对引，疏凿浚通，犹如巫峡、洞庭、十二峰、九派等长江沿岸的胜景奇观。[171]最令人难忘的就是李德裕所收藏的奇花异草、珍松怪石，靡不毕致，都被他精心记载在《平泉山居草木记》

［165］陈寅恪在其论文中非常详尽地讨论了李德裕贬死年月的相关资料（参见注释3所引）。关于李德裕研究的著作非常宏富，大部分见于汤承业《李德裕研究》三册，学生书局，1974年。

［166］《旧唐书》卷一四八《李吉甫传》；《新唐书》卷一四六《李栖筠附吉甫传》。

［167］《旧唐书》卷一七四《李德裕传》；《新唐书》卷一八〇《李德裕传》。

［168］薛爱华《长安的末年》，《远东学报》第10卷，1963年，第152页（E. H. Schafer, "The Last Years of Ch'ang-an," *Oriens Extremus*, Vol. 10, 1963）。

［169］《说郛》卷六八《李德裕·平泉山居草木记》，宛委山堂本，第5页上；《旧唐书》卷一七四《李德裕传》。附近还有五六座别墅。参见《李文饶别集》卷九《平泉山居诫子孙记》，商务印书馆，1929年，第4页上。

［170］《说郛》卷六八《李德裕·平泉山居草木记》，引自张洎《贾氏谈录》，第5页上，据《四库全书总目》，该书撰于开宝三年（970）。

［171］《说郛》卷六八《李德裕·平泉山居草木记》，第5页上。

之中。[172]

当李德裕被贬谪时，这些房产并没有被没收充公，因为他的一个孙女在咸通十一年（870）前后还居住在安邑里的府第，[173]而且，时至10世纪早期，据说他的一个孙子还住在平泉别墅。[174]但无论怎样，李德裕及诸子的失势和贬谪而死，对其家族而言是致命的一击。在大中年间（9世纪50年代），这个家族似乎已经陷入重重困境。约在那时，李德裕的一个侄子李从质被盐铁转运使柳仲郢任命为推官，宰相令狐绹甚为不悦，进行批评，大概是谴责其在公事处理上依然倾向于李德裕家族，柳仲郢辩解云，“李太尉受责既久，其家已空，遂绝蒸尝，诚增痛恻”。[175]在乾符二年（875）黄巢叛乱爆发期间及其以后，不可避免的灾难终于降临到这个家族的幸存者身上。

长安在此叛乱期间遭受的毁坏，令人难忘地记录在当时一首名为《秦妇吟》的诗歌中，这大概与安邑里高宅大屋中居民的遭遇极为吻合。[176]这首诗的作者是青年诗人韦庄，他因参加进士考试而困居京师，很可能亲眼看见这场大灾祸，于是在记忆犹新之时记载了

---

〔172〕《李文饶别集》卷九《平泉山居诫子孙记》，第2页上起。

〔173〕李德裕的孙女在十三岁时殇于“安邑里第”。她的父亲李烨（李德裕子）卒于咸通元年（860），其时她“未四岁”，由此推断她卒于咸通十一年（870）左右。李烨的卒年，根据他的墓志铭推断而出。关于李烨父女的墓志铭，参见陈寅恪《李德裕贬死年月及归葬传说辨证》，第161、171页（参见注释3）。

〔174〕《旧五代史》卷六〇《李敬义传》；《资治通鉴》卷二六五《唐纪八十一》“唐昭宗天祐元年（904）”，第8644页；《旧五代史》卷六七《李愚传》。

〔175〕我们有确凿的证据表明，李烨是李德裕贬谪而卒的唯一儿子，但是，据说李烨从海南的贬谪地躬护父母及昆弟亡姊的骸骨，归葬洛阳，我们发现李德裕的儿子没有一个从贬谪地幸免于难。

〔176〕翟林奈《〈秦妇吟〉之考证与校释》，《通报》第24卷，1925—1926年，第305—380页（Lionel Giles, “Ed. And Tr. of The Lament of the the Lady of Ch'in,” *T'oung Pao*, Vol. 24, 1925-1926. 编者按，中译文参见张荫麟译《〈秦妇吟〉之考证与校释》，《燕京学报》第1期，1927年）。同时，读者可以比较叶山（Robin Yates）的英译，收于柳无忌、罗郁正合编《葵晔集：历代诗词曲选集》，双日出版集团，1975年，第267—281页（Wu-Chi Liu and Irving Yucheng Lo, ed., *Sunflower splendor: three thousand years of Chinese poetry*, Anchor Books, Garden City, Anchor Press, 1975）。笔者不揣冒昧将“七架营中填饿殍”（...starved to death）以后的诗句改为过去式。另可参看薛爱华《长安的末年》，《远东学报》第10卷（参见注释168）。

兵燹祸乱的情形。他选择以贵妇人——其出身和李德裕家族大同小异——的口吻进行描述。在诗歌的开始阶段，她讲述正如何慵懒地凭栏梳头，等待丈夫的凯旋，她丈夫正在前线抵抗叛军的进攻。她突然注意到门外腾起大片红尘。黄巢的军队已经兵临长安城下，整个城市霎时陷入大恐慌之中：

扶羸携幼竞相呼，上屋缘墙不知次。
…………
北邻诸妇咸相凑，户外崩腾如走兽。
轰轰崐崐乾坤动，万马雷声从地涌。
火迸金星上九天，十二官街烟烘焖。

当黄巢军队占领长安之后，情况更是雪上加霜：

（东南断绝无粮道，）沟壑渐平人渐少。
六军门外倚僵尸，七架营中填饿殍。
长安寂寂今何有？废市荒街麦苗秀。
采樵斫尽杏园花，修寨诛残御沟柳。
华轩绣毂皆销散，甲第朱门无一半。
含元殿上狐兔行，花萼楼前荆棘满。
昔时繁盛皆埋没，举目凄凉无故物。
内库烧为锦绣灰，天街踏尽公卿骨！

行军过后的乡村，一片满目疮痍的景象。诗歌接着描述长安东部一个名叫三峰路的地方：

大道俱成棘子林，
…………

百万人家无一户。

破落田园但有蒿，摧残竹树皆无主。

在接近洛阳的途中，这个讲故事的人遇到一位老翁正在“乞浆”。而他曾经是富足的地主，“岁种良田二百壥，年输户税三千万”。[177]现在所有的一切都被洗劫一空，罄室倾囊如捲土，而且“山中更有千万家”。

就在这首诗歌撰成数年之后，翟林奈将此诗确定在中和二年（882）或三年（883），并认为此诗撰于洛阳。我们发现李德裕的孙子深居简出，隐居在平泉别墅。他的名字叫李敬义，其经历告诉我们很多关于赵郡李氏在那时命运的荣枯。

他所退隐的僻静名墅，不再布满珍木奇树，譬如天台之金松琪树，也不再有怪石嶙峋，如琅琊台之水石。[178]张全义其时担任治理洛阳的军政长官河南尹，当他重建洛阳时：

李氏花木，多为都下移掘，樵人鬻卖，园亭扫地矣。有醒酒石，德裕醉即踞之，最保惜者。光化初，中使有监全义军得此石，置于家园。

李敬义得知醒酒石的去处后，就恳托张全义向监军索回此石。鉴于李德裕遗训子孙，不能有任何损及平泉及其珍木奇石之行为，故张全义要求监军予以归还。[179]监军忿然拒绝，厉声曰：“黄巢败后，

〔177〕翟林奈注释认为，二百壥等于“大约二千五百三十英亩”。

〔178〕关于这些奇树怪石的名称，来自李德裕所撰《平泉山居草木记》，参见注释172。

〔179〕这个训诫，见于《李文饶别集》卷九《平泉山居诫子孙记》，第1页下（据《李卫公会昌一品集》校证，商务印书馆，1936年，第231页），但这不可能是真实的。其内容中有非常明显的时代舛误：记载李德裕“于天宝末年”避难至平泉地区时，撰述这道诫令。天宝末年即为8世纪50年代，而他生于贞元三年（787）前后。除此之外，还有一点让人生疑，就是他似乎很精准地预见李敬义所面临的困境，其文末云，“以平泉一树一石与人者，非佳士也，吾百年后为权势所夺，则以先人之命泣而告之”。李敬义寻求张全义帮助时，正好提及这道诫令，有可能是他为这种情境专门作此诫令。

谁家园池完复，岂独平泉有石哉！”张全义始受黄巢之命，为其麾下大将，以为监军诟己，遂笞毙之。[180]这块奇石是否完璧归赵，还给李敬义？我们无从知晓，但即便遂心归还，在李敬义卒后，它无疑又要永远在陌生人手中辗转流离。11世纪中期的《河南志》记载，河南长殿南有“婆娑亭”，贮存奇石，其中“婆娑石”即为李德裕所收之“醒酒石”，[181]迄于该世纪末，它又现身于宋代皇宫之中。在此之后，这块石头杳无音信。[182]大约在宋初，是我们对平泉别墅的最后一瞥。其中所有的建筑都已毁坏，但其遗址仍然存在；园林之中已经荒芜，杂草丛生，人迹罕至，怪石名品被抢劫殆尽。[183]

唐政权僭越者的雷霆之怒，不仅指向权贵富豪的宅邸和园林。唐朝崩溃之际，官僚们仓皇出逃，奔向地方乡村的记载，比比皆是。那些不能逃跑抑或滞留下来的权贵，屡屡遭到军阀残酷的迫害。那些军阀是反贵族的（anti-aristocratic），是新精英阶层的领导者。在10世纪早期，李德裕的另一个孙子李殷衡，避乱至岭南广东，被辟置刘隐（卒于911年）幕府，刘隐的幼弟刘龚后来自称南汉的皇帝。[184]李殷衡之弟李敬义，则滞留北方。

李敬义曾与其父李烨一同贬谪，关于李烨，前文已有提及。大概在乾符时（9世纪70年代），[185]李敬义以赦令被免，再度任官，但是他遇到一个道士，警告他正值厄运，不宜仕进。不过，这个预言家告诉他，四十三年之后，他必然得到圣王的重任，位至高

〔180〕《旧五代史》卷六〇《李敬义传》。

〔181〕《河南志》，今已亡佚。引自《说郛》卷六八《李德裕·平泉山居草木记》，第5页下。

〔182〕薛爱华《杜绾：云林石谱》，加利福尼亚大学出版社，1961年，第57页（E. H. Schafer, *Tu Wan's Stone Catalogue of Cloudy Forest*, University of California Press, 1961）。书中谈及的其他怪石，据称也是李德裕收藏的。

〔183〕《说郛》卷六八《李德裕·平泉山居草木记》，第5页上，引自《贾氏谈录》，并参注释170。

〔184〕《新五代史》卷六五《南汉世家》。《十国春秋》卷六二《南汉五·李殷衡传》（漱石山房本）所载相异：李殷衡被后梁太祖派为副使出任南方，而被刘隐留于幕府。值得注意者，刘隐祖父曾经从广州至南海经商，而他的父亲则为广州牙将，在黄巢攻破广州后，成为该地区颇有权势的将军。

〔185〕《新唐书》卷一八〇《李德裕传》记载，李敬义任官的时间是乾符年间（875—879）。

官。[186]李敬义由此退归平泉旧业，正如前文所考。天复四年（904），唐朝迁都洛阳，昭宗被胁迫随行。朱温大权在握，旋即弑杀李唐最后一位皇帝，篡位登基。[187]在这个时候，李敬义被任命为司勋员外郎，不过他辞职不任。这种做法引起了宰相柳璨和皇帝（抑或带着朱温的旨意）的强烈反应，这些事实说明，在朝代更替之际，新的权力关系和社会态度开始显露出来。柳璨建议云：

> 近年浮薄相扇，趋竞成风，乃有卧邀轩冕，视王爵如土梗者。司空图、李敬义三度除官，养望不至，咸宜屏黜，以劝事君者。

翌日，诏令曰：

> 司勋员外郎李延古（敬义本名），世荷国恩，两叶相位，幸从筮仕，累忝宠荣，多历岁时，不趋班列。而自迁都卜洛，纪律载张，去明庭而非遥，处别墅而无惧，罔思报效，姑务便安，为臣之节如斯，贻厥之谋何在！须加惩责，以肃朝伦。

由此，李敬义被降级责授卫尉寺主簿。[188]

但是，李敬义并未被朋友和庇护者弃如敝屣。当他首次归隐时，为河南尹张全义所知遇。张全义成为李敬义的庇护者，正如我们在李德裕“醒酒石”故事中看到的一样，甚至在李敬义面临柳璨和朱温攻击的时候，这种支持仍然在发挥作用。据《旧五代史》记载，尽管张全义自己不能庇护李敬义，但是他秘密委托一位显赫的将军杨师厚，为李敬义及其族客提供隐身之处。数年之后，后唐肇建，新皇帝派遣使者巡行

〔186〕 毫无疑问，这是李敬义传出的故事；但是，这很可能是他意识到，在如此动荡不定的时局出任官职极为危险，故顺手炮制了这个借口。

〔187〕 王赓武《五代时期北方中国的权力结构》，第46页。

〔188〕《旧五代史》卷六〇《李敬义传》（上引两段文字均出自本传）。

河南，正是李敬义藏身之所，使者对李敬义极为恭敬，因为他“远祖赵郡”。这个官僚就是王镕，赠送《赞皇集》三卷（可能是李敬义一位或多位祖先的文集，次级郡望是赞皇），并建议他拜谒前代碑垅。

但是，并非人人对这种传统的门第，都怀有敬重之心。当李敬义回归朝廷、重新任职以后，新精英阶层对于宰辅子孙极为仇恨，“或面折于公宴，或指言德裕过恶”。这些攻击伤害和激怒着李敬义。不久之后，同光二年（924），李敬义郁愤而卒。[189]

李敬义的列传非常清楚地显示，时人对于他有两种相互对立的情绪和态度。一方面是赤裸裸的敌意甚或仇恨，这种情绪来自类似柳璨和新兴权贵无名子孙的人；另一方面则是深深的敬意，这种态度来自王镕之类的人。这不仅仅是阶层忠诚的问题，对旧秩序的尊重似乎已经超越了阶层分野的界限。作为李敬义的庇护者，张全义世为田农，父祖都是农民，而王镕则是回鹘部的后裔，[190]而同样迫害李敬义和其他许多名门子弟的柳璨，自身却带着门阀大族的血统。

柳璨的例证颇为有趣，我们有必要进行深入的讨论。柳璨出身于大族河东柳氏，而且与同族其他成员一起列于《新表》。但柳璨的父亲和祖父似乎都没有担任官职，而且柳璨幼年时就沦为孤儿，是在极度贫困中长大的。“宗人璧、玭，贵仕于朝，鄙璨朴钝，不以诸宗齿之。”[191]其后唐亡之际，柳璨官至宰相，其宰相同列者——都是旧族子弟（裴枢、独孤损、崔远等）——对他甚为轻视。[192]这些经历必有其果，这位出身名门大族的贫贱子弟，摇身变成旧统治阶层最凶恶的敌人。我们已经看到他如何率先攻击李敬义；同时下令诛杀了三十余名出自衣冠宿望的官僚，并在朱温的授意下，摧陷裴、

〔189〕上述资料参见《旧五代史》卷六〇《李敬义传》。

〔190〕《旧五代史》卷六三《张全义传》，卷五四《王镕传》。

〔191〕《旧唐书》卷一七九《柳璨传》。着重号为笔者所加。饶有趣味的是，柳玭还撰写了一篇有名的《戒子孙》，强调笃行崇义和传统文学的重要性，参见《全唐文》卷八一六《柳玭·戒子孙》，第8页上—10页下。

〔192〕《旧唐书》卷一七九《柳璨传》。

赵诸族。[193]《资治通鉴》记载了一个骇人听闻的故事，这是有关朱温暴行的，其他文献暗示柳璨一定参与其中。天祐二年（905）六月的一个晚上，裴枢和其他三十几个朝士贬官者——绝大多数都是门阀子弟——被聚集于白马驿，尽遭杀戮。李振就在事发现场，他是柳璨的同僚，也是朱温的亲信。他屡举进士，竟不中第，因此痛恨缙绅官僚，他对朱温说："此辈常自谓清流（在文官系统内部，最有声望的职位通常被称作"清流"），宜投之黄河，使为浊流！"朱温笑着把他们的尸体投入黄河。[194]

在诸如此类的事件中，我们不可能将时人对于旧族门阀和高官权贵的仇恨区分开来，而这些事件和仇恨充斥于那段时间的历史。这两种情绪通过争夺权力的朋党分子所发表的言论显示出来。类似朱温一样的枭雄，有可能不想煞费苦心去分辨那些唐廷高官究竟是不是出身旧族门阀。不过，毫无疑问，在9世纪末10世纪初，弥漫着一种狂暴的反门阀情绪（anti-aristocratic feeling）。这无疑是我们理解门阀大族消融崩溃的关键问题之一。

与李敬义同时，李德休及其姊李愍的经历，给我们提供了更多的关于赵郡李氏在唐末五代所发生的事情。遗憾的是，相比李敬义，我们对他们所知甚少，不过，相关信息对笔者力图描述的情景，可以增添足够重要的细节。

李愍卒于乾符四年（877），仅二十九岁，卒于其弟李陲的宅邸，"东都陶化里"。李愍的墓志铭相当有趣，它显示赵郡李氏的自我优越感，在9世纪末依然如故。[195]墓志铭由李陲撰写，李愍就在他家里故去。在墓志中，她被赋予赵郡赞皇的郡望，提及她家簪缨贵盛，

〔193〕《旧唐书》卷一七九《柳璨传》，《新唐书》卷二二三《奸臣下·柳璨传》，《旧五代史》卷六〇《李敬义传》。

〔194〕《资治通鉴》卷二六五《唐纪八十一》"唐昭宗天祐元年（904）"，第8643页。柳璨显然与此相关，参见《新唐书》卷二二三《奸臣下·柳璨传》。

〔195〕参见《唐故赵郡李夫人墓志铭》，台北"中央研究院"所藏拓片，第12936号。

叙述方式让我们联想到李慇高祖李岗的墓志铭，[196]“三派分宗，是为东祖，晋魏高齐周隋唐代，皆簪缨贵盛，综冠甲门”。这份墓志的描述虽然是概括性的，但它比起北宋早期比较典型的对于祖先浮光掠影地带过，甚至连自称赵郡李氏血统者也是如此的墓志，显得具体多了。尤其当我们一起对读李岗的墓志铭时，我们感觉到这份墓志的遣词用句不是空洞无物的模式，而是反映了鲜活的家族传统。比较起来，许多北宋时期的墓志铭，在提及家族血统和显赫祖先的时候，就像抄自某种标准的参考范本——诸多墓志无疑都是如此。

李慇以另一种方式表达家族的旧传统。其墓志铭记载，其母范阳卢氏，其夫清河崔滂，俱为门阀大族。对于其夫崔滂，和李慇一样，也是追溯三代祖先。李慇祖父李绛，在宪宗朝出任宰相，但其夫三代祖先，均为低级官员。崔滂曾任国子监主簿，是一个相对低级的职位（三十级官阶里从下往上的第九级），不过比直系祖先所任的官职还是要高一些。即便如此，《李慇墓志》记载，崔滂以力殚官卑，尝自愧怀，而李慇却应对达理，进行劝慰，认为官职卑微没有什么。李慇死时，子女尚处年幼，我们无从知晓他们的情况。

李慇之弟李德休，[197]在唐王朝崩溃之后，依然继续存活，并在五代时期风雨飘摇的混乱格局下安身立命，但是，我们同样对其后裔子孙一无所知。与他同时代的远房亲戚李敬义，住在洛阳地区（参见前文），先是归隐，后来出仕后唐政权，但却遭受政治暴发户的羞辱。李德休的生涯截然不同，他在唐末登进士第，身居要职，包括担任侍御史。我们不知道黄巢军队洗劫京城之时，李德休如何幸免于难，不过他简单的传记记载，“天祐初（904 年前后），两京丧乱，乃寓迹河朔”。他被定州（赵州北部的邻州）节度使王处直辟

〔196〕《芒洛冢墓遗文三编》之《李岗墓志》，第 62 页下。

〔197〕李慇卒于乾符四年（877），年二十九岁，故其生年为大中三年（849）。李德休卒于后唐长兴二年（931），年七十三岁，故其生年为大中十二年（858）。下文将要提及的李敬义，卒于同光二年（924）。

举为从事。后唐建国，李德休担任高官，并在余生历任要职。不过，关于李德休子孙的情形，我们不得而知。[198]

李德休从10世纪早期的那场风暴中全身而退，这在赵郡李氏之中极不寻常，我们很难明白为什么那么多和他位置相近的族人都先后失败，而他却能安然无恙。但是，我们必须指出的是，在他的侥幸生存中，节度使王处直看来扮演着极为关键的角色，而王处直出自长安富庶的神策军世家。[199]那么，是不是李德休避难于王处直将军家族的故宅，从而在某种程度上有助于他继续生存呢？[200]

历史记载显示，在10世纪早期，极少有李氏成员清楚明白地宣称出自赵郡李氏的血统。实际上，李敬义、李德休和李慇都编造了一份完整的谱系名录。不过，大概还有两个李氏人物属于这个氏族，其经历值得注意，他们是李愚和李昊。

李昊是李绅和李敬玄的后裔，他们两个都暧昧不明地声称出自赵郡血统，已如前考。李绅在9世纪40年代出任宰相，存世的纪念性文集显示，李绅堪为儒宗楷模：为子为臣，有典有则。以孝肥家，以忠肥国。[201]同时，他还是李德裕的政治盟友，情意相善。[202]他的祖父、父亲和兄长都婚娶名门大族之女，分别是荥阳郑氏、范阳卢氏和博陵崔氏，[203]因此，这个房支在9世纪前半叶的政治和社会上，明显都是盛大显著的，其成员都和赵郡李氏密切地联系在一起，

[198]《旧五代史》卷六〇《李德休传》。需要注意的是，有些《旧五代史》的版本，误将“德休”写成“德林”。

[199]《旧唐书》卷一八二《王处存传》，其中包括王处存及弟王处直的传记。

[200] 我们看到极少有赵郡李氏的成员避难至赵郡；或许，这可进一步标志着他们是如何彻底地断绝了与该地区的纽带关系。

[201] 主要参见《全唐文》卷八一六《李濬·慧山寺家山记》，第3页下起；卷六七八《白居易·淮南节度使检校尚书右仆射赵郡李公家庙碑铭》，第9页上起。

[202]《旧唐书》卷一七三《李绅传》。

[203] 参见《全唐文》卷六七八《白居易·淮南节度使检校尚书右仆射赵郡李公家庙碑铭》，第10页上—10页下；毛凤枝《关中金石文字存逸考》卷四《唐故试太常寺奉礼郎赵郡李府君墓版文》，光绪二十七年（1901）会稽顾氏刻本，第9页上起。

即使他们并不完全是这个氏族的成员。[204]

李昊生于关中，在9世纪90年代，他随家人避祸至奉天，逃避京城一带的混乱局面。乾宁四年（897），在李昊十三岁时，[205]叛军攻破奉天，其父及弟妹皆为乱兵所杀，只有李昊和他的母亲幸免于难。在此之后，他似乎离开了母亲，流寓新平，新平地处长安西北约一百公里。他在那里滞留了十余年。随后落到刘知俊手中，后者是10世纪早期极为活跃的诸多地方军阀之一。刘知俊对李昊甚为器重，以女妻之。其后他随刘知俊效力前蜀（当时控制着四川地区），他在那里开始了一段漫长而显赫的经历。他在后蜀位至宰相，子孙也都担任官职。其子孝连尚凤仪公主。李昊变得权势熏天，又侯服玉食。《宋史·李昊传》（这也是我们在下文所引用的文献）有一段和我们所谈的故事相关的记载。孟昶是后蜀第二任统治者，他从后唐统治者那里获得一份文书，据说正是李绅在唐武宗朝擢为宰相的制书。[206]孟昶将这份珍贵的祖先遗物交给权相李昊，李昊建筑彩楼置于其中，尽召成都声妓，大会宾客，穷奢宴饮。

宋朝平定后蜀以后，李昊及其子受到宋太祖的优待，李昊拜工部尚书，并得到御赐的宅第。不久，李昊卒。关于他的子孙，我们知道两个儿子担任官职，两个孙子已经晋升至官僚系统的边缘职位（德辚至国子博士，德錞进士及第）。[207]除此之外，我们对李昊的后裔全无所闻。

---

〔204〕《宋史》中李昊的本传对其自称出自李绅后裔表示怀疑，使用了典型的模式化语言，“自言唐相绅之后”（《宋史》卷四七九《世家二·李昊传》）。另据《新表》记载，李昊是李绅的曾孙，他最终成为大权独揽的高官，因此有可能将父亲和祖父的名字，拼接于李绅儿子的世系之下，不过，笔者倾向于接受李昊的自称。李昊的墓志仅记载，“唐相绅后”，见于张唐英《蜀梼杌》，丛书集成本，商务印书馆，1939年，第24页。毫无疑问，《宋史》纂修者的质疑标志着谱学知识的式微，尽管我们尚不清楚，他们为何要怀疑李昊的宣称，而这已经被《新表》加以证实。

〔205〕李昊卒于后周显德四年（957），时年七十三岁，故其生年是光启元年（885）。参见注释204所引《李昊墓志铭》。

〔206〕此处根据百衲本的记载。

〔207〕有关李昊的阐述，参见《宋史》卷四七九《世家二·李昊传》。

我们已经看到，李昊如何在五代时期的政治风暴中安然无恙地度过：唐末混乱，其家族被斩草除根以后，李昊依附于地方军阀，并任职于一个小而富有的割据政权。当宋代前来接管之时，李昊位高权重，以至于新朝代必须以高官加以优待，并荫及诸子。其中，关键性的事情似乎是，李昊并没有遭受刘知俊的迫害，也没有受到后蜀统治者的蔑视，反而能够在那群政治暴发户的幕府中占得一席之位。我们将会推测，李昊在其生涯的早期，并没有声称出自赵郡李氏，否则就是李昊足够的幸运，他所遇到的人都不像柳璨和朱温那样怀有强烈的反门阀情绪。虽然平稳地度过动荡不安的10世纪前半叶，但这个家族并没有再度扎根生长和繁荣起来。相反地，它只是渐渐地式微（正如李德休家族一样）。我们没有直接的证据表明，李昊的子孙自称赵郡郡望，但即便他们如此自称，对于维持他们家族的地位，似乎也效果甚微。在北宋初年，很少有人再去关注类似古老门第之类的事情了。实际上，如果我们接受《宋史》对于李昊出自李绅后裔的怀疑，考虑到李昊父祖至其子孙简短的房支世系，就会看到这个家族四至五代之间命运浮沉荣枯的景象，这使我们联想到何炳棣《明清社会史论》* 所论在传统帝国的晚期，典型的精英家族所经历的盛衰过程。

另一个自称赵郡李氏的人是李愚，其生涯也值得我们进行揭示。《旧五代史·李愚传》开篇云："自称赵郡平棘西祖之后。"〔208〕这本史书的编纂者怀疑李愚自称的原因，尚不明确，但是，《新表》"赵郡李氏"的西祖房没有记载李愚父祖的名号，提供了一个说法。不过，我们也有理由相信，李愚的确是赵郡李氏的成员。譬如，有证据显示，李愚曾经撰写《拜谒祖墓记》，他在其中谈及这个氏族的东祖房

---

* 编者按，此即何炳棣：*The Ladder of Success in Imperial China: Aspects of Social Mobility, 1368—1911*, Columbia University Press, 1962。中译本参见徐泓译《明清社会史论》，联经出版事业公司，2013年。

〔208〕《旧五代史》卷六七《李愚传》。

和西祖房，并记载了这个大族极为详尽的历史。[209]除此之外，李愚还在李德裕的平泉别墅居住过一段时间，其时李德裕之孙李敬义也住在那里。因此，李愚完全有可能就是赵郡李氏真正的成员。

《旧五代史》的李愚本传记载，他家世为儒，其父李瞻业遵循儒家的传统，以诗书教化子孙。但是其父应进士不第，家道艰贫。他们经常进行迁徙：李愚之父徙家至渤海无棣（今北京南部之东南方向二百三十五公里处），逃避9世纪末叶的战乱，李愚在临近无棣的安陵县级政府中担任卑职。在其父辞世之后，李愚迁至长安地区。但是，天复元年（901）左右，[210]李愚为躲避汴军的攻击，避难东归至洛阳，托庇于李延古（即李敬义），寄居在平泉旧墅。[211]在此期间，李愚固然贫困如故，但是他登进士第，又登宏词科，遂在河南府担任卑职，甚至获得了一些财产。但是，在天祐初（904—905），朱温开始残害衣冠旧族，李愚再次逃避异地。这次他与宗人李延光一起，躲避至河北中部的某个地方。李延光将李愚推荐给寻访贤能之士的梁末帝，李愚由此担任官职。李愚在后梁的末年历任高位，而在后唐的官位更高，他在后唐天成五年（930）前后，出任宰相。李愚卒于后唐清泰二年（935）。[212]

非常遗憾的是，我们对李愚的子孙一无所知，因为李愚一人身上似乎结合了三种特征：非常成功的经历、高尚的儒家行为标准、唐代旧族精英的血统——这在9世纪末10世纪初是极不寻常的成就。显而易见，李愚的子孙并不是出类拔萃——这是我们已经屡次提及的模式。关于李愚本人，我们看到另一种模式：在大动荡中颠沛流离，起家时籍籍无名（虽然他明显成长于士人家庭），然后得到

---

〔209〕这篇文字已经亡佚，后来被《李元赞皇西祖碑序》所引用，此文撰于大德四年（1300）左右，碑序谈及李元出示李愚的“拜谒祖墓记”（参见《畿辅通志》卷一七一《古迹十八·陵墓七》，第6349页下—6350页上）。

〔210〕《旧五代史》卷六七《李愚传》。“天复”讹为“天福”。

〔211〕《旧五代史》卷六七《李愚传》。“延古”讹为“道古”。

〔212〕关于李愚生平的叙述，来自《旧五代史》卷六七《李愚传》。

强权人物的庇护而青云直上——就李愚而言，这个有力的人物就是梁末帝。李愚的本传只有两件事情比较显眼：一是他自称出自赵郡血统；二是据说他生活极为简朴，他的确寄居在客栈，而没有自己的府第。李愚的传统道德是否会阻止他聚敛财物，从而无法使他的子孙在北宋的避风港中继续发展？

李敬义和李德休，李昊和李愚——这些是我们所知唐末五代赵郡李氏仅有的成员。后两者的自称远非那么可靠。这个门阀大族的衰亡何其迅速！这个大族在9世纪前半期还标榜涌现了八名宰相，但迄于10世纪中期，却已经从历史记载中销声匿迹了。即便有几个族人，例如李德休，尚能有所作为，更多的成员必然不能从朱温及其同类党羽的残害中侥幸存活。很多成员大概就此在藏身之所——远离京畿地区和祖先荣光之地——变得寂寂无闻了。

当我们浏览一下这些族人的死亡时间，就会出现一种极为有趣的模式。李昊之外，其他成员都卒于后唐同光二年（924）至清泰二年（935）。[213]紧接着有两代人的时间，我们没有发现任何一个赵郡李氏成员的踪迹。在此之后，自称赵郡李氏的人们再次出现在文献中。[214]但是，这些人无法证明他们是唐代先世的后裔；在一些案例中，他们甚至都没有进行尝试。一条巨大的鸿沟已然形成。大概生活于唐咸通十一年（870）至后唐长兴元年（930）之间的这代人，其中有人能够证明其血统出自赵郡李氏，他们对于传统洞若观火，非常了解。大概生活于后唐天福五年（940）至宋咸平三年（1000）的这代人，已经不能证明其血统来自赵郡李氏，而且对他们声称的郡望所属大族之传统，知之甚少。他们已经不能进入赵郡李氏的谱牒；他们进行的声称只是暧昧不明地表示着一种体面。这两个群体

〔213〕李敬义，卒于后唐同光二年（924）；李德休，卒于长兴二年（931）；李愚，卒于清泰二年（935）；李昊，卒于显德四年（957）。

〔214〕李昉，卒于宋至道二年（996）；李沆，卒于景德元年（1004），等等。

之间，至少相隔了两代人的时间跨度，而相应的文献中根本没有赵郡李氏的记载。

笔者接下来将要详细地追踪我们所知的在北宋时期声称出自赵郡李氏的人物。笔者旨在显示高等精英阶层的连续性在唐末和宋初的中断是多么的彻底，同时显示与此同时，新型亲属制度和态度的某些特性，已经随着新王朝的建立而逐步发展起来。笔者大致依照年代的次序，从一个范围广泛的人群进行考察，他们主要的声称引起我们的注意，在几乎所有的案例中，他们实际上并非真正需要赵郡血统。

北宋初年的“赵郡”李氏

1. 李宗詠和李昭述家族

李宗詠卒于庆历七年（1047），其墓志铭如此开始，“赵郡李氏出广武君左车，拓跋魏至唐时为冠冕盛族。五代晋侍中崧，公之祖也，侍中阀阅载于晋册。公讳宗詠”。其后就是李宗詠的传记。[215]我们在此拥有一个很好的例证，结合着极为肤浅的谱学知识，简略地表示这个家族拥有显赫的和上古的祖先。显而易见，这个家族并不知道他们在唐代的祖先到底是谁，但是，他们仍然力图暗示他们身上流淌着赵郡家族的血液。这是许多北宋墓志铭的典型代表。相似的例证，可见于李昭述的墓志铭。李昭述卒于嘉祐四年（1059），是李宗詠的远房亲戚。其铭文记载这个家族的起源云，“李之根系，成纪姑臧（陇西大族李氏的次级郡望），滋而后东，赵郡赞皇，益从而北，厥惟镇阳”。[216]这种关于李氏起源的说法，暴露了他们对

---

〔215〕《乐全集》卷三九《李宗詠墓志铭》，第22页下。并参注释136。

〔216〕胡宿《文恭集》卷三八《宋翰林侍读学士朝请大夫尚书右丞提举万寿观公事勾当三班院上柱国陇西郡开国公食邑二千五百户食实封六百户赐紫金鱼袋礼部尚书谥恪李公墓志铭》（以下简称《李昭述墓志》），丛书集成本，商务印书馆，1936年，第457页。另外，参见《宋史》卷二六五《李昉传》。我们不能确定镇阳的方位。青山定雄认为是正定县，但没有证据。参青山定雄《宋代华北官僚系谱研究之二》，《圣心女子大学论丛》第25卷，第29页。镇阳或为饶阳之误，饶阳正是这支李氏扎根之处。

于中古门阀大族的蒙昧无知，它将两个风马牛不相及的门阀大族的郡望（陇西李氏和赵郡李氏）拼凑到一起，这让我们联想到诸多清代氏族谱牒中所追叙的氏族起源和发展历程，不过比较起来，更加肤浅无知。值得注意的是，这份墓志铭大概成于《新表》撰成以前。我们再次看到人们唤起过去的伟大郡望，尽管只是装腔作势而已。

不过，关于刚刚引用的这份11世纪中叶的墓志铭，在蜻蜓点水地追溯赵郡祖先之外，还包含着更加丰富的内容。为了使它变得通俗易懂，我们必须回头追溯李宗詠和李昭述的祖父。两人的祖父分别是李崧和李昉，都曾担任宰相：李崧在后晋和后汉时期入相，李昉在北宋初年入相。[217]李昉的本传记载，他和李崧是“同宗且同里，时人谓崧为东李家，昉为西李家”。[218]两人各自的本传记载着相同的郡望：深州饶阳。李昉在安平占有的土地田连阡陌，地处饶阳以西约二十公里。正如前文所论，在唐代有安平李氏，这个氏族曾经出过宰相，并被收入《新表》之中。李昉和李崧有可能是他们的后裔。但是，没有任何蛛丝马迹显示，这两个家族所有成员墓志铭中的世系曾经将家族血统追溯至安平李氏。当他们提及著名祖先的时候，只会使用更加出名的郡望。

因此，笔者认为，北宋初年，大多数人信任各种不同的写本文献中秀而不实的知识，从而代替了真正的谱学知识。如果历史文献显示，在此之前的数个世纪里，某个姓氏更加显赫优越的人，往往拥有一个特定的郡望，或者与某个特殊的地方紧密联系，那么，宋代拥有这个姓氏的人，就仅仅说他的祖先也来自那些地方。关于这个问题，李昉的本传提供了另一个例证。宋太宗曾进攻太原，车驾路过常山，常山在赵郡西北约一百公里处，“常山即昉之故里，因赐

〔217〕李崧和李昉的列传，分别参见《旧五代史》卷一〇八《李崧传》、《宋史》卷二六五《李昉传》。

〔218〕《宋史》卷二六五《李昉传》。李昉比李崧低一辈。参见《旧五代史》卷一〇八《李崧传》，注引《宋史·陶穀传》数段文字，其中记载李昉说，李崧是他的远房从叔。

羊酒，俾召公侯相与宴饮尽欢，里中父老及尝与游从者咸预焉。七日而罢”。[219]现在，关于李昉青年时期的资料极少，我们发现他和常山没有任何形式的联系。而常山东部一百多公里以外的饶阳，才是和李昉家族有联系的场所。既然如此，李昉为何将常山视作他的故里呢？毫无疑问，原因是《新表》“赵郡李氏”条所撰述的序言记载，这个家族在晋朝的祖先李楷，“避赵王伦之难，徙居常山”。[220]

关于笔者试图提出的观点，有一个更加值得注意的例证，就是李炎震——卒于南宋嘉定七年（1214）——的墓志铭，他是李昉的七世孙。其墓志铭记载：“李氏系出颛帝（黄帝之孙）。自唐高祖子郑惠王元懿，十二世而为右仆射韩文正公昉。”[221]当然，这是无稽之谈，尽管我们看到很有意义的一点，即相比赵郡李氏，他们更愿意把李唐皇室视作“祖先”。但尤为重要的是，当他们提及李昉之后，就提供了一个房支的世系，谱系完整，兼及官职，连续不断地追叙了大概三个世纪，一直到北部中国沦陷于金人的时期。我们在此看到，已经形成的谱系记录模式，不断地再现于以后的时期：含混暧昧地追溯中古时期的伟大祖先，虚张声势地追溯神秘的上古圣王之一，同时从北宋的某个时期开始，记载着一份详细的且令人信服的谱系。

关于这个李氏群体的第二个方面是，他们似乎已经体现出显然是“后中古时代”（post-medieval）宗族组织的某些特性。他们有两个房支的世系需要提出来：一是李崧的后裔，另一个是李昉的后裔。较之李昉的子孙，我们对李崧子孙的了解，要少得多。李崧似乎从河北迁徙至雍邱，因为他葬于此地，雍邱位于开封东南部

〔219〕《宋史》卷二六五《李昉传》。

〔220〕《新唐书》卷七二上《宰相世系表》。

〔221〕魏了翁《鹤山先生大全集》卷七一《朝奉郎权发遣大宁监李君墓志铭》，四部丛刊本，商务印书馆，1936年，第11页下。

五十公里。[222]时至其孙的时代，这个家族已经完全居住在雍邱，但是，关于李崧之孙再下一辈以后的情形，我们无从知晓。李昉和诸多子孙居住在开封的崇庆里，这是一座御赐的府第（大概是赐给李昉的）。[223]这座府第在李昉孙李昭述的本传和墓志中都有提及，[224]（关于李昭述，参见前文）而且，李昭述的曾孙女甚至以开封作为郡望。[225]总而言之，这两个房支都是从饶阳迁离而出，各自居住在不同的地方。但是，他们之间仍然保持着联系。李昉本传记载了一则故事，谈及李昉子李璨终其一生都在州县担任着卑微的地方胥吏，一直到最后，在他将近五十岁时，他拜谒同族亲戚李昉，想看看能否获得更高一级的职位，李昉遂为之说情，李璨得任著作佐郎。[226]还有另外的事实显示，这两个房支在那时保持着密切的联系，即李璨之子与李昉诸子，其个人的名字中都有一个共同的字——从谱系上说，共同的字辈表示他们在氏族中是同辈关系。

由此可见，相关证据显示这个家族的两个房支之间保持着连续不断的联系。不仅如此，还有更进一步的具体材料显示，李昉及其子孙保持着坚强有力的家庭组织。李昉之子李宗谔在文官系统担任显赫职位（右谏议大夫），宋真宗曾经对他说："闻卿至孝，宗族颇多，长幼雍睦。"宋真宗接着以他嗣守二圣基业，和李宗谔保守门户的事情做类比。[227]李宗谔又作《家传》，这是他关心家族事业的进一步证据。[228]大中祥符五年（1012），李宗谔卒，宋真宗注意到北宋时期的将相家族能以声名自立，不坠门阀者，唯

〔222〕《乐全集》卷三九《李宗詠墓志铭》，第 22 页下。
〔223〕关于李炎震的墓志铭，参见注释 221 所引。
〔224〕《宋史》卷二六五《李昉附李昭述传》；《文恭集》卷三八《李昭述墓志》，第 454 页。
〔225〕范祖禹《范太史集》卷五一《右班殿直妻李氏墓志铭》，四库全书珍本初集，商务印书馆，1935 年，第 14 页。
〔226〕《宋史》卷二六五《李昉传》。
〔227〕《宋史》卷二六五《李昉附李宗谔传》。
〔228〕同上。

有曹彬和李昉家族。[229]

在崇庆里的府第里，似乎居住着一个巨型的扩大家庭（extended family）。李昭述卒于嘉祐四年（1059），其墓志铭记载，“家世七叶，爨无异烟”，他还谨守家法。这在《宋史》的本传，以及李炎震的墓志中屡有提及。其墓志进一步记载，他的家族门内之治有规，井然有序，行为端正，举止整饬。他曾经教诲诸子，其家三代学士，希望他们不要隳素业性，维持优良传统。[230]这个家族似乎一直聚族而居，直到北部中国的沦陷。[231]李昉的孙子们在其名字中都带有“昭”这样一个共同要素，这也是家庭组织坚强有力的证据。[232]

因此，我们得出这样的印象：从北宋初年一直到南宋，一个有财有势的宗族都维持着上层精英的地位。他们重视家族的团结和传统，维持着一个累世同居的大家庭。当时的人们，包括皇帝在内，都对这种行为赞誉有加，其中一名族人甚至撰写了这个家族的历史。但是，要说有什么区别的话，这个家族对于李昉之前的祖先所知甚少，而李昉正是北宋初年奠定这个家族命运的人物。当李昉开始取得全国性的显赫地位时，他们家族保存的任何祖先方面的资料都已经亡佚，李昉本人都没有声称出身显赫。李昉知名的亲戚族人也没有如此宣称。一直到 11 世纪中期，我们才看到有的李氏成员声称具有赵郡之血统（李宗詠和李昭述的墓志），不过，正如所见，那些关于赵郡血统的宣称，根本不是谱系的表现和陈述，只是模式化的骄矜夸饰，大概从某些参考著作中搜集信息，并未理解就囫囵吞枣地付诸应用。

一个组织完备的血缘集团（descent group），通过强调家法家规（family rulers）和一定程度的互帮互助来维持其凝聚力；他们保存着

〔229〕《宋史》卷二六五《李昉附李宗谔传》。

〔230〕《文恭集》卷三八《李昭述墓志》，第 456 页。

〔231〕 李炎震的墓志铭明确记载，从李昉至李士观，累世五代，同居共爨。而在李士观生活的时期，北方陷落。

〔232〕 昭字辈有一个远房堂兄弟昭遘，“能守家法”（《宋史》卷二六五《李昉附李昭遘传》）。

李宗詠和李昭述家族世系图

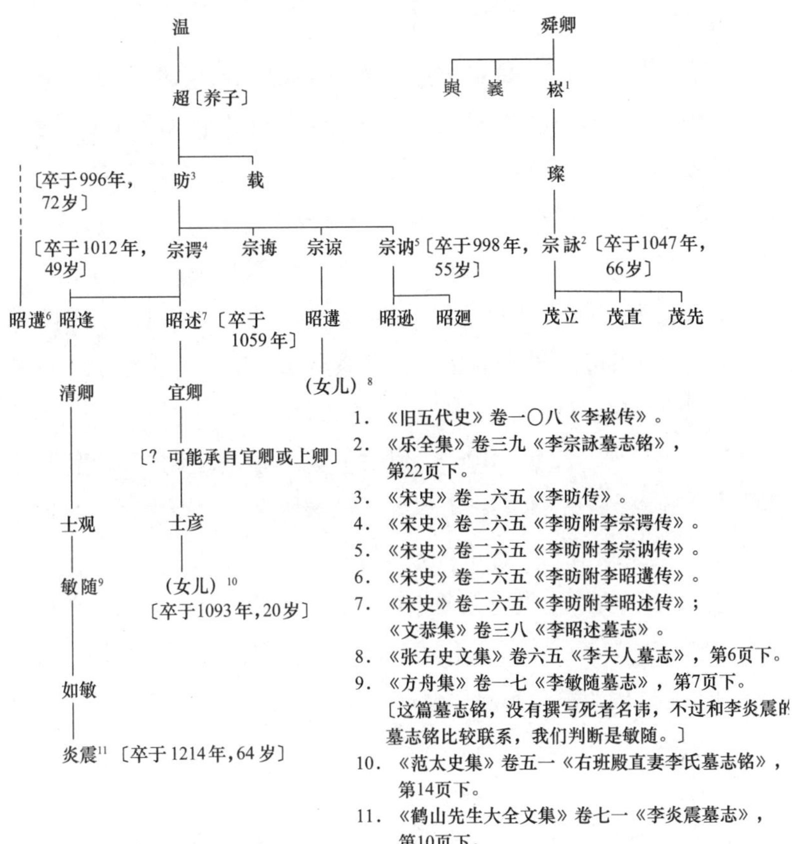

北宋初年以降准确详细的谱系记录，却好像对唐代和五代初年的祖先情况茫然无知；他们使用中古时期的著名郡望，仅仅出于炫耀矜夸之功能；我们可以说，这种血缘群体正是亲属集团（kinship group），他们和一直存续至20世纪中国的“宗族”极为相似。当然，其中一些重要的要素已然消失；但是，如果我们回眸唐代，就会发现宋代的这个家族，和唐代门阀士族的相似性，少于和明清宗族的相似性。

2．李沆家族

北宋一朝，还有大量李氏人物自称出自赵郡的例证，不过，通过这些例证，我们对旧族门阀的命运和新兴家族的特征就具有更进一步的了解。

开宝九年（976），侍御史李炳卒。在淳化四年（993）至咸平四年（1001）之间的某个时候，在李炳子李沆的请求下，李炳墓志铭得以撰成。墓志开篇云："行状云，公讳某，字某，赵郡人，广武君（李左车）之后也。……讳幹，曾祖也；……"〔233〕这份墓志铭作者引用的"行状"（Account of Conduct），很可能就是李沆所撰。李沆本人的墓志铭（在其卒年1004年之后不久），开篇大同小异，"公讳沆，字太初，其先赵郡人，广武君之后也。策书所载，世德茂焉。……曾祖父母也。……"〔234〕李沆的侄子李汉臣卒于庆历七年（1047），而在熙宁二年（1069）以后的某个时间，他的墓志铭得以撰成，其开篇记载"君之族出赵郡，后家肥乡（赵郡南部一百四十公里）。今为开封府人。曾祖考……"云云。〔235〕

因此，大约在11世纪的前半期，这个家族曾经三次清楚明白地宣称他们的血统来自赵郡。不仅如此，李沆前妻，其所生长女之夫，李沆三个姐妹的丈夫，都声称出自大族的著名郡望。〔236〕最后，李沆家族的祖坟位于洛阳附近，〔237〕这个地区正是唐代许多赵郡李氏成员的埋葬之所。

那么，我们就有理由相信，这个李氏群体有可能是赵郡李氏某个房支的真正后裔。但是，对于这个故事，我们还有许多事情要做。首

〔233〕王禹偁《小畜集》卷二八《故侍御史累赠太子少师李公墓志铭并序》（以下简称《李炳墓志铭》），四部丛刊本，商务印书馆，1930年，第28页下起。这份墓志铭的作者卒于咸平四年（1001），志文中提及李炳妻卒于淳化四年（993），故推断这个时间段。

〔234〕《武夷新集》卷一〇《李沆墓志铭》（注释136所引），第1页下。

〔235〕司马光《温国文正司马公文集》卷七八《虞部郎中李君墓志铭》（以下简称《李汉臣墓志铭》），四部丛刊本，商务印书馆，1929年，第5页下。其中记载，李汉臣妻卒于熙宁二年（1069），故推定这个时间。

〔236〕参见李炳和李沆的墓志铭（见注释233和注释234）。他们宣称的郡望有：清河张氏、武功苏氏和太原王氏。除此之外，李沆的女婿薛映，自称薛元超八世孙，薛元超任唐代宰相，出自大族河东薛氏，不过薛映传记中没有使用河东郡望。参见《宋史》卷三〇五《薛映传》。

〔237〕参见《小畜集》卷二八《李炳墓志铭》。李炳、李沆和李汉臣以及他们的妻子，全部都葬于此处。

先，根据存世的元丰四年（1081）史料中李沆的传记，没有提及任何关于赵郡出身的血统。相反地，他被称作"洺州肥乡人"，[238]《宋史·李沆传》也记载着同样的郡望。这让我们想起，李汉臣的墓志铭提及，这个家族曾经宅居肥乡，后来定居在开封。这个家族与开封的联系，大概是因为李沆的祖父担任洺州团练判官（肥乡即在洺州辖内）。

更为重要的是，现存关于这个家族的传记文献，没有资料提供任何线索暗示，他们通过何种方式与唐代乃至更早的赵郡李氏建立联系。李炳墓志铭所提的三位直系祖先，我们茫无头绪。即便第一个祖先大概生于9世纪早期，故此完全处于《新唐书》记载的时间范围内，但是，《宰相世系表》并没有记载他们的名字。

简言之，关于这个家族，我们发现了异常数量的成员宣称著名郡望。以时间次序（和谱系）而言，这些宣称的中心人物是李沆，他是10世纪末期11世纪初年极有权势的重臣。他的妻子、姐夫、妹夫以及女婿等姻亲，都宣称出自门阀大族。李沆必定为其父李炳进行这样的宣称，由此，李沆的墓志铭简直就是其父李炳墓志铭的翻刻。而他侄子李汉臣的墓志铭所宣称的郡望，在某种程度上，就不怎么笃定不移了。另一方面，我们发现，早在元丰四年（1081），李沆的官方传记已经将他视作肥乡人，《宋史》本传的记载也是如此。除此之外，我们已经提及的墓志铭中，从未显示他们掌握了赵郡李氏货真价实的谱学知识。即便李炳、李沆以及其他成员的确是赵郡李氏的后裔，他们似乎无法予以证明。他们无法跻身任何一个赵郡李氏的谱牒；否则，李沆必然会将谱牒信息载入其父李炳的墓志铭。而李汉臣的墓志铭，很可能是在《新唐书》及其《宰相世系表》纂成之后才撰就的，但这份墓志仍然没有试图将其祖先和唐代的赵郡李氏联系起来。因此，这种情形有两种可能：其一，这是赵郡李氏的虚假攀附，是由11

〔238〕曾巩《隆平集》卷四《宰臣·李沆传》，第1313—1314页。引自《名臣碑传琬琰集》，据宋刻本重印，文海出版社，1969年。根据《四库全书总目》记载，《隆平集》的作者曾巩，曾于元丰四年（1081）在史馆工作过数个月，他在那里获得撰写这本书的资料。

世纪早期的某个人物伪冒而成，旧族门阀的著名郡望对他们而言仍然保留着吸引力；其二，他们确实是赵郡李氏的真实子孙，但他们对祖先的事实全无所闻。如果后一种意见成立的话——笔者表示怀疑——那么，赵郡李氏的存在就真的有名无实了，因为对门阀大族而言，其成员并不知道他们和其他成员之间的纽带——无法将氏族的构造特征绘制成谱系图表——那他们根本就不是一个氏族。

李沆和李汉臣的传记中，提供了一些有趣的暗示，他们的家族和以后时期宗族的相似性，多于和唐代及其以前门阀大族的相似程度。在祖先三代连续担任地方官职之后——其中两位担任地方团练——李炳成为侍御史，这个家族的地位开始扶摇直上，并随着李沆担任宰相，其地位变得越来越高。但是，在李沆这代人之后，家道开始衰落。李沆之侄李汉臣，历任卑微的职务，其中最高的官职似乎是担任国子博士，据说他母亲的理想就是“李氏以复振”。[239]但是，这个家族的命运未能再度振兴，而且在李汉臣之后就永远地从视线中消失了。

这个家族的实际财产看来与其成员仕途的成功之间，关系密切。关于他们拥有土地的情况，我们不知详情，但史料告诉我们，当李沆和宋湜除右补阙、知制诰的高位时，宋太宗各赐钱百万。除此之外，“天子知公贫，多权钱富家，出倍称之息”，故又另赐三十万给他。[240]但是，这并没有解决这个家族的经济困顿。《李沆墓志铭》记载，李沆罢免枢务以后，他们家族的经济状况再次变得捉襟见肘，其祖母卒，李沆居丧尽礼，送终竭力，殆于食贫。[241]李沆对于切实的居第事务毫不关心，如修缮居第，亦无任何积蓄。[242]当他的弟弟李维因此事询问他为何漫不经心时，他说，如果颠沛流离，经济困

〔239〕《温国文正司马公文集》卷七八《李汉臣墓志铭》，第6页上（见注释235）。
〔240〕《武夷新集》卷一〇《李沆墓志铭》，第2页下。
〔241〕《武夷新集》卷一〇《李沆墓志铭》，第3页上。
〔242〕《武夷新集》卷一〇《李沆墓志铭》；《宋史》卷二八二《李沆传》。

顿，又必须勠力农耕，就会考虑和担心居第丰屋之类的事情。[243]据说，李维卒后，家无余赀，[244]而李汉臣（李沆兄弟之子）卒后，其家“极贫”。[245]显而易见，这个家族的命运相当依赖其成员在行政机构中的成功。虽然李沆及其兄弟也许在经济上缺乏远见，没有精打细算的习惯。就此而言，这个家族和明清时期宗族的相似度，也多于和中古时期门阀大族的相似度。

最后，我们看到，李沆和“功缌百口”的“疏戚”同居在一起，显然由他提供生活用度。[246]这是新型亲属制度的另一个征兆，这种亲属制度在11世纪中期以降变得日益普遍。并不是所有的高级官员都生活在百口之家的扩大家族（我们暂时根据李沆传记中的数字）；绝大多数的人们很可能居住在规模更小的宅第中。但是，与早期相比，他们之间的差异不在于赈恤人数的多寡，而在于被救助的群体以何种方式进行界定和认同。南北朝时期的门阀大族，庇护和支持相当多数量的徒附和其他荫附人口，而有些宗人如果出自已经丧失大多数地位的房支家族，则很可能被排除在外。而在北宋，这些家族的依附者似乎没那么重要了（笔者尤其将佃农排除在外），他们对亲戚的救助范围似乎扩大了，而且相当严格地以亲属关系的等级为基础。这是构成“义庄”（charitable estate）基础的精神。义庄是11世纪中期的革新，其出现象征着新型氏族组织的生成。我们将在下个部分了解这种观念的流行情况。

3. 李汉卿与李师中家族

宋治平三年（1066），李汉卿重新安葬了已经故去七十四年的祖父李迁。这方墓志为葬事而作，其开篇——在某种程度上和通常的模式相异——以平淡无奇的语气描述已故墓主的性格和旨趣。志文

---

〔243〕《宋史》卷二八二《李沆传》。
〔244〕《宋史》卷二八二《李沆附李维传》。
〔245〕《温国文正司马公文集》卷七八《李汉臣墓志铭》，第6页上。
〔246〕《武夷新集》卷一〇《李沆墓志铭》，第3页上。

记载，李迁住在楚丘（今开封东南部约一百二十五公里），并记载他毫不起眼的经历（两次明经考试而不第）。志文接着详细记载他的祖先情况，“维李氏远出于皋陶（传说中圣王虞舜任命的官员），而其后李耳（即老子）之孙昙为秦司徒”。李氏家族的“历史”一直详尽地延续至唐代。[247]这是我们之前在宋代墓志铭中所未见到的情形：李氏家族一直追溯至尧舜时代极为详尽的记述。其中主要部分几乎逐字逐句地照搬《新表》中赵郡李氏谱系的序言。某些祖先的名号被省略了，《李迁墓志》记载的所有说法，全部都见于《新表》的序言。[248]嘉祐五年（1060），《新唐书》被进献给皇帝，不论是谁撰写李迁的墓志，显然可以获悉这些资料。

当然，《新表》并未向下延伸至宋代，因此，墓志铭的作者还必须说明，李迁的祖先如何与《新表》建立联系。他挑选了李吉甫的长子李德修，即有名的李德裕的兄长。《宰相世系表》记载李德修没有子嗣，但是，这份墓志铭却记载李德修有一子李煴，任宋州宋城（今开封东南部一百三十公里）县令。我们知道李煴是李迁的曾祖父，由此，唐代赵郡李氏和宋代李氏家族之间就建立了联系。墓志铭还记载，李煴徙家于宋州楚丘，“故今为楚丘人”。

关于墓志铭记载的李煴和李迁的父祖等直系祖先，我们没有任何相关信息，因此关于他们，我们不可能证伪，也不可能证实。不过，关于李德修的诸子，我们有相对独立的资料，即李德修子女中一子以及“养女”的墓志铭。[249]根据这些资料显示，李德修诸子中没有李煴。

据说，李煴曾经徙家至楚丘，这件事情也让人心生怀疑，因为伪冒谱系的典型特征是：他们在解释谱系中的自相矛盾或其他疑点

〔247〕《元丰类稿》卷四五《李迁墓志铭》，第10页上起，参见注释136。

〔248〕唯一的例外情况是，李吉甫的父亲被记上官职。

〔249〕李德修之子李同的墓志铭，见台北“中央研究院”所藏墓志拓片，第18094号。李德修养女的墓志铭，参见陈寅恪《李德裕贬死年月及归葬传说辨证》（注释3）所引资料，第170页。岑仲勉认为这个女子是妾，而非养女，参见氏著《唐史余沈》，上海古籍出版社，1960年，第192页。

时，往往将离谱系矛盾处最近的那个人，从一个地方迁徙至另一个地方：所迁之地通常是其子孙后来定居和繁荣兴旺的所在。在这个例证中，楚丘李氏在11世纪中期以李汉卿为代表，将其房支世系追溯至李煴。据称，李汉卿是李德修之子，但这种宣称无法以任何方式进行证实，因此通过李煴从其他语焉不详的地方“徙家”至楚丘，从而使相关线索变得杂乱无章。毫无疑问，那个迁出的地方就意味着赵郡，因为不了解情况的宋代谱牒家和家族辩护者还没有意识到，唐代末期的郡望和居住地之间的关系已经很小了。

如果接着考察这个家族的其他成员，我们同样不能确认赵郡的郡望。李迁有一个著名的侄子李昌龄，《宋史》本传记载他是“楚邱人”，没有提及他和赵郡之间具有关系。[250]李昌龄两个侄女的墓志铭得以存世，也没有提及和赵郡有什么关系。[251]

这种情况让我们越来越觉得，在某种程度上，李汉卿似乎一定是李氏成员声称出自赵郡的源头：这种声称仅出现在他祖父的墓志铭中，而这份墓志铭是在其祖父死后很久，当李汉卿将祖父和祖母的遗骸合祔葬于开封附近的新墓地时所刻立的。假定这份墓志中的资料是由李汉卿提供的，他为什么要编造出一个赵郡的血统呢？李汉卿的堂姊是范仲淹的夫人，因此，他有可能受到范仲淹提倡重视宗族组织和谱牒的影响。李汉卿祖母的墓志铭，与其祖父的墓志成于同时，大概同样根据李汉卿提供的资料，志文记载汉卿“尝为李氏九世谱”。[252]如果那份谱牒包括李汉卿的子辈，那么，这个谱牒

〔250〕《宋史》卷二八七《李昌龄传》。

〔251〕王珪《华阳集》卷四〇《丹阳郡夫人李氏墓志铭》，丛书集成本，商务印书馆，1935年，第554—555页；《元丰类稿》卷四五《李迁墓志铭》。

〔252〕《元丰类稿》卷四五《试秘书省校书郎李君妻太原王氏墓志铭》，第12页上起。墓志记载，这个谱牒在很大程度上是依据祖母王氏提供的资料撰成的。笔者怀疑，李汉卿通过这种假托获得可靠性。同时，墓志又载，其祖母“姓王氏，太原人，嫁赵郡李氏”。太原王氏是中古时期的另一个大族，故此我们强烈地感觉到相关资料被巧妙地加以处理。笔者不可能接受墓志铭提示的含义：即李汉卿的祖母果真就是太原王氏，她果真给了他一份关于其夫九世谱的资料；正如我们不可能接受李汉卿的祖父即李德修玄孙的宣称一样。

的第一世只能包括李煴，李煴正是李汉卿所宣称的李德修之子，借此追溯至汉卿所宣称的赵郡血统。

在赵郡郡望之外，李汉卿为其祖父李迁所作的另一个声称，也显示了11世纪中期舆论氛围的影响，抑或再次受到范仲淹的直接影响。《李迁墓志》记载，他在楚丘地区，“有田百余顷”——在一千三百五十至一千四百英亩之间。[253]这个记载本身就很有趣，因为从表面上看，这个家族在李迁之前仅仅在楚丘经营了三世，不过，更重要者，墓志记载，李迁将九十五顷田地都推送族人，不令子孙因钱财而自行牵累。不论是否发生类似的任何事情，我们不难看出，这个故事同时说明李汉卿家族相对缺乏财产，如此宣称似乎让他们最值得尊敬，而这种宣称的出现，正值范仲淹创设“义庄”的名声闻名遐迩之际，尤其考虑到李汉卿还是范仲淹的姻亲。这些11世纪中期墓志铭（李迁及其妻子）中综合出现的主题——著名的郡望、氏族的谱系以及分置义田而推送族人——的意义就变得至关重要。

在李迁被重新安葬十年之后，另一名李氏成员故去，他的墓志铭声称其血统经过李煴，追溯至唐代的赵郡李氏。这个成员就是李师中，一个较为成功的官僚，他是与王安石进行政治斗争的司马光和苏轼的盟友。在他的墓志铭末尾，记载了祖先的资料：

> 公讳师中，字诚之，上世赵人。唐丞相吉甫有孙煴，为宋州城令，遂家楚邱。自煴七世为楚邱人，至公徙郓为郓人。曾祖……[254]

根据这份墓志铭，李师中和李迁是亲属关系，两者的血统都出自李吉甫的孙子。他们果真有亲属关系吗？这是有可能的：李师中的父亲李

[253]《元丰类稿》卷四五《李迁墓志铭》，第11页上。

[254]《忠肃集》卷一二《李师中墓志铭》，第168页（参见注释136）。

纬和伯父李纮在《宋史》中有传，附于《李昌龄传》(即李迁有名的侄子)之后，其中记载其伯父李纮是李昌龄的从子——即，比较疏远的下一辈亲属。[255]除此之外，正如李迁和李昌龄的墓志及史传都将他们视作楚丘人，李师中的传记也是如此，声称他是楚丘人。[256]显而易见，这两个家族是很熟悉的，因为他们制造赵郡李氏血统的方式如此相似。但是，毫无疑问，其中一定蕴含着某种伪冒的成分，因为墓志提及李师中是李煴（李吉甫之孙）七世孙的时候，没有记载他曾祖之前的祖先名号。在李师中的子孙不明所以的时候，他们如何知道李师中是李煴的后裔？不仅如此，据说李师中已经由楚丘迁徙至郓(楚丘东北部约一百五十公里)，宅居于此。我们再次看到，在某个宗族中，某人为了成员资格而制造一个令人生疑的声称时，那么，声称中的这个人据说就会迁徙至该宗族开创基业的地方。

李师中关于赵郡血统的声称，再次出现在李师中之子李修、李师中之孙李周南的墓志中。李修卒于熙宁元年（1068），时年二十九岁，其墓志铭撰写于元丰八年（1085），稍晚于其父李师中。其墓志以这种方式记载郡望，“君名修，字适道，赵郡人也。曾祖……”[257]我们看到，这是毫不含糊地声称大族郡望，在宋代墓志铭中极不寻常。整体而言，这个墓志文本是相当功能性的；其中缺乏斟酌和限定，有可能反映了墓志作者的草率从事，而非胸有成竹。与李迁和李师中墓志中关于祖先特征小心谨慎的叙述进行比较，其中的差别非常明显。

李师中幼子李侁，父子二人墓志出于一人之手，但是，《李侁墓志》没有提及赵郡郡望，也没有提及其父名号以外祖先的任何信息。[258]但是，李侁子李周南的墓志却记载，他的世系来自唐代的李

〔255〕《宋史》卷二八七《李昌龄附李纮传》。
〔256〕《宋史》卷三三二《李师中传》。
〔257〕毕仲游《西台集》卷一四《志铭·登封县李君墓志铭》，丛书集成本，商务印书馆，1935年，第219页。
〔258〕《忠肃集》卷一二《李师中墓志铭》，第168页（参见注释136）。

李汉卿和李师中家族世系图

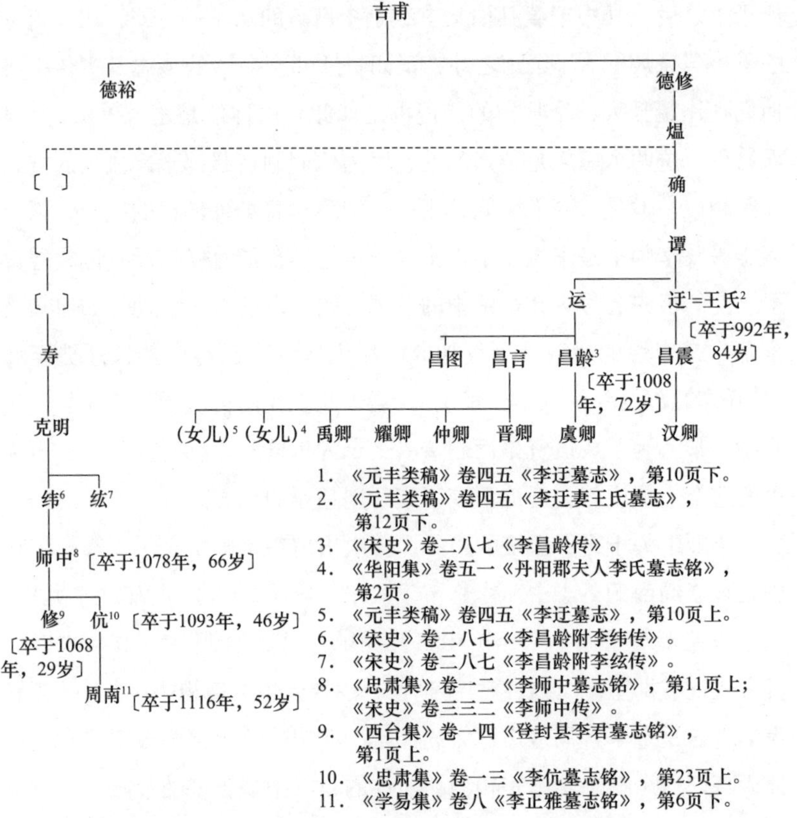

（此图显示声称出自李德修血统者，虚线表示其关系令人怀疑）

德修，并称他为“赵郡李正雅（即周南）”。[259]这份墓志的作者，正是《李师中墓志》作者之子。

李师中及其子孙的墓志铭，都声称出自赵郡血统，这些声称看起来并非彼此独立的。李师中的子孙——或者就是他本人——声称出自赵郡，由此被他的直系后裔所沿袭。但是，这个家族无法制造

〔259〕 刘跂《学易集》卷八《堂邑县丞李正雅墓志铭》，丛书集成本，商务印书馆，1939年，第99页。

出李师中曾祖以上的祖先名讳，因此，这种声称通过建立与李迁家族的关系——大概是真实存在的——得以完成。在《宋史》中，李师中和李昌龄的列传都使用了相同的郡望：楚丘；而且，李师中将血统追溯至李德修的同一个“儿子”，这大概是李汉卿为自己的谱系而编造出来的人物。赵郡李氏存在着真实的后裔，大概没有疑问；这种声称不过虚张声势而已，甚或也不是最初的一个。李师中声称其血统来自李煴，有可能只是伪冒一个臆造的世系。

这个家族的另一个特征也值得讨论。李师中建造了一座别墅，其中布满园池松竹，其子李伉和其孙李周南都居住在那里。他同时还“买田数千亩”，设置义庄，赈济宗族贫乏者。[260]有必要提出，李师中和范仲淹关系熟稔，范仲淹曾经举荐他有王佐之才。[261]当然，正是范仲淹首先提出设立“义庄”的理念。[262]因此，在11世纪中期（李师中卒于1078年），我们再次看到，亲属理论的新主题之一和赵郡郡望的声称同时发生。但是，人们宣称血统来自唐代的门阀大族，只不过是象征性的社会姿态，而义庄的设立却是重要和具体的行动，这显示那个时期有关宗族组织新理念的逐步传播，并有相应的机构来体现这种理念。在某种程度上，李师中的故事可视作唐宋之际上等阶层的亲属组织及其理念所发生的划时代变革的缩影。

4. 李迪家族

关于当时正在形成的氏族制度，还有一个非常清楚的例证，见于一群李氏人物的传记资料。这些李氏人物和李昌龄、李汉卿以及我们刚刚讨论过的那些人，都是同一个时代的。李迪是一个宰相，

---

〔260〕《忠肃集》卷一二《李师中墓志铭》。

〔261〕《宋史》卷三三二《李师中传》。

〔262〕杜希德《范氏义庄：1050—1769》，载倪德卫与芮沃寿合编《行动中的儒教》，斯坦福大学出版社，1959年（Denis C. Twitchett, “The Fan Clan’s Charitable Estate. 1050—1769,” *Confucianism in Action*, David S. Nivision and Arthur F. Wright, ed., Stanford University Press, 1959）。

卒于庆历七年（1047），其神道碑铭如此记载他的谱系：

> 按（家？）牒，公讳迪，字复古，先世自赵徙燕（今河北北部）。大王父在钦，以武材仕范阳军，逮唐季之难渡河，乐濮（今山东西部之濮县）之风土，营家老焉。[263]

《宋史》本传所载与此相同。[264]但是，我们发现了李迪两个侄子的墓志铭，他们根本都未提及和赵郡之间的联系。李敏之的墓志记载，“世居北燕，高祖（在钦）避乱（唐末）南徙，（在钦子孙）今为濮人”。[265]而其兄弟李肃之的墓志则记载，“李氏世占濮上，为东州望族”。[266]最后，李迪、李敏之和李肃之都被安葬在濮州的同一地方。显然地，他们关于赵郡世系的宣称是苍白无力的。李迪的祖先可能确实居住在燕地，但是，这个家族显然对其迁徙至濮州以前的历史知之甚少。[267]

这些人物看来具有强烈的家族本位观念。根据《李敏之墓志》所载，他为其母服丧，哀毁过甚，志文又云：“中外数百口，上爱下信。”[268]李肃之为其母服丧，也遵循最严苛的方式，志文又云，“曹村河流坏先垅，躬募乡民，负土增葺”。又及，“每岁时节序，率子侄辈（肃之是长子）往濮上，祀先垅，合族以食”。[269]另一件事情

---

〔263〕《乐全集》卷三六《大宋故推诚保德崇仁守正翊戴功臣开府仪同三司太子太傅致仕上柱国陇西郡开国公食邑八千一百户食实封二千四百户赠司空侍中谥文定李公神道碑铭》（简称《李迪神道碑》），第12页。并参注释136。

〔264〕《宋史》卷三一〇《李迪传》。

〔265〕程颐、程颢《二程全书：明道文集》卷四《李寺丞墓志铭》（简称《李敏之墓志》），四部备要本，中华书局，1920年，第2页上。

〔266〕苏颂《苏魏公文集》卷六一《墓志·龙图阁直学士致仕李公墓志铭》（简称《李肃之墓志》），同治四年（1865）刻本，第3页下。

〔267〕这个家族所追溯的李在钦，可能就是《旧五代史》卷一一九《世宗纪》所载的李在钦，他在契丹统治期间担任易州刺史。《旧五代史》记载李在钦被斩杀于显德六年（959），而李迪卒于庆历七年（1047），故李在钦有可能是李迪的曾祖父。

〔268〕《二程全书：明道文集》卷四《李敏之墓志》，第2页上。

〔269〕《苏魏公文集》卷六一《李肃之墓志》，第2页上—3页下。

也可表明这个氏族的紧密结合：李迪及其兄弟诸子的名字中，都有一个共同的字派；而且那些儿子的儿子之名字，也是如此。行辈命名方式（generational naming）在传统时代的后期极为普遍，但是在唐代非常罕见，《新表》显示了这种特征。《李肃之墓志》记载，他们的“家训”（family instructions）得以保存和继承。[270]

因此，我们在这里看到这样的家族，它显示出明清时期宗族的诸多特征。家族的坟墓都在单独的地方，这个例证显示，家族墓地在濮州，李氏在那里备受推崇。葬礼仪式被人们严格地遵守，家训得以世代传承。祖先坟茔也被修缮和维护得很好，在四时祭享之时，一大群族人亲属会在那里进行祭祀和宴会。行辈字派被他们使用到孩子的名字中。尽管他们拥有如此强烈的家族本位意识，但他们对其先世的情况所知甚少。这个家族已知名字最早的祖先是李迪的曾祖父，他可能是这个房支徙家至濮州的第一人。在他之前的祖先，就只有含糊不清的表述了。但是，这种情况也未对李迪及其子孙产生什么影响。只是在李迪的墓志铭中，轻描淡写地试图声称他们是赵郡李氏的后裔；李迪侄子的墓志铭对于赵郡血统则只字未提。他们满足于已有的谱系知识；他们没有处心积虑地编造与唐代祖先的关系；他们在崇高的社会地位下有很好的保障。这让我们再次想起，现在幸存的许多氏族谱牒都是将其祖先追溯至五代末和宋初，其时这个氏族的开基祖（founding ancestor）迁徙至某个地方，并在那里建立了他的家族。

5. 李鹰家族

北宋一代，许多其他李氏成员都以某种形式宣称，他们具有赵郡血统，但是，无论如何，我们没有理由相信，这种声称只不过是空洞无物的炫耀，正如我们已经利用李迪和李师中的墓志铭所讨论

〔270〕《苏魏公文集》卷六一《李肃之墓志》，第3页下。兹校正“给”为“给”（编者按，原文系“绍”，克绍家训，是）。

的那样。[271]我们对这些人的生活和家族所知甚微，故不再继续讨论他们——只有一个例外。这个例外就是李廌。关于北宋时期亲属理念的发展，李廌的传记（在很多方面和李迪的传记相似）提供了另外的重要信息。李廌在六岁时成为孤儿，由他的一位叔父抚养成人。[272]即便他看起来对谱系盲昧无知——虽然他在撰写各种不同的文体时有很多机会进行追溯，但他从未提及祖先的名讳——即便如此，他经常自称为“赞皇李廌”。[273]而且，在他为养母所撰的墓志中，铭文明确指出“李肇赞皇”。[274]李廌对于唐代次级郡望的使用，足以使他与众不同；另外，他还非常关注——我们也可说他执着于——所谓的家族传统。

李廌在年轻的时候，有名的苏轼见而奇之，李廌再拜而受教。其时，李廌家境贫穷，三世未葬。对于这种情形，李廌问心有愧，苏轼的教化更是让他对这种问题变得敏感。这种危机终于爆发，一天晚上，他抚枕流涕曰：“吾忠孝焉是学，而亲未葬，何以学为！”翌日清晨，李廌与苏轼告别离开——伴随着苏轼的祝愿——没过几年，他便把累积数代的三十余柩搜集起来予以归葬。[275]

李廌为其养母撰写的墓志铭，显示了他对李氏传统的观感，并详细叙述了他在叔父家受到养育的细节：

---

〔271〕除了前文已经讨论的成员及亲戚之外，北宋时期还有其他李氏人物宣称赵郡郡望：李涛（不是《宋史》卷二六二《李涛传》中的李涛）妻子的墓志铭，见于《江苏金石志》卷七《李涛妻王氏墓志》，1927年，第20页上起。这份墓志残缺不全，注引宋初著作《九国志》，其中称李涛赵郡人；李筠，其墓志铭没有直接宣称赵郡郡望（台北“中央研究院”所藏拓片，第02360号），而是间接暗示，志文明确显示墓志作者完全不清楚这个氏族的真实历史，李筠的祖先似乎都没有担任官职；李至，可能是李昉的亲戚；李上交——陈振孙在注解李上交所撰的《豫章西山记》时，称他为“赞皇李上文”，(《直斋书录解题》卷八《地理类》，丛书集成本，第255页)；李京，《宋史》卷三〇二《李京传》记载他是“赵州人”，但关于他的血统或家族，没有其他资料；李常武《万佛名经序》(《学易集》卷六所载）和其他一些资料记载他是“赵郡人”，但没有关于他家族的其他资料。

〔272〕《宋史》卷四四四《李廌传》；李廌《济南集》卷七《墓志·李母王氏墓志铭》，宋人集本，第18页上。后者记载的内容看起来错乱不堪。

〔273〕《济南集》卷七《墓志·李母王氏墓志铭》，第18页上。

〔274〕《济南集》卷七《墓志·李母王氏墓志铭》，第19页下。

〔275〕《宋史》卷四四四《李廌传》。

盖吾家自唐以家法名世，非（家）礼（家）法之族莫敢通姻。兄弟相承，娣姒相宾，率用法度。家庙日飨俎豆如事生，诸奉祭祀者冠带簪帨不敢去身，而又伯父律下严忌，绳己亦切，或小有过差，则自箠于庙，（有过者）诸弟及其妇相与请罪，乃许改事。即出大鼎于庭，命之曰："斯鼎也，一人扛之则莫举，众人共之则甚轻。治家亦然，众心同力，乃有成尔。"于是内外百口肃然无哗。

李廌在其后的志文中再次谈及，"虽食贫索居，婚嫁丧葬必用旧仪"。〔276〕

李廌就是在这样的环境中成长的，他在后来人生的行为就不足为奇了：他将家族的崇高传统理想化，花费数年的时间，以及相当大数量的一笔费用，以合适的仪式，重新归葬累世三代的亲属灵柩——共有"三十余"人。考虑到李廌这样的态度，那么他坚持使用次级郡望赞皇的做法就完全不以为奇了，即便这确实不同寻常。但是，为什么他没有编造谱牒，甚至连略知皮毛的不成熟的谱牒样式都没有呢？为什么他没有尝试着去证明自己的确是赵郡赞皇李氏的后裔，即便只是以不确定的方式？这些问题的答案一定是这样的：李廌对于曾祖以前——最多至此——历代祖先的世系不得而知。〔277〕不过，正如前论，对于希望为本人建构世系的某些人而言，谱系资料的缺乏并不是不可逾越的障碍。因此，潜在的深层原因很可能是，李廌认为没有必要将祖先追溯至任何一个唐代的赵郡李氏。对他而言，仅仅宣称郡望已然足够：他关心的是象征意义，而非实质内容。〔278〕

---

〔276〕《济南集》卷七《墓志·李母王氏墓志铭》，第 18 页下—19 页上。

〔277〕李廌生于嘉祐四年（1059），故其曾祖应该生于宋代建国的时期。因此，这很可能再次证明五代时期谱牒连续性的彻底断裂。

〔278〕关于人们使用著名郡望，有个更加明显的例证，见于前文。向氏累世五代都宣称"开封向氏"以后，突然出现了向澣（1121—1181），他首次使用著名的河内郡望。不仅如此，他显然与北宋新儒家所提倡的典型的家族组织具有关联。

行文至此，我们终于到达“赵郡李氏”这一概念长期演变的终点了。在最初阶段，赵郡李氏简单地指一群李氏故里所在的郡，而他们逐渐地在地方上显赫成名。这个家族随之成长壮大，并开始裂变分开，不同的房支遂在邻近的地区建立起来，他们开始使用新的次级郡望，但是，赵郡的招牌从未没落。甚至在数代之后，这些李氏人物的后裔子孙已经和赵郡没有丝毫关系，他们仍然自我认同为赵郡李氏，一直到唐代末期，他们都可借此获得声望。尽管他们彼此分开，各自散居，但是，他们保持着与众不同的意识，因为门阀大族依然被视作社会精英（那些幸存的记载名门望族的氏族谱即可证明）。更为重要者，他们保持着谱牒，借此判明某人是不是这个氏族的成员。

一直到9世纪，赵郡李氏在政治上和社会上都维持着显赫的地位，他们在元和元年（806）至会昌二年（842），涌现了八名宰相。但是，在经历了唐代的土崩瓦解和五代的混乱动荡之后，“赵郡李氏”丧失了大部分传统的重要性；这意味着它作为社会实体（social entity）已经不复存在。职是之故，我们在五代末期和北宋初年很少看到这个术语。不过，正如前论，迄于11世纪中期，这个著名的郡望再度闪现。人们有时试图证明，他们如何出自唐代著名人物和郡望的持有者。但是，李廌的例证更加典型。他没有将先世追溯至五代，而且他仅仅满足于自称赞皇李氏，而没有再去追究世系如何。门阀大族的著名郡望已经演变成一种习惯性的表达。

三 结 论

赵郡李氏不但在胡族入侵和朝代更迭的情况下得以幸存，而且在至少长达四个世纪极为动荡不安的时间里，想方设法变成中古统治阶层最为成功的群体之一，却在唐末至宋初的变革中彻底地崩溃消失了，原因何在？

如果我们有机会有效地解决这个问题，我们必须从一个关键性的事实入手分析：当我们讨论赵郡李氏的兴衰浮沉之时，这个盛衰的过程和清代某个宗族的衰落（举例而言）是大相径庭的，因为唐代的“门阀大族”与传统时代晚期的宗族是截然不同的存在。大族的衰亡史不是指这个家族的几个关键成员遭到杀戮，也不是这个家族的子孙连续数代穷奢极欲，罄尽家财，抑或被他人巧取豪夺家族的良田沃土。唐代的赵郡李氏不是一个凝聚力强、范围有限的亲属集团，故少数成员的死亡不会致其断裂瓦解；他们没有共同的财产（corporate possessions），故地方上的土豪恶霸或者奸猾狡诈的亲戚无法侵渔这个氏族的财富。事实上，晚唐时期的赵郡李氏只不过是个观念，因此，摧毁这个大族需要的所有工作，就是摧毁这个观念。无论男女成员，其墓志铭和列传资料都宣称他们是赵郡李氏，他们就知道彼此之间有亲戚关系，并能根据氏族的谱牒证明这种关系。对于其他人而言，上至皇帝，下至社会等级（social hierarchy）中最为低贱的人群，都没有疑问地接受这样的事实：有一群人通过能够自称赵郡李氏这种方式，和其他所有人群区别开来。赵郡李氏曾经一度在赵郡拥有巨大的权势——控制大量的依附民，拥有大片的土地，在社会秩序动荡之时，他们捍卫坞壁化的乡村（fortified villages），免遭攻击；而在承平时期，他们纷纷担任本地的官僚。但是，迄于唐代，这种情形不复存在了；他们与乡里故土的联系已经断绝。他们没有类似义庄的氏族组织，这种组织不仅促成他们进行自我界定，还能提高他们抵御外敌保护自我的能力。因此，赵郡李氏的消亡是一个经济的、政治的、社会的过程，同时也是心理的过程。

本文研究的第一部分，就是明确阐释赵郡李氏逐步疏远赵郡的过程。我们已经看到，唐末宋代的观察者已经对此现象进行了一些阐释。关于这个方面，大致有三个主要原因。首先，隋代强力推行两项主要制度的改变，借此打击门阀大族的权力。隋代罢除乡举里选，即由地方向中央推举官员的制度，而代之以科举考试制度。[279]隋代禁止官僚在本籍州县担任职务。[280]如此，我们很容易就可以想见，这些改革措施对于北魏时期地方精英和国家精英默契配合的制度，形成很大的冲击。旧有的地方荐举制度——九品中正制——已经沦为门阀大族的工具，同时保障他们拥有文官系统内部最清要职位的绝大多数。例如，赵郡李氏推荐出去任官的某个人，通常返回赵郡故里担任太守或县令。这些人简直不可能去阻挠这种确保本阶层占据支配地位的地方形势。[281]隋代的改革使这个制度不复存在，也就消除了门阀大族与地方基础保持牢固关系的重要原因。门阀大族的代表人物开始迁离，其中多数成员前往长安或者洛阳，因为任官在通向权力的道路上变得更加重要，而获得官职的方式正好就在京城。

其次，还有一种地方性的因素，促进赵郡李氏从乡里地区脱离出去，尤其在安禄山叛乱之后，其时内乱频仍和契丹入侵都让河北地区变得扰乱不堪。当时赵郡受波及的影响不是最大，贻害最剧者在更北部的区域，不过，我们会想起李德裕的评论，其大意是地方上的兵荒马乱迫使他离开桑梓故地。但是，我们必须提醒注意以下的分析，因为对于8世纪中期以前赵郡李氏在本地事务上扮演的角色，我们所知甚微。对于赵郡李氏的衰亡而言，河北兵戈扰攘的情形，当然不具备前面所论隋代两项改革措施所起到的那种关键作用。

---

〔279〕关于时人对这项改革影响的意见，参见《全唐文》卷三七二《魏璀·选举论》，第23页上。

〔280〕《通典》卷三三《职官十五·州郡下》，据“十通本”影印，新兴书局，1962年；严耕望《魏晋南北朝地方行政制度》第八章《魏晋南朝：任用杂考》、第十五章《北朝：任用杂考》，《中国地方行政制度史》乙部，《“中央研究院”历史语言研究所专刊之四十五B》，1963年，第382、862页。

〔281〕《新表》中有大量的赵郡李氏成员，在赵郡及领县担任官职。《新表》并未对他们给予足够的重视，没有列出他们担任的所有职位。形成对照的是，天宝三载（744）一个纪念赵郡太守的石碑题名，记载了赵郡所领八县的官员，在这些文官中只有一个李氏成员（他在任何资料中都无迹可寻，因此不知道他是哪个家族的成员。编者按，原文发表时遗漏此碑出处，译者查询未果，遂驰函请教姜士彬先生，因年代久远和学术转向，姜先生经过两周查核，并未找到出处，故特嘱译者出注，加以说明，并致歉意。此后，译者先后向王庆卫、仇鹿鸣等先生求助，可惜也未找到此碑出处）。

但是，如果赵郡李氏在河北地区不再具有很大影响的话，这就意味着唐政权崩溃之际，他们没有可资退守的稳固的地方基础，而在隋代崩溃之际，其中一部分人显然可以如此。这个大族的成员作鸟兽散，分布在东北、东南以及四川的不同地方；他们在赵郡没有藏身之所。

但是对于赵郡李氏而言，与赵郡的隔绝，本来并不应该构成致命的一击：他们已经非常成功地适应了新的选官制度，而且在晚唐时期，许多家族成员都担任着权势显赫的职位。当内战的硝烟开始散去，这个大族的代表成员为什么不能结束退隐生活，不动声色地恢复内乱之前的旧职？其中，一部分原因是9世纪末10世纪初的内战，在某种程度上也是一场阶级斗争（class wars），赵郡李氏是看起来要输的阶层中的精英分子。唐代崩溃之后，类似黄巢、朱温和柳璨之类的人不仅觊觎皇权，激烈争夺，他们同时也怨气冲天，极端仇恨既定的社会秩序。“宜投之黄河，”屡次举进士而不第的李振对他已经屠戮的贵族成员的尸骸说，“使为‘浊流’！”

这种阶层仇恨有其更进一步的影响；不仅旧族门阀的许多子弟惨遭迫害和杀戮，而且我们看到人们对于门阀大族的观念，开始出现一种普遍仇视的迹象。否则，我们怎么解释《旧五代史·李专美传》中纂修者对于唐代名门大族抨击性的长篇大论？李专美是高门大族陇西李氏的后裔。下面的语句旨在显示其评论的特色，“（望族）皆不以才行相尚，不以轩冕为贵，虽布衣徒步，视公卿蔑如也”。人们对于高门大族允许子女通婚时多纳资财的抱怨，再次甚嚣尘上，据说尽管唐太宗已经致力于革此“敝风”，终莫能改，甚至一些不得志的名族子弟都说：“姓崔、卢、李、郑了，余复何求耶！”〔282〕

另外，我们发现那时两份墓志中的解释截然不同，其中一份是李潘妻崔氏的墓志，撰于咸通十一年（870），另一份是李昌龄侄女的墓志，她卒于嘉祐三年（1058）。志文记载，李潘妻崔氏的祖妣

〔282〕《旧五代史》卷九三《李专美传》。

（范阳卢氏）认为膏粱贵胤，不骄者鲜矣，故爰择“旧族”，详求嘉偶。[283]李昌龄侄女的父亲李昌言训诫子女云，世禄子弟汩于绮纨之好，但是他择女所配，不是旧族子弟，而是寒素之门。[284]对于这类事件，我们无需过分渲染和重视，不过，通过比较这两种记载，就会发现其中的差异预示着 9 世纪和 10 世纪之间，人们对于中古门第阀阅的态度已经发生变化。

当然，时人对于门阀大族仍然残留着钦羡和赞美，这种态度似乎与前文刚刚描述的愤恨仇视和猜忌怀疑的情绪共同存在。然而，这种钦羡只不过是对门阀大族往事的钦羡，因为整个阶层已经荡然无遗了。这种情景就像流亡的俄国人（emigré Russians）对旧贵族的赞美一样。五代时期，新兴的阶层逐渐执掌大权，他们的子孙在宋代占据统治地位。人们的目光已经转向这个阶层。人们不再向往婚娶名门望族的子女；著名的大族郡望不再带着与生俱来的尊崇。宋代望族名录所反映的，只不过是在宋代文官系统中的成功者；正是仕途的成功获得尊重。与此同时，科举制度确保统治精英的进入和流出，保持着相对快速的流动，因此，社会精英的构成在不断地发生变化。从北宋肇建直到 11 世纪初，李宗谔家族想方设法，维持门阀三世而不坠，在宋真宗看来，这是非同寻常的成就。[285]

这种情况似乎再度回到某种形式的地方主义（localism）。因为这些家族不再无止境地期望成为政治社会精英的一部分——或者换句话说，由于精英阶层的范围已经极大地拓宽，那个精英阶层内部统治集团的进出，保持着快速的流动——他们不得不力所能及地为

---

〔283〕《唐故光州刺史李府君博陵崔夫人墓志铭并序》，台北“中央研究院”所藏拓片，第 18097 号（编者按，请参周绍良主编《唐代墓志汇编》咸通 087，上海古籍出版社，1992 年，第 2447 页）。

〔284〕《华阳集》卷四〇《丹阳郡夫人李氏墓志铭》，第 554 页（并参注释 251）。

〔285〕参见前文。李宗谔卒于祥符六年（1013），宋真宗于咸平元年（998）嗣位，因此，这段对话必定发生在 11 世纪早期。宋真宗所论，不可能涉及李宗谔曾祖以前更为疏远的祖先，因为他的曾祖必定生活在宋代以前（《宋史》卷二六五《李昉附李宗谔传》）。

自身以及子孙的未来早做打算。就在那时，以后八个世纪中成为主流的亲属组织开始出现，并非偶然：他们拥有共同的土地、宗族祠堂（lineage temples）和新式谱牒，其中包括所有的亲属，而不论身份地位的高低，以及这些改革的意识形态正当性（ideological justification），使他们看起来就像中古门第优美方面的复兴。

现在我们来讨论赵郡李氏消亡的最后一个原因。他们没有强有力的制度，从而使氏族的团体认同感得以具体化。他们共享着相同的往事和记忆以及属于他们的赵郡李氏概念，借此与世间的其他人群区分开来——这两个方面都体现在他们的谱牒和历史之中。他们是一种观念，其持久性就如观念一样，其脆弱性亦如观念一样。一旦这个观念的传承谱系被打断，一旦那种自我界定已然丧失，那么，它就再也无法复兴。这个大族，在某一代还是一个氏族，他们由数十个抑或数百个散居全国的男女成员所构成；而在数代之后，演变成大量单个的李姓家族而已，已然忘却了他们共有的传统。

（范兆飞　译）

附录：北美士族研究的学术史
——以姜士彬和伊沛霞的研究为线索

范兆飞

从现代学术发展的角度而言，关于中古士族的研究已逾百年之久。百年之间，海内外不同学派的不同学人对于“士族”这个在中古时期占据重要地位的政治社会阶层，从不同角度、不同文献、不同方法，各申己说，相持不下，交互辩难，展开极为有益的探索和争论，中古士族研究的学术史遂风起云涌、波澜壮阔。海内外研究士族者，若以国别和地域作为划分标准，大体可划分为三股重要的研究力量：中国、欧美和日本。若以 20 世纪 50 年代作为分水岭的话，此前中日学者各擅胜场：中国学人以陈寅恪为代表，较早探讨士族阶层最基本最重要的问题；大概同时，日本学界以京都学派为代表，如内藤湖南揭橥唐宋变革论，冈崎文夫、宫崎市定等人亦有精到之研究。此后则是海内外学人“各领风骚数十年”，先后实现了从日本到欧美，再到中国大陆的“典范大转移”。关于中日学者的士族研究情况，学人多有述评和反思；[1] 而英文世界关于中古士族研

〔1〕 陈爽《近 20 年中国大陆地区六朝士族研究概观》，《中国史学》第 11 期，2001 年，第 15—26 页；宋德熹《中国中古门第社会史研究在台湾——以研究课题取向为例（1949—1995）》，《兴大历史学报》第 6 期，1996 年，第 139—147 页；甘怀真《再思考士族研究的下一步：从统治阶级观点出发》，《身分、文化与权力：士族研究新探》，台湾大学出版中心，2012 年，第 1—26 页。中村圭尔《六朝贵族制论》，夏日新译，刘俊文主编《日本学者研究中国史论著选译》第 2 卷《专论》，中华书局，1993 年，第 359—391 页；刘俊文《中国史研究的学派与论争（上）（中）（下）（续）》，《文史知识》1992 年第 4、5、7、8 期，第 45—50、64—72、86—91、85—92 页。关于日本贵族制比较重要的学术史论文，参见林晓光《比较视域下的回顾与批判——日本六朝贵族制研究平议》，《文史哲》2017 年第 5 期，第 20—42 页。

究的概况，在当时中外学人虽然也有粗线条的勾勒、介绍和评价，[2]但是，我们不无遗憾地说，就英美学人研究士族的整体情况而言，尤其是作为问题意识和方法论的士族研究，在英文世界何以兴起、何以衰落，其中有哪些代表性学派和人物，其研究的理论和方法是什么，他们的观点差异及根据何在，学术渊源和系谱如何，等等。应该说，我们对这些问题依然是一知半解，停留在"雾里看花"的朦胧状态。有鉴于此，笔者不揣浅陋，拟对英文世界士族研究的滥觞、兴起、流派、分野、影响和演变等来龙去脉的情况进行系统地追溯和梳理，并对其中最为关键的话题进行集中评析和讨论。但是，兹事体大，尤其英文世界的士族研究成果因语言和方法等问题，大多数都有详细评介之必要，非一篇小文所能涵括，故拙文仅以姜士彬和伊沛霞研究的异同为主线，[3]辅以其他学者所展开的士族研究，纵横比较，整合分析，期望丰富中古士族研究的学术史，并以此为契机，反思和推动士族研究的深入开展。

一 引 言

英文世界研究中古士族的学人并不像中日学界那样层出不穷，但也可圈可点。若以在欧美乃至中日学界的影响力而言，姜士彬（David Johnson）的《中古中国的寡头政治》和伊沛霞（Patricia Ebrey）的《早期中华帝国的贵族家庭——博陵崔氏个案研究》，堪

〔2〕李约翰（John Lee）《英米における中国中世贵族制研究の成果と课题》，《史林》第67卷第1号，1984年，中译文参见齐威译《英美关于中国中世贵族制研究的成果与课题》，《中国史研究动态》1984年第7期，第19—28页。张广达《近年西方学者对中国中世纪世家大族的研究》，《中国史研究动态》1984年第12期，收入《史家、史学与现代学术》，广西师范大学出版社，2008年，第263—266页。金应熙《国外对六朝世族的研究述评》，《暨南学报》1987年第2期，后收于氏著《国外关于中国古代史的研究述评》，内蒙古人民出版社，1994年，第189—199页。陈美丽（Cynthia L. Chennault）、裴士凯（Scott Pearce）《美国学者对中国中古时期历史和社会的研究》，张建中译以及陆扬《西方唐史研究概观》，俱收于张海惠主编《北美中国学——研究概述与文献资源》，中华书局，2010年，第70—110页。

〔3〕伊沛霞《早期中华帝国的贵族家庭——博陵崔氏个案研究》，范兆飞译，上海古籍出版社，2011年；姜士彬《中古中国的寡头政治》，范兆飞等译，中西书局，2016年。为方便起见，拙文在行文过程中简称为"姜著""伊著"。

称欧美学人研究士族学术史上的“双璧”。两氏的著作相继出版于1977年和1978年，在当时的中古史学界，姜氏和伊氏关于中古士族政治的观点可谓风靡一时：在英文世界，多位重要学者如艾伯华（Wolfram Eberhard）、蒲立本（E. G. Pulleyblank）、多尔比（Michael Dalby）、萨默斯（Robert M. Somers）和许倬云等人迅速做出反应，在欧美权威刊物上撰写书评，加以评介；[4]而中文世界的反应也比较快速，周一良、张广达、金应熙等先生撰写比较重要的书评加以介绍；与此同时，李约翰（John Lee）介绍英美学人研究士族（主要是姜士彬和伊沛霞的著作）的论文，也迅速被译成中文。[5]

姜士彬出生于1938年，伊沛霞出生于1947年，两人相差将近十岁，却有师生之谊。伊氏1975年毕业于哥伦比亚大学，师承毕汉思（Hans H. A. Bielenstein）；当时，姜士彬亦供职于此，伊氏对笔者自称，姜氏亦为其师；姜氏则告诉笔者，伊氏是他在哥大就任助理教授时协助指导的首位博士生。两氏的参考文献多有重叠，显示他们具有相近的知识结构，尤其是他们都受到欧美人类学家和社会学家的深刻

〔4〕关于姜著和伊著的重要书评，参见 Robert M. Somers，“The Society of Early Imperial China: Three Recent Studies，” *The Journal of Asian Studies*，Vol. 38，No. 1，1978，pp.127-142。关于姜著的书评分别是：Reviewed by：Benjamin E. Wallacker，*Journal of the American Oriental Society*，Vol. 100，No. 1，1980，pp.93-94； Yves Hervouet，*Journal of the Economic and Social History of the Orient*，Vol. 25，No. 3，1982，pp.333-335；Cho-Yun Hsü，*The American Historical Review*，Vol. 87，No. 1，1982，pp.235-236. 关于伊著的书评分别是：B.J. Mansvelt Beck，*T'oung Pao*，Vol. 68，Livr.1/3，1982，pp.154-157； Yves Hervouet，*Journal of the Economic and Social History of the Orient*，Vol. 23，No. 3，1980，pp.324-327； E. G. Pulleyblank，*Pacific Affairs*，Vol. 52，No. 1，1979，pp.115-117； Evelyn S. Rawski，*The American Historical Review*，Vol. 84，No. 4，1979，pp.1124-1125； Herbert Franke，*Historische Zeitschrift*，Bd.230，H.2，1980，pp.390-396； Emily M. Ahern，*Man*，New Series，Vol. 14，No. 2，1979，pp. 359-360； Wolfram Eberhard，*Journal of the American Oriental Society*，Vol. 102，No. 3，1982，pp.574-575； Michael Dalby，*Harvard Journal of Asiatic Studies*，Vol. 40，No. 1，1980，pp.249-263。

〔5〕周一良《〈博陵崔氏个案研究〉评介》，原载《中国史研究》1982年第1期，后收于氏著《魏晋南北朝史论集》，北京大学出版社，1997年，第517—528页。张广达《近年西方学者对中国中世纪世家大族的研究》，《史家、史学与现代学术》，广西师范大学出版社，2008年，第263—266页。金应熙《国外对魏晋南北朝世族研究的述评》，《国外关于中国古代史的研究述评》，第189—199页。李约翰《英美关于中国中世贵族制研究的成果与课题》，《中国史研究动态》1984年第7期，第19—28页。

影响。正如艾伯华所论，姜伊二氏所关心的问题，不仅是纯粹的历史学问题，同时也是社会学问题。[6]姜氏和伊氏关于中古精英家族研究的方法、思路和结论，可谓和而不同，大异其趣。两氏著作出版已逾四十年，若从后来的“他者”眼光来看，显然需要溯其源流，探其传统。姜伊二氏的著作最初被中国学者所知，几乎出于相同的原因：两氏著作分别由周一良和张广达先生加以介绍。周一良先生关于伊著的介绍，吹响中国学人利用个案方法研究士族问题的号角。

张广达先生关于姜氏的介绍文字，其实只有姜氏自行撰述的梗概。关于姜著的意义和价值，张先生着墨并不多。姜著从讨论大族的身份入手，前四章都是着力考察大族的身份及其定义，剖析统治阶层的重要概念，认为“士”阶层并不具备“统治阶层”法律和制度上的意义；接着考察人们的地位崇高，正是源自担任的官职；但同时强调，只有地位崇高的人们，才能获得官位。姜氏进而确定这个地位崇高的人群，就是数百个家族组成的集团：他们有四姓、二品、贵族、门阀等称谓，也就是所谓的寡头家族（oligarchy）。那么，这些“oligarchy”的边界在哪里，哪些家族包括在内，哪些家族又被排除在外？姜氏从考察中古氏族谱入手，尤其对残存的几件敦煌姓望氏族谱之逻辑关系，进行复原。姜氏发现，晋唐时期所有高官尤其是宰相的家庭背景，相当一部分都来自唐代氏族谱所列举的家族。这些家族在晋唐时期具有相当的连续性和稳定性。姜氏同时指出，这些氏族谱中的成员资格，看似具有相当的稳定性和持续性，但其地位不是源于血统的世袭，而是在每次修订谱牒时都必须经过政府的确定和认同。正是在这个意义上，姜先生不同意将这个群体称作“贵族家族”，而是称为“寡头家族”：其要义包括其家族地位源于任官；这个群体又是根深蒂固、持续长久的，贯穿中国的晋唐时期。不仅如此，姜氏同时论证谱牒是中古士族认同的唯一纽带，声称这

〔6〕 Reviewed by: Wolfram Eberhard, *Journal of the American Oriental Society*, pp.574–575.

是中古士族与近世宗族的根本区别（姜著，第157页）。由此，我们就能看到，姜著浑然一体，自成逻辑，关于中古时期的统治阶层和政治形态，贵族制和官僚制结合的“寡头政治论”可备一说。

从学术系谱的角度追根溯源，我们就会发现姜氏的研究不是无源之水。姜著的骨干正是其博士论文，原文还有副标题“大家族的社会、政治和组织结构之研究”（*A Study of The Great Families in Their Social, Political and Institutional Setting*）。姜士彬于1970年毕业于伯克利加州大学，获历史学博士学位，导师是艾伯华（Wolfram Eberhard）。艾伯华是犹太学者，因希特勒反犹太政策辗转赴美。[7]在20世纪50—60年代，艾伯华陆续出版关于传统中国统治阶层和社会流动的著作。[8]在艾氏看来，唐代郡望表所列门阀贵族的社会地位、经济力量持续不断，即便在后汉至五代的社会变动下仍然不受影响。六朝贵族制或唐宋变革论，背后涉及的宏大问题都与历史分期有关。如艾伯华将中国史与欧洲史等同看待，认为中国的古代（ancient）即周代，等同于欧洲的中世纪；中国的近代或近世（modern），与欧洲大致同步，等等。大概同时，艾伯华揭橥“士绅社会”（gentry society）理论，具体指公元前200年至13世纪，长达一千五百年，不存在贵族阶层，其上层统治阶层的权力，主要依赖其社会经济地位。因此，艾氏认为，这是一个理论上的“开放社会”（open society），任何人都可以提升其社会地位，当然从汉至宋的向上流动较为罕见，南北朝可谓“士绅社会”之典型。又以五代而论，只有26%的士绅出自胡族；而汉人士绅中，70%出自传统士绅（old

〔7〕许倬云《北美中国历史研究的历史与走向》，收于朱政惠、崔丕主编《北美中国学的历史与现状》，上海辞书出版社，2013年，第75页。

〔8〕Wolfram Eberhard, *Das Toba-Reich Nordchians*, E. J. Brill, 1949（艾伯华《中国北部的拓跋帝国：社会学的研究》，荷兰博睿学术出版社，1949年）；*Social Mobility in Traditional China*, Leiden: E. J. Brill, 1962（《传统中国的社会流动》，荷兰博睿学术出版社，1962年）。关于艾伯华的学术生平和研究旨趣的变动，参见张广达《魏特夫与艾博华教授》，《史家、史学与现代学术》，第210—213页。按，姜士彬先生提示，其师Wolfram Eberhard的汉译名以“艾伯华”为妥。

gentry)，艾氏进而认为五代时期的统治集团并未发生根本性变化。[9]在蒲立本看来，艾伯华史学中最重要的发现之一，就是中世"士绅社会"理念的提出；当然，蒲立本对艾氏著作也提出激烈批评，尤其批评他统计资料中诸多不合理的因素，以及艾伯华学说中充满自相矛盾之处：例如，艾氏谈及北朝有六个"高贵"的士绅家族凌驾于社会等级之上，盛气凌人，深沟壁垒，结成排外性的婚姻圈；而日本学者则将胡汉联盟视作"贵族"。[10]

实际上，艾伯华浸淫社会学多年，深受韦伯理论之影响，在某种程度上，艾氏研究带有欧美汉学界自发研究中古士族和精英阶层的色彩，李约翰（John Lee）评价艾伯华云："在他的学说中随处可以看到欧洲人对中国史的传统看法。这大概就是通过欧洲史的比较或者作为世界史中共同现象的一环来理解中国的态度。……轻视、无视第二次文献，特别是中国和日本学者的研究成果。"[11]无论如何，艾伯华的"士绅社会"理论，尤其强调北魏大族高门持续至唐代，乃至在五代持续显赫的观点，以及采用统计分析的社会学方法，显然构成姜士彬"寡头政治说"的滥觞和源头；姜氏青出于蓝，后出转精，对艾氏学说进行修正和补充。不仅如此，20 世纪 50—60 年代前后，社会史的研究风靡欧美，[12]社会流动（social mobility）和精英阶层作为社会史研究的重要部分，成为高频的学术词汇，不仅涉及中国史的研究，也涉及东亚史、欧洲史和美国史的研究和现状。例如，在当时名噪

〔9〕 Wolfram Eberhard, *Conquerors and Rulers: Social Forces in Medieval China*, rev, ed. E. J. Brill, 1952, p.13（艾伯华《征服者与统治者：中世纪中国的各种社会力量》，荷兰博睿学术出版社，1952 年）。

〔10〕 Edwin G. Pulleyblank, "Gentry Society: Some Remarks on Recent Work by W. Eberhard," *Bulletin of the School of Oriental and African Studies*, Vol. 15, No. 3, 1953, pp.588-597（蒲立本《士绅社会：艾伯华近年论著评述》，《伦敦大学亚非学院院刊》第 15 卷第 3 号，1953 年）。关于艾伯华论著中相互矛盾冲突之处，还可参见白乐日关于艾氏《征服者与统治者》的书评，参见 Reviewed by: Etienne Balazs, *Pacific Affairs*, Vol. 27, No. 1, p.75。

〔11〕 李约翰《英美关于中国中世贵族制研究的成果与课题》，第 20 页。

〔12〕 例如，毛汉光曾经坦言受到这种风气和学人的影响，参见氏著《中国中古社会史论》序，上海书店出版社，2002 年，第 5—6 页。

一时、迄今仍有巨大影响的何炳棣所撰《明清社会史论》，即出版于1962年。实际上，关于中国古代精英阶层的研究，风靡当时美国的汉学界，如萧公权的《中国乡村》、张仲礼的《中国士绅：关于其在19世纪中国社会中作用的研究》、瞿同祖的《作为权力阶层的士绅》和《汉代社会结构》，出版于20世纪50—70年代。[13]由此，我们看到，在20世纪70年代，姜著和伊著的"横空出世"就绝非偶然，而是欧美学界研究传统中国社会史——特别是社会流动和统治阶层——日积月累，从而波及中古史的必然结果。实际上，在此之前，杜希德（Denis C.Twitchett）已经从敦煌郡望表的角度，考察唐代统治阶层的构成，[14]和艾伯华等人共同成为姜伊二氏研究中古精英阶层的先驱。

如果说姜士彬立足士族政治宏观层面的理解、概括和演绎，伊沛霞则是致力于个案研究的考察和剖析，伊氏希望从博陵崔氏的沉浮升降，揭示博陵崔氏所属贵族家庭乃至整个精英阶层的历史变迁。[15]伊著第二章追溯贵族家庭的历史发展，意图正是通过博陵崔氏的荣枯兴衰，透视整个贵族阶层的发展轨迹。伊著第三至第六

---

〔13〕 例如，Change Chung-li, *The Chinese Gentry: Studies on Their Role in Nineteenth-Century Chinese Society*, Washington University Press, 1955（张仲礼《中国士绅：关于其在19世纪中国社会中作用的研究》，华盛顿大学出版社，1955年）。

〔14〕 Reviewed by: Robert M. Somers, "The Society of Early Imperial China: Three Recent Studies," *The Journal of Asian Studies*, Vol. 38, No. 1, 1978, p.139.

〔15〕 当然，这是谨就两者著作而言。实际上，姜士彬先生研究唐末宋初赵郡李氏的论文，也是英文世界研究士族个案的扛鼎之作。关于这篇论文，我们可以从三个角度去谈他的学术史意义：其一，姜先生的中古寡头政治和赵郡李氏研究，相辅相成，构成姜先生研究士族问题的"姐妹篇"。如果说前者是关于士族研究群像式的素描，那么，后者则是士族研究精密细致的解剖。其二，关于唐宋士族衰亡的考察。此前有孙国栋先生关于唐宋门第消融研究的大作（参见孙国栋《唐宋之际社会门第之消融——唐宋之际社会转变研究之一》，原载《新亚学报》第4卷第11期，1959年，第211—304页，后收于氏著《唐宋史论丛》，（香港）商务印书馆，2000年），如果说孙国栋先生通过社会学的宏观统计，展现了唐宋时期旧族门第消融的历史大幕，那么，姜先生这篇文章，则呈现了门第消融背景之下的鲜活案例。其三，士族个案研究的坐标意义。从个案研究的角度研究中古士族，肇端于20世纪50年代的守屋美都雄，不夸张地说，作为方法论的个案研究，日本、英美和中国学者的士族研究，可谓形似而神不似，其问题意识和关注角度存在着相当大的差异。这种差异正是互相借鉴、继续深入的重要基础。就士族研究的英文板块而言，姜先生的"赵郡李氏研究"（1977）和伊沛霞的"博陵崔氏研究"（1978），一文一书，堪称西方学者研究士族个案问题最重要的成果，前后辉映。整体而言，个案研究和宏观考察是士族研究的两大取径，各有利弊，互为补充。

章，追踪汉唐时期一千年间博陵崔氏的成长、壮大、衰落乃至消失的历史进程。[16] 尽管伊氏认为博陵崔氏的研究具有相当的典型性，犹如守屋美都雄试图从太原王氏的系谱变化归纳中古政治社会的形态一样。欧美学人在此之前展开的中古社会史研究，被多尔比形容成“概念集中营”“香蕉共和国”式的研究，枯燥乏味，从概念到概念、从片段到片段，从理论到理论，理论先行，然后选择材料进行论证。[17] 而个案研究的魅力，正是其鲜活性，使得历史研究如同现场发生的故事一样栩栩如生。但是，个案研究毕竟只是解剖“一只麻雀”，只是对极为有限对象的精密考察，显然是以牺牲全局性的洞察为代价。具体而言，博陵崔氏是生活在中古时期的大族高门，一举一动，莫不与中古时期风云莫测的政治环境和地域社会息息相关，准确将博陵崔氏安然无恙地从中古中国极为复杂的政治环境和阶层网络中切割而出，借此观察精英阶层的整体形象，难以想象。因此，个案研究“非典型”（atypical）的特征与生俱来，从极为有限的个案归纳一般原理，也是不乏冒险的取径。作为读者，追问的话题是，博陵崔氏如此，其他大族身上是否发生相似的故事？

不出意料，有的学者提出与姜伊二氏截然不同的观点。葛涤风（Dennis Grafflin）正是代表人物之一。1980 年，葛氏毕业于哈佛大学，首先师从杨联陞先生；其后杨氏因身体健康问题荣退后，葛氏又随史华慈（Benjamin Schwartz）继续学习，获博士学位，其博士论文《南朝早期的社会秩序：东晋的构造》（*Social Order in The Early Southern Dynasties: The Formation of Eastern Chin*）并未正式出版，但其发表的数篇论文，正是精华所在，颇能代表葛氏对于中古士族的观点。葛氏声称，只要对南朝高门大族的演变轨迹进行重建，就会发现贵族门户持续稳定和长期重要的观点是错误的；他具体指出，

---

〔16〕 艾伯华指出，五代时期的部分传统士绅家族，至少延续一千余年。参见 Wolfram Eberhard, *Conquerors and Rulers: Social Forces in Medieval China*, p.119。

〔17〕 Reviewed by: Michael Dalby, *Harvard Journal of Asiatic Studies*, Vol. 40, No. 1, 1980, p.260.

东晋南朝最显赫的侨姓门阀，只有太原王氏和颍川庾氏可以追溯至汉代，同时，也只有太原王氏和琅琊王氏延续至唐代，如谯国桓氏被灭族于元兴三年（404）。葛氏尖锐地指出，不止是东晋的超精英阶层（即一流高门）迅速滑落衰微，而且南朝也没有出现与之匹敌的替代性高门。[18]这种看法显然与姜、伊二人的观点迥然相异。从葛文有限的学术回顾来看，他试图回应的学术史集中于内藤湖南、川胜义雄、姜士彬等人，尤为关注川胜义雄对于南朝贵族制的研究。

如果说日本学界的贵族制是以东京学派（又称“历研派”）和京都学派之间的批评与分野为代表，那么北美学界也不乏这样的论争和分化：主张中古贵族制或寡头制者，以姜士彬和伊沛霞为代表，同时也有反贵族制者，除哈佛大学出身的葛涤风之外，在对姜伊二氏充满批判精神的论著中，旗帜鲜明、观点激烈者，又如毕业于斯坦福大学的陈美丽（Cynthia L. Chennault），毕业于哥伦比亚大学的麦希维克（Dušanka Dušana Miščević）等人都是如此。陈美丽是“飞虎队”队长陈纳德次女，1979 年毕业于斯坦福大学，师从刘若愚（James Liu）和王伊同，受到刘先生的学术影响，陈美丽以文史互证之法，进行陈郡谢氏的个案研究，揭示在政治权力的争夺和占有中所面临的不稳定性，成为南朝谢氏几大房支的共同问题。[19]麦氏认为中古时期的统治阶层不是一成不变的，与姜士彬的寡头政治说鲜明对立。麦氏 1992 年毕业于哥伦比亚大学，师从毕汉思，与伊沛霞师出同门；其博士论文《寡头政治抑或社会流动？关于早期中古中国的大族研究》（*Oligarchy or Social Mobility? A Study of the Great Clans in Early Medieval China*），和毕氏关于《水经注》的论文，刊于

〔18〕 Dennis Grafflin, “The Great Family in Medieval South China,” *Harvard Journal of Asiatic Studies*, Vol. 41, No. 1, 1981, pp.65–74（葛涤风《中古中国南方的大族》,《哈佛亚洲学报》第 41 卷第 1 号，1981 年）。

〔19〕 Cynthia L. Chennault, “Lofty Gates or Solitary Impoverishment? Xie Family Members of The Southern,” *T'oung Pao*, Vol. 85, Fasc. 4/5, 1999, pp. 249–327（陈美丽《高门大族抑或布衣素士？——南朝谢氏个案研究》,《通报》第 85 卷第 4—5 期，1999 年）。

《瑞典东方博物馆馆刊》（*The Museum of Far Eastern Antiquities*）第 65 期，该刊此卷仅刊麦、毕两文，毕氏论文短小精悍，故此卷称为麦氏专刊亦不为过。麦氏直言其研究师法毕氏研究汉代社会流动的思路与方法，[20] 重点考察六朝时期高门大姓连续担任一品高官和中正、贵族爵位的继承性以及门阀大族的婚姻等情况，他指出中古中国不是由寡头阶层所控制，[21] 这显然与姜伊二氏所论大相径庭。另外，关于姜士彬的寡头政治说，持不同意见者还有霍姆格伦（Jennifer Holmgren），霍氏生于 1949 年，1979 年于澳大利亚国立大学获得博士学位，师从贾丁纳（Ken Gardiner）。霍氏在内亚史和十六国北魏史研究方面，尤其是文献方面，深受贾氏影响，卓有贡献，但是，由于各种因素，霍氏没有获得终身教职，遂弃学从政，非常可惜。[22] 霍氏认为,5 世纪山东地区的贵族等级并不稳定，因此认为，该时期缺乏社会流动的观点是对唐代贵族形成史的过于简化；在霍氏看来，5 世纪应该视作唐代贵族阶层的形成时期，至少山东士族如此。霍氏还指出，主张中古社会流动陷入停滞的观点，忽视了该时期空间和时间上的差异性。[23]

---

〔20〕 Hans H. A. Bielenstein, *The Restoration of the Han Dynasty: with Prolegomena on the Historiography of the Hou Han shu*（《汉代的复兴》), Elanders Boktryckeri Aktiebolag, 1953。

〔21〕 Dušanka Dušana Miščević, "Oligarchy or Social Mobility? A Study of the Great Clans in Early Medieval China," *The Museum of Far Eastern Antiquities*, Vol. 65, 1993, pp.5–256（麦希维克《寡头政治抑或社会流动？关于早期中古中国的大族研究》,《瑞典东方博物馆馆刊》第 65 期，1993 年，第 168 页）。按，麦氏此文原系其博士论文：*Oligarchy or Social Mobility? A Study of the Great Clans in Early Medieval China*, Ph.D. diss. Columbia University, 1992。关于麦氏宏文的评介，参见王晶《唐宋变革与北美士族研究——从麦希维克的中古社会阶层流动谈起》,《中国中古史集刊》第 4 辑，商务印书馆，2017 年，第 399—428 页。

〔22〕 Reviewed by: T. H. Barrett, *Journal of the Royal Asiatic Society*, Vol. 7, No. 3, 1997, p.176. 并参胡志宏《西方中国古代史研究导论》，大象出版社，2002 年，第 229 页。按，霍氏晚近给笔者的邮件中谈及澳大利亚当时比较特殊的政治学术环境是其没有拿到终身教职的主要因素。

〔23〕 Jennifer Holmgren, "The Making of An Elite: Local Politics and Social Relations in Northeastern China during the Fifth Century AD," *Papers on Far Eastern History*, Vol. 30, 1984, pp.1–79（霍姆格伦《精英的形成：5 世纪中国山东地区的地方政治与社会关系》,《远东史研究集刊》第 30 期，1984 年）。"Social Mobility in the Northern Dynasties: A Case Study of The Feng of Northern Yen," *Monumenta Serica*, Vol. 35, 1981, pp.19–32（霍姆格伦《北朝的社会流动：北燕封氏个案研究》,《华裔学志》第 35 期，1981 年）。

即便如此，从长时段的学术史脉络观察，与守屋美都雄的太原王氏研究相比，伊著关于博陵崔氏的研究更为精致和系统，因此后来居上，获得广泛赞誉。当然，伊著晚于守屋氏著作二十余年，两者研究的虽然都是一流高门，但伊氏以访问台北“中央研究院”的机会，获睹当时尚未公布的崔氏墓志，这在守屋氏的时代并不可能。在士族研究方面，毛汉光从事的琅琊王氏研究，和伊沛霞的博陵崔氏研究，堪称大规模使用墓志资料研究士族问题的前驱。这对后来学者研究中古士族的文献选择具有决定性的影响。姜氏的研究虽然宏观，论证过程步步为营，但其材料选择集中于氏族谱的流变，极少引用墓志材料；而伊氏的考察则是从微观入手，所得结论显得水到渠成。姜伊两氏论著所引参考文献虽然大同小异，但他们的研究方法和论证过程显示，姜氏受毛汉光的影响较大，而伊氏则受守屋美都雄的影响较大，前者侧重数量统计，辅以层层推演，后者侧重个案研究，辅以统计分析。以士族个案研究而成书立说者，伊著可谓守屋美都雄关于太原王氏研究之后的第二本，甚至是迄今影响最大的著作。士族个案研究的方法，在日本学界，是由守屋美都雄开创、矢野主税等人加以继承并发扬光大的。[24]但在更大的范围内，将士族个案研究升级为“范式”，对国内学者影响较大者，反而是伊著。大致同时，姜士彬展开唐宋时期赵郡李氏衰落的个案考察，影响甚大。[25]当然，即便放在当下，伊氏本人也完全不曾预料，在日本学者贵族制理论和个案研究、西方人类学和社会学理论的合力影响下，她所展开的博陵崔氏研究，经过周一良先生的评介，乾坤挪移，辗转往复，对中国学界产生了巨大影响。

---

〔24〕 参见范兆飞《权力之源：中古士族研究的理论分野》，《学术月刊》2014 年第 3 期，后收入《中古太原士族群体研究》，中华书局，2014 年，第 1—18 页。

〔25〕 David G. Johnson, “The Last Years of A Great Clan: The Li Family of Chao Chun in Late T’ang and Early Sung,” *Harvard Journal of Asiatic Studies*, Vol. 37, No. 1, 1977, pp.5–102（姜士彬《一个大族的末年——唐末宋初的赵郡李氏》，《哈佛亚洲学报》第 37 卷第 1 期，1977 年）。

二 大族的称谓、范围和基础

欧美学人研究士族有别于国内学人的最大特征之一，就是立足长时段的考察。姜氏和伊氏显然都受到法国年鉴学派的影响，注重长时段的研究，前者书名中的时间词汇是“Medieval China”（中古中国），而后者书名中的词汇是“Early Imperial China”（早期中华帝国）。在西方学界，最先使用“Medieval”一词的中古史学者是白乐日（Etienne Balazs），他在“*Etudes sur la societe et l'economie de la Chine médiéval*”中首次使用该词，类比欧洲的“黑暗时代”。姜氏开宗明义地阐明所谓“中古中国”，指的是从汉末到唐末这段时期，而麦希维克（Dušanka Dušana Miščević）所言的“中古”，则指魏晋南北朝；但他所称也是中古早期，似乎意味着中古也涵括隋唐时期。丁爱博（Albert E.Dien）主编的《早期中古中国的国家与社会》，收录十一篇论文，除唐长孺和毛汉光以外，其余九人均为欧美学人，没有日本学者，其“中古早期”断限于公元700年。[26]而伊氏使用的词汇，与“Late Imperial China”（晚期中华帝国）相对，是指从汉代到唐末这段历史时期，而帝国晚期则指宋元明清。如此，伊氏讨论的长时段，超过内藤湖南所谓“贵族政治时代”的时间跨度，汉代也被纳入考察范围；而姜氏讨论的时段，契合内藤氏所描述的贵族制时代跨度。葛氏发表文章中也有“Medieval”的字样，但他的考察时间截止于隋代。长时段与断代史的家族考察，各有优劣，前者长在上溯本源，下穷末流，短处则在各个时段无法纤毫毕现；后者的利弊正好相反。葛氏立足考察东晋南朝的高门大族，屡有发

〔26〕 Albert E. Dien eds., *State and Society in Early Medieval China*, Stanford: Stanford University Press, 1990（丁爱博《早期中古中国的国家与社会》，斯坦福大学出版社，1990年）。按，此书导言基本代表丁爱博对中古士族政治的认识，中译文参见丁爱博《〈中国中世纪早期的国家与社会〉导言》，张琳译，《魏晋南北朝隋唐史资料》第14辑，1996年，第182—198页。

现，在某些方面也的确否定了姜伊二氏的观点，但其所举桓氏、谢氏、庾氏等大族衰微于南朝的反例，不足以推翻唐朝旧族高门——如博陵崔氏、太原王氏、荥阳郑氏等家族——仍然相当活跃的现实。与葛氏所论大致同时，唐长孺先生揭示，汉魏之际的士族，存在相当程度的升降和沉浮，决定性因素即是当朝冠冕，而非冢中枯骨。[27]又如，汉魏之际极为活跃的颍川荀氏家族，在东晋南朝时期已经衰微不堪，降为门阀破落户，但我们显然无法用荀氏破落的个案，一举推翻东晋是门阀政治的旧说。

关于中古精英阶层或统治阶层的描绘术语，艾伯华的称谓是"gentry"，兼具地主、官僚和学者三种角色；姜氏的称谓是"寡头家族"（oligarchy），文中更多的概念是"大族"（great clan）；而伊氏的概念是"贵族家庭"（aristocratic families）；蒲立本和葛涤风的概念则是"大家族"（great families），丁爱博的概念是"gentle families"（士族）或"士绅"（gentry），文中讨论经常使用"lineages"（宗族）；裴士凯（Scott Pearce）的概念是"地方精英"（local elites）；麦希维克的概念是"传统的官僚世家"（old established bureaucratic clans），霍姆格伦的概念是"地方精英"（local élite），凡此种种，不一而足。这些眼花缭乱的概念背后，反映这些学者对中古精英阶层的不同认知和范围取向。仅从量化的角度而言，姜氏大致推测，"寡头家族"所占当时中国的人口比例约为0.5%左右，他们正是唐代郡望表所列的数百个名望高门。伊氏所言的"贵族家庭"范围显然更小，大致是柳芳《氏族论》列举的二十九个家族，或者是中古时期的一流高门。由此看到，伊氏所言的"贵族家庭"，是姜氏所言"寡头大族"之子集。当然，他们都同意贵族的基本特征是，"世袭崇高的社会地位"（伊著，第9页；姜著，第58页）。姜氏认为中古

〔27〕 唐长孺《士族的形成和升降》，《魏晋南北朝史论拾遗》，中华书局，1983年，第53—63页。

时期的寡头阶层虽然是由数百个相对稳定、持续性强的家族所构成，但又坚定地认为，他们的社会地位源于政府的确定和认同，并非来自血统的世袭。形成鲜明对照的是，伊氏指出，博陵崔氏成员在社会地位方面，具有世袭权，至于能否得到更多的财富、权力以及声望，则受具体环境的制约；伊氏同时指出，姜氏所言的“寡头政治”，是在缺乏强硬或专制统治的时候才会出现，而在北朝和唐代，皇权并非形同虚设（伊著，第105页）。但是，无论“寡头家族”，还是“贵族家庭”，正如艾伯华评论伊沛霞著作时所云，这两个概念都是指西方学术语境中的“上层精英”（upper level of gentry），[28]即我们所言的精英阶层或统治阶层。丁爱博通过研究孝文帝太和十九年令，断然否定艾伯华关于北魏是贵族社会的观点；在他看来，北魏的统治阶层与其说是贵族，不如说是精英。[29]

以姜士彬和伊沛霞为代表进行的士族研究，最显著的特征之一就是受到人类学和社会学的影响，尤其是弗里德曼（Maurice Freedman）、弗里德（Morton H. Fried）等学人激烈争论的“氏族”（clan）和“宗族”（lineage）等概念之区别及其意义。葛涤风也不例外，葛氏从人名学的角度，梳理中国南方门阀成员从单名到双名的问题，比较南方门阀的人名及其影响，关注不同辈分人名中的相同部首（如“水”“心”字旁等同形人名）。与此同时，葛氏指出琅琊王氏的人名含有道教色彩（如王正后裔中，连续六代四十八个子孙的名字中含有“之”字），也有佛教之色彩（如王绚后裔中，连续四代十个子孙的名字中含有“昙”“僧”等字，前后辈之间互有重叠参差）；葛氏暗示中古高门人名的宗教属性不见于单名，而见于双名，这有可

〔28〕 Reviewed by: Wolfram Eberhard, *Journal of the American Oriental Society*, Vol. 102, No. 3, 1982, pp.574–575.

〔29〕 Albert E. Dien, “Elite Lineages and the T’o-pa Accommodation: A Study of the Edict of 495,” *Journal of the Economic Social History of the Orient*, Vol. 19, No. 1, 1976, pp.61–68（丁爱博《世家大族与拓跋魏的融合：太和十九年诏令研究》，《东方经济与社会史学刊》第19卷第1期，1976年）。

能受到印欧“神性”（theophoric type）人名系统的影响，当然，太原王氏的情况更加复杂多变。[30]葛氏关于大族人名的研究，显然带有冯汉骥、弗里德曼和弗里德等人类学家影响之烙印。不过，葛氏显然没有参考此前宫川尚志等人关于南北朝人名的研究。[31]从葛氏研究南方大族的情况来看，虽然他使用了与“大家族”不同的“宗族”等概念，但他基本上集中探讨血缘关系清晰紧密的亲属群体。与之相似，伊沛霞也强调博陵崔氏成员之间的紧密关系，伊著附录二“崔俨世系表考释”所举崔俨四十三名后裔子孙，显示他们之间存在血缘关系，因此，伊氏坚持使用“家庭”（family）一词，这点得到艾伯华的赞同。当然，伊氏所谓的“家庭”，并不囿于“核心家庭”（nuclear family）之讨论，当然也不是如多数学者那样追踪父祖三代的官品，以此论证家族升降的情况，而是注重“扩散家庭”之考察，即包括叔伯子侄等成员，尤其在唐代博陵崔氏部分，还包括没有生物学关系、自称博陵崔氏的成员（伊著，第115页）。与之前相比，博陵崔氏范围的骤然扩大，决定于唐代博陵崔氏的墓志遗存。唐代存在大量自称博陵崔氏，实际上却无法和博陵崔氏的主干大房建立清晰世系的成员墓志，因此，伊氏在这里也有所保留的声称，唐代博陵崔氏的最佳术语是“宗族认同”（lineage of identification），伊氏所言崔氏为社会地位而承认共同的祖先，但也很警觉地指出他们并没有全体认同（伊著，第119页）。这样，伊氏本身就博陵崔氏的研究内涵出现前后矛盾的冲突：前面强调世系清楚的亲属集团，其后却扩大和变身为模糊化的宗族认同？这两者范围的伸缩显然有着极大的差异。[32]

---

〔30〕 Dennis Grafflin, "The Onomastics of Medieval South China: Patterned Naming in the Lang-Yeh and T'ai-Yuan Wang," *Journal of the American Oriental Society*, Vol. 103, No. 2, 1983, pp.383-398（葛涤风《中古南方的人名：以琅琊王氏和太原王氏的模式化命名为例》，《美国东方学会会刊》第103卷第2期，1983年）。

〔31〕 魏根深（Endymion Wilkinson）《中国历史研究手册》，侯旭东主持翻译，北京大学出版社，2016年，第183页。

〔32〕 Reviewed by: Michael Dalby, *Harvard Journal of Asiatic Studies*, Vol. 40, No. 1, 1980, p.260.

葛涤风的关注焦点在于南朝门阀，他勾勒出的大族曲线与毛汉光所研究的琅琊王氏以及伊沛霞研究的博陵崔氏等大族横跨汉唐时期的持续性发展不同。葛氏明确指出，只有太原王氏和琅琊王氏从魏晋延续到隋唐，并在唐代急剧膨胀（expand）；[33] 葛氏并未深究隋唐士族的情况，所谓的"膨胀"，就是不具有真实血缘关系的同姓人群，攀附郡望，成为同姓共同体，也就是伊氏此处所言的"宗族认同"。伊沛霞一针见血地指出，中古时期的大族，没有聚集在一个地理中心，没有参加共同的节日活动，没有维护公共的墓地，没有祭祀共同的祖先（伊著，第116—117页）；姜士彬更是旗帜鲜明地指出："如果没有义田，没有家庙，大型继嗣集团甚至在坟茔旁边没有任何发展完善的聚集活动，实际上，我们大概就可以确定，中古中国不存在弗里德曼意义上的所谓宗族。"（姜著，第130页）实际上，姜、伊二氏共同呼应的，不仅是历史学问题，也是人类学家普遍争论的话题，即宗族是功能性的还是系谱性的，中古大族的本质如何，等等。基于这种问题指向，伊氏对于博陵崔氏居住地和埋葬地的图表式考察，对于学者研究中古大族的迁徙具有示范意义。不仅如此，他们都展现出对大族谱牒的高度重视。这种研究显然受到人类学家莫顿·弗里德和莫里斯·弗里德曼等人对宗族与系谱关系的批评和争论的直接影响：弗里德认为，宗族与氏族的根本区别正是系谱，宗族构成的条件是明确的共始祖血缘关系，而氏族的血缘联系则是虚构的。[34] 姜氏更是以谱牒所确定的成员身份，作为"oligarchy"的纽带，姜氏指出，中古大族存在的唯一要素就是谱牒（姜著，第157页）；伊氏同样对崔氏谱牒予以关注，尽管没有姜氏所言那样明

〔33〕 Dennis Grafflin, "The Great Family in Medieval South China," *HJAS*, pp.65–74.

〔34〕 Morton H. Fried, "Clans and Lineages: How to Tell them Apart and Why-with Special Reference to Chinese Society," *Bulletin of the Institute of Ethnology, Academia Sinica*, XXXIX, 1970, pp.11–36（弗里德《中国社会的氏族与宗族：它们的区别和原因》,《"中央研究院"民族学研究所集刊》第29本，1970年）。参见钱杭《宗族的世系学研究》，复旦大学出版社，2011年，第1—17页。

确。姜、伊二氏的这种认识，与日本学者如福岛繁次郎的认识截然不同，福岛氏强调陇西赵氏为祖先祭祀而持续聚集，并强调赵氏成员自称陇西赵氏的认同意义。[35]若以中古太原王氏和太原郭氏的情况来论，笔者倾向认同福岛氏所强调的大族认同，就是中古大族对于郡望的攀附和认同意识。

不仅如此，伊沛霞明确指出，唐代博陵崔氏发挥作用的亲属集团的规模，大致是传统意义上的"小宗"，即男系五世以内具有亲属关系的人员构成；并在论述崔氏成员关系的时候，强调崔沔宗庙和墓地对家族团结的重要作用（伊著，第119、123页）。如此这般，伊氏所论，前后龃龉，自相矛盾。伊氏前论崔氏没有共同的墓地，没有共同的祭祀活动，而这里又强调崔沔家族的祭祀活动及其意义。实际上，伊氏的自相矛盾，正是源于博陵崔氏的"小宗"和"大宗"原则及在实践和文本中呈现的冲突。伊氏发现，唐代的博陵崔氏成员散居各地，分葬异处，说明博陵崔氏存在严重的房支分裂现象；既然如此，所谓的共同活动，在规模较小的小宗房内才有可能正式进行。那么，这个所谓的共同活动，"共同"的范围有多大？实际上，这种观点的提出和论证，明显受到人类学家的影响。弗里德曼认为，宗族就是一个共同的男系亲属集团（除去已婚的姐妹，包括他们的妻子），他们拥有共同的祠堂或者公共财产。[36]伊氏对崔氏共同祭祀活动的关注，及其由此引发的矛盾，大概正是迎合与回应弗里德曼所言的宗族内涵。姜氏在此方面较为果断，他在考察大族并不存在共同的社会活动和公共财产之后，宣称"中古中国不存在弗里德曼意义上的所谓宗族"。当然，姜氏也明确指出："高祖以下的子孙被视作一宗。……在一个以高祖为共同崇拜对象的集

〔35〕 福岛繁次郎《中国南北朝史研究》，名著出版社，1962年，第166—206页。

〔36〕 Maurice Freedman, *Chinese Lineage and Society: Fukien and Kwangtung*, Humanities Press, 1966, p. 20（莫里斯·弗里德曼《中国的宗族和社会：福建和广东》，人文学科出版社，1966年）。

团内部，嵌套着更小的亲属集团。”（姜著，第130、145页）在人类学家的影响下，丁爱博走在更坚决的道路上。丁氏认为，早期中古中国的名门望族并不强大，也非贵族，甚或不是氏族，而是仅仅享有名望的个别“房支”（lines）；其特权并不是与生俱来，而是随君主权威的意愿而转移。丁爱博同时使用“分支世系”（segmental lineages）的概念，指涉继嗣集团内部拥有裙带利益的房支和成员；并对孝文帝太和十九年诏令进行研究，分析大族不同房支成员的仕宦与“姓”“族”分离的现象，指出未能满足诏令规定的房支及其成员，被排挤在姓族之外。[37]丁氏的这个发现，也间接证明姜士彬关于中古谱牒“官僚性”的论说。高门大族类似的房支分裂，财产分割，身份认同的变化及其影响，以及谱牒或谱系在大族分裂与整合过程中所起的认同作用，由此与大族整合产生的相互关系，显然需要更多细密的研究才能准确阐明。

即便在近四十年之后回眸审视，伊著最重要的贡献之一就是，“过去经常描绘贵族家庭恒定不变的术语，掩饰着相当可观的和几乎持续的变化”（伊著，第153页）。伊氏此论确实洞幽烛微，正如麦希维克所云，伊氏关于博陵崔氏的这个重要发现，几乎适用于中古时期其他所有的世家大族。正因为此，麦氏在统计有限的基础上，断定唐代氏族谱中的郡望名族，虽然和魏晋时期的郡望相同，但并不意味着他们垄断了汉唐之间的政治权力。[38]正如前述，姜氏立论的重要理据就是论证氏族谱对于士族身份认同的重要意义，并以此分析唐代氏族谱所列大族在汉唐时期的连续性。如此，伊氏和麦氏的分析，其实包括姜氏本人关于赵郡李氏的分析，以及晚近学人对

〔37〕 Albert E. Dien, “Elite lineages and the T'o-pa Accommodation: A Study of the Edict of 495,” *Journal of the Economic Social History of the Orient*, Vol. 19, No. 1, 1976, pp.61-68.

〔38〕 Dušanka Dušana Miščević, “Oligarchy or Social Mobility? A Study of the Great Clans in Early Medieval China,” pp.248, 253.

士族谱系和郡望构建的认识，[39]在某种程度上动摇着姜氏“寡头政治说”的根基。伊氏同时指出，博陵崔氏乃至中古士族在不同阶段的历时性变化：在汉代是具有地方血缘关系的松散的家族群，在北魏晚期是严格意义上的门阀贵族；在唐代则成为具有共同父系继嗣制和较高社会地位的散居群体（伊著，第116–117页）。前文所举北朝博陵崔氏地方基础的雄厚，迄于唐代则散居各地，房支分散，但仍然共享博陵崔氏的金字招牌，都是这种研究思路的产物。但是，我们必须对这种观点保持足够的警惕。北朝隋唐的史料遗存，决定了同一大族高门的成员数量从北朝至隋唐间呈现出几何级的增长，博陵崔氏如此，太原王氏如此，荥阳郑氏也如此。换言之，各个时期的史料数量和质量都迥然相异，魏晋和隋唐不同，南朝和北朝也不同。伊氏关于博陵崔氏的研究范围，随着文献的变化而变化，这种“水无常形”的剧烈变化，是否与客观的史料遗存之间，存在着必然的因果关系？高门大族的史料主体及性质的变化，是否能够见证这些大族“持续的变化”，其变量是什么，常量又是什么？在不同性质的史料和文献所描述高门大族的相同术语背后，成员数量的大幅增加以及由此带来的“变化”固然重要，但其不变的核心部分也无可置疑地重要。如果不能准确厘清某一高门大族的核心部分之边界及其大小变化，则所有的讨论都可能只是流于表相，甚或牛头不对马嘴，成为虚实相参、内外不分的“大杂烩”。

伊氏关于汉唐一千年间博陵崔氏的考察，并没有坚持一以贯之的统一标准，有时是亲属集团，有时是宗族认同，有时是核心家庭，有时是扩散家庭。例如，伊氏关于唐代博陵崔氏的讨论，可谓崔氏

---

〔39〕仇鹿鸣《“攀附先世”与“伪冒士籍”——以渤海高氏为中心的研究》，《历史研究》2008年第2期，第60—74页；《制作郡望：中古南阳张氏的形成》，《历史研究》2016年第3期，第21—39页。范兆飞《中古郡望的成立与崩溃——以太原王氏的谱系塑造为中心》，《厦门大学学报》2013年第5期，第28—38页；《中古士族谱系的虚实——以太原郭氏的祖先建构为例》，《中国史研究》2017年第4期，第77—94页。

成员中“小宗”和“大宗”的混合杂糅。如此，这些性质迥异、范围不等的崔氏成员，能够成为一个可供研究的“标准个案”吗？[40]姜氏的研究也存在着类似的情况，在姜氏看来，只要是唐代郡望表所列的家族，似乎都属于寡头家族的范畴；而每个寡头家族的规模大小，姜氏认为无法探究其具体数值，只是模糊地估算为一千余人（姜著，第56页），这显然不够严谨。正如葛涤风指出的那样，即便是南朝第一流的高门大族，他们的家族规模也不大，王氏家族之外的绝大多数家族在公元200至600年间涌现的可经证实的家族成员不过一百人左右。[41]葛氏虽然将高门的发展描述为“宗族”（lineage）；但其文侧重于主干大房核心成员之考察，例如，葛氏认为，谢安之死，标志着南方社会贵族统治的终结。[42]当然，类似的研究问题，几乎遍及所有的士族研究。即便唐代博陵崔氏的成员数量出现激增，其中不乏没有任何血统关系的崔氏成员；另一方面，伊氏在阐述相关问题的时候，多数情况还是注重关系较为密切的亲属团体，即以“小宗群体”为主；而在讨论崔氏成员仕宦、宅居和埋葬地等问题的时候，又据墓志材料选择“散居群体”的大宗范围，这种考察范围的大小与伸缩变化，无形中降低了这个重要结论的可信性和适用度。在此，我们再次指出，麦希维克根据极为有限的分析资料，以及根据伊氏发现“博陵崔氏”相同术语下包含的诸多变化，断然否定姜氏寡头政治，还有一个理由：即唐代氏族谱中攀附祖先的比例极高。[43]实际上，这个疑点再次触及大族高门作为家族的存在属性和本质特征，尤其涉及具有血缘关系的小宗和没有血缘

---

〔40〕 Robert M. Somers, “The Society of Early Imperial China: Three Recent Studies,” *JAS*, p.139.

〔41〕 Dennis Grafflin, “The Great Family in Medieval South China,” p.69. 按，伊氏指出，赵郡李氏、荥阳郑氏和范阳卢氏等在中古时期的数量都在一百至三百名之间，而博陵崔氏的规模从未超过三十三人，参见伊沛霞《早期中华帝国的贵族家庭——博陵崔氏个案研究》，第171页。

〔42〕 Dennis Grafflin, “The Great Family in Medieval South China,” p.73.

〔43〕 Dušanka Dušana Miščević, “Oligarchy or social mobility? A Study of the Great Clans in Early Medieval China,” pp.252–253.

关系的同姓共同体之间的边界及相关认识。

同样地，作为姜伊两氏研究软肋的主要问题，就是对大族经济基础——即“土地占有”（landholding）——考察的薄弱。姜著对大族之经济基础只是在其收尾处蜻蜓点水地一掠而过，而伊氏也只是在谈及北朝博陵崔氏地方基础恶化的时候，略有提及。正如许倬云在充分肯定姜著之时，敏锐地指出姜著之不足，希望姜氏能够详细分析寡头家族延续持久和最终崩溃的因素。许氏还指出，随着中古以降农业经济的发展，导致精英阶层逐渐丧失其在地方乡里的大片土地，从而寄生于皇权及其官僚机构。[44]众所周知，姜士彬之师艾伯华提出著名的“城乡双家形态说”，大意是指任何一个精英家族都有“两窟”：城市之家（city-home）与乡村之家（country-home）。前者是这个家族的政治文化支柱，决定家族地位的升降；后者是这个家族的经济支柱，为前者提供强大的经济支撑。两者互为形援，互为支持，成为中古士绅社会的坚强支柱，也是士绅拥有异常持久性的源头。[45]这当然可以视作姜士彬寡头政治说的滥觞。不过，伊沛霞对北朝唐代博陵崔氏的考察，却提供了一个鲜活的反例。其实，“经济基础”一词，多少带有马克思主义唯物史观的烙印，若换一个更中性更全面的词汇，就是“地方基础”（local base）。伊沛霞指出，北朝的博陵崔氏是立足地方的贵族宗族（aristocratic lineage），崔氏固然有成员在平城和洛阳担任高级官员，但是，他们的亲属成员仍然在博陵拥有雄厚的地方基础，具体表现是田连阡陌，财力雄厚，并在宗族内部进行文化教育，和同州的另一个高门大族——赵郡李氏连续数代进行通婚（伊著，第71—77页）。这难道不是艾伯华所谓的“城乡双家形态”吗？这难道不是典型的城乡呼应吗？当然，这样的情况，迄于唐代发生根本性的变化。唐代的博陵崔氏所出现

〔44〕 Reviewed by: Cho-Yun Hsü, *The American Historical Review*, Vol. 87, No. 1, 1982, p.236.

〔45〕 Eberhard Wolfram, *Conquerors and Rulers: Social Forces in Medieval China*, pp.14-15; *Social Mobility in Traditional China*, E. J. Brill, 1952, pp.266-269.

的城市化（“两京化”）和官僚化进程，从根本上割裂了大族高门与地方乡里的有机联系，当然也就背离艾伯华所谓精英大族“城乡双家”说，这点得到艾伯华本人的同意。艾伯华在1982年关于伊著的书评中，似乎改变了他的旧说，“我们可能没有强硬的证据表明，精英家族同时具有城乡双家形态（urban and rural branches）”〔46〕。艾氏之旧说和新论，从其所举《魏书》中的例证而言，似乎停留在假说和推测的层面，雾里看花，并无多少真凭实据。蒲立本亦批评云，其中至少十分之九都出于想象。〔47〕但是，笔者以为，艾氏的自我修正有矫枉过正之嫌。

循此路径进行研究者，如霍姆格伦，霍氏通过勾勒山东大族的地方基础与政治环境的互动关系，指出平原刘氏的升降浮沉，与政治环境及地方基础的变化相关，同时指出河北大族与山东大族的迁徙，必然导致在朝的政治地位与地方的经济社会地位之间的背离。〔48〕霍氏研究所受的影响，正如艾安迪（Andrew Eisenberg）所云，霍氏虽然不是韦伯主义者，但其研究显然受到韦伯和莱茵哈德·本尼克斯（Reinhard Bendix）等人关于社会学理论的影响。〔49〕实际上，所谓“双家形态”，“乡村之家”即可看作大族高门社会性或经济性的一面，而“城市之家”即可视作其政治性或官僚性的一面。不过，“城乡双家形态”作为艾伯华关于士绅是统治阶层连续性的重要根据，其合理性的最大疑点正如丁爱博所云，没有证据显示崔氏拥有可观的土地和军事权力，从而成长为对部分地区拥有控制权的封建领主；同一地区的同一姓氏，就是属于同一个家族群体吗？这些家

〔46〕 Reviewed by：Wolfram Eberhard, *Journal of the American Oriental Society*, Vol. 102, No. 3, 1982, pp.574–575.

〔47〕 Edwin G. Pulleyblank, “Gentry Society：Some Remarks on Recent Work by W. Eberhard,” *BSOAS*, p.590.

〔48〕 Jennifer Holmgren, “The Making of An Elite：Local Politics and Social Relations in Northeastern China during the Fifth Century AD,” pp.68–70.

〔49〕 Reviewed by：Andrew Eisenberg, *T'oung Pao*, Vol. 85, No. 2, 1999, pp.161–168.

族的内在凝聚力究竟如何？[50]葛涤风通过勾勒东晋南朝五大高门的发展曲线，指出太原王氏和琅琊王氏“肩宽膀阔”（broad-shouldered curves）的发展曲线，反映他们长期拥有崇高的社会声望，尤其琅琊王氏在超长时间内拥有政治和社会的双重统治力。与此同时，谯国桓氏、颍川庾氏和陈郡谢氏的政治性较强，而社会根基不足，尤其是谯国桓氏，在政治冲突中遭到彻底性的摧毁。[51]其实，北朝世家大族往往兼具地方豪族的特征，大族成员少年时多居乡里，壮年则游宦京城，致仕后落叶返乡。[52]但是，隋唐以降，世家大族的中央化、官僚化以及城市化进程，导致其成员纷纷抛弃乡里社会，迁居两京地区，城乡呼应的士族政治形态宣告终结。[53]值得注意者，即便在乡里社会，高门大族的经济利益未必就稳若磐石，以唐长孺为代表的中日学者，就国家与大族围绕依附民的户口争夺、赋税问题展开极为精湛的研究，欧美学人也有类似的研究，例如孔为廉（William G. Crowell）考察东晋南朝政府时断时续、持续不断地试图控制侨姓户口，增加财政收入的问题。孔氏谈论的户籍问题，姜士彬也曾谈到，不过关注点不同，遂分途而行；孔氏认为，南朝的土断充满悖论：南朝没有实现注籍编户之目标，但他们从未放弃这种努力和权威。[54]

---

〔50〕 Albert E. Dien (eds.), *State and Society in Early Medieval China*, p.7.

〔51〕 Dennis Grafflin, “The Great Family in Medieval South China,” *HJAS*, p.73.

〔52〕 陈爽《世家大族与北朝政治》，中国社会科学出版社，1998 年，第 203 页。

〔53〕 Edwin G. Pulleyblank, “Gentry Society: Some Remarks on Recent Work by W. Eberhard,” *BSOAS*, p.591. 毛汉光《从士族籍贯迁徙看唐代士族之中央化》，《“中央研究院”历史语言研究所集刊》第 52 本第 3 册，1981 年，后收入氏著《中国中古社会史论》，上海书店出版社，2002 年，第 234—333 页。韩昇《南北朝隋唐士族向城市的迁徙与社会变迁》，《历史研究》2003 年第 4 期，第 49—67 页。

〔54〕 William G. Crowell, “Northern and the Problems of Census Registration under the Eastern Jin and Southern Dynasties,” in Albert Dien (eds.), *State and Society in Early Medieval China*, pp.171-209（孔为廉《北方的侨民与东晋南朝的注籍问题》，收于丁爱博主编《早期中古中国的国家与社会》，第 171—209 页）。

三　贵族制的终结：社会流动？

几乎所有的中外学者，都将中古贵族制的崩溃与社会流动联系起来。无论伊氏的个案研究，还是姜氏的宏阔分析，客观证明了孙国栋先生的重要观点：即中古时期的名门望族在唐末五代彻底消融。[55]姜伊二氏虽然都注意到贵族门阀对于科举制的充分利用，以及士族成员在科举进士中占有相当的比例；但是，他们几乎都将贵族制崩溃的缘由，归咎于科举制所带来的冲击和影响。科举制的本质是选官方式的根本性变化以及国家官僚制权威的再现。姜氏讨论的关键问题就是，晋唐时期统治阶层的本质何在，他们由哪些人群构成。姜氏重视大族“官僚性”即大族子弟担任高官显宦的一面，并以此作为硬性指标，归纳中古统治阶层的性质以及中古社会的性质。多尔比曾经援引福楼拜（Gustave Flaubert）的《庸见词典》（*Dictionary of Received Ideas*），讽刺官僚制和贵族制的概念问题；他同时又以“疗养院”为例，阐释“孝”概念在不同时期和不同文化背景下的巨大差异，[56]借此提醒研究者中古时期的官僚、门阀和贵族等概念在中西文化背景和中国不同时期所可能具有的不同含义。简而言之，中古时期的官僚制和贵族制之争，他们之间的消长沉浮，最终走向官僚制。这种驱动力来自哪里？

姜著和伊著大致同时问世，有相对重叠的知识背景，但其研究方法存在明显的差异。姜著是传统的宏阔研究和统计分析，伊著则是精密的个案研究。他们除却研究方法的差异之外，就中古大族本质的认识而言，也有相当的差异。伊著强调贵族家庭成立的条件，就是崇高社会地位的世袭以及脱离国家控制的独立性（伊著，第9—10页）；而姜著强调寡头大族成立和延续的条件，却是世世代代占

〔55〕孙国栋《唐宋之际社会门第之消融——唐宋之际社会转变研究之一》，《唐宋史论丛》，第271—352页。

〔56〕Reviewed by：Michael Dalby，*Harvard Journal of Asiatic Studies*，Vol. 40，No. 1，1980，p.262.

据高官显宦。换言之，伊氏强调大族的贵族性（独立性），姜氏注重大族的官僚性（寄生性）。不过，姜氏和伊氏在探讨唐末大族彻底消失的时候，殊途同归，都归咎于大族对官僚机构的依赖：姜氏将之归结为唐代大族乡里土地的丧失以及科举制等选官方式的诸多变化；伊氏则强调唐代崔氏成员的官僚化进程，因此，大族高门必然随着唐帝国及其官僚机构的崩溃而彻底消融。姜氏和伊氏的看法，和蒲立本对科举制与出身的判断大致相同，蒲立本曾经批评艾伯华和魏特夫的观点，因为他们认为，科举制基本没有引起应有的社会流动；而蒲氏认为，即便旧族子弟科举及第，也意味着他们攫取政治权力不再仅仅依赖于血统和出身。[57]六朝贵族制的核心问题，就是贵族的权力之源及其独立性如何，或者说担任官僚的士族，其官僚性和贵族性边界何在？可以说，任何从事中古士族研究的学者，几乎都必须面临这样的难题。丁爱博指出，伊沛霞关于贵族家庭的概念，源于帕尔默（R. R. Palmer）关于18世纪英国贵族的描述。[58]伊氏给出的答案是，中古各个时期的情况截然不同：从汉代到北魏，博陵崔氏凭借地方基础，较少参与朝廷事务，这个时期的崔氏成员可谓“地方化”；北朝以降，情况急转直下，崔氏成员陷入官僚化的泥沼，地方基础最终消失；迄于唐代，博陵崔氏虽然还可以在社会等级中维持他们的崇高地位，但他们更为彻底的官僚化和城市化，使得他们与唐王朝休戚相关，蜕变为帝国官僚机器的依附者，因此随着唐帝国的崩溃而灭亡。伊氏关于博陵崔氏的结论，契合毛汉光考察琅琊王氏所得的结论，“东晋南朝为其顶峰，但其衰势是缓慢的，这条抛物线的末端延长至唐末”[59]。两氏关于中古一流高门发展

---

〔57〕 Edwin G. Pulleyblank, “Gentry Society: Some Remarks on Recent Work by W. Eberhard,” *BSOAS*, p.590.

〔58〕 Albert E. Dien, *State and Society in Early Medieval China*, p.8.

〔59〕 毛汉光《中古大士族之个案研究——琅琊王氏》,《“中央研究院”历史语言研究所集刊》第37本下册，1967年，后收入《中国中古社会史论》，第365—404页。

演变的基本判断可谓大同小异。但是，并非所有高门大族的衰落轨迹，都如博陵崔氏和琅琊王氏一样。

在伊沛霞看来，正是因为自律性和独立性的消失，大族在彻底沦为国家官僚的时候，就不可避免地带有依附性和寄生性的特征。当然，伊氏也认为，不同时期决定崔氏地位的因素也发生变化，伊氏同样重视贵族成员在政府中担任官职的情况，但是，伊氏并未像姜氏那样，把任官视作贵族成立的决定性因素，伊氏还把上层阶级的生活方式等列入贵族阶层的显著特征。[60]结合多尔比的评论，我们以表格的形式表达伊氏和姜氏之观点如下：[61]

	伊沛霞观点			姜士彬观点	
要素 时期	地方基础	家族荣耀	官僚职位	社会地位	官僚职位
两汉	1	2	3	1	1
魏晋南北朝	3	1	2	1	1
隋唐	3	2	1	2	1

在姜氏看来，唐宋变革以后，人们的地位和任官之间判如云泥，有官职有地位，无官职无地位；而在唐宋变革以前，人们的崇高地位并非天然形成的，而是由国家权威加以确认，因此姜氏怀疑，"中古士族的任官和地位之间是否存在任何彻底的分离"（姜著，第167页）。金应熙指出，姜士彬的这种看法，与内藤湖南的贵族制论是针锋相对的，因为他强调国家权力对门阀地位的影响。[62]姜先生的寡头政治说，与内藤氏贵族政治说的时间跨度吻合，但是其历史内容则有明显区分。丁爱博的观点显然更进一步，他指出："大族的权力并不依赖于其私有财物，而是源于其基于国家官僚的身份，因此，

〔60〕 Robert M. Somers, "The Society of Early Imperial China: Three Recent Studies," *JAS,* p.138.

〔61〕 Reviewed by: Michael Dalby, *Harvard Journal of Asiatic Studies*, Vol. 40, No. 1, 1980, p.254.

〔62〕 金应熙《国外关于中国古代史的研究述评》，第190页。

其权力最终来自于国家本身”。[63] 丁氏将权力与声望截然分割，认为大族只能从国家邀取声望，而不能获取权力，其“唯官僚论”的主张与矢野主税的“寄生官僚论”极为相似。与此相反，萨默斯批评姜氏过于强调大族的任官属性，他列举了中古大族成员不愿出仕的种种缘由，尤其是异族政权和皇权不振的情况。不仅如此，萨默斯还援引人类学家关于社会组织形态的相关理论，提醒人们注意社会等级结构的复杂性以及人们社会角色的多样性。[64] 换言之，张仲礼、何炳棣、姜士彬等史家简单将中华帝国时期的社会分层区分为士庶、精英和非精英、统治者和被统治者，在萨默斯看来，这种简单甚或粗暴的二元分析模式，无法准确呈现纷繁复杂的社会结构和身份特征。

姜士彬认为，中古人们的地位和任官不可分离，相辅相成。同样地，在伊沛霞看来，北周以降，事功和贤能主义（meritocratic）的原则在政府内部弥漫，并逐渐根深蒂固；由此产生反转性的变化：以前担任官职依靠社会地位，而之后的社会地位，则依靠官僚职位。当然，姜氏在这个情况的论证上，多少是含糊和矛盾的。姜著在讨论六朝时期人们任官与地位的关系时，甚至掉入自相矛盾的陷阱：“地位较高的家族子弟，担任较高的官职；地位较低的家族子弟，担任较低的官职。”以此来看，人们的社会地位决定官职的高低。但是，姜氏又言：“人们的地位来源于官职；但是，只有地位崇高的人们，才能获得官位。”（姜著，第37、43页）按照姜氏的前一种说法，与中村圭尔的观点相近，中村氏通过《刘岱墓志铭》所

〔63〕Albert E. Dien, *State and Society in Early Medieval China*, p.24. 按，2016年8月17日，笔者于湖北襄阳参加“秦汉魏晋南北朝史国际学术研讨会”期间，承蒙南恺时（Keith N. Knapp）先生见告，其师丁爱博师从马瑞志（Richard B. Mather）。南氏告诉笔者，丁爱博认为，中古时期的门阀大族虽然在社会中占有一席之地，但政治上仍然是官僚制的统治，可见丁氏的看法并未发生改变。又，马瑞志以《〈世说新语〉英译本》享誉海内，参见范子烨《马瑞志博士的汉学研究》，《世界汉学》2003年第2期，第140—142页。

〔64〕Robert M. Somers, “The Society of Early Imperial China: Three Recent Studies,” *JAS*, pp.134–135.

见婚姻圈的考证，认为“社会地位决定政治地位”；[65]但是，姜氏的后一种说法，又蕴含着“政治地位决定社会地位”的意义。姜氏的这种思辨，有着陷入逻辑循环、让人无法举出反证的味道。实际上，从六朝人们对于社会地位的依赖，转变为隋唐以降人们对于官僚职位的依赖。姜氏的论证带有“唯官职论”或“官僚本体论”的色彩，伊氏并不同意这种看法，她在大作开篇就指出：“这些官衔从未创造出一个泾渭分明的社会等级。譬如，没有与享有爵衔的琅琊王氏似乎拥有同等的社会地位，其社会声望甚至高于荫袭爵位的将门子孙。”（伊著，第2页）这种剥离和变化是如何发生的，尤其在伊氏指出唐代科举制中不乏贵族子弟，以及杜希德指出科举及第者多是地方士族的情况下，这个情况显然还需要更多关键性的论证，学者提示的城市化和中央化都是比较有益的视角。

实际上，姜士彬“寡头政治”说的主要根据是对中古士族在高级官员中所占比例的统计分析。就此而言，姜氏研究方法与艾伯华、毛汉光、孙同勋、孙国栋的数量统计没有根本性的区别。姜氏在毛氏统计的基础上，认为西晋、南朝和隋代最高官员出自大族的比例多达74%，东晋则为75%，北朝高级官员中的大族比例较低，但以汉人而论，大族所占比例仍为75%，东魏北齐则在60%左右；唐代前期，最高官员出自大族的比例降至56.4%，后期则升为62.3%（姜著，第3—4页）；姜氏同时统计这些大族见于唐代郡望表的比例（姜著，第164—168页）。从数量统计的角度而言，姜氏在分析唐代宰相出身时采用人工年等分析变量，较之毛氏的简单统计，显然更加精密，在某种程度上已经臻于数量统计的极致。不过，姜著的问题正如麦希维克所言，姜氏集中利用的核心材料是唐代氏族谱，对于魏晋南北朝的材料——尤其是墓志等石刻材料——关注不足，基

〔65〕 中村圭尔《〈刘岱墓志铭〉考》，收于刘俊文主编《日本中青年学者论中国史·六朝隋唐卷》，上海古籍出版社，1995年，第167页。

本利用毛汉光的统计资料。如此，我们虽然能够观察每个时期高级官员出自大族的高比例；尽管姜氏试图通过氏族谱的形成过程与基本构成，向我们展示中古大族构成的寡头家族是超稳定结构，这个寡头集团进而控制了晋唐时期。但是，正如姜氏和伊氏所言，即便一流高门如赵郡李氏和博陵崔氏，内部都在发生着极为可观的历时性变化。那么，我们自然产生这样的疑问：中古时期各个朝代垄断大多数高官显宦的所谓寡头家族或贵族家庭，郡望表中的名称虽然相同，但他们确实来自同一个大族群体吗？这个大族群体是否如姜伊二氏所描绘的那样连绵持久、冠冕相袭和壁垒森严？

麦希维克的统计分析，深化了我们对大族垄断高官“表相”的认知。麦氏的数量统计，集中考察和质疑大族的连续性和稳定性问题。往前追溯，艾伯华论证“士绅社会”的根据，也是基于士绅家族连续性的考虑：五代所有汉人士绅家族中，只有30%是新出的士绅家族，70%的士绅家族出自唐代；而唐代最高等级的三十二个士绅家族中，九个家族都是北魏时期的一流高门。[66]麦氏的考察分为两个方面：一是中古早期每个朝代一品高官和中正担任者的情况，尤其分析大族在不同朝代之间连续担任一品高官的情形，集中表现为麦氏频繁使用的术语：“传递率”（carry-over）。这一研究方法也是因袭其师毕汉思研究汉代社会流动的方法。麦氏发现，无论一品高官，还是大中正，都不是固定地来自同一个大族集团；同时指出，中古早期连续在两个以上朝代担任一品大员的高门只有太原王氏和琅琊王氏：这两个大族蝉联高官，是一种极其特殊的例外；不仅如此，麦氏还指出，姜氏所论证的——同时得到萨默斯等人广泛认同的——长久维持的门阀贵族，绝大多数只是持续两朝的大族，因此，所谓的“旧族”，在麦氏看来，不过是相对前朝而言。二是中古早期贵族爵位的传承情况。海内外研究士族者，莫不在陈寅恪先生提示

〔66〕 Eberhard Wolfram, *Conquerors and Rulers: Social Forces in Medieval China*, p.119.

的“婚宦”问题上精耕细作。而麦氏却能关注士族爵位的继承性问题，确实目光如炬，他发现，极少有家族连续在数个朝代持续拥有爵位，北方士族持续在数个朝代拥有爵位者，如荥阳郑氏、河东裴氏、琅琊王氏和太原王氏等；南方士族持续在数个朝代拥有爵位者，如兰陵萧氏、吴兴沈氏和琅琊王氏等。结合一品高官和贵族爵位的持续情况，麦氏认为琅琊王氏是这个阶层中真正的大族（powerful clan），但他也指出，琅琊王氏并不具有典型性。麦氏再次强调，中古早期统治中国的贵族群体并不是由壁垒森严的精英阶层所构成。[67]必须承认，麦氏关于大族持续继承爵位情况的考察，以及大族连续担任一品高官及中正情况的考察，皆致力于验证大族的持续性和稳定性，具有相当的新意。但是，就整体而言，麦氏统计的数据样本存在严重的缺陷，毛汉光统计的士族标准是五品官及其以上（而五品基本是史家将某人载入正史列传的入门条件），麦氏仅选择一品官员作为高官显宦的样本代表，可谓丰墙峭址，这个资料显然是残缺不全的；麦氏根据残缺片面的数据样本，认为中古中国并不是由寡头家族所统治，反驳姜士彬关于大族高门的连续性认识，难以成立；即便就逻辑学而言，麦氏从特殊到一般的思维大跃进，是典型的以偏概全。可以想象，如果扩大统计的官品——姜氏统计的标准是三品及以上——至五品及以上，那么，被麦氏否定的大族持续性问题，必然会呈现出另一幅景象。

与姜士彬强调中古时期门阀大族的“官僚性”属性及意义相比，葛涤风则提出伪官僚制（pseudo-bureaucracy）的概念，他认为名望之家可以通过九品中正制，获得政治特权，但是这并没有形成寡头或大族政治；相反地，统治者使得部分政府机构蜕化成“伪官僚机构”，在很大程度上为出身高贵但无所事事的士大夫提供薪俸。换

〔67〕 Dušanka Dušana Miščević, “Oligarchy or Social Mobility? A Study of the Great Clans in Early Medieval China,” pp. 55–168.

言之，葛氏认为，魏晋时期贵族权力固然在增长，但皇权仍然能够控制绝大多数行政机关，其中的官僚并无独立权力。与此同时，葛氏强调家族地位的崛起，往往取决于核心家庭成员在军事活动中的成功，或者在政治风波中的突出表现，尤以桓氏和谢氏的分野为例进行考察。[68]葛涤风在考察东晋南朝门阀子弟的仕宦情况时，仿照毛汉光研究琅琊王氏的方法，统计东晋五大高门每一代知名人物的数量，以此勾勒他们升降浮沉的发展曲线；并将这些门阀（如谯国桓氏）视作东晋政坛的“新贵族”，从而与太原王氏、琅琊王氏和颍川庾氏等“旧贵族”区别对待，甚至断言谢安之死（385）标志着南朝大族统治的终结。[69]葛氏的这种观点，得到田余庆先生的回应，田先生则认为颍川庾氏和陈郡谢氏是魏晋新出门户；琅琊王氏和太原王氏是旧族门户。[70]易言之，葛氏强调皇权和政府权威的影响，认为大族的崛起与个人的军功等偶然因素紧密相关，在他看来，中古时期并非寡头政治或贵族政治。与此相似，丁爱博同样强调军事权力，但他指出，权力和声望不同，西魏北周可以给予大族以声望，但并未赋予其权力。不过，弘农杨坚正是鲜活的反例。[71]丁氏强调国家权力乃至皇权的重要性，决定其对某些关键文献的解读和问题的看法，与艾伯华、姜士彬等人的观点迥然相异。例如，关于北魏政治社会的性质。艾伯华认为是贵族社会，丁爱博则援引北魏孝文帝定姓族中的薛宗起入郡姓的事例，说明北魏门阀序列在法制化和制度化的过程中，皇权和国家获得更大的权重，丁氏进而认为，孝文帝的太和诏令，意图是改造汉人旧制，实现拓跋部对新制的控

---

〔68〕 Dennis Grafflin, “Reinventing China: Psedudobureaucracy in the Early Southern Dynastie,” in Albert Dien (eds.), *State and Society in Early Medieval China*, Stanford University Press, 1990, pp.139-170（葛涤风《再造华夏：早期南朝的伪官僚制》，丁爱博主编《早期中古中国的国家与社会》，斯坦福大学出版社，1990 年）。

〔69〕 Dennis Grafflin, “The Great Family in Medieval South China”, *HJAS*, pp.69-72.

〔70〕 田余庆《东晋门阀政治》，北京大学出版社，2005 年，第 272—273 页。

〔71〕 Scott Pearce, “State and Society in Early Medieval China, Edited by Albert Dien,” *Journal of the American Oriental Society*, Vol. 115, No. 3, 1995, p.514.

制。[72]而姜士彬同样援引这个例证，说明北魏郡姓集团的凝结和固化，社会流动因此变得极为困难。

与丁爱博相同，陈美丽也强调军事权力对于东晋南朝门阀大族的影响，陈氏指出谢氏和桓氏等高门确实可以通过军事权力提升其家族地位，甚或凌驾阶层结构之上，但是也必须通过与其他高门的合作，其统治才具有合法性。不仅如此，陈氏在葛涤风等人的基础上，对于陈郡谢氏任官情况的分析，精密入微；陈氏重视人物的出生年份，以每二十五年为一代人，罗列每一代人物的仕宦情况，由此观察谢氏家族的升降情况，尤其敏锐指出谢氏子弟任官五品及以上者，有多达六分之一的高官成员都在政府中遭遇不正常死亡；进而在政治史的语境中，考察陈郡谢氏那种优雅、完美的纯文学诗歌和信笺，她认为，这些诗歌与其说是南朝门阀深沟壁垒、自我认同的文化产物，毋宁说是南朝政治高压氛围下的产物；与其说是门阀子弟自我放纵的奢侈逸乐，毋宁说是他们迎合君主竞争仕途（如谢朓诗歌颇多“寓臣妾沦掷之感”）的有力工具。陈氏同时强调刘宋时期寒人势力的崛起，尤其是恩幸群体占据中书机构的情况。[73]客观地说，陈氏由文入史，从谢湛、谢庄和谢朓等人的诗文入手，置于谢氏婚宦的现实背景下，剖析不同房支不同代表人物所面临的宗支分化等不同境遇，皆能切中肯綮，阐幽发微。陈氏之外，霍姆格伦亦对大族精英延续的稳定性提出有力质疑，霍氏将大族精英置于北朝隋唐政治社会演变的过程中进行考察，认为5世纪山东士族的动荡变化，与政治局势息息相关：即便在短时期内，随着政治局势的变化，精英结构亦随之改组，例如南燕灭国后，渤海封氏的地位如何衰败；其后，又随着北魏的入主，其地位又如何复兴。霍氏指出，

〔72〕 Albert E. Dien, “Elite Lineages and the T'o-pa Accommodation: A Study of the Edict of 495,” pp.83–86.

〔73〕 Cynthia L. Chennault, “Lofty Gates or Solitary Impoverishment? Xie Family Members of The Southern,” *TP*, pp. 249–327.

唐代郡望表中渤海郡下的封氏来自河北或山东。霍氏认为，姜氏关于汉唐时期社会流动陷入凝固的观点，是对唐代贵族形成于6世纪末叶的复杂现实的过于简化。不仅如此，霍氏指出，在分裂时期，大族高门不同房支之间的联系极为脆弱，他们很难连续三代保持在中央的官僚职位。[74]陈氏回应赵翼、唐长孺关于南朝寒门崛起之说，也是对川胜义雄关于南朝贵族制崩溃观点的细化，暂且不提；如果仅以欧美士族研究的学术史而言，陈氏之说，推动了士族研究的力度和广度，至少将伊沛霞所谓唐代旧族面临的重重困境前溯至南朝，由于博陵崔氏并未衣冠南渡，伊氏关于南朝士族的研究极为薄弱，姜氏仅在大族概念及相关统计的问题上涉及南朝；因此，葛氏关于南朝大族的研究以及陈氏关于南朝谢氏的考察，他们强调南朝大族“官僚性”和“流动性”的方面，有力地质疑、补充和丰富了姜伊二氏关于南朝高门大族研究的情形。

同样地，伊氏当然也看重崔氏成员拥有的官职、财富等硬性指标，但同时重视旧族门户的教育、门风、道德等弹性指标，可以说，家学、家风等贵族有别于其他社会阶层的软实力因素也被伊氏作为考察崔氏成员的重要指标，这些因素配合坚实的地方基础（特别是经济实力），构成伊氏所论崔氏得以独立于政府控制之外——尤其在唐代——的重要条件。因此，从这个角度而言，伊氏所论，较之姜氏所言大族社会地位来自官僚职位的观点而言，确实更加立体、更加丰富了。当然，伊氏也非常看重官职对于贵族的意义，如李约翰

〔74〕 Jennifer Holmgren, “The Making of An Elite: Local Politics and Social Relations in Northeastern China during the Fifth Century AD,” pp.73–74; “The Lu Clan of Tai Commandery and their Contribution to the T’o-pa State of Northern Wei in the Fifth Century,” *T’oung Pao*, Vol. 69, No. 2, 1983, pp.272–312(《5世纪代郡陆氏及对北魏拓跋的贡献》,《通报》第69卷第2期，1983年); “Social Mobility in the Northern Dynasties: A Case Study of The Feng of Northern Yen,” *Monumenta Serica*, Vol. 35, 1981, pp.19–32(《北朝的社会流动：北燕封氏个案研究》,《华裔学志》第35期，1981年); “Lineage Falsification in the Northern Dynasties,” *Papers on Far Eastern History*, Vol. 21, 1980, pp.1–16 (《北朝士族的冒姓》,《远东史研究集刊》第21卷，1980年)。

所云，伊沛霞虽然批判了姜士彬，但一步都没离开过他。[75]与伊氏强调大族的家学门风、文化举止等因素相似，陈美丽也注意到陈郡谢氏的举止对于维持其社会地位所起的重要作用。中古精英阶层的文化修养、家学门风和性格气质及其对社会地位的影响，钱穆先生曾有精湛的研究，[76]但这同样是西方社会学家致力讨论的话题，如，史若堡（Gideon Sj¢berg）、拉尔夫·达伦多夫（Ralf Dahrendorf）等。不过，需要注意的是，文献和史料中关于人物品德、地位、道德的描述，多是行话套语，即晚近中青年学人提倡的历史书写问题。兹举例加以阐明。关于博陵崔氏的地位高下，有一条非常典型的材料，经常被学者所引用。清河崔㥄每以借地自矜，曾对范阳卢元明讲："天下盛门，唯我与尔，博崔、赵李，何事者哉！"[77]周一良先生也根据这条材料认为："看来当时北朝社会有一种不成文的看法，把清河崔置于博陵崔之上，以为前者社会地位高于后者。崔㥄以博崔与赵李并举，可能赵李也在陇西李之下。"[78]实际上，如果仅仅以此判断清河崔氏和博陵崔氏的地位高低，则失之简单了。两大崔氏家族的地位升降，其实与当时极为复杂的政治社会环境密切相关，必须综合考虑他们的婚姻、仕宦和社交情况，观察他们在政治社会领域的荣枯变化，才能落到实处。这种考察本身，对于以博陵崔氏为对象的个案研究而言，近乎苛求；遑论博陵崔氏在博陵郡内部不同大族高门之间的升降问题。更有甚者，这类材料很可能是史家行文的行话套语，相似的故事和记载也发生在刘宋时期，荀伯子常自矜荫藉之美，对琅琊王弘说，"天下膏粱，唯使君与下官耳。宣明之徒，

---

〔75〕李约翰《英美关于中国中世贵族制研究的成果和课题》，第19页。

〔76〕钱穆《略论魏晋南北朝学术文化与当时门第之关系》，原载《新亚学报》第5卷第2期，1963年，后收于氏著《中国学术思想史论丛》（三），安徽教育出版社，2004年，第125—186页。

〔77〕《北齐书》卷二三《崔㥄传》，中华书局，1972年，第334页。

〔78〕Richard B. Mather, "Intermarriage as a Gauge of Family Status in Southern Dynasties," in Albert Dien eds., *State and Society in Early Medieval China*, pp.211-228（马瑞志《从通婚推论南朝家族地位的变化》，《早期中古中国的国家与社会》，第211-228页）。

不足数也”。[79]类似的言语模式还发生在汉末，曹操对刘备云，“今天下英雄，唯使君与操耳。本初之徒，不足数也”。[80]马恩斯（B. J. Mansvelt Beck）指出，崔悛所言不过是A和B谈话时贬低C的陈词滥调而已。[81]

六朝贵族制的另一个纽带就是门第婚或身份内婚制。必须承认，欧美学者关于士族婚宦的研究，具有强烈的问题意识，相形之下，这种问题意识在部分国内学者模仿士族个案研究“形似”的过程中已被消磨殆尽。伊著在讨论北朝博陵崔氏的地方基础时，浓墨重彩地勾勒博陵崔氏和赵郡李氏的通婚关系，他们在北朝连续四代具有通婚关系，这种通婚关系无疑强化博陵崔氏的地方基础。又如，伊著在讨论唐代博陵崔氏维系旧族地位的时候，考察唐代九十二名博陵崔氏通婚之家的社会地位，发现其中的82%仍旧是柳芳所列南北朝以降的二十九家旧族门户。这个数据本身有力地证明唐高宗关于七姓“自为婚”的禁令不过一纸具文，同时更加证明旧族门户在唐帝国仍然具有相当的自律性和独立性。与伊氏强调大族的门第婚略有不同，葛涤风强调后妃出身的因素，揭示南朝后妃出自五大高门的时代，几乎都集中于高门子弟极为活跃的时期。[82]葛氏的研究得到陈美丽的支持，陈氏指出，陈郡谢氏与统治皇族之间的联姻行为，与谢氏成员的冠冕相袭如影随形；陈氏指出高门大族婚娶名门或武将之家，目的是其中的某些房支妄图挽救日益衰败的家族声望；与之相对，皇族的通婚对象也是如此，例如梁武帝竟然因谢朓家族“门单”而放弃婚约，将公主改嫁给武将张弘策之子，继而又许配给琅琊王氏中显贵的一支。[83]如前所论，姜氏强调门阀大族的社会地位与官僚职位之间的互生关系，

[79]《宋书》卷六〇《荀伯子传》，中华书局，1974年，第1628页。

[80]《三国志》卷三二《蜀书·先主传》，中华书局，1959年，第875页。

[81] Reviewed by: B.J. Mansvelt Beck, *T'oung Pao*, Vol. 68, Livr.1/3, 1982, p.156.

[82] Dennis Grafflin, “The Great Family in Medieval South China,” *HJAS*, p.71.

[83] Cynthia L. Chennault, “Lofty Gates or Solitary Impoverishment? Xie Family Members of The Southern,” *TP*, p.323.

但同时又注重汉唐之间数百个大族的连绵性，这就忽视了同为士族阶层内部的上下流动，因此，姜氏论点内部就有龃龉之处：即官僚性和贵族性如何持续，又如何统一？陈美丽的相关考证，强化了姜氏关于士族门阀“官僚性”及其影响社会地位的观点。马瑞志也以《世说新语》为中心，勾勒南朝士族的通婚联盟，涉及皇族、与皇族有关的家族、次等士族以及军功家族等。[84]

西方学者对士族婚姻的意义较为看重者，不乏其人。霍姆格伦受到人类学的影响，考察汉明之间皇族通婚情况的变化与政治权力的关系，从而“消解”了唐宋变革论的特殊意义；在她看来，非汉族群建立的政权如北魏、辽、元等，赋予皇后的权威和权力，都远不如汉人政权。[85]姜氏曾援引燕郡公孙氏的婚姻材料，证明中古时期广泛存在的“士庶之异”以及所谓的官民之别，姜氏甚至认为，在高官权贵和普通官僚家族之间，并不存在进一步的区别（姜著，第 7 页注释 1）。这条材料的主角是公孙邃和公孙叡兄弟，史载“邃、叡为从父兄弟，而叡才器小优，又封氏之生，崔氏之婿；邃母雁门李氏，地望县隔。巨鹿太守祖季真，多识北方人物，每云：‘士大夫当须好婚亲，二公孙同堂兄弟耳，吉凶会集，便有士庶之异。’”[86]姜氏揭示的士庶区别，当然存在；但这种结论多少带有“唯官职论”的色彩，正如麦氏所指出的那样，公孙氏兄弟希望通过婚姻而跻身上流，这条材料至少显示了三个士族所属的等级：雁门李氏，地方士族；燕郡公孙氏，介于地方士族和国家大族之间的中等士族；渤海封氏，一流大族。麦希维克认为，通常很难精准判定哪

---

〔84〕 Richard B. Mather, “Intermarriage as a Gauge of Family Status in Southern Dynasties,” *State and Society in Early Medieval China*, pp.211–228.

〔85〕 Jennifer Holmgren, “Imperial Marriage in the Native Chinese and Non-Han State, Han to Ming,” in Rubie S. Watson and Patricia Ebrey (eds.), *Marriage and Inequality in Chinese Society*, ed., University of California Press, 1991, pp.58–96（霍姆格伦《汉明时期汉人与非汉国家的皇族通婚》，收于华如璧、伊沛霞主编《中国社会的婚姻与差异》，加利福尼亚大学出版社，1991 年）。

〔86〕《魏书》卷三三《公孙表附邃传》，中华书局，1974 年，第 786—787 页。

些因素决定一个大族的社会地位和声望，但婚姻一定是其中的关键因素。[87]正是在这种思路下，麦氏集中考察中古早期后妃出身的情况。可见西方学者在研究士族通婚情况时，对中古后妃的出身情况予以集中的关注。麦氏通过统计皇后出身的资料，揭示三国和北魏是充满流动性的社会，同时指明中古早期出现皇后的大族高门共有二十八个，其中七个大族在两个朝代中出现皇后，一个大族（庐江何氏）在三个朝代中出现皇后，一个大族（琅琊王氏）在三个以上（五个）朝代中出现七名皇后。琅琊王氏连续涌现皇后的情形，再次印证该家族持续担任一品高官和持续拥有爵位的显赫地位。当然，麦氏认为，琅琊王氏的情况只是例外。中古早期的大族高门，并没有在各个朝代持续不断地出现皇后；因此，事实上的超精英群体的政治命运，是随着时代变化而变化的，换言之，精英阶层在追求政治权力之巅的过程中，充满着巨大的社会流动。[88]

实际上，葛涤风、陈美丽、霍姆格伦和麦希维克等人对姜伊二氏观点的批评和反思，并非无源之水。关于中古贵族制的崩溃和新秩序的重新凝成，中外学者的看法一直存在着相当显著的差异。陈寅恪将贵族制的崩溃，确定在初唐和中唐，而内藤湖南的唐宋变革论则断限于晚唐五代。欧美学者关于这个话题的讨论，几乎都是从精英阶层的变动入手，加以研撰和辨析。姜士彬在毛汉光、孙国栋以及青山定雄等人研究的基础上，综合分析唐宋宰相出身以及中古高官出身的变化和比例，赞同内藤氏的历史分期观点。伊著对于博陵崔氏的线性描述，也印证了门阀贵族在唐末五代彻底崩溃的观点。那么，在西方学者的眼中，贵族制的本质是什么呢？杜希德曾经概括南北朝与以后历史时期有两处明显的区别，从而决定“贵族社会”

〔87〕 Dušanka Dušana Miščević, “Oligarchy or Social Mobility? A Study of the Great Clans in Early Medieval China,” pp.213–214.

〔88〕 Dušanka Dušana Miščević, “Oligarchy or Social Mobility? A Study of the Great Clans in Early Medieval China,” p.247.

的性质：一是六朝社会的最高层——君主和高官——被一小撮权势显赫的高门大族所控制甚至几乎垄断；二是士族和寒门的法律地位，有着泾渭分明的区别。[89]这撮权势显赫的高门大族，可能就是姜士彬所言的寡头家族，抑或伊沛霞所言的贵族家庭。关于唐代郡望表所载大部分士族的动向和变迁，即便目前刊布的中古墓志数量激增，唐代墓志已经超过一万余方，我们恐怕仍然不具备全面考察这些家族的材料基础。正如杜希德所言："对传记、谱牒类史料更为缺乏的唐代，提出任何精确、有意义的社会流动问题的论断，都是不可能的。"[90]除了材料的极度缺乏之外，敦煌发现的郡望表所列的大部分氏族，并不见于史传；正如杜氏阐述的那样，隋唐社会不仅存在着那群在正史可钩寻而得的高门贵胄，还存在着为数众多的地方氏族，他们与庶民也存在着天壤之别。那么，同样构成精英阶层的地方士族，如何判断他们的社会流动，以及对政治社会的影响。隋唐科举制对于中古贵族制的冲击作用，学人多有论述。但杜氏提出更为大胆的设想，"在唐初真正通过科举入仕的社会流动新因子，却是一大群声望相对不太显赫的地方士族。他们借科举之途加速其晋身高位，以前这些高位，或多或少是受高门大族垄断的"。[91]如此，唐代科举制所引发的社会流动，不过是地方士族或地方精英向上的社会流动而已。杜氏的观点，是基于沈括所言"以博陵崔、范阳卢、陇西李、荥阳郑为甲族；唐高宗时又增太原王、清河崔、赵郡李，通谓'七姓'。……大率高下五等，通有百家，皆谓之士族，此外悉为庶姓，婚宦皆不敢与百家齿"[92]的假说和推测。一言以蔽之，在杜

〔89〕 Denis C. Twitchett, "The Composition of the T'ang Ruling Class: New Evidence from Tunhuang," in Arthur F. Wright and Denis C. Twitchett (eds.), *Perspectives on the T'ang*, New Haven, Conn., 1973, p.89（杜希德《唐代统治阶层的构成：敦煌发现的新证据》，载芮沃寿和杜希德编《唐代概观》，耶鲁大学出版社，1973年）。

〔90〕 杜希德《从敦煌文书看唐代统治阶层的成分》，《唐史论文选集》，第110页。

〔91〕 杜希德《从敦煌文书看唐代统治阶层的成分》，《唐史论文选集》，第112页。

〔92〕 沈括撰，胡道静校证《梦溪笔谈校证》卷二四《杂志一》，上海古籍出版社，1987年，第773页。

氏看来，唐代的社会流动，是发生在士族内部不同等级——国家精英（即中央性大士族）和地方精英（地方性士族）——之间的升降和流动，而非寒门升为高门、高门降为隶庶的剧烈变动。杜氏则将中古地方精英，具有前瞻性地等同于唐代郡望表中不见于正史列传的地方姓望：这种眼光具有相当的洞察力。丁爱博批评姜士彬的著作，认为唐代郡望表中的某些姓氏，并没有出现宰相等高级官员，那么这些姓氏何以出现在氏族谱中？[93]笔者部分同意丁爱博的意见，以笔者从事的太原士族研究而言，《太平寰宇记》卷四十“并州”条下列太原郡十一姓，位字79号文书列十一姓，而S.2052号文书却列二十七姓，前两者相似，也有不同，不同的鲜于氏、昝氏、廖氏等家族，迄今发现的墓志等石刻资料，不能证明他们在唐代占有一席之地。[94]不过，杜氏的看法，也在暗示这种姓氏作为地方豪族存在的可能性。另外，麦希维克关于社会流动的研究，在某种程度上也是对杜希德观点的印证。也就是说，中古时期存在一个持续长久、稳定不变和声名显赫的士族阶层，但这个阶层内部的成员不是一成不变的，其内部存在着相当程度的分野和流动，源源不断，旧族的不断衰落和新贵的攀爬不止，构成士族阶层内部社会流动的鲜活画面。换言之，葛涤风、陈美丽、霍姆格伦等人所谓的“社会流动”，并不是翻天覆地的双向流动，恐怕只是杜希德所谓的地方精英和国家精英之间的切换和转变，只是士族阶层内部比较有限的社会流动。

四 余论

欧美学人关于中古士族学术史的演变，是其中国学研究在中古问题上的投影：一方面他们近水楼台，深受西方人类学和社会学理

〔93〕 Albert E. Dien, *State and Society in Early Medieval China*, p.4.
〔94〕 范兆飞《中古太原士族群体研究》，第197—198页。

论的影响。20 世纪 50—60 年代，欧美学界如艾伯华、何炳棣、张仲礼、瞿同祖等人关于社会流动、精英阶层的学术研究风靡一时。大致同时，弗里德曼、弗里德等人关于宗族问题的讨论亦风生水起，姜士彬、伊沛霞和葛涤风等人在 20 世纪 70 年代完成的中古士族研究，正是在双重学术氛围影响下孕育和催生出的重要成果。另一方面，欧美学人关于中古史研究的重要成果，姗姗来迟，在 20 世纪 70 年代才逐渐成熟，1979 年出版的《剑桥隋唐史》正是标志，李约翰更是将其视作“英语地区中国中世史学研究的成年宣言”。[95]欧美学人研究士族的成果，主要集中于 20 世纪 70—80 年代，尤其在海内外具有重要影响的姜士彬和伊沛霞的著作，先后出版于 1977、1978 年。不仅如此，欧美学人在具体研究课题的选择上，无疑受到日本学界（如守屋美都雄和矢野主税）、港台学人（如毛汉光等）的间接影响和华裔汉学家（如杨联陞、王伊同等人）的直接影响。换言之，欧美学人的士族研究，深受中日士族研究传统、西方社会学强调社会流动和精英阶层等理论以及英美人类学关于宗族问题讨论的综合影响。尽管从研究人员和成果的数量及质量上，与中日学者相比，欧美学人略嫌不足，即便和欧美其他时段的研究情况相比，也有所逊色；但我们必须承认，中日学者关于士族研究的方法、思路、理论和问题意识，欧美学者都有不同程度的回应；尤其在士族作为大族是宗族抑或氏族以及如何认同的理论探求方面，欧美学人所结合的社会学和人类学方法，迄今仍有相当的借鉴意义。

具体言之，从研究路数来看，姜士彬取径宏阔，有机结合缜密论证和数量统计，虽然模仿毛汉光的统计研究，却能广泛吸收人类学、社会学关于中国近世宗族研究的成果，以为已用。姜士彬也能顺应士族个案研究的潮流，从事唐宋时期赵郡李氏的考察。大致同时，伊沛霞将个案研究的方法演绎到极致，伊氏的博陵崔氏研究，

〔95〕 李约翰《英美关于中国中世贵族制研究的成果和课题》，第 19 页。

在四十年后的当下，仍然拥有较为广泛的学术影响。从姜、伊二人的影响来看，葛涤风、麦希维克的研究取径与姜氏相同，注重统计；而陈美丽的研究方法则与伊氏相近，立足个案。从研究时段来看，艾伯华、姜士彬和伊沛霞立足长时段，而葛涤风和陈美丽则是断代史的考察，几乎都集中于东晋南朝，他们更加关注政治事件、军事活动对于高门大族的现实影响。从研究成果来看，姜士彬和伊沛霞取径不同，方法不同，对象不同，结论却是大同小异，他们基本印证了内藤湖南关于门阀贵族衰落于唐末五代的观点。从研究者的学缘结构来看，具有代表性的欧美学者，几乎都出自汉学色彩浓厚的"名门正派"：如哥伦比亚大学、伯克利大学、宾夕法尼亚大学、哈佛大学等，师承有华裔汉学家，也有欧美汉学家。从相关成果的发表期刊及影响来看，具有代表性的学术成果，几乎都发表于在欧美乃至世界学术圈占有主导地位的《哈佛亚洲学报》（*HJAS*）、《通报》（*TP*）、《亚洲研究杂志》（*JAS*）等期刊；这些论著发表或出版后，相关书评及时准确，都由欧美学界占据相当地位的历史学者——如艾伯华、蒲立本、许倬云等——甚至包括人类学者所执笔，[96]并发表于《哈佛亚洲学报》、《通报》、《亚洲研究杂志》、《美国东方学会会刊》（*JAOS*）、《美国历史评论》（*AHR*）等主流刊物。种种情况显示，欧美学人在士族研究的学术版图中，雄踞一席之地。

在这个过程中，欧美学人逐渐形成特色鲜明的传统和风格：哥大和伯克利形成特色鲜明、薪火相传的中国史传统：以伯克利大学的中国史学者为例，大致经历艾伯华、姜士彬、柏文莉（Beverly Bossler）三代学术传承的学者，相继以研究中国古代的精英阶层闻

〔96〕当然，几乎每篇书评的权威学者都有不同程度的知识盲点，例如，丁爱博认为姜著集中于南方士族的讨论，实际上简单浏览本书内容，我们就怀疑丁氏是否曾经通读姜著，因为姜著核心章节第五至第七章都是综合讨论南北士族的问题，不存在重南轻北的倾向（参见姜著，第77—197页）。

名于世；又如哥伦比亚大学，毕汉思在研究汉代社会流动之余，培养出伊沛霞、麦希维克等研究士族的学者，姜士彬曾经执教于此；毕氏之后，韩明士执掌哥大中古史，培养出同样研究精英阶层的谭凯（Nicolas Olivier Tackett）。[97]丁爱博指出，关于中古贵族制的话题，最重要的三个学人分别是艾伯华、姜士彬和伊沛霞。[98]因此，欧美学者关于士族研究的重镇，东有哥伦比亚大学，西有伯克利大学，两者合力，并与哈佛、耶鲁、斯坦福等高校的学者充分互动，激烈批评。如果以日本京都学派和东京学派对垒交锋的形态模拟，欧美学派也形成两大阵营：主张贵族制者和反对贵族制者，前者以伊沛霞为代表，后者以葛涤风、丁爱博、陈美丽和麦希维克等人为代表，姜士彬的“寡头政治说”则结合两者特征，是官僚制和贵族制的结合，颇有宇都宫清吉所云“时代格”之意味。其实，即便在历史分期及对中古政治社会底色的认识与内藤氏接近的姜士彬，也主张“官僚本体论”，强调大族高门的官僚属性，与伊氏强调大族高门的贵族属性不同；姜氏所强调的官僚性，与批评者所持的立场基本相近，即“贵族 = 官僚”。但是，我们不得不问，中古时期的大族高门，是不是具有官僚之外的超越性或独立性？这些学人研究的士

[97] 谭凯博士论文题目是：“The Transformation of Medieval Chinese Elites (850–1000 C.E.),”在出版时书名改为：Nicolas Olivier Tackett, *The Destruction of the Medieval Chinese Aristocracy*, Harvard University of Asia Center, 2014。中译本参见胡耀飞等译《中古中国门阀大族的消亡》，社会科学文献出版社，2017年。相关书评参见孙英刚《书评：Nicolas Tackett, *The Destruction of the Medieval Chinese Aristocracy*》，荣新江主编《唐研究》第20卷，北京大学出版社，2014年，第523—531页；王晶《重绘中古士族的衰亡史——以 *The Destruction of the Medieval Chinese Aristocracy* 为中心》，《中华文史论丛》2015年第2期，第371—390页。按，谭凯师从韩明士，韩氏师从郝若贝，韩氏以《政治家与士绅：两宋江西抚州的精英》（剑桥大学出版社，1986年）闻名于世，郝氏则以《中国的人口、政治与社会转型：750—1550年》（“Demographic, Political, and Social Transformations of China, 750–1550,” *HJAS*, 1982, pp.365–442. 中译文参见易素梅等译《750—1550年间中国的人口、政治及社会转型》，收于伊沛霞等主编《当代西方汉学研究集萃》“中古史卷”，上海古籍出版社，2012年）享誉海内，郝氏亦将唐代的统治精英称为“贵族”，师徒三代均以研究唐宋时期的精英阶层声名远扬，这种师生和学术的双重传承，与伯克利大学“艾伯华—姜士彬—柏文莉”的学脉传承极为相似。

[98] Albert E. Dien, *State and Society in Early Medieval China*, p.4.

族话题，无论从方法、文献、视角还是问题意识，面面俱到，均有涉猎和创新。欧美传统与日本不同者，其中反对贵族制的学者，如葛氏、陈氏关于南朝士族的研究，明显受到京都学派川胜义雄关于南朝贵族制学说的影响，由此可见，欧美两大学派都带有京都学派的烙印，当然也不乏东京学派"寄生官僚论"重视皇权及官僚权威之影响，因此，总体来看，在士族研究方面，欧美学人深受本土社会学、人类学理论的熏陶，同时吸收欧美正统史学理论、中日不同学派论争的营养成分，形成迥异中日学者的学术传统，并对中国的士族研究产生深刻的影响。

必须指出，这种影响的产生，并未像学术预流那样顺流直下和清晰可辨。田余庆先生的《东晋门阀政治》，是中国学者研究士族政治里程碑式的著作，田先生在其大作中除征引葛涤风关于东晋新旧门户的认识外，对其他欧美学者的研究成果极少回应，田先生自云："另有一位美国学者姜士彬称中国中古政治为寡头政治，出有专著。我与姜当面讨论过他的观点，也未多评论。……中国古史套用西欧历史框架，因而难于使历史上通下串，左右关联。"[99]这个认识可谓洞若观火，艾伯华等人的研究在欧美学界也激起类似的批评。不过，欧美学人的研究成果，极少受到关注和响应，也是不争的事实。这种情况与日本学者如谷川道雄的"豪族共同体"理论在国内学界受到的冷遇相仿佛。而在当时的学界，正是受到20世纪70年代北美学人如艾伯华、杜希德，尤其是姜士彬和伊沛霞研究中古士族的学术刺激，斯坦福大学的丁爱博特意于1980年召开主题是"早期中古中国的国家与社会"的学术会议，名宿新锐，荟萃一堂，陈启云倡言士族个案研究必将大行其道。[100]李约翰关于英美学人研究中古贵族制的评介，也在1984年发表于日本《史林》期刊；与此同

---

〔99〕 参见钟鑫《田余庆谈门阀政治与皇权》，《东方早报·上海书评》，2013年1月6日。

〔100〕 陈启云《中华中古前期史研究反思》，收于氏著《汉晋六朝文化·社会·制度——中华中古史前期史研究》，新文丰出版公司，1996年，第12—14页。

时，中国学人如张广达、周一良和金应熙等人都在积极介绍欧美学人研究士族的成果，凡此种种，似乎都在昭示陈启云的预言必将成为现实，颇有“群雄并起”共同推动研究中古贵族制之势。吊诡的是，20世纪80年代以降，欧美从事士族研究的主将姜士彬和伊沛霞在完成士族研究的论著以后，都进行程度较大的学术转向。正如姜士彬所云，他在考察中古中国的精英阶层之后，眼光朝下，关注宋代的城隍神以及城隍信仰，并由此走向考察大众文化的道路。[101]姜氏的学术转向，在某种程度上与精英阶层的学术旨趣可以说是分道扬镳。异曲同工的是，韩明士（Robert Hymes）在出版《政治家与士绅：两宋江西抚州的精英》（*Statesmen and Gentlemen: The Elite of Fu-Chou, Chiang-His, in Northern and Southern Sung*）之后，也是转身进入宋元时期民间信仰的领域。毫不夸张地说，以姜士彬、韩明士等人为代表的“自上而下”的研究转向，堪称北美中国学研究的一个缩影：即北美社会史的研究目光，日渐下移，从精英层面转向基层民众，从政治权力转向宗教信仰，从典章制度转向日常生活，从重要人物转向一般众人。[102]与之相应，由丁爱博主编的同名会议论文集，同样缓不济急，迟至1990年才由香港大学和斯坦福大学的出版社相继出版。

“西方不亮东方亮”，在欧美学人纷纷进行学术转向的氛围下，中国学人却在周一良和张广达等先生评介欧美论著的直接影响下，异军突起，接力士族问题的考察，其中虽然存在着诸如学人所云“跑马圈地”“有增长而无发展的内卷化”“失焦”等问题，[103]但是，20世纪80年代以降，士族研究的主战场已经从欧美转移至中国，显

〔101〕姜士彬《中古中国的寡头政治》中文版序，第1—7页。

〔102〕许倬云《北美中国历史研究的历史与走向》，《北美中国学的历史与现状》，第76—77页。

〔103〕陈爽《近20年中国大陆地区六朝士族研究概观》，《中国史学》第11期，第15—26页；仇鹿鸣《士族研究中的问题与主义——以〈早期中华帝国的贵族家庭——博陵崔氏个案研究〉为中心》，《中华文史论丛》2013年第4期，第287—317页。

然无可争辩。可以说，在中古士族研究方面，从20世纪50年代以降，大致呈现出“日本——欧美——中国”等学人分别占据主导地位的发展脉络和典范转移，其中转移的时间跨度大概是二十年左右，其中不乏交叉和影响。一言以蔽之，欧美学者关注贵族制的核心问题，主要是基于社会史的考察，尤其是统治阶层或上层阶级由哪些人群构成，有无变化，如何变化，这些变化导致怎样的社会流动，等等。因此，士族高门的特征是持续性抑或断裂性，是凝固化抑或流动性，由此回应内藤湖南的唐宋变革论，以及欧美人类学家和社会学家提出的宗族认同等话题，构成欧美学者研究士族问题的两个主要面相。[104]总体来看，欧美学者研究士族的传统和方法，既有本土人类学、社会学理论的持续影响，也有日本学者关于贵族制理论和个案研究方法的刺激以及华裔汉学家赋予的直接影响，互相激荡，因此，无论其研究方法取径宏阔还是立足个案，问题意识多少都在有意无意地回应日本学者的六朝贵族制理论，抑或回应中国帝制时期究竟是连续、因革抑或断裂的根本性问题，这构成北美学界士族研究传统的基本特征。

补记：在撰写本文过程中，笔者曾向伊沛霞、葛涤风、南恺时、张磊夫、霍姆格伦等先生咨询相关信息，先后在首都师范大学历史学院史学沙龙第53期“中古中国的政治形态——以贵族制为中心”专场会议（2016年10月15日）、南京大学人文社会科学高等研究院（2016年11月28日）进行报告和演讲，仇鹿鸣、林晓光、孙英刚、杨英、游自勇、孙正军和毋有江等先生给予宝贵意见，童岭、卞东波和杨晓宜等先生补充若干文献，一并致谢。原载《文史哲》2017年第3期，第19—40页，略有增补，不当之处，敬希指教。

---

〔104〕 当然，也有欧美学者强调皇权的持续影响，与田余庆所论异曲同工，除文中葛涤风外，还有裴士凯，参见 Scott Pearce, “State and Society in Early Medieval China, Edited by Albert Dien,” *Journal of the American Oriental Society*, Vol. 115, No. 3, 1995, p.514。

作者与译者工作单位

伊沛霞　华盛顿大学历史系教授

葛涤风　美国贝茨学院历史系教授

陈美丽　佛罗里达大学亚非语言文学系教授

霍姆格伦　澳大利亚国立大学历史系教授

杜希德　普林斯顿大学东亚研究系教授

姜士彬　加州伯克利大学历史系教授

范兆飞　上海师范大学历史系教授

何冠环　香港树仁大学历史系客座教授

仇鹿鸣　复旦大学历史学系副教授

贾骄阳　中国社会科学院文学研究所博士生

编后记

一

我们首先对书名略作解释，题目之所以没有使用“士族”“门阀”“世家大族”等国内学者普遍使用的术语，而是使用日本学者经常使用的“贵族制”，主要原因就是西方学者，尤其是英文世界的学者研究中古时期的大族问题，通常结合社会学、人类学的研究视野，旨在回应日本学者的贵族制理论，或曰唐宋变革论；本书所收的诸篇论文，支持者有之，反对者亦有之。因此，我们采用“西方学者中国中古贵族制论集”作为书名。本书编译英文世界研究中古贵族制比较重要的七篇论文，并附录编者一篇介绍北美学者研究士族的学术史论文。这些论文的英文篇目和出处依次是：

1. Patricia Ebrey, “Patron–Client Relations in the Later Han,” *Journal of the American Oriental Society*, Vol. 103, No. 3, 1983, pp.533–542（伊沛霞《东汉的二重君主关系》,《美国东方学会会刊》第 103 卷第 3 期，1983 年）。

2. Dennis Grafflin, “The Great Family in Medieval South China,” *Harvard Journal of Asiatic Studies*, Vol. 41, No. 1, 1981, pp.65–74（葛涤风《中古中国南方的大族》,《哈佛亚洲学报》第 41 卷第 1 号，1981 年）。

3. Dennis Grafflin, “The Onomastics of Medieval South China: Patterned Naming In The Lang–Yeh And T'ai–Yüan Wang,” *Journal of the American Oriental Society*, Vol. 103, No. 2, 1983, pp.383–398（葛

涤风《中古中国南方的人名——以琅琊王氏和太原王氏的模式化命名为例》,《美国东方学会会刊》第103卷第2期，1983年)。

4. Cynthia L. Chennault, "Lofty Gates or Solitary Impoverishment? Xie Family Members of The Southern Dynasties," *T'oung Pao*, Vol. 85, Fasc.4/5, Brill, 1999, pp.249–327(陈美丽《高门大族抑或布衣素士?——南朝谢氏个案研究》,《通报》第85卷第4—5期，1999年)。

5. Jennifer Holmgren, "The Making of an Elite: Local politics and Social Relations in Northeastern China during the Fifth Century AD," *Papers on Far Eastern History*, Vol. 30, Australian National University, 1984, pp.1–79(霍姆格伦《精英的形成——5世纪中国山东地区的地方政治与社会关系》,《远东史研究集刊》第30期，澳大利亚国立大学，1984年)。

6. Denis Twitchett, "The Composition of the T'ang Ruling Class: New Evidence from Tunhuang," *Perspectives on the T'ang*, ed., Arthur F. Wright and Denis Twitchett, Yale University Press, 1973, pp.47–85(杜希德《唐代统治阶层的构成——敦煌发现的新证据》, 芮沃寿、杜希德主编《唐代概观》, 耶鲁大学出版社，1973年)。

7. David Johnson, "The Last Years of a Great Clan: The Li Family of Chao chün in Late T'ang and Early Sung," *Harvard Journal of Asiatic Studies*, Vol. 37, No. 1, 1977, pp.5–102(姜士彬《一个大族的末年——唐末宋初的赵郡李氏》,《哈佛亚洲学报》第37卷第1期，1977年)。

二

这本论集的选目、翻译和出版，在某种程度上，标志着我十余年的中古士族研究鸣金收兵，暂告结束。2005年，我以“中古太原士族研究”为题，准备撰写博士论文。现在依稀记得十几年前那个温暖的午后，我们开题完毕，同门师生在一家小酒馆聚餐聊天，屋里屋外人声的喧哗，也遮不住若有若无的栀子花味。花香染酒，我和房奕兄转眼间就醺醺然，说起周一良先生关于伊沛霞著作的评价，大家一致认为有必要进行翻译，以窥全貌。2005年春，作为学期作业，我开始翻译伊沛霞的著作《早期中华帝国的贵族家庭——博陵崔氏个案研究》；2011年夏，伊著中译本出版。2015年秋，我开始翻译姜士彬的著作《中古中国的寡头政治》；2016年冬，姜著中译本出版。在翻译过程中，我非常荣幸地结识了姜士彬先生、伊沛霞教授以及其他汉学家，虽然和绝大多数前辈学者都缘悭一面。本书所收论文，篇幅不一，短则七八千字，长则八九万字，内容各异，方法有别，犹如西方汉学界敞开的兵器库一样，有长枪短刃，也有坚船重炮。本书得以顺利出版，首先必须感谢姜士彬、葛涤风、霍姆格伦、伊沛霞、陈美丽等前辈学人的无私支持，他们在慷慨授予版权的同时，又积极联系并获得原载刊物的同意。另外，杜希德先生的大作，我们基本采用何冠环先生的译文。因此，我们同时感谢台湾“中研院”院士陶晋生先生与何冠环先生的授权。

独学则无友。我在并州之时，真是天天有酒天天醉，而移师沪上之后，迅速被京沪地区中古史学人锐意进取的狂飙精神所裹挟，学习节奏如同上海地铁站里的白领一样，不由自主地加快步伐。2016年，我出版姜著中译本之后，仇鹿鸣、张达志先生建议我应再接再厉，将西方学者发表的贵族制论文，择其精要，翻译出版。同年仲春，孙正军、游自勇先生敏锐地捕捉到士族研究“回潮”的迹象，计划召集“中古贵族制”专题会议，同时布置“命题作文”，让我汇报北美学人研究中古贵族制的相关情况。我在近半年时间内重新阅读原文论著，对于西方学者关于贵族制的研究思路和问题意识，遂有更进一步的体悟。在此过程中，为了深入理解霍姆格伦等人研究中古史的学术源流，曾经先后通过伊沛霞、张磊夫（Rafe de Crespigny）、裴士凯（Scott Pearce）等海外学人，几经周转，有幸联系到霍姆格伦教授。出人意料地，我连续收到霍氏数封篇幅很长的电邮，谈及她研究北朝史的学术渊源以及对士族问题的若干看法。凡此种种，均让我受益匪浅。种种因缘的层层叠压，让我充分意识到，我们有责任也有义务，“打捞”和“呈现”湮没无闻而又不乏闪光之处的学人作品，当然更不用说其中久负盛名的名篇佳构。这些论文相继发表于1973—1999年，最久远者是杜希德的大作，距今已有四十五年的时间。这些文章的学术生命已经结束了吗？显然没有。即便以今天的学术眼光重新审视，姜士彬先生的赵郡李氏研究（1977），无论其方法、视野、深度，还是文献搜集和问题意识，都堪称中古士族个案研究最厚重最扎实的学术论文。不仅如此，早在这些论文发表的时候，海内外学术交流非常有限，但中西学人对于中古史某些重要问题的关注，可谓不约而同，兹举两例：其一是1980年葛涤风撰成研究东晋门阀大族的博士论文，而田余庆先生则于1989年出版享誉海内的《东晋门阀政治》；[1]其二是唐长孺先生关注北魏的青齐土民，[2]成为后来中日学者研究青齐豪族问题的先声，[3]而霍姆格伦研究青齐豪族的长篇论文亦发表于同年。不仅如此，西方学者讨论的这些问题，都可以在目前国内最为前沿的研究成果中，发现类似的研究话题。例如，中青年学人关于单名与双名问题、士族谱系与郡望生成的考察，这些学术研究的创新之处都可以再次在这些论文中找到对话和交流的可能。更不必说，近年还有青年朋友选择相似的研究课题。[4]因此，我们衷心期望通过编译和

---

〔1〕田余庆《东晋门阀政治》，北京大学出版社，1989年。葛涤风的导师是杨联陞和史华慈先生，但其博士论文先后由陈启云、史华慈、杜希德、杨联陞和余英时等先生进行阅读和指导，参见葛涤风《南朝早期的社会秩序：东晋的构造》，哈佛大学博士论文，1980年，“致谢”部分，第Ⅲ页。

〔2〕唐长孺《北魏的青齐土民》，《魏晋南北朝史论拾遗》，中华书局，1983年，第92—122页。

〔3〕例如，罗新《青徐豪族与宋齐政治》，《原学》第1辑，1994年，第147—175页；杨洪权《关于北魏青齐土民的几个问题》，《魏晋南北朝隋唐史资料》第16辑，1998年，第33—41页；韩树峰《南北朝时期淮汉迤北的边境豪族》，社会科学文献出版社，2003年；魏斌《北魏末年的青齐士风》，《魏晋南北朝隋唐史资料》第22辑，2005年，第36—49页，等等。

〔4〕例如，张葳《隋唐时期赵郡李氏之研究》（后改为“从士族到官僚——由隋唐赵郡李氏个案研究展开”），武汉大学博士论文，2006年；陆帅《“青齐土民”再研究——南北朝时期的侨流人口与地域社会》，南京大学博士论文，2016年。承蒙两位惠赠博士论文，谨此致谢。

出版这本论集，切实推动中外学术的交流与合作。

2016年季秋，我们如期在首都师范大学进行贵族制的专场学术讨论会。报告甫一结束，童岭先生即刻敦促我前赴南京大学进行专题演讲；几乎同时，报告小文承蒙孙齐先生邀约，不避冗长，刊于《文史哲》，是为本书附录。从南大回沪尚未落脚，陈爽、雷闻和陈丽萍等先生命我前去中国社科院谈一谈对陈老师新作的认识，其实就是汇报我准备发表的一篇小文，[5]多少也受到西方学者（尤其是姜士彬）研究士族的启发和影响。种种因缘，萃于一时，那段往返大江南北急行军一样的生活，是我学术寒冬中最温暖最自信的一抹阳光。

最后，有必要将本书的编译职责和体例略加说明。本书所收七篇论文，都是根据原作进行新译或重译的。[6]关于何先生的译文，我们进行了必要的修改，例如汉学家人名的翻译等。其他所有译文形成初稿后，由我进行全面彻底的校译。与此同时，我们对注释规范和行文风格进行全面的统一：根据中文世界读者的阅读习惯，所有论文的注释，全部采用脚注，并以文章为单元，连续编号；外文论著等信息，一律译为中文，括注外文，以便读者查核原文；有的论文注释，所引文献的时间、期数和版本等信息不够完整，我们根据相关线索，进行补充。各篇文章撰写时间不同，所引基本文献的版本亦有相当大的差异，例如对传统文献如“二十四史”的引用，有的学者利用了中华书局点校本，而有的学者当时还没有条件加以利用。为保持原貌，我们不做统一，对于基本史籍，使用国内学人常见版本者，我们出具卷次、卷目和页码，否则，我们仅出具卷次和卷目。我们在原文明显有遗漏或疏谬之处，夹注“编者按”，以不

---

〔5〕范兆飞《士族谱牒的构造及其与碑志关系拾遗——从〈出土墓志所见中古谱牒研究〉谈起》，荣新江主编《唐研究》第22卷，北京大学出版社，2016年，第509—540页。

〔6〕其中姜士彬先生的大作，曾有耿立群先生的译文，收于芮沃寿等著、陶晋生等译《唐史论文选集》，幼狮文化事业公司，1990年，第231—339页。由于种种因素，尤其是姜先生的信任和支持，我们进行重译。当然，我们必须感谢耿译提供了很好的参考作用。

改变论文的原貌为前提，同时补充若干资料。不仅如此，我们在译校过程中，全面查核原始文献和参考论著，因此衷心感谢钱杭、杨英、柴栋、梁辰雪、李殷等先生提供重要资料。另外，在修改和校对过程中，研究生武岑怡、陈伟扬、张潇、王清云和李自强等同学付出大量的时间和精力，协助核对史料，绘制世系图；其中，霍姆格伦论文中的“5 世纪山东半岛图”，由上海社科院罗婧博士协助绘制。因学力所限，本书一定存在诸多谬误，所有责任一律由我承担。敬希博雅君子不吝教正。

人生最无奈的是时光匆匆。俯仰之间，窗前的树木已然十围，亭亭如盖。我虽已进入不惑之年，但心中的困惑却如野草疯长。我十余年精力最充沛的时光，都“虚度”在中古士族的研究道路上；我寻找蜿蜒的河流，却错过大海的入口。无论如何，我都愿倾尽所有，与阮步兵为友，与嵇中散为友，与中古史研究者为友。

范兆飞

2017 年 10 月 19 日